제4판

정부예산과 재무행정

하 연 섭 저

다산출판사

나의 장인 故 유철종(라우렌시오) 교수님께 이 책을 바친다.

제4판 머리말

2010년 이 책의 초판을 낸 이후 독자들의 성원에 힘입어 제4판을 내게 되었다. 그간 이 책에 보내준 학계와 독자들의 관심과 호평에 감사할 뿐이다. 초판을 내면서 여건이 허락한다면 4년마다 개정작업을 해야겠다고 생각했었는데, 올해는 일부러 책 개정작업을 미루었다. 제4판을 내야 할 시기가 정부 교체와 맞물리면서 우리나라 재정제도와 재무행정체계에 변화가 있을 것 같아 이를 반영하기 위해 일부러 개정작업을 미루었던 것이다. 다행히 생각만큼 변화가 크지 않아 예정보다 조금 일찍 개정작업을 마무리할 수 있었다. 12년 전 초판을 낼 때와 비교하면 우리나라 재정에도 여러 가지 변화가 있었다. 빠른 속도로 국가채무가 증가하면서 재정의 지속가능성에 대한 관심이 높아진 것이 가장 큰 변화이다. 이에 따라 우리 사회에서 재정의 지속가능성을 확보하기 위한 제도적 장치들에 대한 논의가 활발하게 이루어지고 있는데, 제4판에서는 이러한 학문적 · 정책적 관심을 반영하고자 노력했다.

제4장 '예산의 종류와 분류'에서는 최근의 통계를 반영하였으며, 제6장 '예산편성'에서는 중기재정계획체계와 비용추계 관련 내용을 수정 · 보완하였다. 제7장 '예산심의'에서는 OECD 국가들의 예산심의에 관한 최근의 조사 결과를 반영했으며, 미국 의회의 예산심의과정에 대해서는 자세한 설명을 추가하였다. 제12장 '결과중심 예산개혁과 성과주의 예산제도'에서는 최근 우리나라 재정사업 성과관리제도의 변화 양상을 설명하는 동시에 우리나라를 비롯한 OECD 국가들의 지출구조조정에 대한 관심을 반영하여 전략적 지출검토에 대한 내용을 대폭 추가하였다. 이번 제4판에서 내용을 가장 많이 수정한 장은 제13장 '예산제도와 재정규율'이다. 대부분의 OECD 국가에서 재정준칙을 이미 도입하였고 우리 정부도 재정준칙을 도입할 계획으로 있기 때문에 재정준칙에 대한 내용을 대폭 보완했으며, 또한 전 세계적인 관심을 반영하여 독립적 재정기구에 대한 내용을 새롭게 추가하였다. 제15장 '공공투자관리'에서는 최근의 예비타당성조사제도 개

편 내용을 반영했으며, 민간투자사업에 대한 설명을 새롭게 추가하였다. 이외에도 책 전반에 걸쳐 최근의 변화 양상과 통계를 반영하였다.

1995년 「재정학의 기초」 이후 개정판 등을 모두 포함할 때 이번 「정부예산과 재무행정」 제4판이 다산출판사에서 내는 13번째 책이다. 이 중 「제도분석: 이론과 쟁점」과 「한국행정: 비교역사적 분석」은 한국행정학회 설립 이래 처음으로 동일한 저자가 두 번의 학술상(저술상)을 수상하는 영광을 나에게 안겨주었다. 이번 제4판뿐만 아니라 항상 좋은 책을 만들어 주신 다산출판사의 강희일 사장님, 편집부의 양선용 부장님, 그리고 영업부의 이상호 부장님께 심심한 감사의 말씀을 드린다. 이번 제4판의 교정 작업을 위해 수고해 준 연세대학교 행정학과 박사과정의 장유미와 석사과정의 한태희에게도 고마움을 전한다.

올해로 내가 박사학위를 받은 지 꼭 30년이 되었다. 박사과정 때부터 공부하는 남편을 사랑으로 지지해 준 아내 영미에게 깊은 고마움을 전한다. 이번에도 책을 드리면 기쁜 마음으로 찬찬히 처음부터 끝까지 책을 읽으실 부모님께도 깊은 감사를 드린다.

2022년 11월 10일

저자 씀

제3판 머리말

제도와 지식은 진화한다. 이 책의 제2판을 낸 이후 우리나라의 재정제도는 큰 변화는 아니지만 조금씩 변화하고 있고, 다른 OECD 국가들의 재정제도도 크고 작은 변화를 보이고 있다. 아울러 재정에 관한 지식의 내용도 조금씩 변화하고 있다. 특히, 저자는 지난 몇 년간 기획재정부, 국회예산정책처, 감사원, 한국조세재정연구원, 한국개발연구원, 한국재정정보원, 국가재정운용계획 작업반, 재정개혁특별위원회 활동 등을 통하여 재정제도와 재정개혁에 관한 연구와 자문을 지속적으로 수행하였다. 이번 제3판은 재정을 둘러싼 이러한 제도와 지식의 진화를 충실히 반영하기 위한 목적에서 집필되었다.

책의 내용에도 크고 작은 변화가 있다. 제4장 '예산의 종류와 분류'는 'Government Finance Statistics Manual 2001'을 반영하여 일반정부의 범위 등에 관한 내용을 수정·보완하였고, 재정 관련 통계 등을 최근 것으로 수정하였다. 아울러 예산분류체계, 특히 프로그램 예산분류에 관한 내용을 대폭 보완하였다. 제6장 '예산편성'에서는 중기재정계획체계(medium-term expenditure framework: MTEF)의 내용을 독자들이 이해하기 쉽도록 수정하는 동시에 전체적으로 내용을 간결하게 바꾸었다. 제7장 '예산심의'에서는 스웨덴과 미국의 예산과정에 관한 내용을 최근의 변화에 맞추어 수정하였다. 제12장 '결과중심 예산개혁과 성과주의 예산제도'에서는 우리나라 재정성과관리제도의 변화 내용을 반영하였으며, 최근 OECD 국가를 중심으로 활발하게 도입되고 있는 '전략적 지출검토'를 소개하고 있다. 제14장 '정부회계'에서는 국가채무와 정부부채의 개념에 대한 설명을 추가하였으며, OECD 국가를 중심으로 발생주의 회계제도와 발생주의 예산제도 도입의 최근 동향을 소개하였다. 제15장 '공공투자관리'는 새롭게 추가된 내용이다. 제15장의 내용 중 상당 부분은 한국개발연구원에서 나온 이재준·김강수 외, 「우리경제의 생산성 향상을 위한 공공투자의 역할과 과제」에 저자가 집필했던 '공공투자의 효과적 배분을 위한 정책과제'를 활용한 것이다. 제2판까지는 자본예산, 자금관리, 조달행정, 조세행정 등의 내용이 각 장별로 포함되어 있었는데, 이번 제3판에서는 이 내용들을 모두 제외하여 책을 간결하게 구성하였다. 내용이 중요하지 않아서가 아니라 학부나 대학원에서 한 학기 동안 다루기에는 내용이 너무 많다고 생각했기 때문이다.

제3판을 준비하는 과정에서 기획재정부의 김태곤 과장이 많은 도움을 주었다. 김태곤 과장은 저자가 대폭 수정하는 장들을 세심하게 읽고 수정·보완할 내용을 매우 친절하게 제시해 주었을 뿐만 아니라 관련 자료들을 제공해 주는 등의 수고를 아끼지 않았다. 연세대학교 행정학과 박사과정을 수료한 신가희는 저자가 놓친 내용들까지 세세하게 지적해 주었고 문장을 매우 수려하게 다듬어 주었다. 연세대학교 행정학과 석사과정의 장유미도 몇 차례 교정 작업에 참여하는 수고를 아끼지 않았다.

제3판의 교정을 보는 기간 동안 유명을 달리하신 나의 장인 故 유철종(라우렌시오) 교수님께 이 책을 바친다. 당신 따님과의 교제를 허락해 달라고 처음 찾아뵌 이후 지난 31년간 장인어른은 나의 열렬한 지지자였고, 따뜻한 후원자였으며, 인생의 멘토였다. “아버님, 당신의 사위일 수 있어서 행복했습니다. 영원한 안식을 누리소서!”

2018년 7월 10일
저자 씀

제2판 머리말

우리 사회에서 예산에 대한 관심이 높아지고 있다. 민주주의의 제도화와 함께 국민들이 원하는 바를 예산에 반영시키고자 하는 요구가 증가하고 있는 동시에, 인구고령화, 저출산, 복지예산의 증가 등 앞으로 우리 재정에 위협이 되는 요소들 또한 많아지고 있기 때문이다. 예산이 갖는 정치적 성격과 예산이 지향해야 하는 합리성을 어떻게 조화시킬 것인가가 새삼 중요한 과제로 떠오르고 있는 것이다.

4년 전 이 책을 처음 출간할 때 저자가 가지고 있었던 기본 생각은 재정현상을 제대로 이해하기 위해서는 정치, 경제, 관리라는 세 가지 측면을 동시에 고려해야 한다는 것이었다. 재정현상이란 바로 정치, 경제, 관리의 교집합에 해당하는 영역이기 때문이다. 대응성 있는 예산을 책임성 있는 예산으로 만들기 위해서도 합리성, 정치, 제도의 역동적 상호작용에 초점을 맞추어 해결책을 모색해 나갈 필요가 있다.

학생들을 가르치던 내용들을 체계적으로 정리한다는 생각으로 4년 전 이 책을 출간했는데, 생각보다 많은 분들이 이 책에 대해 관심을 가져 주셨다. 그리고 그런 관심 덕분에 4년 전 이 책에 담았던 내용들을 심화시킬 수 있는 의미 있는 연구들을 여러 차례 수행할 수 있었다. 그동안 연구들을 수행하면서 새롭게 깨달은 내용과 새롭게 접한 예산 관련 제도들을 책에 담기 위해 개정판을 집필할 결심을 하게 되었다.

이번 개정판에서는 거의 모든 장에 걸쳐서 수정 · 보완이 이루어졌지만, 특히 제4장 '예산의 종류와 분류', 제6장 '예산편성', 제7장 '예산심의', 제12장 '결과중심 예산개혁과 성과주의 예산제도'는 대폭 수정하였다. 특히, 최근의 재정규율과 재정건전성에 대한 높은 관심을 반영해서 제13장 '예산제도와 재정규율'을 새롭게 포함시켰다.

개정판을 준비할 때까지 많은 분들의 도움이 있었다. 저자가 정부예산에 관한 연구를 심화시킬 수 있는 다양한 기회와 토론 자리를 마련해 주신 한국조세재정연구원의 김정훈 박사님, 우리나라 top-down 예산제도에 관한 논문을 같이 집필하면서 우리나라 예산과정에 대해 보다 폭넓은 이해를 할 수 있도록 도와주신 기획재정부의 이강호 과장님, 그리고 의회 관련 예산제도와 예산과정에 대한 이해를 심화시킬 수 있는 다양한 기회를 마련해 주셨던 국회 예산결산특별위원회의 김춘순 수석전문위원님께 깊은 감사의 말씀을 드린다. 국회 예산결산특별위원회의 임익상 전문위원님과 국회 예산정책처의 홍형선 심의관님은 예산 관련 자료 수집에 많은 도움을 주셨다.

한국행정연구원의 김영록 박사는 이 책의 초판에 있었던 몇 가지 오류를 지적해 주었으며 제14장을 보완할 수 있는 자료를 제공해 주었다. 연세대학교 공공문제연구소의 황소하 박사, 행정학과 박사과정의 임유미, 석사과정의 신가희와 강혜원은 꼼꼼하게 교정을 보아 주었다. 개정판의 출판을 허락해 주신 다산출판사 강희일 사장님, 책을 준비하는 과정에서 여러모로 도움을 주신 이상호 과장님, 그리고 편집을 맡아 준 다산출판사 직원들께도 심심한 감사의 말씀을 드린다.

새롭게 개정판에 포함된 제13장 '예산제도와 재정규율'은 원래 한국행정학회 재무행정연구회에서 펴낸 「재정규율과 재정책임의 이론과 실제」에 저자가 집필했던 '재정규율의 확보 방안'을 대폭 수정 · 보완한 것임을 밝힌다.

끝으로, 개정판을 내면서 가족에 대한 감사와 사랑의 마음을 전한다. 두 아들이 모두 대학에 있는 것을 자랑스러워하시는 부모님과 항상 동생의 든든한 버팀목이 되어 주는 형님께 감사의 말씀을 드린다. 의젓하게 자라서 이제 아빠를 챙겨줄 줄 아는 두 아들 태호와 민호에게는 자랑스럽다는 말을 전하고 싶다. 올해로 26년째 나의 가장 소중한 벗이 되어 주고 있는 아내 영미에게는 사랑과 고마움을 함께 전한다.

2014년 7월 7일

저자 씀

머 리 말

대학에서 재무행정론 과목을 강의한 지 올해로 꼭 16년째가 된다. 학생들이 재무행정론 과목에 대해 갖고 있는 선입견은 딱딱한 과목, 지루한 과목 그리고 어려운 과목이라는 것이다. 지난 16년간 학생들을 가르치면서 가장 중점을 두었던 것이 바로 이 선입견을 깨뜨리는 일이었다. 한 학기 수업을 듣고 나면 학생들이 재무행정론이 현실을 이해하는 데 매우 유익한 과목, 재미있는 과목, 그리고 매력적인 과목이라는 생각을 갖도록 만드는 것이 교수로서 가장 큰 목표이자 욕심이었다.

재무행정론을 강의하면서 학생들에게 줄곧 강조한 것은 정부예산과 재무행정이라는 영역이 정치 · 관리 · 경제의 교집합에 해당하는 영역이라는 점이었다. 이 세 가지 측면을 균형 잡힌 시각에서 이해해야만 재정현상의 전모를 파악할 수 있기 때문이다. 합리성, 정치, 제도의 역동적 상호작용에 초점을 맞추어야 재정현상을 제대로 이해할 수 있다는 것이 저자의 기본적인 생각이다.

정부예산과 재무행정에 관한 저자의 이러한 시각과 그 간의 바람을 담은 책을 이제야 세상에 내놓게 되었다. 사실, 이 책은 집필에 세 번이나 도전한 끝에 비로소 이번에야 완성할 수 있게 되었다. 첫 번째 시도는 「제도분석 : 이론과 쟁점」을 출판한 직후 이루어졌었지만, 스승이신 안병영 선생님의 부름을 받고 교육부에 들어가 일하게 되면서 뒤로 미루어졌다. 학교로 돌아와 2006년에 책을 다시 쓸 준비를 시작했지만 학교본부에 들어가서 일을 하게 되면서 또 뒤로 미루어졌다. 3년간의 처장 일을 끝내고 연구실로 돌아와 열일을 제쳐 놓고 매달린 것이 이 책을 집필하는 것이었다. 이번에 미루면 이 책을 끝내 완성하지 못할지도 모른다는 걱정이 컸기 때문이다.

이 책은 크게 네 부분으로 구성되어 있다. 제1편 '정부예산과 재무행정의 기초'에서는 정치 · 경제 · 관리적 측면을 모두 포함하는 정부예산과 재무행정 영역을 설명하고 있다. 재정에 대한 경제학적 접근을 설명하고 있는 제2장에 이어, 제

3장과 제4장에서는 예산의 개념, 기능, 원칙 및 예산의 종류와 분류 등 예산을 이해하는 데 기본적인 내용들을 설명하고 있다. 제2편 '예산과정'에서는 예산의 4단계인 예산편성, 예산심의, 예산집행, 결산과 감사를 과정별로 나누어 설명하고 있다. 이 부분에서는 단지 전통적인 예산과정에 관한 내용뿐만 아니라 최근 OECD 국가들을 중심으로 시도되고 있는 다양한 제도적 변화들과 함께 최근의 이론적 논의들을 소개하고 있다.

제3편 '예산이론과 예산개혁'에서는 합리성, 정치, 제도라는 측면에서 20세기 이후의 예산이론의 전개과정을 설명하고 있다. 이어 품목별 예산제도, 성과예산제도, 계획예산제도, 영기준 예산제도 등 그간 시도되었던 예산개혁들을 살펴본 후, 최근 우리나라를 비롯한 OECD 국가들에서 시도되고 있는 결과중심 예산개혁과 성과주의 예산제도를 자세하게 설명하고 있다. 제4편 '재무관리'에서는 대표적인 재무관리 기법이라 할 수 있는 정부회계, 자본예산, 자금관리, 조달행정, 조세행정 등을 차례로 살펴보고 있다.

이 책을 집필하는 동안 많은 사람들의 도움이 있었다. 자료수집 과정에서는 현재 행정안전부에 근무하고 있는 남주현 사무관이 큰 도움을 주었다. 지난 몇 년간 남 사무관은 영국의 LSE에서 공부를 했었는데, 남 사무관이 보내준 자료가 영국을 비롯한 유럽에서의 재무행정 연구경향을 파악하는 데 큰 도움이 되었다. 이 책에는 그동안 우리 학계에서 많이 다루지 않은 내용들이 상당히 포함되어 있는데, 새로운 연구경향을 파악할 수 있는 단초를 제공한 것이 바로 남 사무관이 보내준 자료였다. 현재 기획재정부 예산실에 근무하고 있는 김태곤 서기관의 도움도 컸다. 책을 한창 집필하고 있는 중간에 보내준 「2010 한국의 재정」은 이 책의 내용을 풍부하게 하는 데 크게 도움이 되었고, 또 보내준 자료들을 아주 요긴하게 활용할 수 있었다.

부경대 행정학과의 이남국 교수는 이 책의 초고를 처음부터 끝까지 읽고 수정·보완해야 할 내용을 세밀하게 지적해 주었을 뿐만 아니라 문장을 다듬는 데도 크게 도움을 주었다. 이 교수의 도움이 없었더라면 이 책은 현재의 모습을 갖추지 못했을 것이다. 같은 과의 엄태호 교수는 연구년을 맞아 외국에 나가 있는데도 불구하고 시간을 내어 자신의 전문분야인 제13장 '정부회계'의 내용을 세밀하게 검토하고 유익한 논평을 해 주었다. 한국교육학술정보원에 재직 중인 김영록 박사는 자신의 박사학위 논문 주제와 관련된 제12장의 내용을 충실하게 검토해 주었다. 연세대학교 대학원 행정학과에 재학 중인 황소하와 최정은은 이 책의 처음부터 끝까지 교정을 보아주었다. 그리고 연세대학교 행정학과 3학년에 재학 중인 강혜원은 아직 재무행정론 수업을 듣지 않은 학부생의 입장에서 책의 난이도와 설명방식에 대해 유익한 논평을 해 주었다. 제자들과 동료 교수의 도움으로 이 책의 내용이 훨씬 풍부해진 데 대해 고마움을 표한다. 「정부예산과 재무행정」의 출판을 허락해 주신 다산출판사 강희일 사장님, 책을 준비하는 데 여러모로 도움을 주신 박재인 상무님, 그리고 편집을 맡아준 다산출판사 직원들께도 심심한 감사의 말씀을 전한다.

이 책의 대부분은 새롭게 집필된 것이지만 일부는 이미 발표된 내용을 수정·보완한 것이다. 제2장 '정부의 경제적 역할과 재정'은 「재정학의 이해」의 제1장에서 제4장의 내용을 요약·정리한 것이며, 제14장 '자본예산과 투자분석'은 「21세기 한국행정론」에 실렸던 저자의 논문과 「재정학의 이해」 제6장의 일부 내용을 수정·보완한 것이다. 제15장 '자금관리'는 「지방재정학 : 이론과 실제」에 실린 내용을 최근의 변화에 맞추어 수정·보완한 것이며, 제17장 '조세이론과 조세행정'의 일부 내용은 「재정학의 이해」 제7장의 내용을 활용하고 있다.

대학에서 후학들을 가르칠 수 있는 기회를 갖는다는 것은 커다란 행운임에 틀림없다. 이 길을 걸어갈 수 있도록 학부시절부터 저자를 이끌어주시고 지금까지 학자로서의 자세를 견지할 수 있도록 커다란 가르침을 주신 안병영 선생님께 머리 숙여 감사드린다. 또한 가족 같은 분위기에서 연구와 강의를 할 수 있는 환경을 허락해 준 연세대학교 행정학과의 선배·동료·후배 교수들에게 마음으로부터 감사의 말씀을 전한다. 저자가 이 길을 갈 수 있도록 든든한 버팀목이 되어 주신 부모님과 형님께는 새삼 사랑을 전한다. 아빠의 일 때문에 같이 놀고 이야기할 수 있는 시간이 충분치 못함을 아쉬워한 두 아들 태호와 민호에게는 미안함과 사랑을 전한다. 올해로 22년째 나의 가장 소중한 벗이 되어 주고 있는 아내 영미에게 결혼기념일 선물로 이 책을 바친다.

2010년 8월 20일

저자 씀

차 례

제4장 예산의 종류와 분류

제9장 결산과 감사

제3편 | 예산이론과 예산개혁

제10장 예산이론 : 합리성, 정치, 제도

제11장 예산개혁

제12장 결과중심 예산개혁과 성과주의 예산제도

제13장 예산제도와 재정규율

제4편 | 재정관리

제14장 정부회계

제 1 편

정부예산과 재무행정의 기초

제 1 장

정부예산과 재무행정의 의미

제1절 | 재무행정의 학문적 영역

우리는 매일매일 사람과 사람끼리 관계를 맺으면서 살아가고 있다. 사랑과 우정을 통해서 사람들끼리 관계를 맺기도 하지만, 보다 큰 차원에서 보면 '정부'와 '시장'이라는 두 가지 큰 제도가 사람들 사이의 관계를 맺어 주고 있다. 우리가 현재 살고 있는 자본주의 사회에서는 '시장'을 통해 사람들이 경제적인 관계를 맺고 있지만, 사람들의 공동체적인 삶은 '정부'를 통해 지탱되고 있다고 해도 틀린 말은 아니다.

현대 사회에서 정부는 대단히 많은 일을 하고 있다. 법과 질서를 유지하는 가장 기본적인 기능에서부터 시장이 제대로 공급할 수 없는 국방, 공공안전, 교육 등의 공공재 공급, 그리고 사람들 사이의 소득을 재분배하는 기능까지도 정부가 담당하고 있다. 그런데 이러한 일들을 정부가 제대로 수행하기 위해서는 국민들로부터 세금을 걷고, 거두어들인 세금을 제대로 관리하고 운영해서, 국민들을 위해 사용하는 일이 매우 중요하다. 정부가 어떤 세금을 어떻게 거두어들이고, 이를 토대로 어떤 일을 할 것인지를 계획하고, 이러한 계획을 어떻게 이루어 나가는가를 연구하는 학문분야가 바로 '재무행정'이다.

보다 공식적으로 표현하자면, 재무행정이란 정부와 공공기관이 조직의 목적을 달성하는 데 필요한 재원을 조달 · 배분하며, 이를 관리 · 운용하는 것과 연관된 일련의 활동을 의미한다. 즉, 재원의 동원, 배분 및 관리가 재무행정의 핵심적 내용이라고 할 수 있다. 이러한 재원의 동원, 배분 및 관리는 그 자체가 경제적 활동인 동시에 본질적으로 정치적 의사결정과정이다. 또한 재정의 운용을 위해서는 당연히 관리행위가 전제되어야 한다. 이렇게 볼 때, 재정에 관한 연구는 다차원적인 접근을 필요로 하는 학제 간 연구를 그 특징으로 하며, 정치적 · 경제적 · 관리적 측면을 모두 포함한다(하연섭, 2009; Caiden, 1985; Caiden, 1990; Doern *et al.*, 1988). [그림 1-1]은 재무행정의 학문적 영역을 보여주고 있다.

우리나라의 경우 행정학에서 다루는 재정연구의 명칭은 재무행정(public financial administration)으로 대체로 통일되어 있다. 그러나 재무행정이라고 표현할 경우 재정의 관리적 측면이 강조될 수밖에 없으며, 이럴 경우 재무관리(public

그림 1-1 재무행정의 학문적 영역

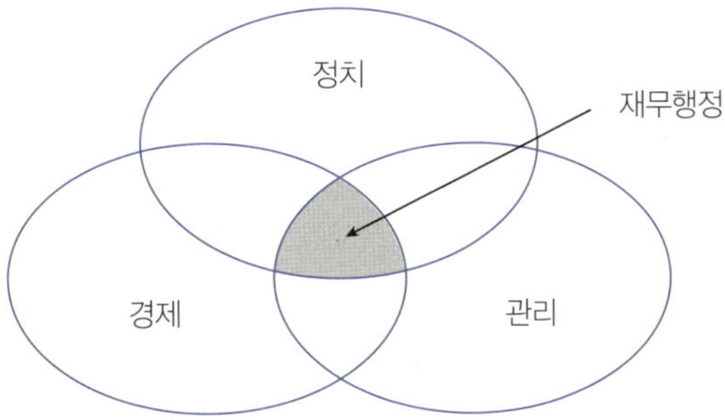

financial management)와 유사한 의미를 갖게 된다. 이러한 이유로 이 책에서는 재정의 관리적 측면뿐만 아니라 경제적인 측면과 정치적인 측면을 모두 포함하는 '정부예산과 재무행정'이라는 표현을 사용하고 있다. 미국의 재무행정 전공자들 간에 통용되는 Public Budgeting & Finance(혹은 Public Finance & Budgeting)라는 용어가 보다 포괄적인 의미를 띤다고 하겠는데, 이 책의 제목인 '정부예산과 재무행정'이라는 표현은 기본적으로 이와 같은 의미를 지니고 있다.

제2절 | 재정연구의 세 가지 차원

1. 재무행정과 경제 : 시장의 실패와 재정[1)]

기본적으로 조세의 징수와 지출행위를 통해 이루어지는 정부의 재정활동은 사회의 희소한 자원의 배분에 영향을 미칠 수밖에 없다. 따라서 정부의 재정활동이 자원배분의 효율성과 사회적 후생에 어떤 영향을 미치는가를 분석하는 것은 재정연구의 고전적 관심영역에 속하는 부분이다. 이러한 이유로 재무행정은 후생경제학(welfare economics) 및 공공경제학(public sector economics)과 밀접한

1) 시장의 실패와 정부의 개입에 관한 보다 자세한 논의는 다음의 제2장을 볼 것.

관련을 가진다. 경제적 측면에서 주로 관심을 갖는 분야는 세입과 세출의 효율성과 형평성, 최적의 자원배분, 그리고 의사결정에 대한 미시경제학적 분석모형의 적용 등이라고 할 수 있다.

재정학은 경제학(특히, 미시경제학)의 원리를 이용하여 정부의 재정활동(즉, 조세와 정부지출)을 분석할 수 있는 원칙과 도구를 제공하는 데 그 목적이 있다고 할 수 있다. 즉, 재정학은 조세와 정부지출에 초점을 맞추어, 이러한 정부의 재정활동이 효율적인 자원배분과 소득분배에 어떤 영향을 미치는가를 분석하는 데 그 목적이 있다. 현대의 재정학(즉, 신고전파 경제학의 한계이론에 기반한 재정학)은 다름 아니라 미시경제학적인 분석방법을 정부의 재정활동에 적용시키는 데 그 특징이 있다. 미시경제학(혹은 가격론)이 가계나 기업의 경제적 행위를 분석하는 데 주안점을 둔다면, 재정학은 정부의 경제적 행위를 분석하는 데 초점을 맞춘다(즉, 응용미시경제학으로서의 재정학).

정부의 재정적 기능에 관한 정형화된 논의는 Musgrave가 이야기하는 재정의 3대 기능, 즉, 자원배분, 소득분배, 경제 성장과 안정에서 발견할 수 있다. 이때 가장 기본적인 개념이 바로 시장의 실패(market failure)이다. 시장실패의 예로서 자원배분의 측면에서는 공공재, 외부효과, 불완전경쟁, 불완전한 정보, 시장의 부재 등을 들 수 있으며, 보다 포괄적인 의미에서는 시장에 의한 불평등한 소득분배, 경제의 불안정 등을 들 수 있다. 이러한 시장의 실패를 교정하고자 하는 것이 바로 정부의 재정적 기능이라고 정의할 수 있다.

시장에서의 자원배분이 효율적으로 이루어지기 위해서는 대단히 엄격한 몇 가지 조건을 필요로 한다. 즉, 모든 시장이 완전경쟁상태에 있어야 하며, 모든 산업이 비용증가산업이어야 한다. 또한 공공재와 외부효과가 존재하지 않아야 하며, 완전한 정보와 함께 완전한 이동성이 존재하여야 한다. 이러한 조건들이 만족되지 않는다면 가격기제에 의한 자원의 배분이 효율적일 수 없으며, 이에 따라 정부개입의 필요성이 제기되는 것이다.

시장의 실패는 자원배분 측면에서만 나타나는 것이 아니다. 시장에 의한 자원의 배분이 사회의 구성원들이 바람직하다고 생각하는 것과는 다른 소득분배상태를 낳을 수 있다. 비록 시장이 자원을 효율적으로 배분한다고 하더라도 사회 내의 소득분배가 대단히 불평등하게 이루어질 가능성은 얼마든지 있다. 왜냐하면 시장경제에 있어서 개인이 향유할 수 있는 소득의 크기는 각 개인이 소유하고 있는 노동이나 자본의 양과 이러한 생산요소가 시장에서 받는 가격에 의해 결정되기 때문이다. 따라서 생산요소의 분배상태가 애당초 균등하게 되어 있지 않거나 혹은 각 생산요소에 대한 가격의 결정이 불균등하게 이루어져 있다면, 자원이 효율적으로 배분된다 하더라도 각 개인이 향유하는 소득에는 대단히 큰 격차가 나타날 수밖에 없다. 결국 생산요소가 불균등하게 배분되어 있는 상태에서 가격기제의 자유로운 작동은 소득분배의 불평등상태를 더욱 증폭시킬 수밖에 없다.

다른 한편, 시장은 사람들이 원하는 소득, 물가 및 고용의 안정성을 유지하는 데 실패할 수 있다. 순수시장경제에 있어서는 주기적인 경기변동에 따라 물가가 급격히 상승하거나 실업이 대량으로 발생할 가능성이 높다. 따라서 높은 고용상태를 유지하고 물가를 안정시키며 국민소득을 지속적으로 증가시키기 위해서는 시장의 '보이지 않는 손'에만 의지할 수 없다(하연섭, 2015: 13-14).

그런데 일반적으로 보다 좁은 의미에서 '시장의 실패'를 정의하는 경우에는 시장이 효율적인 자원배분에 실패하는 경우만을 지칭하기도 한다. 이러한 측면에서 흔히 이야기되는 시장실패의 유형으로서는 불완전경쟁(특히, 자연독점), 공공재, 외부효과, 불완전한 정보, 불완전한 시장 등을 들 수 있다.

2. 재무행정과 정치 : 개인과 집단의 갈등과 합의

사회라는 공동체를 형성해서 사람들이 함께 살아가기 위해서는 반드시 해결해야 하는 문제가 있다. 사람들이 원하는 것을 모두 충족시켜 줄 수 있을 만큼 자원이 풍부하지 않을 뿐만 아니라 사람들이 각기 원하는 것이 서로 다르기 때문에, 어느 사회이건 희소성(scarcity)과 경쟁(competition)의 문제를 해결하지 않으면 안 된다. 희소성과 경쟁의 문제를 해결하기 위해서는 누가 원하는 것을 얼마만큼 만족시킬지 그리고 이를 위한 부담은 누가 질 것인지를 결정해야 한다. 희소성과 경쟁의 문제를 해결하기 위한 정책의 선택과 우선순위의 설정이 권력과 권위를 배경으로 이루어지는 것이 바로 '정치'인 것이다. 따라서 누가, 무엇을, 얼마나, 어떻게 얻는가를 결정하는 '예산'이야말로 정치의 핵심적인 요소라고 할 수 있다(Lewis & Hildreth, 2010).

정치를 '사회적 가치의 권위적 배분(the authoritative allocation of societal values)'이라고 정의할 경우, 조세와 지출을 통해 자원배분과 소득분배에 영향을 미치는 정부의 재정활동은 본질적으로 정치적인 행위다. 무엇보다도 정부의 재정활동은 가격기제에 의한 자발적 상호교환(voluntary exchange)이라는 자본주의 구성 원리에 중대한 예외가 되는 현상이며, 이는 곧 정치적인 속성을 포함한다. 따라서 재정은 국가와 사회, 정부와 시장이 연계되는 현상이며 본질적으로 정치경제적 속성을 지닌다. 이에 따라 정부의 재정활동은 사회집단 간 권력게임(power game)의 의미를 강하게 지니게 된다.

개인 간 자발적 교환이 자본주의의 기본적인 구성 원리이지만, 이 원리의 가장 중요한 예외가 바로 '조세'의 존재이다. 조세의 납부는 그 자체가 바로 '비자발적 교환'으로서 '자발적 교환'이라는 자본주의 구성 원리의 심각한 예외인 것이다. 그런데 보다 정확하게 표현하자면, 국가 없는 시장이 허상에 불과한 이상, 비자발적 교환의 존재는 자본주의에서 예외적 현상이 아니라 자본주의를 구성하는 본질적 요소라고 할 수 있다.

신고전파 경제학에서 주장하는 시장의 실패라는 개념에 기반한 정부의 개입이 아니더라도 자본주의 시장 질서를 애당초 가능케 하는 사적 소유권의 확립과 유지, 시장 질서를 위한 계약관계의 성립과 유지는 강제력에 기반한 국가의 존재를 기본전제로 하며, 이러한 강제력에 기반한 국가의 존재는 그 자체가 조세를 전제로 하는 것이다. 다시 말해서, 정부와 시장의 공존과 이를 가능케 하는 조세징수와 납부행위를 위해서는 국가의 강제력이 필요하며, 이와 동시에 국가의 강제력이 유지되기 위해서는 이를 가능케 하는 조세가 필요한 것이다. 이러한 측면에서, 시장과 정부, 조세와 강제력은 자본주의가 존립하기 위한 필수불가결한 요소라고 할 수 있다. 결국 재정현상은 본질적으로 국가와 사회, 정부와 시장이 연계되는 현상이며, 이에 따라 재정연구는 그 자체가 정치경제적인 속성을 지닐 수밖에 없다고 할 것이다.

그리고 이러한 강제력을 기초로 징수되는 조세에 의해 공급되는 공공서비스는 그 수혜자와 납세자가 전혀 다른 사람인 경우가 대부분이기 때문에, 가격의 지불자와 수혜자가 일치하는 시장에서의 거래와는 다른 독특한 특징을 보이게 된다. 즉, 서비스 공급수준과 서비스 공급대상에 대한 결정, 재원조달의 규모와 부담자에 대한 결정 등이 모두 시장기제가 아니라 정치적 결정에 의해 이루어지게 되는 특징을 지닌다. 이때, 정치적 결정은 투표라는 행위에 의해 형식적으로 결정된다고 하고 있지만, 기실 그 결정의 근저에는 정치적 권력관계가 놓여 있다. 무엇보다도 정치가 "누가 무엇을, 언제, 어떻게 얻는가(who gets what, when, and how)"의 문제와 관련된 것이라면, 예산이야말로 이를 가능케 하는 중요한 수단을 제공해 준다고 할 것이다(Wanna *et al.*, 2000).

예산은 정부가 어떤 일을 할 것이며 어떤 일을 하지 않을 것인지에 관한 사회적 선택을 반영한다. 또한 예산은 정부활동의 우선순위를 반영한다. 따라서 예산과정은 정부에 대해서 서로 다른 기대를 갖고 있는 개인과 집단 간의 갈등과 합의의 과정이라고 할 수 있다. 이러한 이유로 자원배분을 둘러싼 갈등의 보편적 발생이 예산과정의 가장 중요한 특징이라고 할 수 있는데, 예산의 결정과정은 단지 자원배분의 효율성이라는 목표하에서만 이루어지는 것이 아니라 보다 근본적으로는 사회집단 간 혹은 예산결정과정 참여자 간의 권력게임일 수밖에 없다는 특징을 지닌다.

3. 재무행정과 관리 : 합리성의 추구

예산은 관리와 행정의 도구이다. 예산은 공공서비스를 제공하는 수단과 비용을 결정하고 효율성과 효과성을 평가하기 위한 기준을 설정하는 역할을 담당한다. 예산과정을 통해서 정부의 모든 사업과 활동들이 평가되는 것이다. 예산의 계획적인 편성과 효율적인 집행 등 재정활동의 모든 측면은 관리행위를 전제로 한다. 따라서 재정의 관리적인 측면에서는 예산 편성과 집행의 과정을 어떻게 조정함으로써 효율적이고 효과적인 예산결과를 만들어 낼 수 있느냐에 관심을 가지는 것이 특징이다. 이에 따라 재무행정은 기법(techniques)으로서의 의미를 강하게 지닐 수밖에 없다. 이 시각에서는 예산의 기능으로서 통제(control), 관리(management), 기획(planning)에 초점을 맞춘다(Caiden, 1990).

관리적 차원에서 재정현상에 접근할 경우 가장 강조하는 개념은 바로 합리성(rationality)이다. 즉, 합리적인 재원의 동원과 배분 그리고 관리가 가장 중요하다는 것이다. 예산운용에 있어서 효율성이라는 개념 자체가 자원의 제약하에서 주어진 목표를 어떻게 달성하는 것이 가장 바람직한가를 따지는 것이라고 할 수 있다.

제3절 | 각 접근법의 한계

1. 경제적 차원의 연구

재정학으로 대표되는 재정현상에 대한 경제적 차원의 접근은 이론적 차원에서는 상당한 공헌을 하고 있지만, 현실적인 정책지침을 제공하는 데 있어서는 한계를 드러내고 있다. 예를 들어 공공재는 비경합성과 배제불가능성을 특징으로 하기 때문에 무임승차자의 문제(free rider problem)로 말미암아 공공재에 대한 개개인의 선호를 파악하는 것은 불가능하며, 설령 선호를 파악한다 하더라도 누구의 선호를 반영할 것인가의 문제는 이론적인 차원에서는 해결할 수 없다. 따라서 비록 불완전할 수밖에 없지만 공공재에 대한 선호의 파악은 정치과정을 통해 이루어질 수밖에 없다. 이는 곧 미시경제학적인 모형에 의해서만 정부 재정활동의 수준과 범위, 그리고 재원의 배분 등이 결정될 수 없음을 의미하는 것이다.

그리고 현실적으로 정책을 추진함에 있어서 형평성과 효율성이라는 두 가지 목표가 충돌하는 경우가 많은데, 양자 간의 균형을 어떻게 달성할 것인가에 대해서는 명백한 이론적 지침을 발견하기 어렵다. 무엇보다도 정부정책에 따라 잃는 자와 얻는 자가 생겨나기 마련인데, 이럴 경우 자원배분의 효율성이라는 기준만으로 정책을 선택하고 평가하기 어렵다. 효율성은 투입과 산출의 관계, 즉 일이 어떻게(how) 달성되었는가에만 초점을 맞추는 개념일 뿐, 왜(why) 어떤 일을 해야 하는가에 대한 지침을 제공해 주지는 못한다(Lewis & Hildreth, 2010: 21).

재정현상에 대한 경제적 접근이 정부의 경제적 역할을 설명하는 데 있어서 상당한 공헌을 하고 있지만, 정부의 활동은 공공조직의 행정적 행위를 필요로 하는 것이다. 따라서 경제적 접근법은 재정활동을 둘러싼 정부의 관리행위에 대한 분석과 적절히 결합될 필요가 있다고 할 것이다.

2. 정치적 차원의 연구

예산은 본질적으로 정치적인 성격을 지니고 있다. 예산은 사회집단 간 타협과 조정의 산물이며, 사회집단의 다양한 이해관계를 반영해 주어야 한다. 그러나 예산이 갖는 정치적 속성이 합리적이고 효율적인 예산의 편성과 운용을 저해해서는 곤란하다. 예산을 더 많이 확보하기 위해 사회집단들이 경쟁을 벌인다 할지라도, 주어진 예산을 보다 현명하게 활용해서 더 많은 혜택을 사회집단들에게 돌려주기 위해서는 예산을 효율적으로 관리하는 것이 필요하다. 예산은 "정치과정의 요체"(Wildavsky, 1961)라고 할 수 있지만, 사회 구성원들의 후생을 증진시키기 위해서는 합리적인 예산 편성과 관리가 필요하다. 또한 예산을 더 많이 확보하기 위한 사회집단들의 경쟁이 재정적자를 발생시키고 국가채무를 증가시켜 경제의 지속적인 성장을 저해하는 결과를 낳을 수도 있다. 그러므로 예산에 대한 정치적 결정이 어떤 경제적 결과를 초래하는지에 대해서도 지속적으로 관심을 가질 필요가 있다.

3. 관리적 차원의 연구

관리적 차원의 연구에서는 예산과정이란 곧 합리적 의사결정을 위한 과정이다. 그러나 합리성에 초점을 맞춤으로써 관리적 차원의 연구는 정치적 의사결정과정으로서의 예산과정을 무시하게 되는 결과를 초래하게 된다. 단순히 투입과 산출, 비용과 편익에만 입각해서 예산을 선택하게 되면, 예산을 둘러싼 얻는 자와 잃는 자 사이의 갈등, 이익집단 사이의 갈등을 조정할 수 있는 가능성은 매우 줄어든다. 예산과정을 통해 정부 사업의 목표와 수단을 선택하는 것이라면, 이는 단순히 합리적인 의사결정에만 국한되지는 않는다. 예산과정을 통한 정부사업의 목표와 수단의 선택은 그 자체가 정치적인 의사결정이기 때문이다. 따라서 예산의 정치적 성격과 예산이 추구하는 합리성을 어떻게 조화시킬 것인가가 매우 중요한 문제로 대두되는 것이다.

제4절 | 정부예산과 재무행정

1. 정부예산과 재무행정의 구분

정부예산과정과 재무행정은 긴밀하게 연계되어 있기 때문에, 이 둘을 명확하게 구분하기는 힘들다. 그러나 Reed와 Swain(1997)에 의하면, 정부예산론(public budgeting)은 조세와 지출에 관한 의사결정과정에 초점을 맞추는 반면, 재무행정론(public financial administration *or* public financial management)은 정부예산의 운용과 관련된 보다 구체적이고 기술적인 측면을 다루는 영역이라는 점에서 차이가 있다. 다시 말해서, 정부예산론은 재원의 조달과 배분에 관련된 대안의 선택 등 예산에 대한 의사결정에 초점을 맞춘다면, 재무행정론은 공공자원의 관리와 관련된 기법에 초점을 맞추는 것이 특징이다. 예를 들면, 환경보호, 교육, 국방 등 어느 분야에 예산을 더 투입할 것인가를 결정하는 것, 또 환경 분야 내에서도 환경을 보호하기 위해 수질개선에 자원을 더 투입할 것인지, 환경보호를 위한 신기술 개발에 자원을 더 투입할 것인지를 결정하는 것 등은 모두 정부예산론의 영역에 해당한다고 할 수 있다. 이와는 달리 만약 환경보호를 위해 수질개선에 예산을 더 투입하기로 결정했다면, 이를 위해 어떻게 자원을 동원하고 배분하며 관리할 것인지에 관련된 일을 하는 영역은 재무행정(론)에 해당한다는 것이다.

한마디로, 정부예산론이 예산을 통해 정부가 '무엇(what)'을 할 것인가 하는 예산과정의 '정치적(political)'인 측면에 초점을 맞춘다면, 재무행정론은 정해진 예산을 '어떻게(how)' 제대로 운용할 것인가와 관련된 예산의 '기술적(technical)'인 측면에 초점을 맞춘다. 이에 따라 정부예산에 관한 결정은 조직의 상층부에서 주로 이루어지는 반면, 재무행정은 조직의 중간단계나 하부에서 주로 이루어진다. 그러나 행정학의 고전적 이슈인 정치와 행정의 구분, 정책과 행정의 구분이 쉽지 않듯이 정부예산론의 영역과 재무행정론의 영역을 엄격하게 구분하기는 불가능하다(Reed & Swain, 1997).

2. 예산과정과 재무행정

Reed와 Swain(1997)은 예산의 각 과정에 관련된 재무행정의 기법 및 영역을 다음의 〈표 1-1〉과 같이 제시하고 있다.

표 1-1 Reed와 Swain에 의한 예산과정과 재무행정의 기법

예산과정	재무행정의 기법 및 영역
예산편성	세입·세출의 예측, 비용분석(비용-편익분석, 비용-효과분석 등), 자본예산, 부채관리, 재정상태의 평가
예산심의	예산편성과정에서 제공된 정보의 재검토
예산집행	회계, 조세행정, 지출행정, 구매, 자금관리, 투자
결산	감사

자료 : Reed & Swain(1997: 16).

통상적으로 예산과정은 예산편성, 예산심의, 예산집행 및 결산과 감사로 구성되어 있는데, 예산편성과정에서는 세입·세출의 예측, 비용-편익분석, 자본예산, 부채관리, 재정상태의 평가 등과 관련된 기법들이 주로 활용된다. 예산심의과정에서는 사실상 예산편성과정에서 제공된 정보에 대한 재검토가 이루어지기 때문에 별도의 특별한 기법이 적용되는 경우는 거의 없다. 예산집행과정에서는 회계, 조세행정, 지출행정, 구매, 자금관리, 투자 등의 행위가 이루어지며, 이러한 활동 등과 연관된 기법들이 동원된다. 마지막으로 결산 단계에서는 회계검사와 감사 등이 활용된다.

3. 재무행정의 정향과 재무행정기법

재무행정의 정향(orientations in public financial administration)이란 효과적이고 효율적으로 재정을 관리하기 위해서 필요한 기본적인 원칙을 의미한다고 할 수 있다. 재무행정의 기본적인 정향으로서는 통제, 관리, 기획을 들 수 있다.

통제란 예산운용에 대한 법적·행정적 제약을 통해 예산운영에 있어서 잘못된 점이 없도록 하는 것을 의미한다. 통제를 통해 배정된 예산범위 내에서의 지출, 합법적인 예산집행, 입법부의 정책의도에 맞는 예산집행이 이루어질 수 있도록 한다는 것이다.

관리란 예산운용에 있어서 효율성과 효과성에 초점을 맞추는 것을 말한다. 다시 말해서, 예산의 관리기능은 예산운용에 있어서 투입과 산출의 관계, 예산운용의 성과에 초점을 맞추어 자원배분의 효율성과 효과성을 높이려는 시도를 의미한다.

기획이란 목표의 설정과 목표 달성을 위한 수단의 선택에 초점을 맞추는 것을 의미한다. 예산의 기획기능은 정부 사업 간 우선순위의 설정과 이에 기반한 자원의 배분과 관련된 기능이다. 예산의 기획기능을 강조하는 것은 예산이 미치는 중·장기적인 영향을 고려한 상태에서 예산을 운용하는 것이 필요함을 의미하는 것이다(Reed & Swain, 1997; McNab & Melese, 2003: 76–77).

이러한 통제, 관리, 기획이라는 재무행정의 정향을 충족시키기 위해서는 이를 위한 정보가 충분히 제공될 필요가 있다. 통제기능을 제대로 수행하기 위해서는 특정 과업을 수행했는지를 따져볼 수 있는 정보가 필요하며, 관리기능을 수행하기 위해서는 투입–산출에 관련된 정보, 과업수행의 결과에 대한 정보가 필요하다. 끝으로, 기획기능을 위해서는 미래예측에 관련된 정보, 수단과 목표의 연관성에 관련된 정보가 필요하다. 이러한 정보를 앞의 〈표 1–1〉에서 제시한 재무행정기법들과 연관시켜 보면, 통제기능을 위해서는 회계, 감사, 지출행정 등이 필요하다고 할 수 있다. 관리기능을 위해서는 비용분석(비용–편익분석 혹은 비용–효과분석), 구매행정, 자금관리 등이 필요하며, 기획기능을 수행하는 데에는 세입세출의 예측, 자본예산 등의 재무행정기법이 필요하다고 할 수 있다.

참고문헌

하연섭. (1996). "한국의 「재무행정론」 교재에 대한 평론: 새로운 접근을 위한 모색." 「한국행정학보」 30(2): 163-71.

_______. (2009). "공공성과 재무행정: 정치 · 경제 · 관리적 측면을 중심으로." 윤수재 · 이민호 · 채종헌(편), 「새로운 시대의 공공성 연구」 850-78. 서울: 법문사.

_______. (2015). 「재정학의 이해」 제2판. 서울: 다산출판사.

Caiden, Naomi. (1985). "The Boundaries of Public Budgeting: Issues for Education in Tumultuous Times." *Public Administration Review* 45: 495-502.

_______. (1990). "Public Budgeting in the United States: the State of the Discipline." in Naomi B. Lynn and Aaron Wildavsky(eds.), *Public Administration: the State of the Discipline*. 228-55. Chatham: Chatham House.

Doern, G. Bruce, Allan M. Maslove, and Michael J. Prince. (1988). *Public Budgeting in Canada: Politics, Economics and Management*. Ottawa: Carleton University Press.

Lewis, Carol W. and W. Bartley Hildreth. (2010). *Budgeting: Politics and Power*. New York: Oxford University Press.

McNab, Robert M. and Francois Melese. (2003). "Implementing the GPRA: Examining the Prospects for Performance Budgeting in the Federal Government." *Public Budgeting & Finance* 23(2): 73-95.

Nice, David C. (2002). *Public Budgeting*. Belmont, CA: Wadsworth/Thomson Learning.

Reed, B.J. and John W. Swain. (1997). *Public Finance Administration*. 2nd ed., Thousand Oaks: Sage.

Rubin, Irene S. (2000). *The Politics of Public Budgeting: Getting and Spending, Borrowing and Balancing*. 4th ed., Chatham, N.J.: Chatham House.

Smith, Robert W. and Thomas D. Lynch. (2004). *Public Budgeting in America*. 5th ed., Upper Saddle River, NJ: Pearson.

Wanna, John, Joanne Kelly, and John Forster. (2000). *Managing Public Expenditure in Australia*. St. Leonards, Australia: Allen & Unwin.

Wildavsky, Aaron. (1961). "Political Implications of Budgetary Reform." *Public Administration Review* 21: 183-90.

_______ **and Naomi Caiden.** (2004). *The New Politics of the Budgetary Process*. 5th ed. New York: Pearson.

제 2 장

정부의 경제적 역할과 재정[1)]

재정에 대한 경제학적 접근에서는 현대 사회에서 이루어지는 정부의 역할과 기능을 '시장의 실패(market failure)'라는 개념으로 설명하고 있다. 자본주의 사회에서 시장이 제대로 된 역할을 수행하고 있지 못하기 때문에 정부가 시장에 개입한다는 것이 경제학적 접근의 기본적인 주장이다. 따라서 재정현상에 대한 경제학적 접근을 이해하기 위해서는 시장의 실패라는 개념과 이로부터 도출되는 정부의 경제적 기능을 이해할 필요가 있다. 시장의 실패는 자원배분, 소득분배, 경제안정과 성장이라는 세 가지 차원에서 논의되지만, 좁은 의미로는 효율적인 자원배분을 달성하지 못하는 경우만을 시장의 실패라고 정의하는 경우도 있다. 특히, 미시경제학적인 분석 방법을 정부의 재정활동에 적용시키는 현대의 재정학에서는 효율적인 자원배분의 실패에 초점을 맞추어 시장의 실패와 정부의 개입을 설명하는 것이 특징이다. 이에 따라 이 장에서도 자원의 효율적 배분에 초점을 맞추어 정부개입의 논리적 근거를 보다 구체적으로 설명하고 있다. 끝으로, 최근에 와서 많은 학자들이 시장의 실패는 정부개입을 위한 필요조건일 뿐 충분조건은 아니라는 점을 강조하고 있다. 즉, 시장이 실패했다고 해서 이것이 곧 정부의 역할을 정당화하는 것은 아니라는 것이다. 실패한 시장을 교정하기 위해 정부가 개입하지만, 이러한 정부의 개입이 실패한 시장보다 더 열악한 결과를 낳을 수 있는 가능성이 엄연히 존재한다는 것이다. 이를 '정부의 실패(government failure)'라고 부른다. 이 장의 마지막 부분에서는 정부의 실패는 왜 발생하는지, 그리고 정부와 시장 둘 다 실패할 수밖에 없다면 양자 간의 선택은 어떻게 이루어져야 하는지를 설명하고 있다.

제1절 | 시장실패의 의미

자본주의 경제체제는 개인 간의 자발적 교환행위를 전제로 하는데, 이러한 자발적 교환행위가 가능하기 위해서는 소유권이 확립되어 있어야만 한다. 만약 각 개인이 가지고 있는 재산이나 재화에 대한 소유권이 확립되어 있지 않다면, 개

1) 이 장의 주요 내용은 하연섭(2015)의 제1장에서 제4장까지의 내용을 요약·정리한 것이다.

인 간의 자발적 교환행위를 기대할 수 없을 것이다. 그런데 사회 내에 법과 질서가 유지되지 않는다면 소유권의 확립과 보호는 거의 불가능하다. 이러한 이유로 '보이지 않는 손'에 의해 움직이는 순수시장경제체제에 있어서도 정부는 법과 질서의 유지, 곧 소유권의 확립 및 보호라는 기본적인 역할을 수행해야 한다. 따라서 정부가 없는 시장이란 하나의 허상에 불과한 것이다.

그런데 법과 질서의 유지라는 야경국가적인 역할만을 담당하는 국가는 오늘날 세계 어디에서도 찾아보기 힘들다. 정도의 차이는 있지만 오늘날 거의 모든 정부는 경제에 깊숙이, 그리고 광범위하게 개입하고 있는 것이 사실이다. 이렇게 법과 질서의 유지라는 소극적인 차원을 넘어 정부가 적극적인 역할을 하게 된 이유를 재정학은 '시장의 실패'라는 개념에서 찾고 있다. 시장의 실패는 다음과 같은 현상을 의미한다.

첫째, 시장이 사람들이 필요로 하는 재화나 서비스를 모두 공급해 줄 수 없을 뿐만 아니라 자원을 가장 효율적으로 배분하여 사회의 후생을 극대화시켜 줄 수 없는 경우가 있다. 시장이 자원을 가장 효율적으로 배분하여 소비자들이 가장 원하는 재화나 서비스를 가장 값싸게 생산해 내기 위해서는 생산요소시장과 생산물시장이 완전경쟁상태에 있고, 자원의 완벽한 이동성이 존재하며, 생산자와 소비자가 완전한 정보를 소유하고 있어야 한다는 등과 같은 대단히 엄격한 조건을 필요로 한다. 그러나 현실의 경제는 이러한 조건을 만족시키지 못하는 경우가 많은데, 이렇게 되면 시장에 의한 자원의 효율적인 배분은 기대하기 어렵다.

둘째, 시장에 의한 자원의 배분이 사회의 구성원들이 바람직하다고 생각하는 것과는 다른 소득분배상태를 낳을 수 있다. 비록 시장이 자원을 효율적으로 배분한다고 하더라도 사회 내의 소득분배가 대단히 불평등하게 이루어질 가능성은 얼마든지 있다. 왜냐하면 시장경제에 있어서 개인이 향유할 수 있는 소득의 크기는 각 개인이 소유하고 있는 노동이나 자본의 양과 이러한 생산요소가 시장에서 받는 가격에 의해서 결정되기 때문이다. 따라서 생산요소의 분배상태가 애당초 균등하게 되어 있지 않거나 혹은 각 생산요소에 대한 가격의 결정이 불균등하게 이루어지고 있다면, 자원이 효율적으로 배분된다 하더라도 각 개인이 향유하는 소득에는 대단히 큰 격차가 나타날 수밖에 없다. 결국 생산요소가 불균등하게 배분되어 있는 상태에서 가격기제의 자유로운 작동은 소득분배의 불평등상태를 더욱 증폭시킬 수밖에 없다. 이러한 이유로 시장은 분배의 문제를 해결하는 데 실패할 수 있는 것이다.

셋째, 시장은 사람들이 원하는 소득, 물가 및 고용의 안정성을 유지하는 데 실패할 수 있다. 시장경제에 있어서는 주기적인 경기변동에 따라 물가가 급격히 상승하거나 실업이 대량으로 발생할 가능성이 대단히 높다. 또한 경제성장률이 급격히 둔화됨으로써 경제 전반이 위기에 빠질 수도 있다. 시장의 '보이지 않는 손'만으로는 높은 고용상태를 유지하고 물가를 안정시키며 국민소득을 지속적으로 증가시키기 어려운 경우가 발생한다는 것이다.

제2절 | 정부의 경제적 기능

앞에서 시장의 실패가 일어날 수 있는 유형을 살펴보았는데, 정부의 경제적 기능이란 바로 이러한 시장의 실패를 방지하려는 데서 찾을 수 있다. Musgrave는 정부의 3대 경제적 기능을 자원배분기능, 소득분배기능, 그리고 경제안정 및 성장기능으로 나누어 설명하고 있다(Musgrave, 1959; Musgrave & Musgrave, 1989).

1. 자원배분기능

자원배분기능(resource allocation)이란 가격기제에 의한 자원의 효율적 배분이 불가능할 경우 정부가 경제에 개입하여 사회후생을 극대화시키는 방향으로 자원을 배분하는 기능을 의미한다. 이러한 정부의 자원배분기능은 다양한 형태로 나타날 수 있는데, 정부가 어떤 재화나 서비스를 직접 공급하는 역할을 담당할 수도 있고 혹은 정부가 직접 재화나 서비스를 공급하지 않는다 할지라도 민간의 자원배분과정에 영향력을 행사하여 자원배분의 효율성을 높이는 역할을 담당할 수도 있다. 정부가 재화나 서비스를 직접 공급하는 예로는 국방의 유지, 고속도로의 건설, 혹은 동사무소에서 민원서류의 발급 등을 들 수 있으며, 정부가 민간의 자원배분과정에 간접적으로 영향을 미치는 예로는 무거운 공해세나 벌금을 부과함으로써 공해유발업체의 생산방식에 변화를 유도하는 것 등을 들 수 있다.

그런데 정부가 재화나 서비스를 공급한다고 해서 반드시 정부가 이들 재화나 서비스를 직접 생산할 필요는 없다. 민간 기업이 생산한 재화와 서비스를 정부가 사들여 이를 국민들에게 제공하는 경우는 얼마든지 있다. 시장의 실패 때문에 정부가 자원배분기능을 맡는다는 의미는 정부가 직접 생산을 한다는 의미가 아니라 단지 정부가 재화나 서비스를 공급한다는 것을 의미하며, 이때 정부에 의한 재원조달(government financing)이야말로 정부의 자원배분기능에 있어서 가장 핵심적인 요소인 것이다. 다시 말해서, 정부가 자원배분기능을 담당하기 위한 전제조건이 바로 정부가 국민들로부터 세금을 거두어들이고 이를 바탕으로 지출활동을 벌이는 것이다.

한편, 시장에 의해서 자원이 효율적으로 배분되고 있음에도 불구하고 정부개입이 필요한 경우가 있다. 사람들이 자신을 위한 최선의 선택이 무엇인지를 모르는 경우가 있는데, 이때 정부가 나서서 단순히 정보를 제공해 주는 차원을 넘어 사람들로 하여금 특정한 재화의 소비를 강제하는 수가 있다. 안전벨트 착용의 의무화나 마약금지 등이 대표적인 예이다. 이렇게 정부가 소비를 강제하는 재화를 일컬어 가치재(merit goods)라고 부른다.

2. 소득분배기능

Musgrave가 이야기하는 정부의 두 번째 경제적 기능은 공평한 소득 및 부의 분배(distribution)를 실현하는 기능이다. 조세정책이나 지출정책을 통하여 정부는 각 개인이 향유하게 되는 소득의 양을 직접적으로 변화시킬 수도 있고, 최저임금제 등을 통하여 시장에서 각 생산요소가 갖게 될 상대적 가격을 변화시킬 수도 있으며, 혹은 교육기회의 확대 등을 통하여 각 개인이 가지게 될 생산요소의 질을 향상시킴으로써 소득분배상태를 변화시킬 수도 있다.

정부의 분배적 기능을 논의함에 있어서 주목해야 할 사실은 공평한 소득의 분배와 자원의 효율적 배분 및 그에 따른 사회후생의 극대화가 상충관계(trade-off relationship)를 가질 수 있다는 점이다. 즉, 공평한 분배를 실현하기 위한 정부의 정책이 자칫 경제의 효율성을 저해함으로써 경제의 지속적인 성장에 걸림돌이 될 수도 있다는 것이다. 그러나 이러한 우려가 정부의 분배적 기능이 필요 없음을 의미하는 것은 결코 아니다. 오히려 이러한 상충관계가 의미하는 바는 가능한 한 경제의 효율성을 최소한으로 희생시키면서 정부의 분배적 기능이 수행되어야 한다는 당위적인 사실을 일깨워 주는 것이다.

3. 경제안정 및 성장기능

Musgrave가 이야기하는 정부의 세 번째 경제적 기능은 경제안정 및 성장기능(economic stabilization and growth)이다. 이 기능은 물가의 안정, 생산자원의 완전고용, 국제수시의 균형, 그리고 경제의 지속적인 성장을 목표로 하여 정부가 경제에 개입하여야 한다는 것으로서, 위의 두 가지 기능과는 달리 거시경제적인 목표를 달성하기 위하여 정부가 경제에 개입하는 경우이다.

제3절 | 시장실패의 유형

1. 불완전경쟁

가격이라는 '보이지 않는 손'에 의한 자원의 배분이 효율적이기 위해서는 모든 시장이 완전경쟁상태에 있어야 한다. 즉, 생산물시장과 요소시장을 포함한 모든 시장이 수많은 생산자와 소비자로 구성되어 있어서 어떤 생산자나 소비자도 교환되는 재화나 서비스의 가격에 영향을 미칠 수 없어야 한다. 다시 말해서, 모든 생산자와 소비자가 가격순응자(price takers)로서만 시장에 참여하여야 한다는 것이다.

또한 수많은 생산자가 한 산업에 존재하기 위해서는 그 산업에 대한 신규 진입이 자유로워야 하며, 이것이 가능하기 위해서는 그 산업이 비용증가산업(increasing-cost industry)이어야 한다. 비용증가산업이라는 의미는 일정한 생산 수준 이상에서는 기업의 단위당 생산비가 증가하여야 한다는 것이다. 만약 어떤 산업부문에 처음 참여한 기업이 생산량을 늘릴수록 그 기업의 단위당 생산비가 줄어든다면, 그 산업에 새로이 참여하는 기업들의 단위당 생산비는 처음 참여한 기업의 단위당 생산비보다 높을 수밖에 없다. 이렇게 규모의 경제(economies of scale)가 존재하는 경우 그 산업은 맨 처음에 참여한 생산자에 의해서 지배될 가능성이 커지게 되며, 이는 수많은 생산자가 존재해야 한다는 완전경쟁의 기본적인 조건이 만족되지 않음을 의미하는 것이다(Haveman, 1970).

그렇지만 어떤 재화를 생산하는 기업이 단 하나밖에 없는 독점(monopoly)이거나 시장이 소수의 기업에 의해 지배되는 과점(oligopoly)의 경우 혹은 동종이지만 이질적인 재화를 생산하는 공급자가 다수인 독점적 경쟁(monopolistic competition)이 존재하는 경우, 개별 기업이 가격설정에 영향력을 행사할 수 있기 때문에 시장은 완전경쟁상태로부터 멀어지게 된다.

불완전경쟁의 특수한 형태로서 자연독점(natural monopoly)을 들 수 있다. 규모의 경제가 존재하여 생산량이 증가함에 따라 단위당 생산비가 감소하는 경우에는 상대적으로 낮은 수준에서 생산활동을 할 수밖에 없는 새로운 기업의 단위당 생산비가 대규모의 생산수준을 갖고 있는 기존의 기업에 비해서 높을 수밖에 없을 것이다. 이럴 경우 그 산업에 대한 신규진입은 자연히 제한될 수밖에 없다. 어떤 기업이 생산량을 늘릴수록 평균생산비가 줄어들게 되어 독점적 지위를 차지하게 될 경우 이를 자연독점이라고 한다. 자연독점의 문제를 해결하는 방법으로는 이 기업을 정부가 공기업 형태로 운영하는 방법과 완전경쟁상태에 있는 기업처럼 운영하도록 '규제'하는 방법이 있다.[2)]

2) 자연독점과 그 해결책에 관한 보다 자세한 설명은 하연섭(2015)을 참고할 것.

2. 공공재

1) 공공재의 특성

공공재는 사적재와 비교해서 다음과 같은 두 가지 특성 때문에 시장의 실패를 초래한다.

첫째, 공공재는 소비에 있어서의 비경합성(nonrivalness in consumption)을 특징으로 한다. 빵과 같은 사적재의 경우에는 하나뿐인 빵을 내가 먹게 되면 다른 사람이 그 빵을 먹을 수 없게 된다. 이를 소비에 있어서의 경합성(rivalness in consumption)이라 한다. 반면 공공재의 경우에는 추가적으로 한 사람이 더 소비행위에 참여한다고 해서 다른 사람의 소비가능성이 전혀 줄어들지 않는다. 예를 들어 오늘 100명이 더 태어났다고 해서 내가 국방으로부터 받는 혜택이 줄어들지는 않는 것이다. 소비에 있어서의 비경합성이란 특징 때문에 일단 공공재가 공급되었을 경우 추가적으로 다른 한 사람이 공공재의 소비에 참여하는 데 드는 한계비용은 '0'이 된다. 다시 말해서, 공공재가 일단 공급되었을 경우 공공재의 서비스를 추가적으로 다른 사람에게 제공하는 데 소요되는 비용이 '0'이라는 것이다. 이와는 달리 빵과 같은 사적재를 다른 사람들이 추가적으로 소비하는 데 소요되는 한계비용은 '0'보다 크다. 한 사람이라도 더 빵을 먹기를 원한다면, 이를 위해 추가적으로 자원이 사용되어야 하기 때문이다.

둘째, 공공재는 배제불가능성(nonexcludability)을 특징으로 한다. 빵과 같은 사적재의 경우 그 빵에 대한 가격을 지불하지 않는 사람은 빵을 소비할 수 없다. 이를 배제가능성(excludability)이라 한다. 반면, 공공재의 경우에는 소비를 위하여 대가를 지불하지 않은 사람이라도 소비에서 배제할 수 없다. 예를 들어 어떤 사람이 세금을 내지 않았다고 해서 그 사람이 우리나라 국민인 이상 국방의 혜택으로부터 그 사람을 배제할 수 있는 방법은 존재하지 않는다. 또한 공공재의 경우에는 설령 배제가 가능하다 하더라도 그것이 바람직하지 않다. 왜냐하면 배제할 수 있는 방법이 있다 하더라도 추가적으로 한 사람을 더 소비행위에 참여시키는 데 소요되는 비용이 '0'이고 오히려 배제시키는 데 많은 비용이 소요될 수밖에 없으므로 대가를 지불하지 않은 사람을 구태여 배제시킬 이유가 없기 때문이다. 이러한 두 가지 특성으로 인해 공공재는 시장에서 아예 공급이 되지 않거나 공급이 된다 하더라도 그 양이 불충분할 수밖에 없다.

또한 배제불가능성이라는 공공재의 특성으로 인하여 개별 소비자의 입장에서 보면 대가를 지불하지 않고서도 공공재로부터 나오는 혜택을 향유할 수 있기 때문에 구태여 공공재에 대한 자신의 선호 혹은 수요를 드러내어 공공재의 공급에 필요한 비용을 부담할 하등의 이유가 없게 된다. 공공재에 대한 수요를 드러내지 않고 일단 공급된 공공재를 소비하고자 하는 현상을 무임승차자의 문제(free rider problem)라고 한다. 모든 사람들이 무임승차자가 되려고 한다면 공공재는 아예 공급될 수 없을 것이다. 또한 생산자의 입장에서도 공공재를 공급한 후에 대가를 지불하지 않는 사람을 배제시킬 수 있는 방법이 없기 때문에 공공재에 대한 가격을 매기는 것 자체가 불가능하다. 따라서 이윤극대화를 추구하는 기업은 공공재를 공급하지 않으려 할 것이다.

이러한 이유로 공공재는 시장에 의해서가 아니라 집합적인 의사결정과정을 통해서만 공급될 수 있다. 공공재의 소비에 관련된 집단이 소규모라면 개인 간의 자발적인 협력에 의해서 공공재가 공급될 수도 있을 것이다. 예를 들어 단지 몇 가구만 모여 사는 동네의 골목길에 가로등이 필요하다면 몇 사람이 모여 가로등에 대한 비용을 어떻게 분담할 것인지를 결정하기란 그렇게 어렵지 않을 것이다. 그러나 공공재의 소비에 관련된 집단의 규모가 커지면 커질수록 무임승차자가 나타날 가능성은 커질 수밖에 없고, 이에 따라 공공재가 공급될 가능성은 그만큼 줄어들게 되는 것이다.

결국 대규모 집단의 경우 공공재의 공급은 정부에 의존할 수밖에 없는데, 공공재의 공급을 정부가 담당할 수 있는 중요한 이유는 정부의 강제력에 근거하여 공공재 공급을 위한 비용을 분담시킬 수 있기 때문이다. 정부가 공공재를 공급하는 경우 공공재에 대한 선호 혹은 수요의 파악은 정치적인 과정을 통해서 이루어지게 된다. 그러나 정부가 공공재를 공급한다 하더라도 각 개인은 공공재에 대한 자신의 수요를 드러내어 더 큰 부담을 지는 것을 원치 않기 때문에 무임승차자의 문제가 완전하게 해결되는 것은 아니다.

그런데 이러한 불완전한 선호 파악의 문제와 차원이 다른 또 다른 문제가 이 과정에서 발생한다. 즉, 소비에 있어서의 비경합성과 배제불가능성에 의해 공공재가 정의되더라도 정치과정을 통해 공급되는 공공재는 누군가가 원하는 재화여야 한다는 것이다. 다시 말해서, '누구의 선호'를 반영해서 공공재가 공급될 것인가가 새로운 문제로 떠오르는데, 경제학적 시각 그 자체에서는 이 문제를 해결할 수 있는 방법이 없다.

2) 공유자원과 공유지의 비극

공공재는 소비에 있어서의 비경합성과 배제불가능성을 특징으로 하지만, 재화에 따라서는 공공재의 이러한 두 가지 특성 중 어느 한 가지 특성만을 가지고 있는 경우가 있다. 이러한 재화를 일반적으로 불완전한 공공재(impure public goods)라고 한다. 〈표 2-1〉은 소비에 있어서 경합성의 존재 여부와 배제가능성의 여부를 기준으로 재화를 유형별로 분류해 놓은 것이다(Mikesell, 2007: 4).

소비는 경합적인 데 반하여 대가를 지불하지 않았다고 해서 소비자를 배제할 수 없는 재화가 있다. 이러한 재화를 공유자원(common-pool resources) 혹은 공유재(common-pool goods)라고 한다. 공유자원의 예로서는 낚시터, 유전, 지하수, 목초지 등을 들 수 있다. 낚시터의 경우 사설 낚시터가 아닌 이상 낚시하는 행위를 금지할 수는 없다. 반면 추가적으로 한 사람이 더 낚시를 하게 되면 다른 사람들이 잡을 수 있는 고기의 양은 줄어들 수밖에 없게 된다. 즉, 이 경우 배제의 가능성은 존재하지 않지만 소비는 경합적인 것이다.

그런데 대가를 지불하지 않은 사람을 배제할 수 없다는 사실은 곧 사람들이 공유자원을 사용하는 데 드는 비용이 '0'이라는 것을 의미한다. 사람들은 재화로부터 얻게 되는 한계편익이 재화의 가격과 일치되는 점까지 소비행위를 계속하므로, 결국 자원이 고갈될 때까지 사람들은 공유재를 사용하게 될 것이다. 이에 따라 공유재에 있어서는 개인효용의 단기적인 극대화와 장기적인 극대화 간에 갈등이 발생하게 되는데, 이를 공유지의 비극(the tragedy of the commons) 혹은 공유의 비극이라고 한다(Hardin, 1968).

흥미로운 사실은 바로 예산이 공유자원의 특징을 지니고 있다는 것이다. 예산

표 2-1 경합성과 배제가능성에 따른 재화의 종류

		소비에 있어서의 경합성 여부	
		소비에 있어서의 경합성	소비에 있어서의 비경합성
배제 가능성 여부	배제 가능	사적재(private goods) 예 : 신발, 의류 등	요금재(toll goods) 예 : 극장, 유료다리 등
	배제 불가능	공유자원(common-pool resources) 예 : 공공 낚시터, 목초지 등	공공재(public goods) 예 : 국방 등

은 정부부처끼리 서로 확보하려는 경쟁(즉, 소비에 있어서의 경합성)이 있는 반면, 정부부처가 예산요구를 못하도록 할 수 있는 방법은 없다(즉, 배제불가능성). 따라서 예산의 요구와 배분에 대한 적절한 제한이 없으면 예산이 고갈될 위험, 즉 재정적자가 발생하고 국가채무가 누적되는 문제가 나타날 가능성이 있는 것이다.[3)]

3) 요금재

소비에 있어서 비경합성이 존재하지만 소비에 대한 대가를 지불하지 않은 사람을 배제할 수 있는 재화를 요금재(toll goods)라고 한다. 이러한 재화의 예로서는 극장, 프로야구 경기장, 유료다리 등을 들 수 있다. 이러한 재화나 서비스를 향유하기 위해서는 입장료를 내지 않으면 안 되며, 따라서 배제의 원칙이 적용되는 것이다. 그러나 극장이나 프로야구 경기장의 경우 추가적으로 한 사람이 더 영화나 경기를 관람한다고 해서 다른 사람들이 이러한 서비스로부터 얻게 되는 혜택이 줄어들지는 않는다. 따라서 소비에 있어서는 비경합적인 특징을 지닌다.

그러나 요금재가 소비에 있어서 비경합적일 수 있는 것은 어디까지나 혼잡(congestion)이 발생하지 않을 때이다. 만일 지나치게 많은 사람들이 소비에 참여하게 되면 혼잡으로 인하여 각 개인이 향유하게 되는 한계편익이 급격하게 줄어들게 된다. 예를 들어 유료다리의 경우 한가한 때에는 아무런 문제 없이 다른 사람들과 같이 통행할 수 있겠지만, 지나치게 많은 차량들이 한꺼번에 다리로 몰릴 경우에는 교통혼잡으로 인하여 다리로부터 얻을 수 있는 편익이 급격하게 줄어들 것이다.

3. 외부효과

시장이 자원을 효율적으로 배분할 수 있기 위해서는 사람들 사이의 거래행위가 모두 가격을 매개로 하여 이루어져야 한다. 그러나 다른 사람에게 혜택이나 손해를 입히는 행위가 가격에 반영되지 않고 이루어지는 경우가 있다. 즉, 다른 사람에게 혜택을 주거나 손해를 입히면서도 대가를 받거나 혹은 대가를 주지도 않는 경우가 있는데, 이러한 행위를 두고 시장기구 밖에서 이루어진다는 뜻으로

3) 공유자원으로서의 예산의 특성과 그 해결책에 관한 보다 자세한 논의는 제6장 '예산편성'을 볼 것.

외부효과(externalities)라고 부른다. 외부효과가 존재하는 경우 시장은 효율적으로 자원을 배분하는 데 실패한다.

외부효과는 크게 두 가지 종류가 있다. 하나는 다른 사람에게 혜택을 주면서도 대가를 받지 못하는 경우로서, 이를 이로운 외부효과(positive externalities) 혹은 외부경제(external economy)라고 한다. 예를 들어 사과를 재배하는 과수원 옆에 꿀벌을 키우는 양봉업자가 있다고 하자. 과수원의 주인이 사과나무를 열심히 돌보아 사과의 생산이 늘어나면 자신의 소득도 증가하겠지만, 이와 동시에 꿀벌에게 좋은 서식처를 제공하여 양봉업자가 생산하는 꿀의 양도 늘어나는 결과가 나타날 것이다. 그렇지만 과수원의 주인이 양봉업자로부터 이에 대한 대가를 지불받는 경우란 거의 없다. 이럴 경우 이로운 외부효과가 존재한다고 한다.

다른 하나는 다른 사람에게 손해를 입히면서도 대가를 지불하지 않는 경우로서, 이를 해로운 외부효과(negative externalities) 혹은 외부비경제(external diseconomy)라고 한다. 예를 들어 어떤 공장이 폐수를 배출함으로써 하천이나 바다를 오염시켰다고 가성하사. 하천이나 바다가 오염되면 물고기를 양식하는 사람들의 소득이 줄어들 수밖에 없지만 폐수를 배출한 공장은 그에 대해 어떠한 대가도 지불하지 않는다. 이럴 경우 해로운 외부효과가 존재한다고 한다.

이로운 외부효과가 존재하는 경우에는 사회 전체적인 시각에서의 편익이 사적인 편익보다 커지게 되는데, 이때 경제행위의 주체는 다른 사람이 향유하는 혜택에 대해서 대가를 받을 방법이 없기 때문에 경제적 행위의 수준을 결정함에 있어서 다른 사람에게 귀속되는 혜택을 고려하지 않게 된다. 경제행위의 주체는 오직 사적인 한계비용과 사적인 한계편익이 일치하는 점에서 경제행위를 영위하기 때문에 사회 전체적인 시각에서 볼 때는 불충분한 자원이 그 경제적 행위로 배분되는 것이다.

이로운 외부효과는 경제행위로부터 발생하는 편익이 경제주체뿐만 아니라 다른 사람에게도 동시적으로 혜택을 준다는 점에서 공공재와 정도의 차이는 있지만 유사한 개념이다. 그렇지만 이로운 외부효과가 존재하는 경우에는 경제행위의 주체에게 귀속되는 편익이 다른 사람에게 귀속되는 편익에 비해서 상대적으로 대단히 크기 때문에, 개인이나 기업이 그 경제적 행위를 사적으로 추구하게 된다. 반면 공공재의 경우에는 경제행위의 주체에게 귀속되는 편익이 다른 사람에게 귀속되는 편익의 일부분에 불과하고, 따라서 사적 편익이 그 재화나 서비스의 공급비용에 비해 대단히 작기 때문에 사적으로는 그 재화의 공급 자체가 불가능하다는 점에서 차이가 난다. 다시 말해서, 공공재란 이로운 외부효과의 특수한 형태라고 할 수 있다.

외부효과가 존재한다는 사실은 바로 생산활동이건 소비활동이건 경제행위 주체의 사적 이익 극대화 노력이 사회적 이익의 극대화로 연결되지 않는다는 것을 보여준다. 따라서 제3자의 이익을 보호하고 집합적 차원의 이익을 보호하기 위해서는 특정 행위자의 사적 이익추구 노력을 어떤 형태로건 제어할 필요성이 제기되는 것이다. 어쨌건, 외부효과가 존재하는 경우 사적 이익의 극대화와 집합적 차원의 이익 사이에는 괴리가 발생하는 것이다.

4. 불완전한 정보

시장이 완전경쟁상태에 있기 위해서는 모든 소비자가 시장에 존재하는 재화의 가격과 질에 대해서 완벽한 정보를 가지고 있어야 하며 생산자 또한 시장에서 재화를 판매할 수 있는 모든 기회와 생산기술에 대해서 완벽한 정보를 가지고 있어야 한다. 그리고 소비자나 생산자 모두 이러한 완벽한 정보를 획득하는 데 비용이 전혀 소요되지 않아야 한다. 그러나 현실적으로 유용한 정보를 획득하는 데에는 막대한 시간과 노력이 소요될 뿐만 아니라 소비자나 생산자 모두가 갖고 있는 정보가 완벽하지 않거나 혹은 양자 사이에 정보가 매우 불균등하게 배분되어 있는 경우가 허다하다. 따라서 정보의 부재, 값비싼 정보, 혹은 비대칭적인 정보 등으로 인해 시장의 실패가 발생하게 되는 것이다.

정보의 비대칭(information asymmetry)에 따른 시장실패의 예로서는 생산자와 소비자 간 재화 혹은 서비스의 질에 대한 정보의 비대칭을 들 수 있다. 소비자들이 시장에서 거래되는 재화의 가격에 대한 정보를 얻는 것은 그리 어렵지 않지만, 재화의 질에 대해 정확한 정보를 얻기 어려울 때가 있다. 재화의 질에 대한 정보를 어떻게 얻을 수 있는가에 따라 재화를 탐색재(search good), 경험재(experience good), 신뢰재(credence good)로 구분하기도 한다(Nelson, 1970; Boardman *et al.*, 2006).

탐색재란 소비자가 재화를 구입하기 전에 그 재화의 질을 탐색할 수 있는 충분한 기회를 가질 수 있는 재화를 의미한다. 예를 들어, 우리가 볼펜을 사기 전에 볼펜의 색깔이 마음에 드는지 아니면 마음먹은 대로 잘 써지는지를 확인하기 위해 미리 백지에 써 본 후에 볼펜을 구입하는 경우가 있다. 이렇게 사전에 탐색을 하고 재화를 구입할 수 있다면 재화의 질에 대해 생산자와 소비자 사이에 정보의 비대칭이 존재하지 않는다. 따라서 탐색재의 경우에는 시장의 실패가 발생하지 않으며, 정보의 비대칭 문제를 해결하기 위해 정부가 개입할 이유도 없다.

경험재란 소비자가 구입해서 사용하기 전에는 재화의 질을 제대로 알 수 없는 재화를 의미한다. 참치 통조림을 구입할 때, 참치 캔 안에 들어 있는 참치 맛을 보고 사기는 어렵다. 비슷한 예가 영화 관람이다. 영화를 보고 나서 영화표를 사는 것이 아니라 영화의 내용을 전혀 모르는 상태에서 영화표를 구입하는 수밖에 없다. 영화의 내용을 알 수 있는 것은 영화를 본 이후이다. 참치 통조림이나 영화의 경우 생산자와 소비자 사이에 정보의 비대칭이 존재하지만, 경험재의 경우에는 시장에서 자율적으로 정보의 비대칭 문제를 해결할 수 있는 가능성이 존재한다. 참치 통조림의 경우에는 슈퍼마켓에서 실시하는 시식 행사, 영화의 경우에는 짧은 예고편 상영이나 영화 평론가들이 매기는 영화 평점 등이 모두 정보의 비대칭 문제를 완화시키는 방법이라고 할 수 있다.

신뢰재는 재화를 소비한 이후에도 그 질을 제대로 평가할 수 없는 재화를 의미한다. 대표적인 예가 의약품이라고 할 수 있다. 일반시민들은 자신이 복용하는 약이 어느 정도 효과가 있는지 설혹 효과가 있다 하더라도 어느 정도의 부작용이 있을지 알 길이 없다. 그리고 질병에 따라서는 약 복용의 효과가 오랜 시간이 지나간 이후에 나타나는 경우가 있다. 이런 경우 소비자와 생산자 사이의 정보 비대칭을 해소할 수 있는 길은 정부의 개입밖에는 없다. 새로운 의약품에 대한 정부의 테스트, 인체 유해식품의 판매금지 등이 정보의 비대칭 문제를 해결하기 위한 정부개입의 대표적인 예이다.

5. 불완전한 시장

시장에서 자원이 효율적으로 배분되기 위해서는 모든 재화에 대해서 시장이 존재하고 그에 따라 가격이 형성되어야 한다. 그러나 어떤 재화에 대해서는 시장이 매우 불완전하게 존재하거나 혹은 아예 시장이 형성될 수 없는 경우가 있다.

보험을 예로 들어보자. 보험이란 미래의 불확실성에 대처하기 위한 하나의 방법이라고 할 수 있다. 예를 들어 화재보험, 자동차보험, 생명보험 등은 미래에 발생할 수 있는 어떤 재난에 대비하고자 하는 것이다. 우리가 경험하는 중요한 불확실성 중의 하나가 미래에 가난해질 수도 있다는 가능성인데, 빈곤에 대한 보험은 존재하지 않고 있다. 그리하여 대단히 야심찬 한 젊은이가 '빈곤보험'만을 전문적으로 취급하는 어떤 보험회사를 설립하였다고 가정하자. 이 젊은이는 사업의 시행초기에 대단히 많은 보험 약정고를 올릴 수 있었고 이에 따라 사업이 번창하는 듯이 보였다. 그러나 곧 이 보험회사는 파산에 직면하게 되었다. 왜 이런 일이 발생했을까?

그 이유로서는 두 가지를 들 수 있다. 첫 번째 이유로 빈곤보험에 가입한 사람들은 미래에 가난해질 가능성이 대단히 높은 사람들이었고 이에 따라 실제 지급해 주어야 하는 보험금이 대단히 크게 늘어났기 때문이다. 두 번째 이유는 일단 빈곤보험에 가입한 사람은 미래의 위협에 대한 대처수단을 마련했기 때문에 자신이 가난해지는 것을 방지하는 노력을 하지 않았기 때문이다. 이와 같은 두 가지 이유로 현실적으로 '빈곤'에 대한 보험은 존재할 수 없는 것이다. 위의 두 가지 이유 중 첫 번째 현상, 즉 가난해질 확률이 높은 사람만이 보험에 가입하려는 경향이 높은 현상을 역선택(adverse selection)이라 부른다. 두 번째 현상, 즉 일단 보험에 가입한 사람은 불행을 미연에 방지하기 위하여 최선의 노력을 기울이지 않는 경향이 있는데, 이를 가리켜 도덕적 해이(moral hazard)가 존재한다고 한다.

역선택과 도덕적 해이 등에 의하여 아예 시장이 존재하지 않는 경우에는 정부가 개입할 수밖에 없을 것이다. 정부가 시행하는 복지정책이야말로 일종의 빈곤보험이라 할 수 있는데, 이는 빈곤보험에 대한 시장의 부재에 의해 발생한 시장의 실패를 교정하기 위한 한 형태라고 할 수 있다.

제4절 | 정부의 실패

이상에서 살펴본 시장실패의 유형은 자원의 효율적인 배분을 위하여 정부가 시장에 개입할 수 있는 근거를 의미하는 것일 뿐, 정부가 개입하여 꼭 시장보다 나은 결과를 낳는다는 것을 의미하는 것은 결코 아니다. 다시 말해서, 시장의 실패는 정부개입을 위한 필요조건은 될지언정 충분조건은 아닌 것이다. 따라서 시장의 실패가 존재하는 경우 바로 정부의 개입이 필요하다고 주장할 수 있는 것은 아니며, 정부개입이 가져올 수 있는 결과와 불완전한 시장에 맡겨 두었을 경우에 나타날 결과를 비교하여 보다 나은 결과를 낳을 수 있는 대안을 선택하는 것이 필요하다고 하겠다. 정부의 개입에도 불구하고 효율적인 자원배분을 달성할 수 없는 이유는 다음과 같다.

첫째, 불완전한 시장과 불완전한 정보가 시장의 실패를 야기하지만 정부의 활동 또한 시장이 불완전한 상황에서 이루어지며, 정부가 개입한다 하더라도 불완전한 정보의 문제가 완전하게 해결되는 것은 아니다. 예를 들어 시장이 무임승차자의 문제로 인해 공공재에 대한 수요를 확인할 수 없는 것처럼 공공재를 정부가 공급한다고 하더라도 무임승차자의 문제는 여전히 남기 때문에 불완전한 정보의 문제가 완전히 해결되지는 않는다.

둘째, 정부개입의 결과를 예측하기란 대단히 힘들다. 대부분의 경우 정부의 활동은 민간부문의 행위를 변화시킴으로써 바람직한 상태를 만들고자 하는 것인데, 정부정책에 대한 민간의 반응을 완벽하게 통제하기란 불가능하다. 따라서 정부개입은 의도한 결과뿐만 아니라 전혀 의도하지 않은 결과를 낳게 되는 경우도 많은데, 정부개입의 의도하지 않은 결과는 정부개입이 있기 전의 상태에 비해서 자원배분상태를 오히려 더 악화시킬 수도 있다.

셋째, 정부의 재정활동은 비용의 부담자와 편익의 수혜자가 일치하지 않는 것을 특징으로 한다. 비용의 부담자와 편익의 수혜자가 일치하는 경우에는 최대의 편익을 최소의 비용으로 달성하고자 하는 유인이 매우 강하겠지만, 양자가 일치하지 않을 경우에는 자원이 비효율적으로 배분될 가능성이 그만큼 커지게 된다고 할 수 있다.

넷째, 비용부담자와 편익수혜자의 불일치로 인한 자원배분의 비효율성은 재화나 서비스가 독점적으로 공급되는 공공부문의 특징으로 말미암아 더욱 증폭되는 경향이 있다. 정부부문에도 경쟁의 원리가 도입된다면 조직 간의 경쟁으로 인하여 정부활동의 효율성을 증진시키려는 노력이 있게 될 것이다. 그러나 정부조직은 독점성을 그 특징으로 하며, 이에 따라 정부활동의 효율성을 증진시키려는 유인 자체가 대단히 약할 수밖에 없다.

다섯째, 정부활동의 결과를 계량적으로 측정하기는 대단히 힘들다. 정부의 개입은 시장이 아예 존재하지 않거나 혹은 서비스에 대한 가치를 부여할 수 없는 경우에 이루어지는 경우가 많다. 따라서 정부활동의 결과를 계량화하거나 화폐가치로 환산하기 어려운 경우가 대단히 많다. 예를 들어 구청 직원의 생산성을 민원서류를 발행한 건수로 측정할 수 있다 하더라도 민원인들에 대한 친절과 같은 요소들은 어떻게 측정하고 계량화할 것이며 또한 어떻게 화폐단위로 환산할 것인가? 이러한 특성으로 인하여 정부활동을 통제하기란 대단히 힘들며, 따라서 정부의 비효율성이 문제로 제기될 수 있는 것이다.

여섯째, 정부관료제에 대한 완벽한 통제 자체가 불가능하다. 관료제의 구성원들은 단지 시장의 실패를 교정하는 기능을 수행하는 중립적인 집행자만은 아니다. 정부관료제의 구성원들은 행정활동을 수행함에 있어 자신의 위신(prestige)이나 권력(power)을 극대화하려는 유인을 갖는다. 이럴 경우 애당초 관료제에 요구된 정부활동의 목적과 실제적 결과 간에 상당한 괴리가 생길 수도 있다.

끝으로, 정치적 과정에서 발생하는 문제를 들 수 있다. 정보가 불완전하거나 혹은 시장이 불완전할 때 정부는 정치적 과정을 통해서 국민들의 선호나 수요를 확인해야 한다. 그러나 오늘날과 같이 직접민주주의가 아니라 대의민주주의에 의해서 국민의 의사가 표현되는 경우 모든 국민의 선호를 일일이 정부정책에 반영하기란 불가능하며, 특히 개인이나 집단의 선호 사이에 갈등이나 상충관계가 존재하는 경우 누구의 선호를 정부정책에 반영할 것인가 하는 문제가 발생하게 된다. 이에 더하여 정치가들도 단지 중립적인 의사결정자가 아니라 자신의 이익을 극대화하고자 하는 경우가 많은데, 이와 같은 상황에서는 정부의 정책이 국민 일반을 위한 것이 아니라 단지 특수이익에 봉사하게 되는 경우가 발생한다.

위와 같은 이유 때문에 시장의 실패를 교정하기 위한 정부의 개입이 반드시 효율적인 자원배분을 달성한다는 보장은 없는데, 이를 일반적으로 정부의 실패

(government failure)라고 한다. 따라서 시장의 실패가 정부개입의 필요조건은 될지언정 결코 충분조건은 될 수 없다. 이에 따라 자원배분기능을 시장 혹은 정부가 맡을 것이냐의 선택 문제는 완전한 시장과 불완전한 정부의 선택, 혹은 불완전한 시장과 완전한 정부의 선택 문제가 아니라 불완전한 시장과 불완전한 정부 간의 선택 문제일 수밖에 없다. 결국 정부와 시장이라는 두 대안 간의 선택은 시장실패가 존재하는 구체적인 상황에서 어떤 대안이 보다 나은 결과를 낳을 수 있는가를 근거로 하여 이루어져야 할 것이다.

참고문헌

하연섭. (2009). "공공성과 재무행정: 정치 · 경제 · 관리적 측면을 중심으로." 윤수재 · 이민호 · 채종헌(편), 「새로운 시대의 공공성 연구」 850–78. 서울: 법문사.

_______. (2015). 「재정학의 이해」. 제2판. 서울: 다산출판사.

Boardman, Anthony E., David H. Greenberg, Aidan R. Vining, and David L. Weimer. (2006). *Cost–Benefit Analysis: Concepts and Practice*. Upper Saddle River, NJ: Pearson.

Gruber, Jonathan. (2005). *Public Finance and Public Policy*. New York: Worth Publishers.

Hardin, Garrett. (1968). "The Tragedy of the Commons." *Science*. no. 162: 1243–48.

Haveman, Robert H. (1970). *The Economics of the Public Sector*. New York: John Wiley & Sons.

Hyman, David N. (1999). *Public Finance: A Contemporary Application of Theory to Policy*. 6th ed., Fort Worth: The Dryden Press.

Mikesell, John L. (2007). *Fiscal Administration: Analysis and Applications in the Public Sector*. 7th ed., Belmont, CA: Thomson Wadsworth.

Musgrave, Richard A. (1959). *The Theory of Public Finance: A Study in Public Economy*. New York: McGraw–Hill.

_______ **and Peggy B. Musgrave**. (1989). *Public Finance in Theory and Practice*. 5th ed., New York: McGraw–Hill.

Nelson, Phillip. (1970). "Information and Consumer Behavior." *Journal of Political Economy* 78(2): 311–29.

Rosen, Harvey S. and Ted Gayer. (2008). *Public Finance*. 8th ed., Boston: McGraw–Hill.

Stiglitz, Joseph E. (2000). *Economics of the Public Sector*. 3rd ed., New York: W. W. Norton & Co.

Weimer, David L. and Aidan R. Vining. (1999). *Policy Analysis: Concepts and Practice*. 3rd ed., Upper Saddle River, NJ: Prentice-Hall.

Wolf, Charles, Jr. (1988). *Markets or Governments: Choosing between Imperfect Alternatives*. Cambridge: MIT Press.

제 3 장

예산의 이해

제1절 예산의 의의

제2절 예산문서의 성격

제3절 정부예산과 민간예산의 차이점

제4절 예산의 기능

제5절 예산의 원칙

제6절 재무행정의 목표

제1절 | 예산의 의의

예산이란 일정기간 동안의 정부의 수입과 지출에 관한 계획을 의미한다. 즉, 예산은 일정기간 동안 정부가 수행하고자 하는 일을 위해 얼마만큼을 지출하고 이를 위한 재원을 어떻게 조달할 것인가를 금액으로 표시한 것이라고 정의할 수 있다.

보다 구체적으로, 예산은 다음과 같은 속성을 지니고 있다.

첫째, 예산은 정부가 추구하는 정책을 보여준다. 예산은 정부가 달성하고자 하는 목적을 위해 소요될 것으로 예상되는 재원의 규모와 활용 계획을 구체적인 금액으로 표시한 것이다.

둘째, 예산은 정부의 미래 계획을 보여준다. 예산은 향후 일정기간 동안(통상적으로 1년) 정부가 추진하고자 하는 활동을 화폐단위로 표시한 것이다.

셋째, 예산은 정보이다. 예산을 통해 국민들은 정부가 수행하는 활동과 이에 수반되는 재원의 조달과 배분에 관한 정보를 얻을 수 있다.

넷째, 예산은 책무성 확보 기제이다. 예산이 정해진 용도에 벗어남이 없이 사용되고 있는지 그리고 당초 의도했던 목표를 어느 정도 달성하고 있는지를 검토함으로써, 국민들이 정부활동의 과정과 결과에 대해 책임을 물을 수 있는 것이다(de Renzio, 2013).

제2절 | 예산문서의 성격

예산문서(budget documents)는 일정기간 동안의 세입과 세출에 관한 계획서라고 정의할 수 있는데, 일반적으로 예산문서는 세입 측면보다는 세출 측면에 대해 더 많은 정보를 제공한다. Lee, Johnson & Joyce(2008)에 의하면 예산문서는 다음과 같은 세 가지 성격을 지니고 있다고 한다.

1. 상태묘사로서의 예산(budgets as descriptions)

예산은 일차적으로 조직(이때 조직은 하나의 부서일 수도 있고 부처일 수도 있으며, 정부 전체일 수도 있다)의 상태에 관한 기술이라고 할 수 있다. 예산문서를 통해 조직이 무엇을 구입하며, 어떤 일을 하고, 무엇을 달성하고 있는가에 관한 정보를 얻을 수 있다. 예산문서를 통해 특정 조직이 소비하는 자원의 양과 특정 조직이 수행하는 활동에 대한 정보가 상세하게 제공되면 될수록, 국민 혹은 국회는 그 조직이 사용하는 예산과 예산을 통해 수행한 활동, 그리고 활동의 결과에 대해 보다 더 책임을 물을 수 있게 되는 것이다. 이러한 시각에서 볼 때, 그동안의 예산개혁은 의사결정자와 일반국민에게 제공되는 예산에 관련된 정보의 양과 질을 높이려는 시도였다고도 해석할 수 있다.

2. 인과관계의 설명으로서의 예산(budgets as explanations)

예산은 기본적으로 재정자원이 조직의 목적을 달성하기 위해 사용되는 것을 보여준다. 인적 자원과 물적 자원이 예산을 통해 구입되고 정부의 활동을 통해 특정한 방식으로 결합됨으로써 특정한 결과를 창출해 내게 되는데, 예산은 바로 이렇게 노동과 자원의 결합이 조직의 활동을 거쳐 결과에 이르는 인과관계의 과정을 설명해 준다.

3. 선호의 표현으로서의 예산(budgets as preferences)

예산은 정부가 어떤 일을 할 것이며 어떤 일을 하지 않을 것인지에 관한 사회적 선호뿐만 아니라 정부활동의 우선순위를 반영한다. 또한 예산은 부처 간 자원의 배분, 기능 간 자원의 배분, 사업 간 자원의 배분 등 의사결정자의 선호를 반영한다. 이러한 선호는 특정한 의사결정자의 선호일 수도 있으나, 보다 일반적으로는 예산과정 참여자의 집합적 선호(collective preferences)를 반영하는 것이다. 국가 간 예산을 비교하게 되면 예산의 배분이 서로 다르게 다양하게 나타나는데, 이는 각 나라 국민들의 집합적 선호와 집합적 선택을 반영하는 것이라고 할 수 있다.

제3절 | 정부예산과 민간예산의 차이점

정부예산은 다음과 같은 측면에서 민간예산과 구분된다.

1. 이윤동기 대 동기의 다양성

민간 기업은 이윤의 극대화를 추구한다. 그러나 민간 기업과 달리 정부는 이윤추구를 목적으로 예산을 운용하지 않는다. 민간 기업은 이윤을 추구하기 위해 예산을 사용하지만, 정부는 이윤추구가 아예 가능하지 않은 사업에 대해서도 재원을 배분하는 것이 특징이다. 예를 들어, 공공재의 경우 소비에 있어서 비경합성과 배제불가능성이란 두 가지 본질적인 특성으로 말미암아 가격설정과 이윤추구의 가능성이 아예 존재하지 않는다. 따라서 어느 정도의 이윤이 발생하는가라는 잣대를 통해 공공재를 공급하는 정부의 역할을 평가하는 것은 애당초 불가능할 뿐만 아니라 이윤이 정부가 효율적으로 운영되도록 하는 유인(incentive)으로 작동하지도 못한다는 것이다.

효율적인 서비스 제공보다 서비스의 수혜자가 누구인가 혹은 서비스 공급 그 자체가 중요한 경우도 많다. 예를 들어 정부가 실업대책의 일환으로 공공근로사업을 실시하는 경우 실업을 경험하고 있는 사람들에게 일할 수 있는 기회를 주고 그 사람들에게 어느 정도의 임금을 지불한다는 그 자체가 중요한 것이지, 이 사업을 통해 정부가 어느 정도의 이윤을 얻을 수 있는가는 전혀 고려 사항이 아닌 것이다. 다시 말해서, 정부가 경제안정화 정책의 일환으로 예산을 활용할 경우, 예산을 통한 서비스 제공 그 자체가 중요하다는 것이다(Mikesell, 2007).

재분배정책의 일환으로 예산을 활용할 경우에는 서비스의 수혜자가 누구인가가 중요한 문제이지, 그 정책이 이윤을 낳을 수 있는가는 중요하지 않다. 예를 들어 어느 지방자치단체가 저소득층 가정의 자녀들에게 방학 동안 무상급식을 실시하는 경우, 이는 저소득층을 지원하기 위한 목적이 있을 뿐이지 이윤추구와는 거리가 먼 것이다.

이렇게 예산은 다양한 목표를 추구하기 때문에, 예산의 결정은 단순히 비용-편익분석 등의 과학적 방법에 의해서만 이루어질 수 있는 것은 아니다. 예산은 합리성뿐만 아니라 정치적 성격을 동시에 지닐 수밖에 없는 것이다.

정부예산을 통해 이윤을 추구하지 않는다고 해서 이것이 예산운용이나 사업수행이 비효율적이고 방만하게 이루어져도 좋다는 것을 의미하는 것은 절대 아니다. 위에서 예로 든 실업자에 대한 공공근로사업이나 저소득층 자녀들에 대한 방학 중 무상급식의 경우 얼마든지 서비스 제공을 효율적으로 할 수 있는 가능성은 열려 있다. 다만, 민간 기업처럼 이윤추구가 예산운용의 목적이 아닐 뿐만 아니라 정부가 제공하는 서비스의 특성상 계량화하거나 쉽게 측정할 수 없는 경우가 많기 때문에, 정부사업의 성과를 평가하고 이에 기반해서 서비스 제공을 효율화하는 것이 쉽지 않다는 것이다.

2. 예산과정의 다양한 참여자

가계나 기업의 예산과정은 단 한 사람 혹은 몇 사람에 의해 결정되는 것이 일반적이며, 몇 사람이 참여한다 할지라도 대부분의 경우 예산을 통해 무엇을 추구할지에 대해서는 합의가 쉽게 이루어진다. 이와는 달리 정부예산과정에는 다양한 개인이나 집단이 참여하는데, 이렇게 다양한 참여자들은 예산의 우선순위에 대해 각기 다른 생각을 갖고 있을 뿐만 아니라 예산에 대한 영향력 또한 차이가 많다(Rubin, 2000). 정부부처 내에서는 사업을 시행하는 실무부서의 공무원들과 예산담당조직의 직원들 간에 예산배분의 우선순위에 대한 생각이 다르며, 각 부처와 중앙예산기관 간에는 지출기관(spenders)과 예산수호자(guardian)의 역할이 구분된다. 행정부와 의회 의원들 사이에도 예산에 대한 시각과 우선순위가 다르다. 또한 각종 이익집단들도 자신들의 이해관계를 반영하기 위해 예산과정에 참여한다. 이렇게 정부예산과정에 참여하는 개인과 집단은 매우 다양할 뿐만 아니라 예산배분과 관련된 복잡한 이해관계 때문에 예산결정을 둘러싼 갈등은 보편적인 현상이라고 할 수 있다.

3. 강제성과 독점성

가계나 기업의 예산은 생산활동이나 거래를 통해서 얻은 수입을 기반으로 한다. 이와는 달리 정부예산은 국민들로부터 강제적으로 징수한 조세수입이 기반이 된다. 자원의 동원은 물론 자원의 배분에 있어서도 정부의 예산운영은 강제성을 지닌다. 정부가 제공하는 서비스가 마음에 들지 않는다 할지라도 국민은 세금을 납부해야 하며, 정부가 제공하는 서비스가 순수공공재에 가까울수록 서비스를 원하건 그렇지 않건 간에 국민은 동일한 양의 서비스를 소비할 수밖에 없다.

또한 정부가 제공하는 서비스는 독점적으로 공급되는 것이 특징이다. 정부가 제공하는 서비스가 순수공공재에 가까울수록 다른 서비스 공급자를 찾을 수 없는 것이다. 그리고 정부가 제공하는 어떤 특정한 서비스를 둘 이상의 정부부처가 공급할 경우 이는 정부 비효율의 대표적인 예가 될 것이다. 그런데 이러한 정부가 갖는 독점성이 경쟁의 부재와 이에 따른 비효율성으로 연결될 수 있는 가능성은 얼마든지 있다. 그렇다고 대안적 공급자를 만드는 것은 또 다른 비효율성을 낳을 수 있는 위험성이 있다. 정부가 갖고 있는 이러한 독점성하에서 어떻게 효율적인 예산운영을 기할 수 있는가가 재무행정의 중요한 과제라고 할 것이다.

4. 비용부담자, 의사결정자, 편익수혜자의 불일치

일상생활에서 내가 어떤 물건을 구매해서 사용하는 경우, 비용을 부담하는 주체('나')와 물건을 사겠다고 결정하는 사람('나') 그리고 그 물건을 사용해서 혜택을 보는 사람('나')이 일치한다. 그러나 정부예산에서는 이 세 사람이 일치하지 않는 경우가 대부분이다. 즉, 정부가 활동하는 데 필요한 비용을 부담하는 사람과 정부활동으로부터 혜택을 받는 사람이 일치하지 않는다. 이와 동시에 정부가 활동하는 데 필요한 비용을 부담하는 사람과 예산을 어디에 어떻게 사용할지를 결정하는 사람도 일치하지 않는다. 비용을 부담하는 사람은 납세자(즉, 일반시민)인데 예산의 사용을 결정하는 사람은 공무원과 의원이기 때문이다. 따라서 비용을 부담하는 사람들이 원하는 방향으로 어떻게 공무원과 의원들이 예산의 사용을 결정하도록 유도할 것인가가 예산과정에서 중요한 과제가 되는 것이다. 또한 비용부담자와 편익의 수혜자가 일치하지 않기 때문에 자원의 낭비가 발생할 위험성이 큰데, 이를 어떻게 방지할 것인가 역시 예산과정에서 해결해야 할 문제이다. 다시 말해서, 예산의 운용과 관련된 책무성(accountability)을 어떻게 확보할 것인가가 매우 중요한 과제라는 것이다.

5. 다양한 제약

가계나 기업과 비교할 때 정부예산에는 다양한 제약이 따른다. 세금을 누구로부터 어떻게 징수할지는 반드시 법률에 규정되어야 하며(조세법정주의), 세금을 누구를 위해 어떻게 사용할지에 관련해서도 많은 법규와 절차를 따라야 한다. 정부지출의 시기, 대상, 방법 등에 관련해서도 다양한 규정이 있기 때문에, 예산운용에는 민간부문과 비교할 수 없을 정도의 많은 제약이 따른다. 이러한 수많은 제약은 사실상 위에서 이야기한 정부예산운영과 관련된 책무성을 확보하기 위한 장치라고 할 수 있다.

제4절 | 예산의 기능

경제학에서는 어떤 경제이든 다음과 같은 세 가지 선택의 문제를 가지고 있다고 한다.

① 무엇을 생산할 것인가(what to produce)?

② 어떻게 생산할 것인가(how to produce)?
③ 누구를 위하여 생산할 것인가(for whom to produce)?

모든 경제가 해결해야 하는 이러한 세 가지 선택의 문제를 시장경제에서는 가격이 해결해 준다. 즉, 기업은 가격이 높고 이윤을 많이 낼 수 있는 재화를 생산할 것이고, 생산비용이 가장 적게 들어가는 생산방법을 택할 것이며, 가장 높은 가격을 지불할 용의가 있는 소비자가 원하는 재화를 생산하게 된다. 바로, 가격이 이러한 세 가지 선택의 문제를 동시에 해결해 주는 것이다.

그러나 시장의 실패가 일어나고 정부가 개입하는 상황에서는 가격이 제대로 역할을 해줄 수 없기 때문에, 가격 기제만으로 모든 선택의 문제를 해결할 수 없다. 정부가 개입하는 상황에서 이와 같은 세 가지 선택의 문제를 해결하는 수단이 바로 예산이라고 할 수 있다.

1. 무엇을 생산할 것인가? : 목표와 우선순위 설정기능

예산을 통해 민간부문과 공공부문의 상대적 크기를 선택하게 된다. 다시 말해서, 예산을 통해 공공부문에서 생산되거나 소비되는 재화나 서비스의 크기를 어느 정도로 할 것이며, 민간부문에서 생산되거나 소비되는 재화나 서비스의 크기를 어느 정도로 할 것인가를 선택하게 된다는 것이다. 따라서 예산을 통해 한 사회의 자원이 공공부문과 민간부문 사이에서 어떻게 배분되는지가 결정되는 것이다.

정부가 재화나 서비스를 공급한다고 할지라도 이에 소요되는 자원을 무한대로 확보할 수는 없다. 정부는 사용 가능한 재원의 범위 내에서 사업을 수행할 수밖에 없는데, 이를 위해서는 사업 간 우선순위를 설정하고, 어떤 서비스를 제공할지를 결정해야 한다. 민간부문과 공공부문의 상대적 크기 결정, 목표와 우선순위 설정, 그리고 이를 위한 자원배분이 예산을 통해 이루어지는 것이다.

2. 어떻게 생산할 것인가? : 수단의 선택기능

공공부문과 민간부문의 상대적 크기를 정한 다음 해결해야 할 문제는 정부가 공급하는 재화를 정부가 직접 생산할 것인가, 아니면 민간 기업에서 생산하게 하고 정부는 이를 구매해서 사용할 것인가와 관련된 선택의 문제이다. 공공재의 가장 대표적인 예로서 국방을 들 수 있는데, 국방이라는 공공재를 정부가 공급한다고 해서 국방에 관련된 모든 재화를 정부가 직접 생산할 필요는 없다. 국방에 소요되는 대부분의 재화(예를 들면 전투기, 함정, 군복 등)는 정부가 직접 생산하는 것이 아니라 민간 기업에서 생산하고 정부는 단지 이를 구매해서 사용하는 것이 일반적이다. 이렇게 정부가 제공하는 재화와 서비스의 생산방법도 사실은 예산과정을 통해서 결정된다고 할 것이다.

정부가 재화나 서비스를 공급한다 할지라도 어떻게 공급할 것인지를 결정해야 한다. 어떤 부처에서 누가 서비스를 공급할 것인지 혹은 어떤 수준의 정부에서 공급할 것인지를 선택하는 것이 필요하다는 것이다. 예를 들면 저탄소 녹색성장이라는 정책을 추진함에 있어서 이를 환경부가 관장할 것인지 혹은 산업통상자원부가 관장할 것인지를 결정해야 한다. 교육 서비스를 제공하는 데 있어서도 중앙정부가 직접 관할할 것인가 아니면 지방정부가 관할할 것인가에 관한 선택 또한 필요하다. 정부사업의 목표가 정해지더라도 이를 추진할 수 있는 방법은 여러 가지가 있을 수 있는데, 이때 어떤 대안을 선택할 것인가도 예산을 통해 결정된다는 것이다.

민간부문과 공공부문의 상대적 크기 결정, 목표와 우선순위의 설정, 그리고 목표를 달성하기 위한 수단의 선택은 본질적으로 정치적인 의사결정과정이다. 따라서 예산은 항상 '갈등의 과정'일 수밖에 없는 것이다.

3. 누구를 위하여 생산할 것인가? : 서비스 공급대상자의 선택기능

시장경제에서는 높은 가격을 지불할 용의가 있는 구매력이 있는 소비자가 원하는 재화를 생산한다. 따라서 누구를 위하여 생산할 것인가의 문제도 가격을 통해서 자연스럽게 해결된다. 그러나 누구를 위하여 정부가 서비스를 제공할 것인가를 결정하는 데 있어서는 가격기제가 도움이 되지 못한다. 무엇보다도 가격이 제대로 작동할 수 없는 상황에서 정부가 개입하기 때문이다. 정부가 높은 가격에 쌀을 사들여서 농민들의 소득을 높여주는 데 예산을 사용할 것인가, 노인들의 생활고를 덜어주는 데 예산을 사용할 것인가, 아니면 출산율을 높이기 위해 유아교육비를 보조해 주는 데 예산을 사용할 것인가, 혹은 최신 전투기를 도입하는 데 예산을 사용할 것인가를 결정하는 데 있어서 가격 기제와 구매력이 있는 소비자는 별 의미를 갖지 못한다. 누구를 위하여 정부가 사업을 펼칠 것인가, 혹은 어떤 목적을 위하여 예산을 사용할 것인가를 결정하기 위해서는 국민의 선호를 모으는 과정이 필요하다. 누가 정부서비스를 받게 될 것인지는 예산을 통해 결정되지만, 예산은 국민의 선호와 요구를 모으는 과정, 즉 정치과정을 통해서 결정될 수밖에 없는 것이다.

4. 누가 비용을 부담할 것인가? : 부담의 배분기능

시장경제에서는 무엇을 생산할 것인가와 누구를 위해 생산할 것인가의 문제가 가격기제를 통해 동시에 해결될 뿐만 아니라 이 두 가지 선택의 문제와 함께 누가 비용을 부담할 것인가의 문제도 동시에 해결된다. 그러나 정부서비스의 경우에는(특히, 정부서비스가 공공재에 가까우면 가까울수록) 편익의 수혜자와 비용의 부담자가 다른 것이 일반적이다. 실업을 경험하게 된 사람들에게 실업수당을 지급한다고 해서 이 사람들이 자신들이 탈 실업수당을 위한 비용을 부담하는 것은 아니다. 정부가 서비스를 제공하는 일과 서비스를 제공하기 위한 재원을 마련하는 과정은 엄격하게 분리되어 있다. 이러한 이유로 가격을 중심으로 하는 시장경제에서는 앞에서 이야기한 세 가지 선택의 문제를 해결하는 과정에서 비용의 부담 문제가 자연스럽게 해결되지만, 정부활동을 둘러싼 비용의 부담 문제는 별도의 과정을 통해 해결해야 할 필요가 있다. 이에 따라 정부예산을 둘러싼 세입과정과 세출과정은 엄격하게 분리되어 있는 것이 일반적이다. 정부가 서비스를 제공하기 위해서는 국민들로부터 얼마만큼의 세금을 걷고 또 누구로부터 세금을 걷을 것인지를 결정해야 한다. 정부의 활동을 위한 비용분담을 결정하는 일 자체는 고도의 정치적인 과정인 것이다.

결론적으로, 누구를 위하여 생산할 것인가와 누가 비용을 부담할 것인가와 관련된 선택의 문제를 예산을 통해 해결하지만, 이러한 선택의 과정은 본질적으로 정치적인 성격을 지닌 과정이라고 할 것이다. 그리고 정부서비스로부터 혜택을 받는 것과 정부서비스를 위한 비용을 부담한다는 것은 곧 예산을 통해 얻는 자와 잃는 자가 생겨난다는 것을 의미한다. 시장과 유사하긴 하지만 예산을 통해 '누가 무엇을 위해 얼마를 얻고 누가 비용을 부담하는가?(Who gets how much for what purpose and who pays?)'와 관련된 본질적으로 정치적인 결정이 이루어지게 되는 것이다.

5. 어떻게 관리할 것인가? : 행정적 기능

예산의 운용은 조직의 관리행위를 전제로 한다. 다시 말해서, 예산을 만들고 사용하는 일은 조직을 통해 이루어지며, 이를 원활하게 수행하기 위해서 예산은 행정적 기능을 수행한다. 예산의 행정적 기능으로서는 통제, 관리, 기획 기능을 들 수 있다.

예산의 통제기능이란 예산이 정해진 목적대로 사용될 뿐만 아니라 희소한 자원이 낭비되지 않도록 자원이 배분되고 운용되도록 하는 기능을 의미한다. 예산의 관리기능은 관료제 내에서 행해지는 다양한 활동을 통합하고 조정하는 기능을 의미한다. 또한 예산의 기획기능은 예산을 통해 미래에 대한 정부의 활동계획을 수립하고 새로운 사업을 추진할 수 있도록 자원을 배분하는 기능을 의미한다.

이에 더하여 예산과정을 통해 자원이 어떻게 사용되었는가를 검토하고, 정부가 무엇을 달성했는가를 평가할 수 있게 된다. 다음 회계연도에 계속해서 사업을 수행하기 위해서는 계속해서 예산을 확보하는 것이 필요한데, 예산을 획득하는 과정에서 사업을 시행하는 기관은 지금까지 사업을 효율적이고 효과적으로 수행해 왔음을 증명해 보여야 한다. 즉, 예산을 통해 자원을 효율적·효과적으로 사용했는지에 대해 관련 기관에 책임을 물을 수 있는 것이다.

제5절 | 예산의 원칙

예산은 기본적으로 정부의 다양한 활동을 위해 국민들로부터 강제적으로 징수한 세금을 국민들로부터 권한을 위임받은 의회의 의결을 거쳐 행정부가 집행하는 것이다. 그러므로 예산운영의 궁극적인 목적은 국민에 대한 서비스의 제공이라고 할 수 있다. 정부의 예산운영이 궁극적인 목적을 달성하도록 하기 위해서는 일차적으로는 의회가, 그리고 궁극적으로는 국민들이 예산을 집행하는 정부에게 책임을 물을 수 있어야 한다. 이러한 책무성 확보가 가능하도록 하기 위해서는 예산의 내용과 운영이 일정한 원칙을 따라야 할 필요가 있는데, 이러한 규범적인 원칙을 예산의 원칙이라고 부른다.

학자들마다 다양한 원칙을 내놓고 있지만, 일반적으로 다음의 내용들이 예산의 원칙으로 흔히 거론된다.

1. 예산완전성의 원칙

예산완전성(comprehensiveness)의 원칙은 예산총계주의 원칙이라고도 하는데, 이는 정부의 모든 재정적 거래와 활동 내역이 예산에 포함되어야 한다는 원칙이다. 국가재정법 제17조에서는 예산총계주의 원칙을 천명하고 있는데, 이에 따르면 '한 회계연도의 모든 수입을 세입으로 하고, 모든 지출을 세출로 한다'고 규정해 놓고 있다.

예산완전성의 원칙은 그 자체가 목적이 아니라 다음과 같은 예산의 기본기능을 수행하기 위한 수단이라고 할 수 있다(OECD, 1995: 15).

① 예산완전성의 원칙을 통해 정부활동의 경제적 결과를 측정할 수 있다. 예산완전성의 원칙이 지켜지지 않으면, 정부예산의 전체 규모, 세입과 세출의 구성, 그리고 재정 흑자 혹은 적자의 규모를 정확하게 파악하기 힘들게 된다. 이렇게 되면, 예산의 과다지출을 사전에 방지하여 균형재정을 유지할 수 있는 가능성이 줄어들게 된다.

② 정부의 재정활동에 대한 효과적인 통제가 가능해진다. 정부의 재정활동 중 일정부분이 예산에 포함되지 않으면 그만큼 정부의 재정활동을 통제할 수 있는 가능성은 줄어들게 된다.

③ 재정자원의 효율적인 사용을 가능케 한다. 정부의 재정활동 중 특정 부분이 예산에 포함되지 않으면, 재정자원에 대한 모든 요구가 서로 경합하고 그 결과 가장 적합한 국민의 요구가 선정되어 예산이 배분되어야 한다는 예산제도의 기본 역할을 수행하기 어렵게 된다. 결국 예산완전성의 원칙이 훼손되면, 우선순위 설정과 전략적 자원배분을 통해 희소한 자원을 가장 필요한 활동에 배분할 수 있는 가능성이 줄어들게 되는 것이다.

④ 정부활동에 대한 책무성을 강화한다. 예산완전성의 원칙이 훼손되면 예산 사용에 대한 법적 통제와 예산운영의 성과에 대한 책임 확보가 힘들어지게 되는 것이다.

우리나라 국가재정법 제53조에는 예산총계주의 원칙의 예외를 규정해 놓고 있다. 즉, 수입대체경비, 현물출자와 전대차관, 차관물자대 등의 경우에는 세입세출예산 외로 사용할 수 있도록 하고 있다.

국가재정법 제53조(예산총계주의 원칙의 예외)

① 각 중앙관서의 장은 용역 또는 시설을 제공하여 발생하는 수입과 관련되는 경비로서 대통령령이 정하는 경비(이하 "수입대체경비"라 한다)에 있어 수입이 예산을 초과하거나 초과할 것이 예상되는 때에는 그 초과수입을 대통령령이 정하는 바에 따라 그 초과수입에 직접 관련되는 경비 및 이에 수반되는 경비에 초과지출할 수 있다.

② 국가가 현물로 출자하는 경우와 외국차관을 도입하여 전대(轉貸)하는 경우에는 이를 세입세출예산 외로 처리할 수 있다.

③ 차관물자대의 경우 전년도 인출예정분의 부득이한 이월 또는 환율 및 금리의 변동으로 인하여 세입이 그 세입예산을 초과하게 된 때에는 그 세출예산을 초과하여 지출할 수 있다.

④ 전대차관을 상환하는 경우 환율 및 금리의 변동, 기한 전 상환으로 인하여 원리금 상환액이 그 세출예산을 초과하게 되는 때에는 초과한 범위 안에서 그 세출예산을 초과하여 지출할 수 있다.

⑤ 삭제〈2014. 1. 1.〉

⑥ 수입대체경비 등 예산총계주의 원칙의 예외에 관하여 필요한 사항은 대통령령으로 정한다.

2. 예산단일의 원칙

예산단일(unity)의 원칙은 예산의 효율적인 통제와 효과적인 관리를 위해서는 예산이 하나만 존재해야 한다는 원칙이다. 예산이 하나만 있어야 단순 합산과정을 통하더라도 총세입과 총세출을 쉽게 계산할 수 있기 때문에 정부의 재정활동을 일목요연하게 파악할 수 있게 된다. 이렇게 함으로써 재정활동을 통합적인 시각에서 통제하고 조정할 수 있는 것이다. 예산이 하나만 존재하여야 한다는 것은 곧 일반회계만 존재하여야 한다는 것을 의미한다. 우리나라의 경우 특별회계와 기금의 존재는 예산단일의 원칙의 예외가 되는 현상이다. 그러나 다수의 예산이 존재하는 것이 예산단일의 원칙에는 위배되는 것이지만, 모든 세입과 세출이 예산에 포함되어야 한다는 예산완전성의 원칙은 훼손하지 않을 수도 있다.

3. 예산한정성의 원칙

예산한정성(specification)의 원칙은 예산이 입법부의 의결을 거친 후 행정부의 예산집행을 얼마나 구속하느냐와 관련된 원칙이다. 예산이 입법부가 정해준 대로 집행되기 위해서는 특정 항목의 지출 상한을 상회해서 지출이 이루어져서는 안 되며, 정해진 기간(즉, 회계연도)을 넘어서서 지출이 이루어져서도 안 된다. 또한 예산의 항목 간에 자유롭게 예산이 옮겨져서 사용되어서도 안 된다. 이렇게 예산의 지출 상한, 예산의 지정된 용도 외 사용 금지, 그리고 지출 시기 등을 규정하고 있는 원칙이 바로 예산한정성의 원칙이다.

보다 구체적으로, 예산한정성의 원칙은 다음의 세 가지 세부원칙을 포함한다(Sundelson, 1935).

① 질적 한정성(qualitative specification)의 원칙 : 예산에 규정된 목적을 위해서만 정부지출이 이루어져야 한다는 원칙이다. 이는 곧 예산이 항목 간 자유롭게 옮겨져서 사용되어서는 안 된다는 원칙이다.

② 양적 한정성(quantitative specification)의 원칙 : 특정 예산항목의 지출 한도를 초과해서 정부지출이 이루어져서는 안 된다는 원칙이다. 질적 한정성의 위배, 즉 예산이 항목 간 자유롭게 융통된다고 해서 예산의 전체 규모가

늘어나는 것은 아니다. 그러나 양적 한정성을 위반하게 되면 전체 예산의 규모가 늘어나 예산균형이 깨지는 문제가 발생한다.

③ 시간적 한정성(time specification)의 원칙 : 이 원칙은 입법부가 예산을 의결할 때 정해진 기간(즉, 회계연도)을 넘어서서 지출이 이루어져서는 안 된다는 원칙이다. 시간적 한정성의 원칙은 다른 말로 회계연도 독립의 원칙이라고도 한다.

예산한정성의 원칙의 예외로서는 예산의 이용과 전용, 예산의 이월, 계속비,[1] 과년도 수입, 과년도 지출 등을 들 수 있다.

4. 예산 사전의결의 원칙

예산 사전의결(prior authorization)의 원칙은 모든 정부예산은 집행이 이루어지기 전에 입법부의 의결을 거쳐야 한다는 원칙이다.

5. 예산명료성의 원칙

예산명료성(clarity)의 원칙은 세 가지 내용을 포함한다.

첫째, 예산문서를 국민들이 명쾌하게 이해할 수 있도록 세부 내역과 관련된 자료가 충분히 제공되어야 한다.

둘째, 예산을 분류하고 제시하는 방식이 합리적이고 단순해서 국민의 예산에 대한 이해를 도울 수 있어야 한다.

셋째, 예산이 애매하게 제시되어 다양한 해석이 나올 수 있는 가능성이 없어야 한다(Sundelson, 1935: 259).

1) 예산의 이용과 전용, 이월, 그리고 계속비에 관한 설명은 제8장 '예산집행'을 볼 것.

6. 예산투명성의 원칙

예산투명성(transparency)의 원칙은 정부활동에 관한 신뢰할 만하고, 포괄적이며, 시의적절하고, 쉽게 이해할 수 있는 그리고 국제적으로 비교 가능한 정보에 국민들이 쉽게 접근할 수 있어야 한다는 원칙이다(Kopits & Craig, 1998: 1). 이를 통하여 국민들이 정부의 재정상황과 정부활동에 소요되는 비용과 정부활동으로부터의 편익을 쉽게 알 수 있게 되는 것이다. 예산완전성의 원칙과 예산단일의 원칙이 지켜지지 않으면, 예산의 투명성은 낮아질 수밖에 없다.

예산투명성의 원칙은 예산공개의 원칙을 당연히 포함하는 개념이다. 예산공개(publicity)의 원칙은 예산에 대한 국민의 통제를 가능토록 만드는 원칙이다. 즉, 예산에 대한 국민의 통제가 가능하도록 국민은 예산에 관련된 모든 정보를 확보할 수 있어야 한다는 것으로서, 이 원칙에 따르면 정부는 예산문서를 신속하게 국민들에게 제공하여야 하며, 예산과 관련된 입법부의 모든 과정이 공개되어야 하고, 국가의 재정상황과 예산의 내용 등이 모두 국민에게 제공되어야 한다. 우리나라 국가재정법 제9조에 따르면 '정부는 예산, 기금, 결산, 국채, 차입금, 국유재산의 현재액 및 통합재정수지, 그 밖에 대통령령이 정하는 국가와 지방자치단체의 재정에 관한 중요한 사항을 매년 1회 이상 정보통신매체 · 인쇄물 등 적당한 방법으로 알기 쉽고 투명하게 공표하여야 한다'고 정해 놓고 있는데, 이는 바로 예산공개의 원칙을 반영한 것이라고 할 수 있다.

예산을 통해 국민들이 정부를 적절히 통제할 수 있기 위해서는 예산에 관한 정보가 정부부처별(혹은 조직별)로 제공될 필요가 있다. 그러나 각 정부부처가 수행하는 기능을 넘어서 프로그램 위주로 예산에 관한 정보가 제공될 경우에는 예산의 투명성이 약화되고 궁극적으로는 예산에 대한 정치적 책임을 약화시킬 위험성이 있다(von Hagen, 2007: 31). Alt와 Lassen(2006: 1407)에 의하면, 예산의 투명성이 확보되기 위해서는 ① 예산에 관한 정보가 수록되는 문서의 수가 적으면 적을수록 좋으며, ② 불명확하고 자의적인 언어의 사용을 피하면서 일반적으로 인정되는 회계기준을 사용해야 하고, ③ 예산에 포함된 자료와 가정을 외부사람들이 독립적으로 검증할 수 있어야 하며, ④ 예산에 사용된 자료와 가정에 대해 명확한 정당화가 이루어질 필요가 있다고 한다.

7. 예산통일의 원칙

예산이 제대로 운영되기 위해서는 세입과 세출이 분리되어 있는 것이 바람직하다는 것이 예산통일의 원칙이다. 앞에서 정부예산의 특징 중의 하나로서 비용의 부담자와 편익의 수혜자가 일치하지 않는다는 점을 든 적이 있다. 이는 곧 세입과 세출이 연결되지 않는다는 것을 의미하는데, 이 둘의 분리는 정부예산의 특징일 뿐만 아니라 정부예산이 제대로 운영되기 위해서는 이 둘이 분리되어 있는 것이 바람직하다.

예산의 배분은 정치적 과정을 통해 국민들의 다양한 선호와 요구를 모으고 이를 조정해 나가는 과정이다. 이때 정부활동을 위한 부담을 누가 질 것인가를 결정하는 것이 정부예산을 통해 누가 혜택을 볼 것인가를 결정하는 데 영향을 미치지 않는 것이 바람직하다. 따라서 통상적으로 모든 세금은 일단 국고로 편입된 후, 별도의 과정을 통해 결정된 예산배분에 따라 정부지출의 용도가 정해지는 것이다. 누가 세금을 냈는가가 어디에 세금을 쓸 것인가와 관련된 결정을 구속하게 되면, 예산배분에 있어서 심각한 왜곡이 발생할 수 있기 때문이다. 이러한 이유로 예산통일의 원칙을 목적구속 금지의 원칙(non-affection rule) 혹은 세입 비지정의 원칙(non-assignment of revenues)이라고도 표현한다.

우리나라의 경우 특별회계는 특정 세입과 특정 세출을 연계하는 경우가 많은데, 이는 예산통일의 원칙의 예외가 되는 현상이라고 할 수 있다. 또한 농어촌특별세나 교육세와 같이 특정 세금은 특정한 용도에만 사용하도록 정해 놓은 경우가 있는데, 이러한 세금을 목적세(ear-marked tax)라고 부른다. 목적세도 예산통일의 원칙의 예외이다. 그런데 목적세가 예산통일의 원칙에는 위배되지만, 예산완전성의 원칙은 훼손하지 않는다고 할 수 있다. 기금과 수입대체경비도 예산통일의 원칙의 예외이다.

제6절 | 재무행정의 목표

재무행정의 목표란 예산운용에서 준수해야 하는 규범적 원칙이라고 할 수 있다. 재무행정의 목표로서는 총량적 재정규율, 배분적 효율성, 기술적 효율성 등 세 가지를 들 수 있다.

1. 총량적 재정규율

총량적 재정규율(aggregate fiscal discipline)은 정부지출의 지속적인 증가를 억제하면서 재정적자의 발생과 국가채무의 누적을 통제하는 것을 의미한다. 이를 위해서는 총지출한도가 개별 사업의 예산이 결정되기 이전에 사전적으로 정해져야 할 뿐만 아니라 중기적으로 지속될 수 있어야 한다.

총량적 재정규율을 유지하기 위한 노력은 바로 예산배분에 있어서 이른바 공유지의 비극 문제를 해소하기 위한 노력이라고도 할 수 있다. 정부예산을 통해 어떤 사업을 시행하게 되면 이 사업으로부터 혜택을 받는 사람들에게는 혜택이 집중되는 반면, 이 사업을 시행하는 데 소요되는 비용은 일반 납세자들에게 폭넓게 분산된다. 이에 따라 일반시민들은 정부가 사업을 시행할 때 소요되는 비용에 대해 대부분의 경우 무관심하지만, 혜택을 받는 집단은 사업을 새롭게 시작하거나 혹은 사업의 규모를 늘리기 위해 노력하게 된다. 이런 경향이 나타나면 예산이 지속적으로 팽창하게 되는 것이다. 정부 내의 예산편성과정에서도 개별 부처는 자신들이 활용할 수 있는 예산의 규모를 늘리기 위해 노력하지만, 이러한 개별 부처의 요구가 전체적인 조정 없이 받아들여지게 되면 예산이 지속적으로 팽창하는 현상이 나타나게 된다.

이러한 공유지의 비극 문제가 나타나는 것을 방지함으로써 총량적 수준에서 예산의 팽창을 억제하기 위해서는 무엇보다도 예산에 대한 개별적 요구가 취합되기 이전에 예산에 대한 총량을 사전적으로 설정할 필요가 있다. 결국, 예산의 총량적 한계를 설정하는 일과 예산에 대한 개별 부처의 요구를 취합하고 조정하는 일이 분리되어야만 총량적 재정규율을 준수할 수 있게 되는 것이다.

2. 배분적 효율성

배분적 효율성(allocative efficiency)은 분야 간, 사업 간 자원의 배분과 관련된 개념이다. 배분적 효율성의 핵심은 우선순위와 사업의 효과성에 기반한 전략적 재원배분이다. 즉, 배분적 효율성은 주어진 예산 내에서 우선순위를 설정할 수 있고 이러한 우선순위와 사업의 효과성에 기반하여 재원을 배분할 수 있는 능력을 의미하는 것이다. 배분적 효율성이 달성되기 위해서는 우선순위가 낮은 사업에서 우선순위가 높은 사업으로, 그리고 효과성이 낮은 사업에서 효과성이 높은 사업으로 예산이 배분될 수 있어야 한다.

배분적 효율성이 향상되기 위해서는 예산운용과정에서 요구되는 정보가 적절한 수준에서 유지될 필요가 있으며, 예산을 둘러싼 갈등이 적절히 조정되어야 하고, 실무부처가 우선순위에 따른 예산배분이라는 기본원칙을 준수할 수 있어야 한다. 따라서 배분적 효율성을 제고하기 위해서는 중앙예산기관과 실무부처 간에 역할분담이 필요하다. 중앙예산기관은 국가 전체적인 차원에서 우선순위를 설정하고 이에 따라 분야 간 자원배분을 결정하게 된다. 그렇지만 분야 내 그리고 부처 내에서 자원을 배분할 수 있는 권한은 실무부처가 갖게 된다. 즉, 권한의 위임을 통해 세부적인 수준에서도 배분적 효율성이 향상될 수 있도록 하는 것이다(Schick, 1998: 17).

무엇보다도 배분적 효율성을 제고하기 위해서는 예산운용이 보다 전략적이고 평가지향적이 될 필요가 있다. 즉, 중장기적인 차원에서 정부가 지향하는 목표와 우선순위를 설정할 필요가 있으며, 예산운용의 성과를 측정하고 평가할 수 있어야 한다는 것이다. 이러한 요건이 구비되지 않으면 총량적 재정규율을 준수하는 과정에서 우선순위와 사업의 효과성에 따른 예산의 재배분이 아니라 단순히 기존에 운영되던 사업들이 지속될 수 있는 위험성이 있다. 왜냐하면 어떤 사업이 도입되어 시행되면 이로부터 혜택을 보는 사람들이 생겨나기 마련이어서, 새로운 사업을 시작하기보다 기존에 운영되고 있는 사업들을 지속하는 것이 정치적으로 훨씬 안전한 방법이기 때문이다. 이렇게 되면 우선순위와 사업의 효과성이라는 측면에서 정당화되기 어려운 사업들이 계속적으로 시행되고, 그 결과 배분적 효율성을 저하시키는 문제가 발생하게 되는 것이다(Schick, 1998: 89–93).

3. 기술적 효율성

기술적 효율성(technical efficiency)은 기본적으로 정부 운영과 관련된 효율성을 의미한다. 따라서 이를 다른 말로 운영적 효율성(operational efficiency)이라고도 한다. 기술적 효율성은 정부를 효율적으로 운영하여 궁극적으로 정부의 운영비용과 재화와 서비스의 공급비용을 감소시킬 수 있는 능력을 의미한다.

기술적 효율성을 제고하기 위해서는 예산통제의 초점을 투입에서 산출로 바꾸고 예산운영의 책임을 분권화시키는 것이 필요하다. 즉, 사업운영의 책임을 관리자들에게 폭넓게 위임한 상태에서 사업에 소요되는 비용과 사업의 결과에 대해 책임을 묻게 되면 기술적 효율성이 제고될 수 있다는 것이다. 운영적 효율성을 제고하기 위해서는 결과를 산출하는 데 소요되는 비용에 대한 정보가 체계적으로 제공될 필요가 있다. 이에 따라 최근의 예산개혁에서는 비용을 정확하게 측정하기 위한 방편으로 이른바 발생주의회계(accrual accounting)의 도입, 산출과 결과에 대한 사전적 설정, 성과측정 및 성과보고가 강조되고 있다.

참고문헌

신무섭. (2009). 「재무행정학」 개정6판. 서울: 대영문화사.

이문영 · 윤성식. (2002). 「공공재무관리」. 서울: 법문사.

Alt, James E. and David Dreyer Lassen. (2006). "Fiscal Transparency, Political Parties, and Debt in OECD Countries." *European Economic Review* 50(6): 1403–39.

de Renzio, Paolo. (2013). "Assessing and Comparing the Quality of Public Financial Management Systems: Theory, History and Evidence." in Richard Allen, Richard Hemming, and Barry H. Potter(eds.), *The International Handbook of Public Financial Management*. 137–60. London: Palgrave Macmillan.

Kopits, George and Jon Craig. (1998). "Transparency in Government Operations."

International Monetary Fund Occasional Paper No. 158.

Lee, Robert D. Jr., Ronald W. Johnson, and Philip G. Joyce. (2008). *Public Budgeting Systems*. 8th ed., Boston: Jones & Bartlett Publishers.

Mikesell, John L. (2007). *Fiscal Administration: Analysis and Applications in the Public Sector*. 7th ed., Belmont, CA: Thomson Wadsworth.

Organization for Economic Cooperation and Development. (1995). *Budgeting for Results: Perspectives on Public Expenditure Management*. Paris: OECD.

Rubin, Irene S. (2000). *The Politics of Public Budgeting: Getting and Spending, Borrowing and Balancing*. 4th ed., Chatham, N.J.: Chatham House.

Schick, Allen. (1998). "A Contemporary Approach to Public Expenditure Management." Washington, D.C.: The World Bank.

Smith, Robert W. and Thomas D. Lynch. (2004). *Public Budgeting in America*. 5th ed., Upper Saddle River, NJ: Pearson.

Sundelson, J. Wilner. (1935). "Budgetary Principles." *Political Science Quarterly* 50(2): 236–63.

von Hagen, Jürgen. (2007). "Budgeting Institutions for Better Fiscal Performance." in Anwar Shah(ed.), *Budgeting and Budgetary Institutions*. 27–51. Washington, D.C.: The World Bank.

Wildavsky, Aaron and Naomi Caiden. (2004). *The New Politics of the Budgetary Process*. 5th ed., New York: Pearson.

제 4 장

예산의 종류와 분류

제1절 재정의 구조

제2절 통합재정

제3절 재정규모의 여러 개념

제4절 변경형태에 따른 예산의 종류

제5절 예산 불성립 시 예산의 종류

제6절 예산의 분류

제7절 우리나라 예산의 과목구조

제8절 조세지출예산

정부는 통상적으로 비시장적 서비스의 공급[1](the provision of nonmarket services)이나 소득과 부의 재분배에 관련된 활동을 수행하며, 이러한 활동을 위한 재원의 조달은 조세나 비정부부문에 대한 강제적 부담금 징수(compulsory levies)를 통해 이루어진다(IMF, 2007: 19). 이러한 정부의 활동은 예산을 중심으로 이루어진다. 그런데 정부의 재정활동은 다양한 방식으로 이루어지기 때문에, 이를 표현하는 예산도 다양한 의미를 지니고 있다. 따라서 우리가 예산이라고 할 경우, 구체적으로 정부의 어떤 재정활동을 지칭하는지를 분명히 할 필요가 있다. 또한 예산 앞에 다양한 수식어가 붙어서 특정한 내용을 갖는 예산을 지칭하는 경우가 많은데, 정부예산의 다양한 모습을 이해하기 위해서는 이런 다양한 종류의 예산이 갖는 의미를 이해할 필요가 있다.

동일한 예산이라 할지라도 이를 어떻게 분류하느냐에 따라 국민들에게 사뭇 다른 정보를 제공하게 될 뿐만 아니라 실제로 예산을 운영하고 관리하는 데에도 매우 큰 영향을 미치게 된다. 따라서 예산으로부터 제대로 된 정보를 얻고 또 예산을 통해 정책 목적을 실현하고 조직을 효율적으로 관리하기 위해서는 어떤 예산분류 방법이 있는지를 알아둘 필요가 있다. 이 장에서는 예산의 종류와 분류를 다루고 있다.

제1절 | 재정의 구조

한 나라 경제를 가장 크게 나누면 공공부문과 민간부문으로 나눌 수 있다. 공공부문과 민간부문을 나누는 기준은 '정부 지배성 여부'인데, 정부가 과반수 이상의 의결권이나 주요 인사에 대한 임명권 등을 보유하고 있으면, 정부의 지배성이 있다고 판단하여 공공부문으로 분류한다. 공공부문은 다시 일반정부와 공기업으로 나뉜다([그림 4-1] 참조). 일반정부(general government)는 중앙정부와 지방정부 등 모든 정부부문을 통칭하는 개념이다. 비시장적 서비스 공

1) 비시장적 서비스의 공급이란 서비스가 무상으로 공급되거나 가격이 매겨지더라도 수요와 공급에 영향을 미치지 않을 정도의 낮은 수준으로 매겨지는 것을 의미한다.

그림 4-1 공공부문의 체계

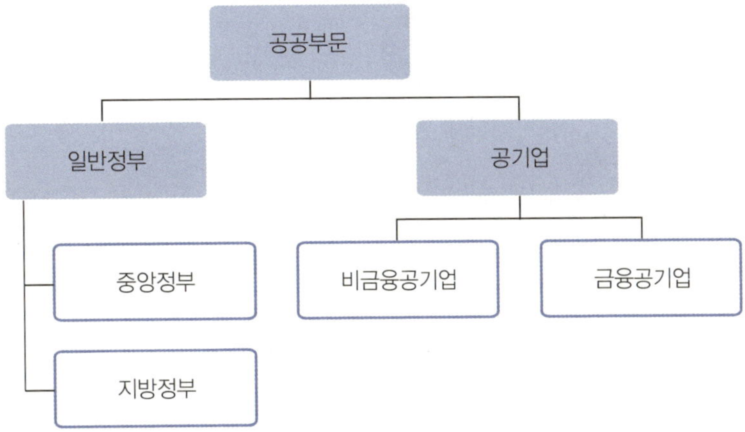

자료 : IMF(2014: 20), Figure 2.3에 기초하여 작성.

급, 소득과 부의 분배, 그리고 조세와 강제적 부담금 징수라는 정부의 특징적인 기능은 일반정부를 통해 이루어진다. 공공부문은 일반정부 외에 공기업(public corporations)을 포함하는데, 공기업은 생산물에 대해 가격을 부과하고, 민간기업과 비슷한 방식으로 운영되며, 자산과 부채 등을 독립적으로 계리하는 회계를 갖고 있는 것이 특징이다. 공기업은 크게 금융공기업과 비금융공기업으로 구성되어 있다.

통상적으로 재정이라고 하면 일반정부의 재정을 일컫는다. 우리나라의 재정은 크게 중앙정부와 지방정부의 재정으로 구성되어 있다. 중앙정부와 지방정부의 재정은 각각 예산과 기금으로 구성되며, 예산은 다시 일반회계와 특별회계로 나누어진다[2]([그림 4-2] 참조). 이렇게 보면, 우리나라의 재정은 크게 예산과 기금으로 구성되어 있고 예산은 다시 일반회계와 특별회계로 구성되어 있음을 알 수 있다. 따라서 우리나라 재정의 구조와 규모를 제대로 파악할 수 있기 위해서는 일반회계, 특별회계, 그리고 기금이 각각 무엇을 의미하는지를 이해할 필요가 있다.

2) 우리나라 재정구조에서 매우 독특한 현상은 지방재정에서 일반자치단체의 재정과 교육자치단체의 재정이 엄격히 구분되어 있다는 것이다.

그림 4-2 우리나라의 재정체계

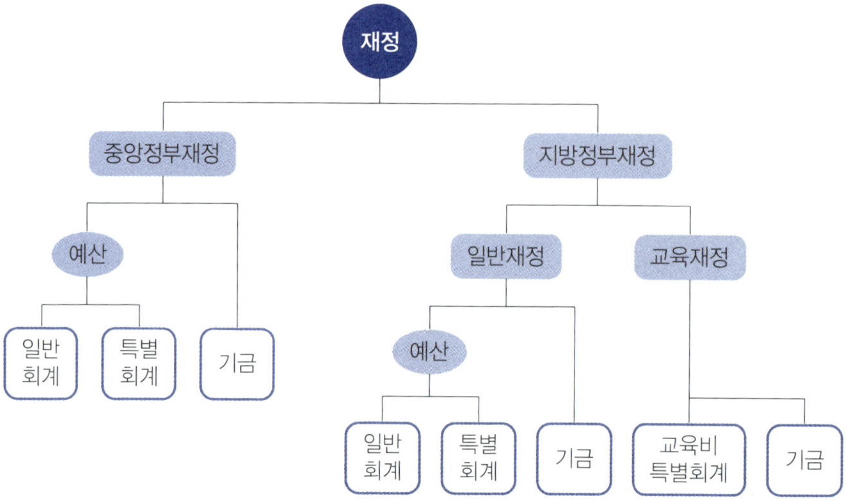

자료 : 기획재정부.

1. 일반회계

일반회계는 기본적인 정부활동과 관련되는 주요한 재정사업을 모두 포괄하는 회계로서 국가의 일반적인 활동을 위한 예산을 의미한다. 일반회계 세출에는 각 중앙행정기관의 운영비와 사업비가 포함되므로, 정부의 전형적인 업무는 주로 일반회계를 통해 이루어진다고 할 수 있다. 일반회계는 행정부의 예산편성, 국회의 심의 및 의결, 행정부의 집행, 그리고 국회의 결산이라는 네 가지 과정을 거쳐 운용되며, 그 수입은 거의 중앙정부가 징수하는 조세수입으로 구성된다. 일반회계 세입은 사실상 중앙정부 조세수입의 대부분을 차지하는데, 일반회계의 세입은 크게 소득세·법인세·부가가치세 등 국세와 정부출자수입·주식매각수입 등 세외수입, 국채발행수입 등으로 구성된다. 일반회계에 속하는 정부의 수입은 특정 세출을 위하여 그 용도가 정해지는 것이 금지되어 있기 때문에 모두 국고에 귀속된 후 이로부터 지출이 이루어진다.

2. 특별회계

특별회계는 일반회계와는 달리 정부의 특정한 목적을 달성하기 위해 설치 · 운용되는 것이다. 국가재정법 제4조에 의하면, 특별회계는 국가에서 특정한 사업을 운영하고자 할 때, 특정한 자금을 보유하여 운용하고자 할 때, 그리고 특정한 세입으로 특정한 세출에 충당함으로써 일반회계와 구분하여 회계처리할 필요가 있을 때에 법률로써 설치하도록 되어 있다.

특별회계는 정부가 운용하는 예산은 하나여야 한다는 예산단일의 원칙과 모든 수입은 국고로 귀속된 후 이로부터 지출이 이루어져야 한다는 예산통일의 원칙의 예외가 된다. 그러나 특별회계는 특정 사업을 안정적으로 추진할 수 있으며, 정부가 자본을 투자하여 운영하는 사업의 수지를 명확하게 함으로써 경영의 합리화를 기할 수 있고, 예산운용의 자율성을 부여함으로써 해당 행정기관의 행정능률을 향상시킬 수 있는 장점도 갖추고 있다. 일반회계와 마찬가지로 특별회계도 예산편성, 예산심의, 예산집행, 결산이라는 예산과정의 네 단계를 거쳐야 한다.

특별회계는 기업특별회계와 기타특별회계로 나눌 수 있다. 기업특별회계는 일반행정활동과 정부기업활동의 중간적인 성격을 갖는 정부활동, 즉 정부가 관업에 의해 재화와 서비스를 국민에게 제공하고 그 수익자로부터 비용의 일부 또는 전부를 징수하는 활동을 원활하게 하기 위해 설치한 것이다. 기업특별회계는 특별회계를 설치할 수 있는 첫 번째 사유, 즉 국가에서 특정한 사업을 운영하고자 할 때 설치되는 회계이다. 현재 양곡관리특별회계, 책임운영기관특별회계, 조달특별회계, 우편사업특별회계, 우체국예금특별회계 등 5개의 기업특별회계가 설치 · 운용되고 있다. 기업특별회계를 제외한 나머지 특별회계는 모두 기타특별회계로 분류된다. 현재 설치되어 있는 기타특별회계는 모두 특별회계를 설치할 수 있는 세 번째 사유, 즉 기타 특정한 세출에 충당함으로써 일반회계와 구분하여 회계처리할 필요가 있을 때 설치된 특별회계로서 2022년 현재 농어촌구조개선특별회계, 교통시설특별회계, 환경개선특별회계 등 15개가 설치되어 있다.

〈표 4-1〉은 우리나라 회계별 세출예산의 추이를 보여주고 있다. 2022년 기준으로 일반회계는 354조 원을 약간 상회하는 정도이며, 특별회계 규모는 약 63조 원에 달하고 있음을 알 수 있다. 일반회계 대비 특별회계의 비중은 2014년

표 4-1 일반회계와 특별회계의 규모 추이 (단위: 조 원, %)

구분	2014	2016	2018	2020	2021	2022
일반회계(A)	198.2	217.1	246.5	320.8	348.8	354.4
특별회계(B)	45.5	47.6	47.2	53.6	60.9	62.8
B/A	23.0	21.9	19.1	16.7	17.5	17.7

주 : 2020년까지는 결산 기준, 2021년 이후는 예산(추경) 기준.
자료 : 국회예산정책처(2022). 「대한민국재정 2022」.

23.0%였으나 이후 점점 감소 추세를 보여, 2020년 이후에는 16~17% 수준으로 낮아져 있음을 볼 수 있다. 칸막이식 재정운용은 재원배분의 효율성을 저하시키기 때문에 정부는 특별회계의 신설을 극히 엄격하게 제한해 왔고, 이러한 이유에서 일반회계의 규모와 상대적 비중이 늘어난 것이다.

특별회계는 별도의 재원으로 별도의 세출에 충당하는 것으로 특정 사업을 안정적으로 추진할 수 있고 재정의 효율성을 높일 수도 있으나 오히려 특정 세입을 특정 지출에 국한하여 사용하어야 하므로 '재정의 칸막이 현상'에 따른 재정의 경직성을 심화시킬 수 있다. 그리고 회계가 복잡하게 존재하기 때문에 유사기능을 서로 다른 회계에서 중복 수행할 위험성도 있다. 또한 일반회계와 특별회계 간 그리고 특별회계 상호 간 전출과 전입, 즉 내부거래가 존재하기 때문에 재정활동의 투명성과 효율성을 저하시키는 단점도 있다.

3. 기 금

정부의 재정활동은 일반회계와 특별회계로 구성된 예산에 의해 주로 이루어지고 있다. 그러나 특정한 분야의 사업에 대하여 지속적이고 안정적으로 자금을 지원할 필요가 있거나 통제위주의 경직된 예산제도로서는 적절하게 대처할 수 없는 특별한 행정수요에 탄력적으로 대처하기 위하여 예산과 별도로 개별 법률에 근거하여 기금이 설치·운용되고 있다. 국가재정법 제5조에 의하면 기금은 국가가 특정한 목적을 위하여 특정한 자금을 신축적으로 운용할 필요가 있을 때에 한하여 법률로써 설치하고 세입세출예산 외로 운용할 수 있다고 규정하고 있다.

과거에는 기금의 경우 일반회계나 특별회계와 달리 국회의 심의를 요하지 않았으나, 2002년부터는 예산과 마찬가지로 국회의 심의 · 의결을 받도록 변경되었다. 국회의 심의를 받기는 하지만 기금을 설치하는 이유가 예산과 달리 보다 탄력적으로 자금을 운용하는 것이기 때문에, 기금에 대하여는 사업의 실제 수행 중에 운용계획의 일부를 변경할 수 있는 자율성을 인정하고 있다. 국가재정법에서는 기금운용의 책임성을 강화하기 위하여 기금운용계획의 자율변경 범위를 금융성 기금의 경우 주요 항목 지출금액의 30%, 비금융성 기금의 경우는 20% 이하로 규정하고 있다. 주요 항목 지출금액의 30%(비금융성 기금 20%)를 초과하여 지출하는 경우에는 기획재정부와의 협의와 국회의 심의 · 의결이 요구된다.

특수정책적인 목적을 탄력적으로 실현하기 위해 예산의 기본원칙과는 달리 운용되는 것이 기금이기 때문에, 기금을 설치하는 데에는 일정한 제약이 따른다. 국가재정법에 의하면, 중앙관서의 장은 기금을 신설하고자 하는 경우에는 해당 법률을 입법예고하기 전에 기금신설에 관한 계획서를 제출하여 기금정책심의회로부터 기금신설에 대한 심사를 받도록 하고 있다. 이때 기금신설을 심사하는 기준으로는 부담금 등 기금의 재원이 목적사업과 긴밀하게 연계되어 있을 것, 사업의 특성으로 인하여 신축적인 사업추진이 필요할 것, 중 · 장기적으로 안정적인 재원조달과 사업추진이 가능할 것, 일반회계나 기존의 특별회계 · 기금보다 새로운 기금으로 사업을 수행하는 것이 더 효과적일 것 등이 있다. 또한 기금이 설치된 이후에도 매 3년마다 기금존치 여부에 대하여 평가를 실시하도록 되어 있다.

〈표 4-2〉는 일반회계 및 특별회계와 대비한 기금의 특징을 요약해 놓은 표이다. 2022년 현재 기금 수는 총 68개이며, 사업성 기금 49개, 사회보험성 기금 6개, 계정성 기금 5개, 금융성 기금 8개로 구성되어 있다. 사업성 기금은 특정한 예산사업을 수행하는 데 필요한 자금을 관리 · 운영하는 기금이다. 사회보험성 기금은 연금지출과 보험지출에 대비하여 기여금과 보험료 등의 자금을 운영하는 기금으로서, 국민연금기금, 공무원연금기금, 군인연금기금, 사립학교교직원연금기금, 고용보험기금, 산업재해보상보험 및 예방기금이 설치 · 운용되고 있다. 계정성 기금은 특정 자금을 모아 실제 사업을 수행하는 주체에게 전달하는 역할을 하는 기금이며, 금융성 기금은 특정 사업을 직접 수행하는 재정활동이 아니라 보증 · 보험 제공 등 금융활동에 가까운 역할을 하는 기금이다(국회예산정책처, 2022: 13).

표 4-2 예산과 기금의 비교

	일반회계	특별회계	기금
설치 사유	국가 고유의 일반적 재정활동	•특정 사업운영 •특정 자금운용 •특정 세입을 특정 세출에 충당	•특정 목적을 위해 특정 자금 운용
재원 조달 및 운용 형태	공권력에 의한 조세수입과 무상급부 원칙	조세, 부담금 등의 수입으로 무상급부, 융자사업 등 수행	출연금 · 부담금 등 다양한 수입원으로 융자사업 등 기금 고유사업 수행
확정 절차	•부처의 예산요구 •기획재정부가 정부 예산안 편성 •국회 심의 · 의결로 확정	좌동	•기금관리 주체가 계획(안)수립 •기획재정부 장관과의 협의 · 조정 •국회 심의 · 의결로 확정
집행 절차	합법성에 입각하여 엄격히 통제 (예산의 목적 외 사용금지 등)	좌동	합목적성 차원에서 상대적으로 자율성과 탄력성 보장
수입과 지출의 연계	특정한 수입과 지출의 연계 배제	특정한 수입과 지출의 연계	좌동
계획변경	추경예산 편성	좌동	•금융성 기금 : 주요 항목 지출 금액의 30% 이상 변경 시 국회 심의·의결 필요 •비금융성 기금 : 주요 항목 지출 금액의 20% 이상 변경 시 국회 심의·의결 필요
결산	국회의 결산 심의와 승인	좌동	좌동

자료 : 기획재정부 예산실(2010). 「2010 한국의 재정」.

〈표 4-3〉은 기금 개수의 변동 추이를 보여주고 있다. 1961년 3개에 불과했던 기금은 이후 지속적으로 증가하여 1993년 114개로 정점을 찍은 이후, 정부의 통폐합 및 폐지 노력으로 2000년에는 61개로 줄어들었다. 이후 폐지, 통폐합, 변경

표 4-3 기금 개수 변동 추이

연도	1961	1980	1990	1993	2000	2010	2020	2022
기금 수	3	45	98	114	61	63	67	68

주 : 2022년에는 기후대응기금이 신설되었음.
자료 : 기획재정부.

및 신설 등이 이루어지면서 2022년 현재 68개의 기금을 설치·운용 중이다.

기금의 운용규모는 빠르게 증가하였는데, 1997년 82.3조 원이었던 기금의 운용규모가 2005년에는 331.0조 원으로 증가하였고, 2010년에는 다시 476.9조 원으로 증가하였으며, 2022년 현재 787.9조 원에 달하고 있다. 기금 운용규모의 증가에는 미래지출을 위한 적립성 사회보장성 기금(국민연금, 사학연금, 고용보험기금, 산업재해보상보험기금)의 운용규모 누적(2022년 현재 184조 8,818억 원)이 큰 부분을 차지한다.

제2절 I 통합재정

1. 통합재정의 의미

통합재정이란 현대 국가에서 다양한 형태로 이루어지고 있는 정부부문의 모든 재정활동을 포괄하여 재정이 국민소득 · 통화 · 국제수지에 미치는 효과를 파악하기 위하여 개발된 재정규모에 관한 지표이다. 예산의 완전성 원칙에도 불구하고, 현실적으로 재정이 중앙정부와 지방정부 그리고 일반회계, 특별회계, 기금 등으로 나누어 운영되는 까닭에 재정의 전모를 파악하기가 어렵다. 재정의 전모를 파악할 수 없다면, 정부는 재정규모 및 재정의 경제적 효과를 알 수 없어 재정정책을 효과적으로 수행할 수 없게 된다. 이러한 문제를 해결하기 위하여 통합재정 개념이 도입된 것이다. 즉, 통합재정 개념을 도입함으로써 정부 재정활동의 전모를 파악할 수 있게 되어 재정이 경제에 미치는 영향을 정확하게 알 수 있게 되고, 이를 통해 경제정책 수단으로서 재정정책을 적절히 활용할 수 있게 되는 것이다.

2. 통합재정의 연혁

재정이 중앙정부와 지방정부 그리고 일반회계, 특별회계, 기금 등으로 나누어져 있으면 재정의 전모를 파악하기 힘들 뿐만 아니라, 국제적으로 각 나라의 재정규모를 비교하기도 불가능하다. 이러한 문제를 해결하기 위하여 국제통화기금(IMF)에서 모든 나라에 공통적으로 적용될 수 있는 재정통계 작성의 기준을 마련하였는데, 이것이 바로 IMF에서 1974년에 처음 발간한 재정통계 작성기준인 '정부재정통계편람(*Government Finance Statistics Manual*: GFSM)'이다. '정부재정통계편람'에 따라 세계 각국은 매년 통합재정편제의 재정통계를 작성·제출하게 되었는데, 그 결과 비로소 재정의 국제 비교가 가능하게 된 것이다.

우리나라는 IMF의 권고에 따라 1979년부터 연도별로 통합재정수지를 작성하였고, 1994년부터는 분기별로, 1999년 7월부터는 월별로 통합재정수지를 작성·공표하고 있다. 그러나 우리나라 통합재정통계는 한동안 심각한 문제를 안고 있었는데, 바로 통합재정에 지방재정이 제외되어 있었던 것이다. 우리나라에서 통합재정통계에 지방재정이 포함되기 시작한 것은 2005년부터이며, 이때부터 일반회계, 특별회계, 기금(금융성 기금 제외), 지방재정과 지방교육재정을 포함하는 명실상부한 통합재정통계가 작성되기 시작하였다.

3. 통합재정의 포괄범위

통합재정은 기획재정부가 IMF의 '정부재정통계편람(GFSM)'에 기초하여 작성하는데, GFSM의 기준이 바뀜에 따라 통합재정의 포괄범위, 작성기준, 수입과 지출의 분류방식 등에 변화가 있었다. 당초 우리 정부에서 통합재정통계를 작성할 때는 'GFSM 1986'에 따랐는데, 이에 기초한 재정통계는 금융활동을 제외하고 재정 기능과 직접 관련된 거래만 포함한 것이 특징이다. 기본적으로 'GFSM 1986'에서는 중앙정부와 지방정부를 통틀어 일반회계, 특별회계와 사업성 기금만을 포함시켰으며, 회계기준은 현금주의를 따랐다.

그런데 새로 바뀐 'GFSM 2001'에 기초한 재정통계는 제도 단위[3]의 시장성 여

3) 제도 단위(institutional units)라 함은 일반정부 부문 단위가 수행하는 모든 활동을 포함한다는 의미

표 4-4 2020 회계연도 통합재정의 포괄범위

		GFSM 1986	GFSM 2001
중앙	회계	일반회계 1개 기타특별회계 15개 기업특별회계 5개	좌동
	기금	사업성 기금 58개	금융성·외국환평형기금 등 9개(추가)
	비영리 공공기관	제외	227개 기관(추가)
지방	회계	일반회계 243개 기타특별회계 1,767개 지방교육비특별회계 17개 직영공기업특별회계 255개	좌동
	기금	지방재정법 대상 2,541개 전체	좌동
	비영리 공공기관	제외	96개 공사·공단(추가)

자료 : 기획재정부(2022).

부를 기준으로 일반정부 부문이 수행하는 모든 활동을 포함하고 있는 것이 특징이다. '시장성 여부'를 기준으로 일반정부와 공기업으로 나누는데, 원칙적으로 원가보상률(판매액/생산원가)이 50% 이하일 경우에는 일반정부, 50% 초과일 경우에는 공기업으로 분류하며, 원가보상률이 50%를 초과하더라도 정부판매비율(정부대상 판매액/총 판매액)이 80% 이상이면 시장성이 없다고 판단하여 일반정부로 분류한다. 이에 따라 통합재정의 포괄범위에 금융성 기금과 외국환평형기금, 그리고 비영리 공공기관도 포함되었으며, 회계기준도 현금주의에서 발생주의로 바뀌었다(국회예산정책처, 2022; 기획재정부, 2022). 〈표 4-4〉는 2020 회계연도 통합재정의 포괄범위를 보여주고 있다.

4. 통합재정수지의 개념

통합재정으로부터 통합재정수지 개념이 도출되는데, 통합재정수지는 다음과 같이 정의된다.

로서, 금융활동도 포함한다. 'GFSM 1986'에서는 제도 단위가 아닌 기능적 기초(functional basis) 위에서 포괄범위를 정의했는데, 정부 기능을 수행하는 모든 단위의 재정 관련 거래를 포함하되, 재정정책과 무관한 거래는 제외하였다. 이러한 이유로 금융활동이 제외되었던 것이다(기획재정부, 2018).

통합재정수지 = 통합재정수입 − (통합재정지출 + 순융자)

통합재정수지는 당해 연도의 순수한 수입에서 순수한 지출을 차감한 수지이다. 즉, 통합재정수지는 일반회계, 특별회계 및 기금을 모두 포괄하는 수지이지만, 순수한 재정활동 파악을 위해 회계·기금 간 내부거래 및 차입·채무 상환 등 보전거래는 제외하는 것이 특징이다(기획재정부, 2022: 6).

국제적으로 통용되는 재정수지의 기준은 통합재정수지이다. 그런데 우리나라에서는 통합재정수지와는 별도로 관리재정수지라는 개념을 만들어 재정수지를 파악하고 있다. 관리재정수지는 우리나라만의 기준인 셈인데, 통합재정수지에서 국민연금, 산재보험, 고용보험 등 사회보장성 기금의 수지를 제외하고 재정수지를 파악하는 기준이다. 선진국은 이미 연금을 지급하고 있는 단계이지만, 우리나라는 아직까지 연금이나 보험을 적립하고 있는 단계로서 당연히 사회보장성 기금은 막대한 흑자를 보이고 있다. 이러한 흑자를 반영하면 재정수지가 왜곡될 수 있기 때문에, 관리재정수지를 통해 재정수지를 파악하고 있는 것이다. 〈표 4-5〉는 2010년 이후의 통합재정수지와 관리재정수지를 보여주고 있다. 2018년의 경우 통합재정수지는 31.2조 원의 흑자를 나타내고 있지만, 관리재정수지는 10.6조 원의 적자를 보이고 있다. 즉, 사회보장성 기금에서의 흑자 41.7조 원을 제외한 관리재정수지를 기준으로 할 경우 재정흑자가 아니라 재정적자가 나타나고 있는 것이다. 2020년의 경우는 훨씬 심각한 재정상태를 보여주고 있다. 코로나19 등의 영향으로 2020년에는 통합재정수지 자체가 71.2조 원의 적자를 나타냈는데, 여기서 사회보장성 기금에서의 흑자 40.8조 원을 제외하면 관리재정수지는 무려 112조 원의 적자 상태임을 알 수 있다.

표 4-5 통합재정수지와 관리재정수지 추이 (단위: 조 원)

	2010	2012	2014	2016	2018	2019	2020
통합재정수지(A)	16.7	18.5	8.5	16.9	31.2	△12.0	△71.2
사회보장성 기금 수지(B)	29.7	35.9	38.0	39.6	41.7	42.4	40.8
관리재정수지(A−B)	△13.0	△17.4	△29.5	△22.7	△10.6	△54.4	△112.0

자료 : 기획재정부(2022: 18).

제3절 | 재정규모의 여러 개념

재정의 포괄범위가 다양하기 때문에 막상 재정규모라고 할 경우 이것이 의미하는 바도 매우 다양하다. 따라서 재정규모를 이야기할 경우에는 그 의미와 기준을 명확히 할 필요가 있다. 여기서는 중앙정부만을 대상으로 재정규모를 설명하고 있는데, 중앙정부의 재정규모는 일반회계, 예산총계, 예산순계, 총지출, 통합재정규모 등으로 다양하게 나타낼 수 있다.

일반회계는 중앙정부의 재정규모를 나타내는 가장 단순한 지표이다. 그러나 예산에는 일반회계뿐만 아니라 특별회계도 포함되므로, 일반회계만으로 정부 재정활동의 전체적인 모습을 파악하기는 어렵다.

예산총계는 일반회계의 지출규모와 특별회계의 지출규모를 단순히 합산한 것이다. 그러나 이 지표의 문제는 일반회계와 특별회계 간 전·출입을 고려하지 않는다는 것이다. 예를 들어 일반회계에서 어떤 특별회계로 300억 원을 전출하고, 이 특별회계에서 전입받은 300억 원을 지출한다면 실제 정부지출은 300억 원임에도 불구하고 일반회계 지출 300억 원과 특별회계 지출 300억 원이 이중으로 계산되어 정부지출이 과다하게 계산된다는 것이다. 이러한 이중계산(double counting)의 문제를 해결한 것이 예산순계의 개념이다. 예산순계는 예산총계에서 회계 간 내부거래를 차감한 지표이다.

예산순계 = 일반회계 총계 + 특별회계 총계 − 회계 간 내부거래

재정규모에 대한 국민의 이해를 돕기 위해 2005년부터 우리 정부가 도입한 것이 '총지출'이라는 지표이다. 총지출은 예산(일반회계+특별회계)뿐만 아니라 기금까지 포함한 개념이다. 총지출은 일반회계의 총계, 특별회계의 총계, 기금의 총계를 모두 합한 뒤 회계 간 내부거래, 기금 간 내부거래, 회계와 기금 간 내부거래, 그리고 각 회계와 기금의 보전지출을 차감한 것이다. 이때 보전지출이란 국채상환이나 차입금상환 등을 의미하는 것으로서, 이는 실질적인 지출이라기보다는 재정수지를 보전해 주는 것이므로 총지출에서는 제외하고 있다(기획재정부, 2022; 국회예산정책처, 2022).

통합재정지출과 총지출의 차이는 융자와 기업특별회계의 처리방식의 차이에 있다. 통합재정지출과 총지출을 계산할 때 예산과 기금의 모든 지출에서 내부거래와 보전지출을 제외하는 것은 동일하지만, 통합재정지출을 계산할 때에는 순융자와 기업특별회계의 영업수지 적자만을 지출로 포함하는 반면, 총지출을 계산할 때에는 융자지출과 기업특별회계지출 총계를 지출로 포함한다(기획재정부, 2022).

제4절 | 변경형태에 따른 예산의 종류

예산변경의 형태에 따라 예산을 본예산, 수정예산, 추가경정예산으로 구분할 수 있다.

1. 본예산

본예산(本豫算)이란 통상적으로 우리가 알고 있는 예산으로서, 행정부가 편성하여 가을 정기국회에 제출하고 국회의 심의와 의결을 거쳐 성립되는 예산을 의미한다.

2. 수정예산

수정예산(修正豫算)이란 예산안의 편성이 끝나고 정부가 국회에 예산안을 제출한 이후 국회의 의결 전에 수정하여 다시 제출하는 예산을 의미한다. 수정예산과 대비하여 통상적인 절차를 밟아 제출한 예산을 본예산, 혹은 당초예산이라고 부른다. 우리나라에서는 1970 회계연도 예산, 1981 회계연도 예산, 그리고 2009 회계연도 예산에 대하여 수정예산을 편성하여 제출한 바 있다.

3. 추가경정예산

추가경정예산(追加更正豫算)은 예산안이 국회의 의결을 거쳐 성립된 후 추가 또는 변경을 가하는 예산이다. 추가경정예산은 실제로 회계연도가 시작되어 예산이 집행되는 과정에서 새로운 사정으로 인해 예산을 추가하거나 변경할 필요가 생겼을 때 추가로 다시 편성하여 제출하는 예산으로서 국회의 심의와 의결을 거쳐야 한다. 수정예산과 추가경정예산의 차이점은 수정예산은 정부가 국회에 예산안을 제출한 후 아직 예산이 의결되기 전에 수정하여 제출하는 예산을 의미하는 반면, 추가경정예산은 국회의 의결을 거쳐 예산이 확정된 이후에 발생한 사유로 당해 회계연도 예산의 집행 중에 추가하거나 변경하는 예산을 의미한다.

통상적으로 추가경정예산은 임시국회에서 심의되기 때문에, 예산심의가 심도 있게 이루어지지 못할 가능성이 크다. 이에 따라 추가경정예산을 통한 재정의 방만한 운영 가능성을 줄이기 위해 국가재정법 제89조에서는 추가경정예산안을 편성할 수 있는 경우로서, ① 전쟁이나 대규모 자연재해가 발생한 경우, ② 경기침체, 대량실업, 남북관계의 변화, 경제협력과 같은 대내·외 여건에 중대한 변화가 발생하였거나 발생할 우려가 있는 경우, ③ 법령에 따라 국가가 지급하여야 하는 지출이 발생하거나 증가하는 경우로 제한하고 있다. 추가경정예산은 일단 국회를 통과한 예산에 추가하여 성립되고 집행되는 예산이기 때문에, 어떤 회계연도의 예산총액을 파악하기 위해서는 당초예산과 추가경정예산을 합산하여야 한다.

제5절 | 예산 불성립 시 예산의 종류

예산은 행정부의 예산편성에 이어 국회의 심의·의결이 이루어진 이후에야 비로소 집행할 수 있다. 그러나 회계연도가 시작하기 전에 의회에서 예산을 의결하지 못하는 경우가 발생할 수도 있는데, 이럴 경우 특별한 대책을 세워 놓지 않으면 정부가 마비될 위험성이 있다. 회계연도 개시 이전에 예산이 국회를 통과하지 못할 경우 활용되는 임시방편적인 예산의 종류로서는 잠정예산, 가예산, 그리고 준예산을 들 수 있다.

1. 잠정예산

잠정예산(暫定豫算)이란 회계연도 개시 전까지 의회에서 예산이 의결되지 못할 때 상정된 예산 혹은 전년도 예산의 일정 기간에 해당하는 액수에 대한 지출을 허용하는 예산을 의미한다. 잠정예산은 의회의 의결을 거쳐야 한다는 점에서 후술하는 준예산과 차이가 있다. 미국, 영국, 캐나다, 일본 등에서 잠정예산을 활용하고 있나.

2. 가예산

가예산(假豫算)은 회계연도 개시 전까지 예산이 국회를 통과하지 못할 때 다음 회계연도의 처음 1개월분만 의결해 줄 때의 예산을 의미한다. 가예산이 집행되는 처음 1개월 동안 전체 예산이 의결된다. 가예산은 프랑스에서 활용되고 있으며, 우리나라에서도 과거 제1공화국(1948년~1960년) 때 도입되어 여섯 차례 가예산이 편성된 바 있다.

3. 준예산

현재 우리나라에서 회계연도 개시 전까지 국회에서 예산안이 의결되지 못할 때 활용하는 제도가 준예산(準豫算)제도이다. 준예산은 회계연도 개시 전까지 예산안이 의결되지 못할 때 전년도 예산에 준(準)하여 집행할 수 있도록 한다는 의미에서 나온 용어이다. 모든 예산항목을 전년도에 준해서 집행할 수 있는 것은 아니고, 헌법 제54조 3항에 따르면 다음 경비에 한해 전년도 예산에 준하여 집행할 수 있도록 하고 있다.

① 헌법이나 법률에 의해서 설치된 기관 또는 시설의 유지 · 운영
② 법률상의 지출의무 이행
③ 이미 예산으로 승인된 사업의 계속

헌법이나 법률에 의해서 설치된 기관 또는 시설의 유지와 운영을 위한 경비의 예로서는 인건비와 관서운영비를 들 수 있으며, 법률상의 지출의무 이행을 위한 경비의 예로서는 기초생활보장, 보훈보상금, 교부금 등을 들 수 있다. 이미 예산으로 승인된 사업의 계속을 위한 경비는 계속비를 의미하는 것이다.

잠정예산과 가예산은 예산집행을 위해서 의회의 의결을 필요로 하지만, 준예산은 의회의 의결을 필요로 하지 않을 뿐만 아니라 지출항목도 한정하고 있다는 점에서 그 특징을 찾을 수 있다. 우리나라에서 준예산은 국회의 의결 없이 국무회의의 의결만으로 집행할 수 있도록 되어 있다. 참고로 다음의 〈표 4-6〉은 각국에서 채택하고 있는 예산 불성립 시 예산의 종류와 집행방법을 비교해 놓은 표이다.

우리나라에서는 1960년 3차 개헌 시 의원내각제로 전환하면서 준예산제도를 도입하였으나, 현재까지 활용된 경우는 없다. 1960년의 3차 개헌 헌법에 의할 경우 회계연도 개시 전 예산안 불성립은 내각 총사퇴 또는 의회의 해산 요건이었다. 이에 따라 회계연도 개시 전에 예산이 성립하지 못할 경우 의회를 다시 구성해서 예산을 수립해야 하는데 이렇게 하기 위해서는 상당한 시일이 소요되므로 기존에 1개월치 예산을 의결해 주는 가예산제도를 유지하기 곤란하여 준예산제도를 도입한 것으로 추정된다(기획예산처, 2005). 그러나 아직까지 준예산이 편성 · 집행된 경우는 없다. 우리나라에서 국회의 예산안 법정 의결기한은 회계연도 개시 30일전(12월 2일)까지이지만 준예산은 회계연도 개시일(1월 1일)까지 예산안이 의결되지 못할 경우에 편성하는 것이므로 국회에서 법정 기한 내에 예산안이 통과되지 못한다고 해서 곧바로 준예산을 편성하는 것은 아니다.

표 4-6 예산 불성립 시 집행방법에 관한 주요국 제도

	영국	미국	일본	독일	한국
예산제도	잠정예산	잠정예산	잠정예산	준예산	준예산
집행방법	의회에서 의결된 내용대로 집행	좌동	좌동	전년도 예산에 준하여 집행	좌동
대상경비	의회에 의하여 인정되는 경비에 한함(전년도 예산에 포함된 경비, 개별 법률에 승인된 경비)	지출연기가 허용되지 않는 경비	•법률성 지출의무가 있는 경비(국채이자, 공무원 봉급, 교도소 수감자 급양비 등) •본예산의 심의에 영향을 미칠 주요 정책 수행을 위한 경비는 피함	•법률에 의한 시설을 유지하고 법률에 규정된 조치 •연방의무의 이행 •건축, 조달 및 기타 급부를 계속하고 또 이들 목적을 위한 보조	•헌법 · 법률에 의해 설치된 기관의 유지 운영비 •법률상 지출 의무 이행 경비 •이미 예산승인된 사업의 계속비
대상기간	통상 4개월	의회의결에 의한 특징일까지 또는 세출예산이 성립하는 날까지	통상 2~3개월 등 일정기간	기간 명시 없음(본예산 성립 시까지)	좌동
국회의결 여부	국회의결요	좌동(상하원 합동의결)	좌동	불필요	불필요

자료 : 기획예산처(2005). "준예산으로 가서는 절대 안되는 이유." 기자간담회 참고자료. 2015. 12. 21.

제6절 | 예산의 분류

예산의 분류(budget classification)란 예산을 일정한 기준에 따라 나누어 기록하는 체계를 의미한다. 예산의 분류는 예산이 기록되고 보고되는 방식을 결정하기 때문에 투명하고 건전한 예산관리를 위한 기초가 되는 것이라고 할 수 있다. 보다 구체적으로, 예산의 분류체계는 ① 정책결정과 성과분석을 위한 기초, ② 분야 · 부문 간 자원의 효율적 배분, ③ 입법부에서 승인된 예산자원의 합목적적 사용, 그리고 ④ 예산의 일상적인 관리를 위해 중요한 의미를 지니는 것이다(Jacobs *et al.*, 2009: 1).

예산의 분류는 크게 소관별 · 성질별 · 기능별 · 경제적 분류로 나눌 수 있다. 또한 최근에 들어서는 프로그램 분류가 추가되었다. 이렇게 예산을 몇 가지로 분류하긴 하지만, 예산이 다차원적인 성격을 지니고 있기 때문에 어떤 분류도 예산의 각기 다른 목적을 정확하게 반영하지는 못한다. 예산을 통해 추구하는 목적이 무엇인가에 따라 어떻게 예산을 분류해야 하는지가 영향을 받는다고 할 수 있다. 예를 들어, 정부지출에 대한 정치적 · 법적 통제가 예산운용에 있어서 가장 중요한 목적이라면, 예산을 실제 사용하는 정부부처에 따라 예산을 분류하는 소관별 분류야말로 법적인 통제와 책임성 확보를 위한 가장 적절한 분류 방식이라고 할 수 있다. 이와는 달리 예산운용을 통해 정책형성과 배분적 효율성 향상에 도움을 주기를 원한다면, 기능별 분류나 프로그램 분류체계를 따르는 것이 적절하다. 특히, 예산운영의 성과를 제대로 측정하기 원한다면, 정부활동이나 산출물에 따라 프로그램을 구체적으로 분류하는 것이 필요하다.

1. 소관별 분류

소관별 분류는 예산을 직접 사용하는 조직을 중심으로 예산을 분류하는 방식이다. 각 중앙관서는 예산을 편성하는 주체일 뿐만 아니라 국회로부터 예산을 승인받아 실제 예산을 사용하는 주체이기도 하다. 따라서 누가 예산을 사용하는가에 따라 예산을 분류하게 되면 예산의 사용과 관련된 책임을 분명히 할 수 있다. 즉, 누가 예산을 실제로 사용하는가에 초점을 맞추기 때문에, 소관별 분류는 법적 통제와 책임성을 확보하는 데 적절하다. 우리나라 세출예산의 소관별 분류는 중앙행정기관의 부 · 처 · 청을 중심으로 대통령실, 국무총리실, 기획재정부, 교육부 등 정부기관과 국회, 대법원, 헌법재판소 등 독립기관을 포함하여 구분하고 있다. 그런데 소관별 분류를 통한 예산에 대한 통제는 지출의 대상(objects of expenditure)에 따라 예산을 분류하는 품목별 분류와 결합됨으로써 더욱 강화된다고 할 수 있다.

2. 기능별 분류

정부예산의 기능별 분류(functional classification)는 정부활동이 추구하는 궁극적인 사회경제적 목적에 따라 예산을 분류하는 방식이다. 예산의 기능별 분류는 정부조직구조와는 독립적으로 이루어지는 것이 특징이다. 소관별 분류는 정부예산의 법적 통제에는 효과적이지만 정부가 어떤 일을 하고 있는가에 대한 정보를 제공하는 데에는 미흡한 점이 많다. 이와는 달리 기능별 분류는 정부지출을 통하여 궁극적으로 추구하는 목적에 따라 예산을 분류하는 방식으로서, 분야 간 자원의 배분에 관한 정보를 제공하고 정책형성과 자원배분의 효율성을 평가하는 데 큰 도움을 준다. 기능별 분류를 통해 일반시민들이 정부의 활동에 관한 정보를 손쉽게 얻을 수 있기 때문에 기능별 분류를 '시민을 위한 분류'라고도 한다.

아래의 〈표 4-7〉은 우리나라에서 세출예산을 어떻게 기능별로 구분하고 있는지를 보여주고 있다. 2022년 현재 세출예산을 크게 16개의 대기능으로 분류하고 있는데, 각각의 기능은 다시 세부기능들로 구분된다. 이때 대기능을 '분야', 세부기능을 '부문'이라고 부른다. 예를 들면, 문화 및 관광 분야의 경우에는 문화예술, 관광, 체육, 문화재, 문화 및 관광 일반 부문으로 구분하고 있으며, 농림수산 분야의 경우에는 다시 농업 · 농촌, 임업 · 산촌, 수산 · 어촌, 식품업 부문으로 구분하고 있다.

기능별 분류는 정부지출이 시간의 흐름에 따라 어떻게 변해 왔는지를 파악하는 데 매우 유용할 뿐만 아니라 국가 간 정부지출의 패턴을 비교하는 데 있어

표 4-7 세출예산의 기능별 분류

기능	기능
일반 · 지방행정	보건
공공질서 및 안전	농림수산
통일 · 외교	산업 · 중소기업 및 에너지
국방	교통 및 물류
교육	통신
문화 및 관광	국토 및 지역개발
환경	과학기술
사회복지	예비비

서도 매우 유용하다. 한 나라 내에서도 어떤 부처는 몇 개의 기능을 수행할 수도 있고 어떤 기능은 몇 개의 부처가 나눠서 수행할 수 있을 뿐만 아니라 정부의 조직개편 등에 따라 아예 특정 기능을 수행하는 정부부처가 달라질 수도 있는데, 이럴 경우 소관별 분류만으로는 시간의 흐름에 따른 정부기능의 변화와 이에 따른 지출변화를 추적하기 어렵기 때문이다. 또한 나라마다 동일한 기능을 수행하는 데도 불구하고 그 기능을 수행하는 정부부처의 명칭이 사뭇 다른 경우도 있고, 어떤 기능을 수행함에 있어 어떤 나라에서는 한 부처가 전담하는 데 반해 다른 나라에서는 몇 개의 부처에서 나눠서 기능을 수행할 수도 있다. 이럴 경우 소관별 분류에 의해서는 정부지출의 국가 간 비교가 거의 불가능해지기 때문에 기능별 분류에 의존할 수밖에 없는 것이다(IMF, 2001). 국제연합(UN)에서 설정한 정부기능의 분류체계(The Classification of the Functions of Government: COFOG)가 정부지출의 기능별 분류를 위한 지침을 제공해 주고 있다.

3. 경제적 분류

예산을 통해 정부는 크게 두 가지 기능을 수행한다. 첫 번째는 비시장 메커니즘을 통해 사회가 필요로 하는 재화와 서비스를 제공하는 일이며, 두 번째는 소득과 부를 재분배하는 일이다. 이러한 두 가지 기능을 수행하는 방법은 크게 세 가지이다. 정부가 직접 재화와 서비스를 생산해서 사회에 직접 배분하거나, 제3자로부터 재화와 서비스를 구매한 후 사회에 배분하거나, 혹은 가계에 자금을 이전해서 가계로 하여금 직접 재화와 서비스를 구입하도록 하는 방법이 있을 수 있다(IMF, 2001). 예산의 경제적 분류는 정부가 기능을 어떻게 수행하는지를 기록하는 분류방식이다. 인건비, 물건비, 그리고 고정자본의 소비는 모두 정부가 직접 재화와 서비스를 생산할 때 발생하는 비용을 의미한다. 보조금, 이전지출, 사회적 편익, 기타 경비 등은 가계에 대한 이전지출이나 제3자로부터의 재화와 서비스 구입을 의미하는 것이다. 예산의 분류는 국제통화기금(IMF)에서 발간하는 정부재정통계편람(GFSM)에 따라 이루어지는데, 정부재정통계편람에서 제시하는 예산의 경제적 분류체계는 다음의 〈표 4-8〉과 같다.

표 4-8 정부재정통계편람에서의 예산의 경제적 분류

기능	기능
인건비(compensation of employees) 물건비(use of goods and services) 고정자본 소비(consumption of fixed capital) 이자(interest)	보조금(subsidies) 보전금(grants) 사회적 편익(social benefits) 기타 경비(other expenses)

4. 성질별 분류

정부예산의 성질별 분류는 지출 대상을 유사한 성질별로 묶어 분류하는 방법이다. 우리나라 세출예산의 성질별 분류에 따르면 모든 경비는 성질에 따라 크게 인건비, 물건비, 이전지출, 자산취득, 상환지출, 전출금, 그리고 예비비 및 기타의 7가지 성질로 대분류하고 있다. 이렇게 대분류한 경비에 대해서 각각 100, 200, …, 700의 고유성질별 그룹 코드(group code)를 부여하고 있으며 이는 다시 23개 목으로 세분류된다(〈표 4-9〉 참조).

이때 분류체계의 최하위 단위인 목에 의한 예산의 분류를 품목별 분류라고 부른다. 품목별 분류는 정부활동을 위한 투입(input), 즉 지출의 대상에 초점을

표 4-9 우리나라 세출예산의 성질별 분류

성질코드	성질	목코드	목
100	인건비	110	인건비
200	물건비	210	운영비
		220	여비
		230	특수활동비
		240	업무추진비
		250	직무수행경비
		260	연구개발비
300	이전지출	310	보전금
		320	민간이전
		330	자치단체이전
		340	해외이전
		350	출연금

400	자산취득	410	토지매입비
		420	건설비
		430	기타 유형자산
		440	무형자산
		450	융자금
		460	출자금
		470	예치금 및 유가증권 매입
		480	예탁금
500	상환지출	510	상환지출
600	전출금 등	610	전출금 등
700	예비비 및 기타	710	예비비 및 기타

맞추는 분류이다. 예산의 분류에서 가장 세부적인 분류가 목(line-item)이기 때문에 이를 품목별 분류(line-item classification)라고 부르는 것이다. 품목별 분류는 성질별 분류나 소관별 분류의 세부항목으로 사용되는 것이 통상적이며, 일반적으로 정부 전체를 위해 품목별 분류를 활용하지는 않는다.

5. 프로그램 예산분류

프로그램이란 특정한 결과(results) 혹은 정책목표를 달성하는 데 필요한 사업들의 묶음이라고 정의할 수 있다. 프로그램 예산분류(program classification)는 예산의 원천이나 경제적 성격이 아니라 특정한 결과 혹은 정책목표를 달성하는 데 필요한 사업들의 묶음을 기준으로 예산을 분류하는 방법이다. 프로그램 예산분류는 정부지출을 통해 추구하는 목표, 목표를 달성하는 데 필요한 일련의 사업들, 그리고 이러한 사업들에 소요되는 비용을 명확히 하기 위한 예산분류 방법이다. 프로그램 예산분류를 따르게 되면 정책분석, 예산관리 및 책무성 확보가 용이하다는 장점이 있다.

프로그램 예산분류는 프로그램의 구성 요소를 프로그램-단위사업-세부사업 등의 순서로 위계적으로 분류하는 것이 특징이다. 이때 프로그램의 목표는 통상적으로 결과(outcome)로 표현되며, 단위사업의 목표는 산출(output)로 표현된다.

또한 세부사업의 목표는 보다 구체적인 세부산출물(sub-outputs)로 표현된다. 이렇게 프로그램이 하위사업들로 위계적으로 구성되는 체계를 프로그램 예산구조라고 하는데, 프로그램 예산구조의 구체적인 모습은 나라마다 다르다. 통상적으로 프로그램 예산구조를 따르는 경우, 프로그램 수준에서의 예산배분은 의회의 승인을 받는 반면, 프로그램의 하위단위들(단위사업과 세부사업 등)에 대한 예산배분은 실무 부처에서 내부적으로 정한다(Robinson, 2013).

아래의 [그림 4-3]은 프로그램 예산구조를 예시적으로 보여주고 있다.

프로그램 예산분류는 다음과 같은 장점을 지니고 있다.

① 프로그램 예산분류는 지출의 결과에 초점을 맞춤으로써 지출의 우선순위 설정을 원활하게 할 수 있다. 프로그램 예산분류의 핵심적인 목표는 지출의 우선순위 설정이라고 할 수 있는데, 지출의 우선순위 설정이란 예산제약하에서 국민들에게 가장 큰 편익을 제공해 줄 수 있는 프로그램에 예산이 배분된다는 것을 의미한다. 프로그램 예산분류는 대안적 프로그램의 비용과 편익에 관한 정보를 제공해 줌으로써, 국민들의 요구에 최대한 부응하기 위해서 어떤 지출을 줄이고 어떤 지출을 늘려야 할 것인가에 관한 의사결정에 도움이 된다(Robinson, 2013).

② 프로그램 예산분류에 기반해서 예산을 운용하게 되면, 사업수행기관이 투입에 대한 세부적인 통제로부터 벗어나 사업의 수행방법에 대해 상당한 자율성을 갖게 된다. 사업수행기관은 투입의 구성과 결합방식에 대해 상당한

그림 4-3 프로그램 예산구조

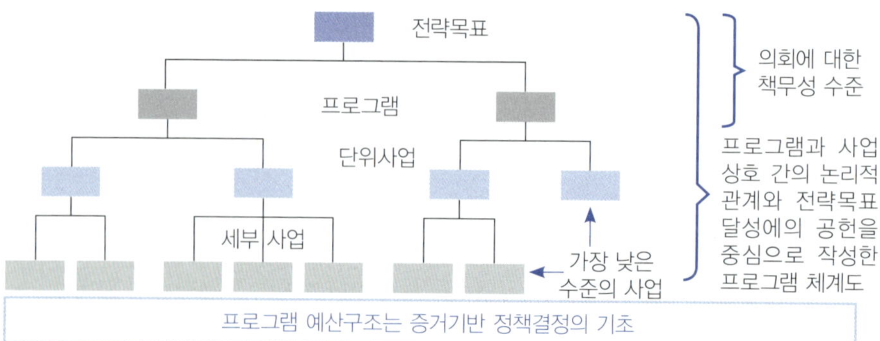

자료 : Enns & Ascoli(2011)의 그림을 저자가 수정.

자율권을 가지게 되어 궁극적으로 사업 수행의 기술적 효율성을 제고하는 데 도움이 된다.

③ 프로그램 예산분류에서는 프로그램–단위사업–세부사업이 위계적으로 연결되어 있기 때문에, 세부사업과 단위사업에 소요되는 비용의 추정을 통해 궁극적으로 프로그램에 소요되는 비용을 계산해 낼 수 있다. 따라서 프로그램에 소요되는 비용과 프로그램을 통해 얻을 수 있는 편익을 비교함으로써 예산배분과정에서 보다 합리적인 결정이 이루어질 수 있는 것이다(Kraan, 2007; Robinson & van Eden, 2007).

프로그램과 기능은 긴밀하게 연계되어 있다. 그렇지만 예산의 기능별 분류와 프로그램 분류가 같아야 할 이유는 없다. 프로그램 예산분류는 달성하고자 하는 결과에 기초해서 예산을 분류하고 이를 통해 지출의 우선순위 설정을 원활하게끔 하는 예산분류체계이다. 나라마다 당면하고 있는 문제가 다르고 이에 따라 지출의 우선순위 선택도 다르기 때문에, 나라마다 프로그램 예산분류는 다를 수밖에 없다. 앞에서 살펴본 정부기능의 분류체계(COFOG)는 사후적으로 지출의 구성을 보고하고 국제적으로 비교하는 것이 목적이기 때문에 모든 국가에 적용되는 보편적인 기준을 따른다. 반면, 정부의 구체적인 정책목표와 이러한 정책목표를 달성하는 방법을 고려하는 프로그램 예산분류는 각 국가마다 그 체계가 다를 수밖에 없는 것이다(Tommasi, 2013; Robinson, 2013).

프로그램 예산분류에서 제기되는 핵심적인 이슈는 프로그램의 구조와 기존의 정부조직 구조의 관계를 어떻게 설정할 것인가의 문제이다. 사업의 목표는 여러 정부조직을 포함할 수 있기 때문에, 프로그램의 경계와 조직의 경계를 어떻게 설정하는가는 매우 중요한 문제이다. 사실, 프로그램과 조직은 예산배분을 결정하는 단위로서는 조화를 이루기 어렵다. 정부조직의 경우에는 활동이 추구하는 목적과는 상관없이 비슷한 기능을 수행하게 되면 같은 조직에 포함되어 있는 반면, 프로그램의 경우에는 활동이 어떤 조직에서 이루어지는가에 상관없이 동일한 목표를 추구한다면 같은 프로그램에 포함되기 때문이다(Schick, 2007: 116). 이 문제를 해결하는 방법으로서는 프로그램의 범위에 맞추어 정부조직을 개편하는 방법이 있을 수 있고, 프로그램의 범위를 조직에 맞추는 방법이 있을 수 있다.

최근에 이루어지고 있는 프로그램 예산분류에서는 프로그램의 범위를 정부부처의 경계를 넘지 않도록 하고 있다. 다시 말해서, 프로그램이 몇 개 부처의 예산을 포함하지 않도록 하고 있다는 것이다. 프로그램이 몇 개 부처의 예산을 포함할 경우에는 사업의 운영과정에서 부처 간 갈등이 나타날 위험성이 있을 뿐만 아니라 지출의 결과에 대한 책임을 따지기도 쉽지 않기 때문이다. 사실, 정부조직이란 예산운용의 책임을 물을 수 있는 단위라는 의미를 가진다. 따라서 조직의 경계를 넘어 사업별로 지출이 이루어질 경우에는 지출의 책임소재를 가리기가 쉽지 않다(Robinson & van Eden, 2007; Schick, 2007).

프로그램 예산분류에 따라 예산을 편성 · 운용하는 경우 이를 프로그램 예산제도(program budgeting)라고 부른다. 여기서 더 나아가 정부활동의 성과를 측정한 후 성과에 따라 예산을 배분하는 경우, 이를 성과주의 예산제도라고 부른다. 그러나 프로그램 예산제도와 성과주의 예산제도라는 용어를 구별하지 않고 사용하는 경우가 많으며, 모든 성과주의 예산제도가 반드시 프로그램 예산분류에 기초하고 있는 것도 아니다(Tommasi, 2009).

제7절 | 우리나라 예산의 과목구조

세출예산을 크게 소관별로 분류한 다음 최종적으로 품목별로 분류하기 위해서는 이 둘을 매개할 수 있는 중간단계의 구분이 필요한데, 이러한 분류체계가 예산의 과목구조이다. 국가재정법 제21조와 동법 시행령 제7조에 의하면, 우리나라의 예산은 소관별로 구분된 후 기능을 중심으로 장-관-항-세항으로 분류되고 마지막으로 경비 성질을 중심으로 목과 세목으로 분류된다. 그런데 2007년 도입된 프로그램 예산제도에서는 예산의 과목구조를 분야-부문-프로그램-단위사업-세부사업으로 구분하고 있다(김춘순, 2014: 216). 결국 전통적인 예산과목구조와 프로그램 예산분류체계를 연결시키면, 장은 분야, 관은 부문, 항은 프로그램, 그리고 세항은 단위사업을 의미하는 것이다.

다음의 [그림 4-4]는 교육부를 예로 들어 우리나라 세출예산의 과목구조를

그림 4-4 **우리나라 예산의 과목구조**

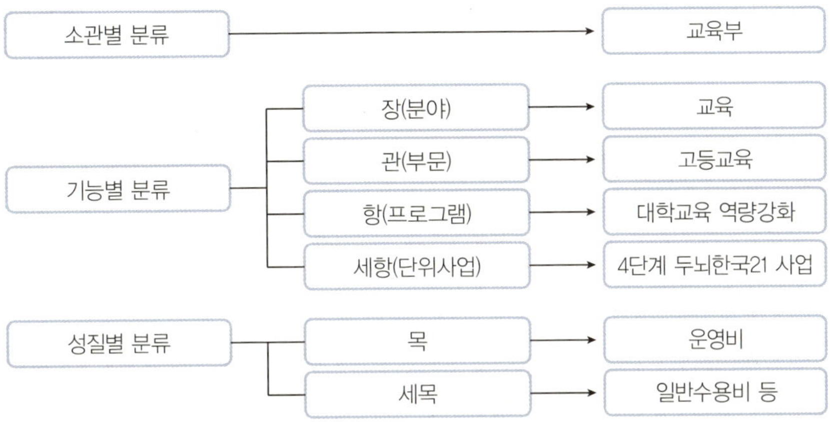

보여주고 있다. 소관은 교육부이며, 기능별 분류에서 분야(장)는 교육이고, 교육 분야에서 대분류하는 부문(관)의 예로서 고등교육을 보여주고 있다. 고등교육 부문에서 몇 가지 프로그램(항)이 있을 수 있으나 그중 하나가 대학교육 역량강화이며, 대학교육 역량강화라는 프로그램 내에 하나의 단위사업(세항)으로서 4단계 두뇌한국21 사업(4단계 BK21 사업)이 위치해 있음을 볼 수 있다.

장, 관, 항은 예산심의기관인 국회의 의결을 거치는 입법과목이며, 세항과 목은 행정부의 자유재량에 맡겨져 있는 행정과목이다. 입법과목인 장, 관, 항 간의 상호융통(즉, 이용)은 국회의 통제를 받으며 행정과목인 세항 및 목 간의 상호융통(즉, 전용)은 중앙예산기관의 장(즉, 기획재정부 장관)의 승인사항이다.

제8절 | 조세지출예산

정부는 일반적으로 예산활동, 즉 정부지출을 통하여 사업의 목적을 달성하고자 노력한다. 그런데 정부가 직접 지출을 하지 않고서도 지출과 유사한 효과를 얻을 수 있는 방법이 있는데, 바로 개인이나 기업이 내도록 되어 있는 세금을 줄여주는 것이다. 예를 들어 정부가 어떤 기업에 보조금으로 1억 원을 주는 것과 이 기업이 정부로 납부하게 되어 있는 세금 중 1억 원을 깎아 주는 것과는 실제 효과면에서 차이가 없다는 것이다. 이렇게 직접적인 지출은 아니지만 거두어들일 수 있는 세금의 일부를 깎아 줌으로써 지출과 같은 효과를 나타내는 것을 조세지출(tax expenditure)이라고 부른다. 조세지출의 예로서는 조세감면, 비과세, 소득공제, 세액공제, 우대세율적용 혹은 과세이연(課稅移延) 등을 들 수 있다.

정부의 직접적인 지출과 조세지출은 당사자에게 혜택을 주고 다른 용도로 사용할 수 있는 정부의 재원을 줄인다는 측면에서는 유사하지만, 두 가지 중요한 차이점이 있다.

첫째, 세출의 형태로 정부가 예산을 사용하기 위해서는 예산편성, 예산심의, 예산집행이라는 과정을 거쳐야 하지만, 조세지출의 경우에는 일단 세법에 조세지출을 할 수 있는 조항만 만들어 놓게 되면 예산 편성과 심의 등의 정치 · 행정과정을 전혀 거치지 않아도 된다.

둘째, 직접적인 지출을 위해서는 이를 위한 정부수입이 있어야 하고 또 예산과정을 거쳐 지출이 실질적으로 이루어져야 한다. 이와는 달리 조세지출은 아예 수입을 걷지 않기 때문에 세입예산이나 세출예산 어디에도 포착되지 않는다. 따라서 조세지출을 활용하게 되면, 정부의 직접적 지출과 비교할 때 재정규모가 작게 나타나게 되는 것이다. 예를 들어 어떤 기업에 1억 원의 보조금을 준다면 이 1억 원이 세입에도 계산되고 또 정부세출에도 기록되기 마련이다. 이와는 달리 조세감면의 형태로 1억 원을 아예 걷지 않으면, 1억 원이라는 액수 자체가 세입에 기록되지 않을 뿐만 아니라 세출에서도 1억 원은 기록되지 않는 것이다. 그만큼 재정규모가 작게 보일 수 있다는 것이다.

〈표 4-10〉은 우리나라 조세지출의 연도별 추이를 보여주고 있다. 우리나라 국세감면비율은 2000년대 초반 12.5%선을 유지하다가 2020년 14.8%까지 상승한 후 최근에는 다시 하락 추세를 보이고 있다.

통상적인 예산과정을 전혀 거치지 않을 뿐만 아니라 재정규모도 작게 보이게 하기 때문에, 조세지출을 그림자 지출(shadow expenditure)이라고도 부른다. 이러한 이유로 조세지출은 투명성의 측면에서 심각한 문제를 야기한다. 또한 조세지출은 일단 세법에 반영되면 눈에 띄지 않아 지속되는 경향이 있기 때문에 항구

표 4-10 조세지출의 연도별 추이

(단위: 조 원, %)

연도	국세감면액	국세수입총액	국세감면비율
2000	13.3	92.9	12.5
2005	20.0	127.5	13.6
2010	30.0	177.7	14.4
2015	35.9	217.9	14.1
2020	52.9	303.7	14.8
2021	57.0	364.0	13.5
2022	63.4	421.3	13.0

주 : 1) 국세감면비율 = 국세감면액/(국세감면액+국세수입총액).
2) 2021년까지의 수치는 실적 기준, 2022년도는 전망치.
자료 : 기획재정부. 「조세지출예산서」. 각 연도.

화될 위험성이 있다. 예산과정을 거치지 않고 지속됨으로써 주기적으로 예산배분의 우선순위에 관련된 검토를 거치지 않으므로 효율적인 자원배분을 저해할 가능성도 크다(Villela *et al.*, 2010).

조세지출이 갖는 이러한 위험성을 해소하기 위해 도입된 것이 바로 조세지출예산(tax expenditure budget)이다. 조세지출예산은 조세지출을 통해 예상되는 세수입의 감소분을 기록하여 공개하고 의회에 제출함으로써 예산과정을 통해 조세지출의 규모와 구성을 통제하고자 하는 데 그 목적이 있다. 우리나라 국가재정법에서는 조세특례제한법과 개별 세법상의 비과세, 세액공제 · 감면, 소득공제 등 조세지출(국세감면)의 직전 회계연도 실적과 당해 회계연도 및 다음 회계연도의 전망치를 항목 · 기능별로 집계 · 분석한 보고서인 '조세지출예산서'를 작성하여 2010년부터 예산안의 첨부서류로 국회에 제출하도록 규정하고 있다.

참고문헌

국회예산정책처. (2022). 「대한민국재정 2022」.
기획예산처. (2005). "준예산으로 가서는 절대 안 되는 이유." 기자간담회 참고자료. 2005. 12. 21.
기획재정부. (2022). 「2020 회계연도 한국통합재정수지」.

_______. 「조세지출예산서」. 각 연도.

기획재정부 예산실. (2010). 「2010 한국의 재정」. 서울: 매일경제신문사.

김춘순. (2014). 「국가재정: 이론과 실제」. 서울: 학연문화사.

대한민국정부. 「세입세출예산안사업별 설명서」. 각 연도.

하연섭 · 유승원. (2017). 「프로그램 예산체계 개편방향」. 서울: 한국재정정보원.

Burkhead, Jesse. (1956). *Government Budgeting*. New York: John Wiley & Sons.

Enns, David and Johanne Ascoli. (2011). "Canada: Renewal of the Expenditure Management System, Strategic Reviews, and Lessons Learned." 7th Annual Meeting of OECD Senior Budget Officials Network on Performance & Results, OECD Conference Center, Paris, Nov. 9, 2011.

International Monetary Fund. (2001). *Government Finance Statistics Manual*. Washington, D.C.: IMF.

_______. (2007). *Manual on Fiscal Transparency*. Washington, D.C.: IMF.

_______. (2014). *Government Finance Statistics Manual 2014*.

Jacobs, Davina, Jean-Luc Helis, and Dominique Bouley. (2009). "Budget Classification." International Monetary Fund.

Krran, Dirk-Jan. (2007). "Programme Budgeting in OECD Countries." *OECD Journal on Budgeting* 7(4): 7–47.

Robinson, Marc. (2013). *Program Classification for Performance–Based Budgeting: How to Structure Budgets to Enable the Use of Evidence*. IEG Evaluation Capacity Development Series. Washington, D.C.: The World Bank.

_______ **and Holger van Eden.** (2007). "Program Classification." in Marc Robinson(ed.), *Performance Budgeting: Linking Funding and Results*. 63–87. New York: Palgrave Macmillan.

Schick, Allen. (1986). "Controlling Nonconventional Expenditure: Tax Expenditures and Loans." *Public Budgeting & Finance* 6: 3–19.

_______. (2007). "Performance Budgeting and Accrual Budgeting: Decision Rules or Analytic Tools?" *OECD Journal on Budgeting* 7(2): 109–38.

Tommasi, Daniel. (2009). "Strengthening Public Expenditure Management in Developing Countries: Sequencing Issues." http://capacity4dev.ec.europa.eu/strengthening-public-expenditure-management-developing-countries-sequencing-issues.

_______. (2013). "The Coverage and Classification of the Budget." in Richard Allen, Richard Hemming, and Barry H. Potter(eds.), *The International Handbook of Public Financial Management*. 164–92. London: Palgrave Macmillan.

Villela, Luiz, Andrea Lemgruber, and Michael Jorratt. (2010). "Tax Expenditure Budgets: Concepts and Challenges for Implementation." Inter-American Development Bank.

제 2 편

예산과정

제 5 장

예산과정과 예산운용의 기초

예산은 ① 다음 회계연도에 추진할 행정부의 사업계획을 세우며, ② 이러한 계획에 대해서 입법부가 심의·의결하고, ③ 이렇게 승인된 사업의 집행을 통제하기 위한 수단으로서의 의미를 갖는다. 예산이 갖는 중요한 특징은 일정한 기간을 기준으로 예산이 운용된다는 것이다. 따라서 예산을 제대로 이해하기 위해서는 시간이 예산운용에 어떤 영향을 미치는지를 알아둘 필요가 있다. 이를 위해 필요한 개념이 예산의 주기, 회계연도, 예산주기의 중복 등의 개념이다.

정부의 재정활동은 기본적으로 국민으로부터 거두어들인 세금을 기반으로 하는 것이기 때문에 예산운용에는 세밀한 법적 규제가 있기 마련이다. 또한 예산과정에는 다양한 기관들이 참여한다. 따라서 예산에 대한 이해는 예산의 법적 기초와 예산 관련 기관들의 기능에 대한 이해를 전제로 한다. 이러한 이유로 이번 장에서는 예산과정과 관련된 기본개념과 예산의 법적·조직적 기초를 살펴보고 있다. 끝으로, 이 장의 마지막 부분에서는 우리나라 예산과정을 개괄적으로 살펴보고 있다.

제1절 | 예산의 주기와 회계연도

1. 예산의 주기와 회계연도의 의미

예산은 행정부의 편성, 입법부의 심의, 행정부의 집행, 입법부와 회계검사기관의 결산 및 회계검사의 과정이 주기적으로 반복되는 과정을 거치게 되는데, 이러한 과정을 예산의 주기(budget cycle)라고 부른다.

예산이란 '일정기간' 동안의 정부의 수입과 지출에 관한 계획서라고 정의한 바 있는데, 이때 예산이 효력을 갖는 '일정기간'을 '회계연도(fiscal year *or* budget year)'라고 부른다. 우리 정부의 회계연도는 역년(calendar year)과 일치해서, 1월 1일에 시작해서 12월 31일에 종료하도록 되어 있다. 그런데 회계연도가 어떻게 설정되는가는 국가와 조직마다 조금씩 다르다. 독일, 프랑스, 이태리, 스페인 등은 우리나라와 같이 회계연도가 1월 1일에 시작해서 12월 31일에 종료된다. 미국 연방정부의 경우에는 회계연도가 10월 1일에 시작해서 그 다음 해 9월 30일에 종료하도록 되어 있다.[1] 그러므로 미국의 경우 2023 회계연도는 2022년 10월 1일에 시작해서 2023년 9월 30일에 종료된다. 일본 중앙정부의 경우에는 회계연도가 4월 1일에 시작해서 그 다음 해 3월 31일에 종료하도록 되어 있다. 호주와 뉴질랜드는 회계연도가 7월 1일에 시작해서 6월 30일에 종료된다. 우리나라의 사립학교 회계에서는 회계연도가 학년도에 맞추어 3월 1일에 시작해서 그 다음 해 2월 말에 종료하도록 되어 있다.

2. 예산주기의 중복

예산은 '일정기간' 동안 효력을 갖는 것이지만, 한 회계연도 동안 효력을 갖는 예산이 편성, 심의, 집행, 결산의 과정을 거치기 위해서는 수년(즉, 예산의 주기)이 소요된다. 그런데 일정연도를 기준으로 할 때, 각 회계연도의 예산과정은 중복되기 마련이다. 예를 들어 2023 회계연도의 경우 2023 회계연도의 예산이 집행 중이지만, 이와 동시에 2022 회계연도 예산의 사용에 대한 결산과 회계검사가 진행 중이며 이와 동시에 2024 회계연도 예산의 편성과 심의가 이루어지게 되는 것이다. 따라서 우리가 회계연도라고 표현했을 때는 예산이 집행되는 연도를 기준으로 회계연도를 구분한다고 보면 된다.

특정 시점을 기준했을 경우, 복수의 회계연도의 예산과정이 중복되어 일어나는 현상을 예산주기의 중복(overlapping cycles)이라고 표현한다. 〈표 5-1〉에서 볼 수 있는 바와 같이, 다음 회계연도 예산을 편성하는 시점에서 동시에 이번 회계연도 예산을 집행하면서도 지난 회계연도 예산에 대한 결산이 이루어지고 있다. 이러한 예산주기의 중복 때문에, 이미 시행하고 있는 사업의 결과에 대한 정보가 불충분함에도 불구하고 어쩔 수 없이 다음 회계연도의 예산을 편성해야 하는 문제가 발생하는 것이다. 다시 말해서, 현재 시행하고 있는 사업의 성과를 제대로 모르면서도 이 사업에 대한 내년도 예산을 늘리거나 줄이는 결정을 내려야 하는 상황이 발생한다는 것이다(Lee *et al.*, 2008). 무엇보다도 예산주기의 중복은 전략적인 고려에 기반한 예산의 운용이 쉽지 않다는 것을 보여준다.

1) 미국 주정부의 회계연도는 대부분 7월 1일에 시작해서 다음 해 6월 30일에 종료된다.

표 5-1 예산주기의 중복

2023 회계연도	2022 회계연도 예산의 결산 및 회계검사 2023 회계연도 예산의 집행 2024 회계연도 예산의 편성 및 심의

제2절 | 정부예산 관련 법체계

예산 관련 법체계는 예산과정의 각 단계에서 지켜야 할 준칙, 예산과정 참여자의 권한과 책임, 그리고 예산과정 각 단계의 시기와 절차를 규정해 놓은 법체계이다. Lienert와 Fainboim(2010)에 의하면, 예산 관련 법체계가 제대로 구비되어 있어야 ① 단기적 재정안정과 중기적 재정건전성의 유지, ② 예산배분의 효율성 제고, ③ 지출의 효율성 제고, ④ 현금의 적절한 관리, 그리고 ⑤ 의회와 일반국민에게 제공되는 예산 관련 정보의 질 향상이라는 재무행정제도(public financial management system)의 다섯 가지 목적을 제대로 달성할 수 있다고 한다. 우리나라 예산운용에 큰 영향을 미치는 법률로서는 헌법, 국가재정법, 국회법을 들 수 있다.

1. 헌 법

우리나라 헌법에서 정부예산과 관련된 조항은 제54조에서 제59조까지 규정되어 있다.

예산에 관련된 헌법 규정은 무엇보다도 국회의 예산심의 및 의결권을 분명히 하고 있으며, 예산심의에 관련된 전반적인 일정과 절차를 규정하고 있다. 즉, 정부는 예산안을 회계연도 개시 90일 전까지 국회에 제출하고,[2] 국회는 회계연도 개시 30일 전까지 이를 의결하여야 한다고 규정하고 있다. 이는 묵시적으로 행

2) 2013년 개정된 국가재정법에서는 예산안을 회계연도 개시 120일 전까지 국회에 제출하도록 하고 있다.

> **예산 관련 헌법 조항**
>
> 제54조 ① 국회는 국가의 예산안을 심의 · 확정한다.
> ② 정부는 회계연도마다 예산안을 편성하여 회계연도 개시 90일 전까지 국회에 제출하고, 국회는 회계연도 개시 30일 전까지 이를 의결하여야 한다.
> ③ 새로운 회계연도가 개시될 때까지 예산안이 의결되지 못한 때에는 정부는 국회에서 예산안이 의결될 때까지 다음의 목적을 위한 경비는 전년도 예산에 준하여 집행할 수 있다.
> 1. 헌법이나 법률에 의하여 설치된 기관 또는 시설의 유지 · 운영
> 2. 법률상 지출의무의 이행
> 3. 이미 예산으로 승인된 사업의 계속
>
> 제55조 ① 한 회계연도를 넘어 계속하여 지출할 필요가 있을 때에는 정부는 연한을 정하여 계속비로서 국회의 의결을 얻어야 한다.
> ② 예비비는 총액으로 국회의 의결을 얻어야 한다. 예비비의 지출은 차기국회의 승인을 얻어야 한다.
>
> 제56조 정부는 예산에 변경을 가할 필요가 있을 때에는 추가경정예산안을 편성하여 국회에 제출할 수 있다.
>
> 제57조 국회는 정부의 동의 없이 정부가 제출한 지출예산 각 항의 금액을 증가하거나 새 비목을 설치할 수 없다.
>
> 제58조 국채를 모집하거나 예산 외에 국가의 부담이 될 계약을 체결하려 할 때에는 정부는 미리 국회의 의결을 얻어야 한다.
>
> 제59조 조세의 종목과 세율은 법률로 정한다.
>
> 제99조 감사원은 세입 · 세출의 결산을 매년 검사하여 대통령과 차년도 국회에 그 결과를 보고하여야 한다.

정부편성예산제도(executive budget system)를 규정하고 있는 것이기도 하다.

헌법은 준예산, 계속비, 예비비, 추가경정예산안에 대한 총괄적인 규정을 두고 있는 것 외에, 세출예산에 관련된 국회 권한의 한계를 분명히 하고 있다. 즉, 국회는 정부의 사전동의 없이 정부가 제출한 지출예산 각 항의 금액을 증가하거나 새 비목을 설치할 수 없도록 하고 있다. 그리고 조세법률주의에 따라 조세의 종목과 세율은 법률로 정하도록 규정함으로써 조세법률주의원칙을 천명하고 있다.

2. 국가재정법

우리나라에서 예산과 관련된 법체계 중 가장 핵심적인 법은 국가재정법이라고

할 수 있다. 국가재정법은 예산운용의 기본원칙, 예산의 편성, 집행, 결산과 관련된 절차와 관련 기관의 책임, 그리고 기금운용의 원칙과 절차 그리고 재정건전성 등에 관해서 상세히 규정하고 있다. 국가재정법은 1961년에 제정된 예산회계법을 전면 개편한 것으로 2007년부터 시행되고 있다. 국가재정법 제정의 의의와 기대효과는 다음과 같다(기획재정부 보도참고자료, 2006. 10. 2.; 국회예산정책처, 2010).

1) 재정운용의 효율성 제고

국가재정법 제정을 통해 국가재정운용계획 수립과 총액배분 · 자율편성 예산제도(top-down 예산제도)의 실시를 뒷받침하는 법적 근거를 마련하여 중장기적 시계에서 예산을 운용할 수 있도록 하였으며, 일반회계 · 특별회계 · 기금의 여유재원을 상호 전출·입할 수 있는 근거를 마련하여 칸막이 구분 없이 재원이 효율적으로 사용될 수 있도록 하였다.

2) 성과중심의 재정운용

Top-down 예산제도의 도입으로 각 부처의 재정자율성이 향상됨에 따라 이에 상응하는 책무성 확보를 위해 성과관리제도를 법제화하고 있다. 국가재정법에 의하면, 각 부처는 성과계획서와 성과보고서를 작성하여 국회에 제출하는 것이 의무화되어 있다.

3) 재정투명성 제고

국가재정법은 중앙정부와 지방정부의 재정에 관한 중요 사항을 공개하도록 의무화하였으며, 국민 누구나 불법적인 재정지출에 대해 중앙관서의 장 또는 기금관리 주체에게 시정을 요구할 수 있고 중앙관서의 장 또는 기금관리 주체는 처리결과를 의무적으로 통보하도록 하는 국민감시제도를 도입하고 있다.

4) 재정건전성 유지

국가재정법은 추가경정예산의 편성요건을 자연재해, 경기침체 · 대량실업 발생 등으로 제한하고, 세계잉여금을 교부금정산, 공적자금상환, 국채 및 차입금 상환에 우선 사용하도록 명시함으로써 재정건전성을 도모하고 있다.

3. 국회법

국회법 중 예산심의와 관련된 조항은 제45조(예산결산특별위원회), 제83조의 2(예산 관련 법률안에 대한 예산결산특별위원회와의 협의), 제84조(예산안 · 결산의 회부 및 심사), 제84조의 2(기금운용계획안의 회부 등), 그리고 제84조의 3(예산안 · 기

국회법 중 예산심의 관련 조항

제45조(예산결산특별위원회) ① 예산안 · 기금운용계획안 및 결산(세입세출결산 및 기금결산을 말한다. 이하 같다)을 심사하기 위하여 예산결산특별위원회를 둔다.

② 예산결산특별위원회의 위원수는 50인으로 한다. 이 경우 그 선임은 교섭단체소속 의원수의 비율과 상임위원회의 위원수의 비율에 의하여 각 교섭단체대표의원의 요청으로 의장이 행한다.

③ 예산결산특별위원회의 위원의 임기는 1년으로 한다. 〈하략〉

제84조(예산안 · 결산의 회부 및 심사) ① 예산안과 결산은 소관상임위원회에 회부하고, 소관상임위원회는 예비심사를 하여 그 결과를 의장에게 보고한다. 이 경우 예산안에 대하여는 본회의에서 정부의 시정연설을 듣는다.

② 의장은 예산안과 결산에 제1항의 보고서를 첨부하여 이를 예산결산특별위원회에 회부하고 그 심사가 끝난 후 본회의에 부의한다. 결산의 심사결과 위법 또는 부당한 사항이 있는 때에 국회는 본회의 의결 후 정부 또는 해당 기관에 변상 및 징계조치 등 그 시정을 요구하고, 정부 또는 해당 기관은 시정요구를 받은 사항을 지체 없이 처리하여 그 결과를 국회에 보고하여야 한다.

③ 예산결산특별위원회의 예산안 및 결산의 심사는 제안설명과 전문위원의 검토보고를 듣고 종합정책질의, 부별심사 또는 분과위원회심사 및 찬반토론을 거쳐 표결한다. 이 경우 위원장은 종합정책질의를 함에 있어서 간사와 협의하여 각 교섭단체별 대표질의 또는 교섭단체별 질의시간할당 등의 방법으로 그 기간을 정한다.

④ 정보위원회는 제1항 및 제2항의 규정에 불구하고 국가정보원소관예산안과 결산, 국가정보원법 제3조 제1항 제5호에 규정된 정보 및 보안업무의 기획 · 조정 대상부처소관의 정보예산안과 결산에 대한 심사를 하여 그 결과를 해당 부처별 총액으로 하여 의장에게 보고하고, 의장은 정보위원회에서 심사한 예산안과 결산에 대하여 총액으로 예산결산특별위원회에 통보한다. 이 경우 정보위원회의 심사는 예산결산특별위원회의 심사로 본다.

⑤ 예산결산특별위원회는 소관상임위원회의 예비심사내용을 존중하여야 하며, 소관상임위원회에서 삭감한 세출예산 각 항의 금액을 증가하게 하거나 새 비목을 설치할 경우에는 소관상임위원회의 동의를 얻어야 한다. 다만, 새 비목의 설치에 대한 동의요청이 소관상임위원회에 회부되어 그 회부된 때부터 72시간 이내에 동의 여부가 예산결산특별위원회에 통지되지 아니한 경우에는 소관상임위원회의 동의가 있는 것으로 본다.

⑥ 의장은 예산안과 결산을 소관상임위원회에 회부할 때에는 심사기간을 정할 수 있으며, 상임위원회가 이유 없이 그 기간 내에 심사를 마치지 아니한 때에는 이를 바로 예산결산특별위원회에 회부할 수 있다.

⑦ 〈삭제〉

⑧ 위원회는 세목 또는 세율과 관계 있는 법률의 제정 또는 개정을 전제로 하여 미리 제출된 세입예산안은 이를 심사할 수 없다.

금운용계획안 및 결산에 대한 공청회) 등을 들 수 있다. 이 중, 제45조와 제84조가 예산과정에서 국회의 권한과 그 한계, 그리고 국회 내 예산심의의 절차를 규정해 놓고 있다.

우리나라 국회에서 예산의 의결은 본회의에서 이루어지지만, 예산의 실질적인 심의는 소관상임위원회와 예산결산특별위원회에서 담당하도록 되어 있다. 국회법에 의하면, 예산안 · 기금운용계획안 및 결산을 심사하기 위하여 예산결산특별위원회를 두도록 하고 있으며, 예결위의 위원은 임기가 1년으로서 50인을 두도록 하고 있다.

국회법 제84조는 국회에서 예산심의의 절차를 규정하고 있는데, 이에 의하면 정부의 시정연설을 들은 후 예산안을 소관상임위원회에 회부하고 상임위원회의 예비심사를 거쳐, 예산결산특별위원회의 심사 그리고 본회의의 의결을 거치도록 되어 있다. 예산결산특별위원회에서의 예산안 및 결산 심사는 제안설명, 전문위원의 검토보고, 종합정책질의, 부별심사 또는 분과위원회심사 및 찬반토론, 그리고 표결로 진행하도록 되어 있다.

제3절 I 예산 관련 조직

예산 관련 기관으로서는 중앙예산기관, 수입 · 지출의 총괄기관, 중앙은행, 집행부처 등을 들 수 있다.

1. 중앙예산기관

1) 중앙예산기관의 기능

중앙예산기관(Central Budget Office)은 국가의 예산안편성을 담당하는 최고기관으로서 우리나라는 현재 기획재정부가 중앙예산기관이다. 중앙예산기관의 기능으로는 재정계획의 수립 및 예산배분의 우선순위 설정, 예산의 편성과 조정,

예산집행의 관리, 성과관리와 행정개혁 등을 들 수 있다.

① 재정계획의 수립 및 예산배분의 우선순위 설정 : 우리나라의 기획재정부는 중기재정계획체계에 입각해서 국가재정운용계획을 수립하고 이에 기반하여 매 회계연도 예산배분의 기본방향을 설정한다. 특히, top-down 예산제도하에서는 세입예측과 세출예측을 통해 예산의 전체 규모를 설정하고, 각 분야별 · 부처별 지출한도를 설정한 후 이에 기반하여 각 부처의 예산을 조정하는 역할을 담당한다.

② 예산의 편성과 조정 : 중앙예산기관은 각 부처가 요구한 예산안을 재정여건, 재원배분의 우선순위 등을 고려하여 정부 전체적인 차원에서 검토하고 조정하는 기능을 수행한다.

③ 예산집행의 관리 : 입법부에서 예산안이 통과된 후 중앙예산기관은 각 부처에 예산을 배정하는 기능과 함께, 연도 내 통제(in-year control)를 통해 예산집행을 모니터링하고 관리하는 기능을 수행한다.

④ 성과관리와 행정개혁 : 최근 중앙예산기관의 기능에 성과관리와 행정개혁 기능이 추가되는 경향이 있다. 과거에 비해 일선 부처에 예산을 포괄적으로 배분해 주고 예산운용의 자율성을 확대해 준 상황에서 예산운용의 결과에 대한 책무성을 확보하기 위해서는 예산운용의 결과에 대한 평가가 필요하다. 최근 중앙예산기관은 이러한 예산운용의 결과에 대한 평가와 성과관리에 초점을 맞추는 경향이 있다. 또한 최근 중앙예산기관은 행정관리방법의 개선이나 행정개혁 등을 주도하기도 한다. 이러한 기능은 중앙예산기관의 본질적인 기능은 아니지만, 중앙예산기관이 갖고 있는 예산배분권을 기반으로 행정개혁을 강력하게 추진할 수 있기 때문에 이러한 기능이 강조되고 있는 것이다.

2) 중앙통제지휘본부로서의 중앙예산기관

Schick(2001)은 중앙통제지휘본부(central command and control post)로서 중앙예산기관이 갖고 있는 장점을 다음과 같이 설명하고 있다.

① 중앙예산기관은 개별 부처의 이해관계에 얽매이지 않고 정부 전체의 관점에서 예산배분을 할 수 있다.

② 개별 부처와 비교할 때 중앙예산기관은 보다 더 객관적이고 종합적인 관점

에서 정부의 우선순위를 설정할 수 있다.

③ 주관적인 기준이 아니라 사업의 효과성에 근거하여 예산을 배분할 가능성이 높다.

④ 재정규율을 저해하는 요인을 막을 규칙과 절차를 제정할 수 있다.

⑤ 중앙예산기관으로부터의 강한 압력이 없다면, 개별 부처는 새로운 사업을 하기보다는 기존 사업들을 계속하려는 유인을 갖는다.

⑥ 개별 부처들이 사업초기에는 비용이 적게 들지만, 나중에는 비용이 많이 드는 사업을 착수하고 싶어하는 유인을 갖는 것을 중앙예산기관이 억제할 수 있다.

3) 우리나라의 중앙예산기관

현재 우리나라의 중앙예산기관은 기획재정부이다. 우리나라의 중앙예산기관은 지난 수십년 동안 몇 차례의 중요한 변화를 경험했다. 그중 중요한 변화를 소개하면 다음과 같다.

① 1948년 정부수립

1948년 정부수립 시에는 국무총리 직속 기관인 기획처에 소속된 예산국이 중앙예산기관의 역할을 담당했다.

② 1954년의 2차 개헌

1954년 2차 개헌에서 국무총리제가 폐지되었고, 이에 따라 예산국이 재무부로 이관되었다(기획재정부 예산실, 2010: 115-16).

③ 1961년의 정부조직개편

우리나라에서 예산기능과 관련된 최초의 중대한 변화는 1961년 설립된 경제기획원이다. 경제기획원은 그 이전에 여러 부처에 나뉘어져 있던 경제 관련 기능을 통합한 형태로 출범하였는데, 재무부 예산국에서 예산기능을, 부흥부에서 경제계획기능을, 내무부 통계국에서 통계기능을 흡수하였으며 이후 외자도입기능까지 담당하게 되었다. 경제계획 · 예산 · 통계 및 외자도입 기능까지 담당함으로써 경제기획원은 1961년 설립 이후 거의 30년 동안 우리나라 예산뿐만 아니라 경제의 컨트롤타워로서의 역할을 담당했다. 이 시기에는 재무부 국고국에서 수입·지출의 총괄기능을 담당하였으며, 경제기획원 예산국이 중앙예산기관의 역할을 담당했다. 1979년에는 예산국의 기능과 위상을 높이고자 예산실로 승격했다.

④ 1994년의 정부조직개편

1994년의 정부조직개편에서는 재무부와 경제기획원을 통합하여 재정경제원을 설립하였다. 1994년의 정부조직개편이 예산운용 측면에서 갖는 의미는 이전에 두 부처에 나뉘어져 있던 예산실과 국고국을 한 부처에 위치시킴으로써 예산과 자금 기능을 일원화했다는 데에 있다.

⑤ 1998년의 정부조직개편

1998년의 정부조직개편에서는 대통령 직속 기획예산위원회와 재정경제부 산하의 예산청으로 예산 관련 조직이 이원화되었다. 예산 관련 조직의 이원화는 합리적인 조직설계의 산물이 아니라 정치적인 타협의 결과였다. 대통령 직속 기획예산위원회는 장관급 위원장을 두고 있었고, 예산편성지침 작성·시달, 국가정책 기획·조정, 재정개혁과 행정개혁을 담당한 반면, 재정경제부 산하 예산청은 차관급 청장을 두고 예산의 편성·집행·관리 기능을 담당하였다. 그러나 이러한 예산조직의 이원화는 예산기능의 분리로 이어질 수밖에 없었고, 이는 곧 행정책임성의 문제를 야기하였다. 예를 들면, 예산에 관한 국회 답변 시 실질적으로는 기획예산위원장이 관장하는 사안이었지만, 형식적인 주무부처인 재정경제부 장관이 답변하는 일이 발생했던 것이다.

⑥ 1999년의 정부조직개편

예산기능의 이원화는 심각한 문제를 초래하였기 때문에 바로 1년 후 기획예산위원회와 예산청을 통합하여 기획예산처를 설립하였으며, 국고국은 재정경제부에 위치시켰다. 기획예산처의 출범은 예산과 행정개혁 기능을 전담하는 독립조직이 설립되었다는 의미를 지니는 것이었다. 2005년에는 예산과 기금을 통합·운영하기 위하여 예산실을 재정운용실로 개편했다.

⑦ 2008년의 정부조직개편

2008년의 정부조직개편에서는 기획예산처와 재정경제부를 통합하여 기획재정부를 설립하였으며, 현재는 기획재정부 2차관이 관할하는 부서들이 중앙예산기관의 역할을 담당하고 있다.

2. 수입 · 지출의 총괄기관

수입 · 지출의 총괄기관이란 세입예산에 있어서는 수입을, 세출예산에 있어서는 지출을 국가 전체로서 총괄하는 기관을 의미한다. 우리나라의 수입 · 지출 총괄기관은 기획재정부 국고국이다.

3. 중앙은행

중앙은행인 한국은행은 정부의 재정대행기관(fiscal agent)으로서 모든 국고금의 출납업무를 대행한다.

4. 실무부처

우리나라 정책의 집행조직은 부와 청으로 나뉘는데, 부는 법률 등 정책결정을 주로 하는 기관을 의미하며 청은 국민과 직접 관련이 있는 일상적인 서비스를 제공하는 기관을 의미한다. 중앙관서의 장인 장관과 청장은 실질적인 재정행위를 수행하는 주체이다. 즉, 중앙관서의 장은 중기사업계획서 및 예산요구서 작성, 예산의 집행, 결산, 기금관리 등의 기능을 담당한다. 각 부처 내에서 예산요구의 조정과 예산의 관리는 기획조정실에서 이루어지며, 특히 기획조정실 내의 예산담당관이 예산편성 및 관리에 관한 실질적인 기능을 수행한다. 그리고 실무국 및 과가 실제 예산의 요구와 예산의 집행기능을 담당하도록 되어 있다.

5. 의회 소속 예산 관련 기관

우리나라에서 국회에 소속된 예산 관련 기관으로는 2004년에 설립된 국회예산정책처를 들 수 있다. 국회예산정책처는 행정부와는 독립적으로 국가의 예산결산·기금 및 재정운용과 관련된 사항에 대하여 연구·분석·평가함으로써 국회가 재정통제권을 행사할 수 있도록 지원하기 위한 목적으로 설립된 기관이다. 국회예산정책처는 다음과 같은 기능을 수행한다(국회예산정책처법 제3조).

① 예산안·결산·기금운용계획안 및 기금결산에 대한 연구 및 분석
② 예산 또는 기금상의 조치가 수반되는 법률안 등 의안에 대한 소요비용의 추계
③ 국가재정운용 및 거시경제동향의 분석 및 전망
④ 국가의 주요 사업에 대한 분석·평가 및 중·장기재정소요 분석
⑤ 국회의 위원회 또는 국회의원이 요구하는 사항의 조사 및 분석

제4절 ❙ 우리나라 예산과정의 개관

우리나라의 예산과정은 행정부의 예산편성→국회의 예산심의→행정부의 예산집행→행정부에 의한 결산과 국회의 결산승인의 네 단계로 이루어져 있다.

예산편성과정은 기획재정부가 각 중앙관서에 국가재정운용계획 수립지침을 시달하는 것으로부터 실질적으로 시작된다. 이 지침은 예산운용 대상 회계연도의 전전년도 12월 31일까지 시달하도록 되어 있다. 이러한 국가재정운용계획 수립지침에 의거하여 각 부처는 중기사업계획서를 작성하여 1월 31일까지 기획재정부에 제출하며, 이를 토대로 하여 기획재정부는 다시 각 부처에 3월 31일까지 예산안편성지침을 통보한다. 이후 각 부처는 예산요구서를 작성하여 기획재정부에 5월 31일까지 제출하며, 이에 대한 조정작업을 거쳐 정부예산안을 회계연도 개시 120일 전까지 국회에 제출하도록 되어 있다.

국회에서의 예산심의과정은 정부 시정연설→소관상임위원회의 예비심사→예

산결산특별위원회의 종합심사→본회의 심의·의결 순으로 진행된다. 국회는 예산안을 회계연도 개시 30일 전까지 확정하도록 되어 있다.

예산집행은 예산배정→예산의 재배정→지출원인행위→지출 순으로 진행된다. 국회에서 예산이 통과되면 각 중앙관서의 장은 예산배정요구서를 기획재정부 장관에게 제출하며, 기획재정부 장관은 이를 토대로 분기별 예산배정계획을 수립하여 국무회의에 상정한다. 국무회의 심의와 대통령 승인 후에 기획재정부는 각 중앙관서의 장에게 예산을 배정한다. 이어서 중앙관서의 장은 예산배정의 범위 내에서 예산지출권한을 각 실무부서에 다시 부여하는 절차, 즉 예산의 재배정 절차를 수행한다. 예산의 재배정이 완료되면, 각 실무부서는 계약의 체결, 즉 지출원인행위를 하게 되며, 끝으로 채권자에 대한 계좌이체로 지출행위가 이

표 5-2 우리나라의 예산과정

과정	내용	제출기한
예산편성 (t−1)	국가재성운용계획 수립지침 시달	전년도 12월 31일
	중기사업계획서 제출	1월 31일
	예산안편성지침 통보	3월 31일
	각 부처 예산요구서 작성 및 제출	5월 31일
	정부예산안편성	6~8월
	예산안의 국회제출	회계연도 개시 120일 전(9월 3일)
예산심의 (t−1)	정부 시정연설	
	소관상임위원회 예비심사	
	예산결산특별위원회 종합심사	
	본회의 심의·의결	회계연도 개시 30일 전(12월 2일)
예산집행 (t)	예산배정	
	예산재배정	
	지출원인행위	
	자금배정	
결산 및 회계검사 (t+1)	총세입부·총세출부 마감	2월 10일
	중앙관서 결산보고서 작성 및 제출	2월 말
	국가결산보고서 작성 및 감사원 제출	4월 10일
	감사원 결산 검사	5월 20일
	국가결산보고서의 국회 제출	5월 31일
	상임위원회 예비심사	
	예결위원회 종합심사	
	본회의 심의·의결	

루어진다.

회계연도가 종료되면 그 다음 회계연도 2월 10일까지 총세입부와 총세출부를 마감하며, 이를 토대로 각 중앙관서의 결산보고서를 작성하여 2월 말까지 기획재정부에 제출한다. 기획재정부 장관은 중앙관서결산보고서에 의거하여 국가결산보고서를 작성하여 국무회의의 심의를 거친 후 대통령의 승인을 얻어 다음 회계연도 4월 10일까지 감사원에 제출하도록 되어 있다. 이후 감사원은 5월 20일까지 결산검사를 완료하여 기획재정부 장관에게 보고서를 제출하며, 정부는 감사원의 감사를 거친 국가결산보고서를 5월 말일까지 국회에 제출한다. 정부가 국가결산보고서를 국회에 제출하면, 국회는 예산심의 때와 마찬가지로 소관상임위원회의 예비심사→예산결산특별위원회의 종합심사→본회의 심의·의결의 순서를 밟게 된다. 앞의 〈표 5-2〉는 우리나라 예산과정을 간략하게 정리해 놓은 것이다.

참고문헌

국회예산정책처. (2010). 「국가재정제도: 원리와 실제」.

기획재정부 예산실. (2010). 「2010 한국의 재정」. 서울: 매일경제신문사.

박영희 · 김종희. (2008). 「신재무행정론」. 서울: 다산출판사.

신무섭. (2009). 「재무행정학」. 개정6판. 서울: 대영문화사.

이문영 · 윤성식. (2002). 「공공재무관리」. 서울: 법문사.

Good, David A. (2007). *The Politics of Public Money: Spenders, Guardians, Priority Setters, and Financial Watchdogs inside the Canadian Government*. Toronto: University of Toronto Press.

Ha, Yeon-Seob. (1997). "Public Finance and Budgeting in Korea under Democracy: A Critical Appraisal." *Public Budgeting & Finance* 17(1): 56–73.

Lee, Robert D. Jr., Ronald W. Johnson, and Philip G. Joyce. (2008). *Public Budgeting Systems*. 8th ed., Boston: Jones & Bartlett Publishers.

Lienert, Ian and Israel Fainboim. (2010). "Reforming Budget System Laws." International Monetary Fund.

McCaffery, Jerry L. and L. R. Jones. (2001). *Budgeting and Financial Management in the Federal Government*. Greenwich: IAP.

Mikesell, John L. (2007). *Fiscal Administration: Analysis and Applications in the Public*

Sector. 7th ed., Belmont, CA: Thomson Wadsworth.

Rubin, Irene S. (2000). *The Politics of Public Budgeting: Getting and Spending, Borrowing and Balancing*. 4th ed., Chatham, N.J.: Chatham House.

Schick, Allen. (2001). "The Changing Role of the Central Budget Office." *OECD Journal on Budgeting* 1(1): 9–26.

Smith, Robert W. and Thomas D. Lynch. (2004). *Public Budgeting in America*. 5th ed., Upper Saddle River, NJ: Pearson.

Wildavsky, Aaron and Naomi Caiden. (2004). *The New Politics of the Budgetary Process*. 5th ed., New York: Pearson.

제 6 장

예산편성

예산편성과정은 세입과 세출의 전체 규모와 세입과 세출의 배분을 결정해 나가는 과정이라고 할 수 있다. 예산편성과정은 크게 각 부처의 실무부서가 각 부처의 예산담당기관으로 예산을 신청하고 조정을 거친 후, 다시 중앙예산기관으로 예산요구서를 제출하여 여기서 다시 조정을 거치는 상향적 예산과정(bottom-up process)과 예산의 전체 규모가 미리 정해진 후 예산의 분야별 배분과 부처별 지출한도가 결정되고 이에 따라 각 사업별 예산배분 규모가 정해지는 하향적 예산과정(top-down process)으로 나눌 수 있다. 예산편성과정은 상향적 예산과정의 요소와 하향적 예산과정의 요소를 모두 갖추고 있지만, 사회경제적 상황에 따라 상대적 중요성이 다르게 나타난다. 최근의 흐름은 하향적 예산과정이 보다 중시되는 경향이다.

바람직한 예산편성을 위해서는 중 · 장기적인 전망과 계획에 기초한 연도별 예산편성이 필요하다. 이를 반영하여 최근 대부분의 국가에서는 중기재정계획체계(medium-term expenditure framework)를 도입 · 운영하고 있는데, 우리나라의 국가재정운용계획도 같은 맥락에서 도입된 것이다.

예산을 편성하기 위해서는 다양한 정보가 필요한데, 그중에서 가장 기초적인 정보는 한 회계연도 동안 기대되는 세입과 세출의 규모에 관한 정보이다. 즉, 정부가 어느 정도의 수입을 기대할 수 있는지를 예측하고, 정부사업을 추진하는 데 소요되는 비용을 계산하는 일이 필요하다. 세입과 세출 예측이 이루어지고 나면, 사업별 예산을 편성하고 이에 대한 조정이 이루어져야 하는데 이것이 곧 예산의 배분과정이다. 예산의 배분과정이 끝나고 나면 국회에 예산안을 제출함으로써 예산편성과정은 종료된다. 이번 장은 예산편성과정의 특징과 우리나라 예산편성과정을 구체적으로 살펴본 후 중 · 장기적 시계에서의 예산운용, top-down 예산과정, 세입의 예측과 비용의 추정, 예산배분과정의 특징, 그리고 우리나라 예산문서의 내용을 설명하는 순서로 구성되어 있다.

제1절 | 예산편성과정

1. 예산편성과정의 특징

예산편성과정은 행정부 내부에서 다음 회계연도의 예산안을 마련하는 과정이다. 즉, 예산편성과정은 다음 회계연도에 정부의 특정 조직이 추진하고자 하는 사업을 계획하고 이에 수반되는 지출규모를 확정지어 나가는 과정인 것이다. 정부부처 내 개별 부서에서는 내년에 수행하고자 하는 사업과 지출계획을 세운 이후 부처의 예산담당 조직과 끊임없는 대화와 조정을 하게 되며, 다시 각 정부부처는 중앙예산기관(즉, 기획재정부 예산실)과 예산을 둘러싼 줄다리기를 하게 된다.

예산을 편성하는 단계에서 사업의 계획과 이에 수반하는 지출규모를 확정짓는 작업이 진행되지만, 이 과정에서 행정적 합리성뿐만 아니라 정치적인 고려가 매우 중요한 변수가 된다. 특히, 예산편성과정의 두 당사자라고 할 수 있는 일선부처와 중앙예산기관은 시각과 역할에 있어서 큰 차이를 드러낸다.

일선 부처는 무엇보다도 조직의 생존과 발전에 관심을 두며, 사업을 유지 · 확대하고자 한다. 일선 부처의 예산삭감 방지 노력과 증액요구는 양면적인 성격을 띤다. 즉, 국가 전체적인 차원에서는 우선순위를 분명히 정하고 이에 따라 예산이 배분되어야 하기 때문에, 각 부처의 예산요구를 모두 수용할 수는 없다. 이 과정에서 각 부처는 자신의 사업의 중요성과 예산증액의 필요성을 과도할 정도로 강조하려는 경향이 있다. 그렇지만 일선 부처의 예산삭감 방지 노력과 증액요구를 근거 없는 것으로 치부할 수만은 없다. 왜냐하면 중앙예산기관과 비교할 때 일선 부처는 자신이 추진하는 사업의 필요성과 사회적 기여도 등에 대한 가장 구체적인 정보를 보유하고 있기 때문이다. 하지만 일선 부처는 정부 전체 혹은 국가 전체적인 차원에서의 자원배분에 관심을 두지 않으며, 다른 부처의 예산요구나 전체적인 재원의 제약에 상대적으로 민감하지 않다는 점에서 일선 부처가 중심이 된 예산편성과정은 분절화(fragmented)될 수밖에 없다는 특징을 지닌다(Goode, 1984; Lee *et al.*, 2008).

일선 부처와 달리 중앙예산기관은 예산의 수호자(guardian)의 역할을 수행한다. 따라서 중앙예산기관은 예산의 삭감에 관심을 두며, 국가 전체적인 시각에서 재원을 배분한다는 특징을 지닌다. 지출기관과 예산수호자와의 갈등은 어느 나라, 어느 시기에나 존재하는 예산과정의 가장 중요한 특징이라고 할 수 있다. 중앙예산기관과의 갈등과정에서 일선 부처는 예산삭감을 미리 예상하고 예산요구액을 부풀릴 가능성이 높다. 중앙예산기관에 의한 예산삭감이 객관적·합리적 기준에 의한 것이 아니라 모든 요구액을 일률적으로 삭감하는 경향을 지닌 경우, 이러한 전략과 경향은 더욱 심화될 가능성이 있다.

2. 하향적 예산과정과 상향적 예산과정

예산편성과정에서 예산의 총액이나 전체적인 재원배분의 방향이 먼저 정해지고 세부적인 예산의 배분이 일어나는가 혹은 각 부처에서 요구하는 예산요구를 합산하고 조정하는 과정을 거쳐 예산총액이 결정되는가에 따라 예산편성과정을 하향적 예산과정과 상향적 예산과정으로 구분한다.

상향적 예산과정은 전통적인 예산편성과정의 특징이다. 즉, 각 부처에서 요구한 예산을 중앙예산기관에서 취합한 후 이를 조정함으로써 예산의 전체 규모와 배분이 결정되는 방식이다. 상향적 예산과정에서 예산과정 참여자들의 역할은 분절화되어 있다. 즉, 각 부처는 자신의 사업만이 중요하다고 여기며 이를 토대로 자신의 사업에 필요한 예산을 최대한 확보하려는 모습을 보인다. 예산과정의 참여자들이 예산에 대해 국가 전체적인 시각에서 접근하기보다는 매우 제한된 관점에서 접근함으로써, 사업에 대한 포괄적인 비교나 검토를 행하는 것이 아니라 자신의 사업만을 확대하려는 경향을 지니게 된다. 각 부처는 예산증액을 위해 노력하는 반면 중앙예산기관은 각 부처의 요구를 삭감하려는 전형적인 예산과정의 모습이 드러나기 때문에, 이 과정에서 협상 전략이 대단히 중요해진다. 사업을 실제 추진하고자 하는 실무 부서나 부처의 입장에서는 예산요구액이 매우 중요하지만 예산총액과 비교하면 그리 크지 않은 예산규모인 경우가 대부분이다. 따라서 신규 사업이나 예산증액을 요구하는 측에서 원하는 바를 달성할 가능성이 높다. 또한 상향적으로 결정되는 예산액을 예산과정의 마지막에 가서

야 합산하기 때문에, 예산이 지속적으로 팽창될 가능성이 높아진다.[1]

하향적 예산과정은 예산의 전체 규모, 예산의 전체적인 배분, 예산과 재정정책의 관계, 그리고 예산배분의 우선순위 등을 미리 결정한 후 구체적인 사업 간 예산배분을 결정하는 예산편성과정을 의미한다. 예산총액과 예산배분에 관한 전체적인 윤곽이 잡혀진 이후 이를 토대로 세부적인 예산배분이 이루어지는 것이다. 하향적 예산과정에는 국정 최고책임자(대통령 혹은 총리)와 중앙예산기관의 장 등을 중심으로 소수의 정책엘리트들만이 참여한다. 하향적 예산과정에서는 경제상황, 동원 가능한 재원의 규모, 정책우선순위 등을 종합적으로 고려하는 것이 특징이다. 대체로 하향적 예산과정을 통해 예산의 전체 규모 등이 결정된다면, 이 틀 내에서의 구체적인 예산의 배분은 상향적 예산과정을 통해 이루어진다(Bozeman & Straussman, 1982).

세출, 세입, 적자의 총규모와 예산의 전체적인 배분에 대한 의사결정을 하는 하향적 예산과정을 다른 말로 거시적 예산과정(macrobudgeting)이라고도 부르며, 각 부처, 각 사업, 각 품목별 예산에 대한 의사결정이 이루어지는 상향적 예산과정을 다른 말로 미시적 예산과정(microbudgeting)이라고 부른다. 통상적으로 예산과정은 하향적 예산과정과 상향적 예산과정 두 요소를 모두 포함하지만, 예산을 둘러싼 사회경제적 환경에 따라 두 요소 중 어떤 요소가 더 중요할지가 결정된다고 할 수 있다. 일반적으로, 가용자원의 규모가 풍부할 경우에는 미시적 예산과정(혹은 상향적 예산과정)의 중요성이 커지며, 가용자원의 규모가 제한될 경우에는 거시적 예산과정(혹은 하향적 예산과정)의 중요성이 커진다(Rubin, 2000).

우리나라에서도 하향적 예산과정을 제도화하기 위해 2004년부터 이른바 총액배분 · 자율편성 예산제도가 도입되었다. 우리나라에서는 총액배분 · 자율편성 예산제도라고 부르지만 일반적으로 이를 top-down 예산제도라고 부른다.

Top-down 예산제도의 기본특징은 예산총액이 먼저 결정된 후 예산배분이 이루어진다는 점이다. 보다 구체적으로, 예산총액이 먼저 결정된 후 분야별 예산의 배분이 결정되며, 각 분야의 지출한도(sectoral ceilings)가 설정된 이후 각 분야 내에서의 구체적인 사업에 대한 예산배분이 이루어지는 순서로 예산이 편성된다. 따라서 각 단계의 예산배분은 전 단계에서 결정된 지출한도에 의해 제약

1) 상향적 예산과정에 관한 분석의 대표적인 예는 Wildavsky의 *The Politics of the Budgetary Process* 이다. 이에 대한 보다 상세한 논의는 제10장 '예산이론 : 합리성, 정치, 제도'를 볼 것.

되는 형태를 취하게 되는 것이다. 따라서 top-down 예산제도하에서는 예산총액과 전반적인 예산의 배분에 대한 의사결정과 개별 사업 및 활동에 대한 예산배분에 관한 의사결정이 제도적으로 분리되는 것이 특징이다.

Top-down 예산제도가 도입되면 예산총액을 사전적으로 정하고 이에 기반하여 분야별 예산배분을 위한 지출한도를 설정하여야 하는데, 이를 위해서는 예산운영에 관한 장기적인 전망과 계획이 필요하다. 중기적인 시계에서 예산을 운영하는 틀을 중기재정계획체계라고 부른다.

3. 우리나라의 예산편성과정

2004년부터 우리나라도 top-down 예산제도를 도입하였고 중기재정계획체계에 기반한 재정운용을 추구하고 있는데, 이러한 변화가 국가재정법과 예산편성과정에 그대로 반영되어 있다. 우리나라의 예산편성과정은 크게 다섯 단계로 구성되어 있다.

1) 중기사업계획서의 제출

중기적 시계에서의 예산운용 기조를 반영하여, 기획재정부는 전년도 12월 말까지 다음 연도 국가재정운용계획 수립을 위한 지침을 작성하여 각 중앙관서로 통보한다. 각 중앙관서의 장은 이 지침을 토대로 매년 1월 31일까지 당해 회계연도부터 5회계연도 이상의 기간 동안의 신규 사업 및 기획재정부 장관이 정하는 주요 계속사업에 대한 중기사업계획서를 기획재정부 장관에게 제출하도록 되어 있다(국가재정법 제28조). 과거에는 중기재정계획이 형식적으로 만들어지고 제출되었는데, top-down 예산제도가 도입되면서 각 부처가 제출하는 중기사업계획서는 실제로 당해 연도 예산을 제약하는 중요 문서가 되고 있다.

2) 예산안편성지침 통보

기획재정부 장관은 국무회의의 심의를 거쳐 대통령의 승인을 얻은 후 다음 연도의 예산안편성지침을 매년 3월 31일까지 각 중앙관서의 장에게 통보하도록 되어 있다(국가재정법 제29조). 예산안편성지침에는 다음 해의 국내외 경제전망, 재정운용 여건, 예산편성 방향, 경비별 예산편성 및 요구 지침, 예산요구 시 제출 서류 및 작성양식 등이 포함되어 있다. 또한 예산안편성지침은 이미 각 부처가 제출한 중기사업계획서를 토대로 하여 만들어지고 국무위원들이 참여하는 국가재정전략회의에서 합의된 중앙관서별 지출한도가 포함될 수 있다. 그리고 기획재정부 장관은 각 중앙관서의 장에게 통보한 예산안편성지침을 국회 예산결산특별위원회에 보고하도록 되어 있다(국가재정법 제30조).

3) 부처의 예산요구서 작성 및 제출

예산안편성지침이 각 중앙관서의 장에게 시달되면 이때부터 본격적으로 각 부처에서는 예산편성 작업이 시작된다고 할 수 있다. 그렇지만 현실적으로 각 부처의 예산편성 작업은 이미 그 이전부터 진행되는데, 각 부처의 실무부서는 다음 연도에 새롭게 추진하고자 하는 신규 사업과 이미 시행해 오고 있는 계속사업에 대한 구상과 함께 각 사업에 소요될 것으로 예상되는 예산규모에 대해 사전 작업을 진행할 뿐만 아니라 기획조정실 내 예산담당관과 지속적으로 의사소통을 진행한다.

예산안편성지침이 시달되면, 각 부처의 예산담당관은 예산편성에 관한 자체세부사항을 추가하여 각 실무부서로 시달한다. 각 실무부서는 기획재정부의 예산안편성지침과 자체예산편성기준 등을 참고하여 예산을 편성하게 된다. 이 과정에서 각 과별로 사업과 예산에 대한 조정이 이루어지며, 이후에는 각 국별로 사업과 예산에 대한 조정이 다시 이루어진다. 또한 부처에 따라서는 차관 주재로 예산편성의 기본방향과 세부내역에 대한 간부회의 등이 개최되어 사업과 예산배분의 우선순위 등을 검토하는 과정을 밟기도 한다. 그리고 예산담당관은 각 실무부서의 예산신청을 취합하고 조정하는 절차를 거쳐, 최종적으로 기획재정부에 제출할 예산요구서를 작성하게 된다.

예산편성에 있어서 상향적 예산과정이 주된 역할을 담당하는 경우에는 예산담당관은 각 실무부서의 예산신청을 단순히 취합해서 예산요구서를 작성하게 된다. 왜냐하면 예산의 증감에 대한 실질적인 결정은 중앙예산기관에서 이루어지며, 이 과정에서 중앙예산기관의 각 부처 담당조직과 각 실무부서 간에 실질적인 협상이 이루어지기 때문이다. 이와는 달리 하향적 예산과정 혹은 top-down 예산제도하에서는 각 부처의 예산담당관이 예산조정에 대한 실질적인 권한을 행사하게 된다. 왜냐하면 각 부처별 지출한도가 정해져 있는 상황이기 때문에, 사업과 예산의 조정이 부처 내에서 이루어져야 하기 때문이다.

이렇게 내부적으로 조정이 이루어진 이후, 각 중앙관서는 예산요구서를 작성하여 매년 5월 31일까지 기획재정부 장관에게 제출하여야 한다(국가재정법 제31조).

4) 예산조정 및 정부예산안 편성

5월 31일까지 각 부처가 예산요구서를 제출하면 기획재정부 예산실에서 예산에 대한 심사와 조정이 본격적으로 진행된다. 기획재정부 예산실 내의 각 소관 예산담당과는 각 부처의 지출한도 준수 여부, 국정목표와 연계한 중점 지원내용 등을 고려하면서 각 부처의 예산요구서를 심사하게 되는 것이다. 예산실 내에서의 각 부처별 예산요구액 조정은 예산실 내부 직원으로 구성된 예산심의회에서 이루어진다(기획재정부 예산실, 2010: 121).

예산편성과정에서 사업의 타당성 검토, 지출한도의 준수 등이 중요한 고려사항이긴 하지만 이와 동시에 정치적 고려도 매우 중요하다. 예산안에 대한 정치적 고려는 여당과 함께 개최하는 당정협의회를 통해 이루어지게 된다. 이 과정에서 집권당의 관심사, 공약사항 등이 예산에 반영된다. 이렇게 볼 때, 우리나라에서 정부예산안은 단순히 정부예산안이라기보다는 정부와 여당이 합동으로 마련하는 예산안이라는 의미를 강하게 띠게 된다.

5) 정부예산안의 확정 및 국회 제출

당정협의를 거친 예산안은 국무회의의 심의를 거친 후 대통령의 승인을 얻어 회계연도 개시 120일 전인 9월 3일까지 국회에 제출하여야 한다(국가재정법 제33조). 각 부처가 기획재정부에 제출하는 예산신청을 예산요구서라고 하는 반면, 정부가 국회에 제출하는 예산신청은 예산안이라고 부른다. 정부가 국회에 제출하는 예산안에는 세입세출예산 총계표 및 순계표, 세입세출예산사업별 설명서 등 예산심의에 필요한 일체의 서류를 첨부하도록 되어 있다(국가재정법 제34조).

다음의 〈표 6-1〉은 예산편성절차를 요약하여 보여주고 있다.

표 6-1 예산편성절차

기간	사항
전년도 12월 말까지	국가재정운용계획 수립지침 통보(기획재정부 → 각 부처)
1월 31일까지	중기사업계획서 제출(각 부처 → 기획재정부)
3월 31일까지	다음 회계연도 부처별 지출한도 및 예산안편성지침 시달 (기획재정부 → 각 부처)
4월~5월	예산편성 및 예산요구서 작성
5월 31일까지	예산요구서 제출(각 부처 → 기획재정부)
6월~8월	정부예산안 작성
8월 말	국무회의 심의 및 예산안 확정
9월 3일까지	예산안 국회 제출

자료 : 기획재정부.

제2절 | 중·장기적 시계에서의 예산운용

1. 중기재정계획체계

1) 중기재정계획체계의 특징

예산에 있어서 단년도주의 원칙은 한 회계연도만을 대상으로 수입과 지출이 이루어지도록 함으로써 예산운용을 통제하는 데는 가장 적합한 방식이었다고 할 수 있다. 그러나 예산의 편성과 집행이 한 회계연도만을 대상으로 이루어지게 되면 중·장기적인 시계에서 전략적으로 재원배분을 하기 어려워진다. 이러한 이유로 우리나라를 비롯한 많은 나라에서 이른바 중기재정계획체계를 도입하여 중·장기적인 시계에서 정책과 기획 그리고 예산을 통합하려는 노력을 하고 있다. 세계은행의 보고서(2013)에 의하면 2008년 현재 132개국에서 중기재정계획체계를 운영하고 있는 것으로 나타났다.

중기재정계획체계는 향후 수년간에 걸친 영향에 주목하면서 정부의 재정운용계획이 만들어지도록 하는 일련의 체계와 규칙 그리고 절차를 일컫는 개념이다(Harris *et al.*, 2013: 137). 중기재정계획체계는 총량적 재정규율을 확보하는 동시에 예산운용의 효율성과 효과성을 제고할 수 있는 강력한 정책수단으로 인정받고 있다. 중기재정계획체계는 재정총량을 정하는 하향적 과정과 현재 추진 중인 사업의 비용을 추정하는 상향적 과정이 동시적으로 이루어지는 것을 특징으로 한다. 즉, 중기재정계획체계에서는 가용재원의 규모 추정, 정책의 우선순위 설정, 그리고 지출한도의 설정 등은 하향적으로 이루어지지만, 현재 추진 중인 사업의 단기적 · 중기적 비용 추정은 상향적으로 이루어진다. 그리고 최종적으로 정책의 우선순위와 가용재원의 규모를 추정된 비용과 동시적으로 고려함으로써, 중 · 장기적인 시계에서 예산운용의 기본방향을 전략적으로 설정하는 것이 중기재정계획체계의 특징이다. 따라서 중기재정계획체계를 도입하면, 예산의 총규모와 분야별 배분을 정하는 전략적 단계와 일상적이며 미시적으로 예산을 편성하는 단계가 제도적으로 분리된다(Holmes & Evans, 2003: 5).

2) 단년도 예산운용의 문제점

중기재정계획체계는 무엇보다도 단년도주의에 입각한 예산운용의 문제점을 해소하기 위해 도입된 것이다. 단년도만을 대상으로 한 예산운용은 근시안적 시계, 과다지출, 편협한 예산운용(parochialism), 보수적 예산운용(conservatism) 등의 문제점을 지니고 있다(Schiavo-Campo, 2009; Brumby & Hemming, 2013; World Bank, 2013).

① 근시안적 시계의 문제이다. 상당수 정부 프로그램은 몇 년 혹은 그보다 더 오랜 기간에 걸쳐 비용과 편익을 발생시키기 마련인데, 단년도주의에 입각한 예산운용은 오직 다음 해에 발생할 비용과 편익만을 고려하는 문제점을 지니고 있다.

② 과다지출의 문제이다. 단년도만을 대상으로 예산운용을 하게 되면, 오직 다음 해의 예산만을 고려하기 때문에 새로운 사업을 심사할 때 다음 해 이후에 나타날 지출증가에 대해서는 무감각할 수밖에 없다. 따라서 단년도에 입각한 예산운용은 과다지출의 문제를 야기할 수 있다.

③ 편협한 예산운용이다. 단년도에만 초점을 맞춘 예산운용은 정치가나 공무원들로 하여금 전체 사회나 경제에 미치는 영향을 고려함이 없이 자신들의 편협하고 단기적인 이익을 증진시키는 데 유리한 예산사업을 추진할 수 있도록 한다.

④ 보수적 예산운용이다. 단년도에만 초점을 맞춘 예산운용은 사회변화에 대

응해서 지출의 우선순위를 재설정하는 것을 어렵게 함으로써 전년도 답습식 예산운용을 지속시키는 경향을 지니게 된다.

3) 중기재정계획체계의 장점

중기재정계획체계는 다음과 같은 장점을 지니고 있다.

① 재정건전화를 위한 수단이다. 단년도주의에 입각해서 예산을 운용하게 되면 현재의 재원배분이 미래에 어떤 영향을 줄지에 대해서 둔감하게 된다. 이와는 달리 3~5년간의 세입과 세출의 흐름에 대한 사전적 정보와 계획에 입각해서 재원배분을 하게 되면 지출의 급격한 증가와 이에 따른 재정적자의 발생을 사전에 방지할 가능성이 커진다(Blöndal, 2003). 다시 말해서, 중기재정계획체계는 시계의 확장을 통해 근시안적 시계의 문제점을 극복하는 동시에 미래에 발생할 비용과 편익까지도 고려함으로써 지출의 과다팽창을 억제할 수 있다.

② 전략적 재원배분을 가능케 한다. 단년도를 넘어 중·장기적인 시계에서 예산사업을 검토하는 동시에 해당 사업이 다른 분야와 다른 사업에 미치는 영향까지 고려함으로써, 중기재정계획체계는 정치가와 공무원이 갖는 기회주의적 행태를 억제할 수 있다. 이와 동시에 중기재정계획체계는 환경 변화에 대응해서 지출의 우선순위를 변경시키고 이에 따라 예산을 재배분함으로써 예산운용의 배분적 효율성을 제고할 수 있도록 한다. 결국 중기재정계획체계는 정책과 기획 그리고 예산을 긴밀하게 연계시킴으로써 전략적 재원배분을 가능케 한다(Brumby & Hemming, 2013; World Bank, 2013).

③ 예산의 효율적 사용을 가능케 한다. 단년도주의에 입각해서 예산 편성과 집행이 이루어지게 되면, 현재 시행하고 있는 사업이 미래에도 계속해서 지속될 수 있는지 확신하기가 어렵다. 그러나 중·장기적인 계획 아래 예산이 편성되면 예산의 안정성과 계속성을 보장할 수 있게 되어, 실무부처들이 중기적인 시계에서 지출계획을 세우고 예산관리를 할 수 있기 때문에 예산운용의 기술적 효율성을 높일 수 있는 가능성이 높아진다(Harris *et al.*, 2013).

④ 각 부처 계획의 충실성을 제고할 수 있다. 단년도주의에 입각해서 예산이 운영되면 각 부처가 중기적인 시계하에 계획을 세울 유인이 별로 없을 뿐

만 아니라 계획을 세우더라도 매 회계연도의 예산과 별로 연계되지 않기 때문에 계획 작성이 형식적으로 이루어지기가 쉽다. 이와는 달리 각 부처가 제시하는 중기사업계획이 국가 전체적인 재원배분계획과 연계되고 이를 기초로 각 회계연도의 예산이 편성된다면, 각 부처는 사업계획을 충실하게 작성해야 할 필요성을 느끼게 된다.

⑤ 예산과 관련된 게임을 종식시킬 수 있다. 단년도주의에 입각한 상향적 예산편성과정을 따르면, 각 부처는 일단 삭감될 것을 예상하고 예산을 과다요구하게 되며 중앙예산기관은 각 부처가 과다요구했다는 것을 상정하고 대폭 삭감하는 악순환이 발생한다. 예산요구와 예산심사를 둘러싼 상대방의 전략을 익히 알기 때문에 한편으로는 서로 자신에게 유리한 방향으로 예산을 요구하고 다른 한편으로는 예산을 삭감하려는 일종의 게임이 펼쳐지게 되는 것이다. 그러나 예산이 중기적인 시계에서 운영되고 중기계획과 각 분야별, 부처별 지출한도에 따라 예산이 배분되면 예산을 둘러싼 각 부처와 중앙예산기관 간의 게임을 종식시킬 수 있다(Blöndal, 2003).

2. 중기재정계획

중기재정계획체계의 구체적 산물이 중기재정계획 혹은 중기재정운용계획이다. 중기재정계획이란 한 회계연도를 대상으로 편성하여 국회의 승인을 받는 예산과는 달리 통상적으로 3~5년 정도의 기간을 대상으로 수립하는 재정계획을 의미한다.

다음의 〈표 6-2〉는 우리나라를 포함하여 OECD 국가들이 운영하고 있는 중기재정계획체계의 특징을 비교하고 있다. 먼저, 중기재정계획의 대상 기간(즉, 지출한도의 대상 기간)은 3년이 13개국, 4년이 14개국으로 3~4년이 절대다수를 차지하고 있고, 우리나라, 아이슬란드, 캐나다 등 3개국만 5년임을 알 수 있다. 대부분의 국가는 중기재정계획을 매년 연동계획을 통하여 수정하는 형태로 운영하고 있으나, 핀란드의 경우는 4년의 대상 기간 중 계획의 수정을 1회만 허용하고 있다. 스웨덴의 경우에는 연동계획 형태로 운영하고 있으나 대상 기간 동안 지출

표 6-2 중기재정계획체계의 특징 비교

	대상 기간	계획체계의 유연성	지출한도 수정 빈도
호주	4년	연동계획	매년 1회 이상
오스트리아	4년	연동계획	매년
캐나다	5년	연동계획	매년
칠레	4년	연동계획	매년 1회 이상
체코	3년	기간 고정	매년
덴마크	4년	연동계획	기타
에스토니아	4년	연동계획	매년 1회 이상
핀란드	4년	기간 고정	대상 기간 동안 1회
프랑스	3년	기간 고정	2~3년에 한번
독일	4년	연동계획	매년
그리스	4년	연동계획	매년
헝가리	3년	연동계획	매년
아이슬란드	5년	연동계획	매년
아일랜드	3년	연동계획	매년
이스라엘	3년	연동계획	매년 1회 이상
이탈리아	3년	연동계획	기타
일본	3년	기간 고정	수정 없음
한국	5년	연동계획	매년
라트비아	3년	연동계획	매년
룩셈부르크	4년	연동계획	매년
네덜란드	4년	기간 고정	기타
뉴질랜드	4년	연동계획	매년
폴란드	3년	연동계획	매년
포르투갈	4년	연동계획	매년
슬로바키아	3년	연동계획	매년
슬로베니아	3년	연동계획	매년
스페인	3년	연동계획	매년
스웨덴	3년	연동계획	수정 없음
스위스	4년	연동계획	매년
터키	3년	연동계획	매년
영국	4년	기간 고정	2~3년에 한번

주 : 대상 기간은 다음 회계연도를 포함.
자료 : OECD(2019). Table 3.6에 기초해서 작성.

한도의 수정은 허용되지 않는 것이 특징이다.[2)]

중기재정계획은 입법부의 의결대상이 아니기 때문에 법적 구속력이 없다. 따라서 원칙적으로 중기재정계획에 포함되었다고 해서 예산에 반드시 반영되어야 하는 것은 아니다. 중기재정계획을 통해 중장기적 시계에서 예산배분이 이루어질 수 있게 되었지만, 중기재정계획의 중요성이 커지면서 다음과 같은 문제점 또한 나타나고 있다(Blöndal, 2003: 12).

① 경제성장률의 과다추정 문제 : 통상적으로 세입의 규모를 먼저 추정한 후 이 범위 내에서 지출을 억제하는 방식으로 예산을 편성한다. 특히, 예산편성방식이 하향적 예산편성방식을 따를 경우, 예상되는 세입의 규모에 기초해서 재정총량과 분야별 지출한도가 설정된다. 이때 예상되는 세입의 규모는 경제성장률에 따라 매우 달라진다. 즉, 경제성장률이 높을 것으로 예상되면 세입규모도 당연히 증가할 것으로 예상된다는 것이다. 이에 따라 향후 몇 년간 경제성장률이 높을 것으로 예상되면 세입도 빠르게 증가할 것으로 예상되기 때문에, 재정총량 또한 지속적으로 증가하는 것으로 예상된다. 이 경우 중기재정계획도 상당히 낙관적인 전망하에서 수립되며, 각 사업이 확보할 수 있을 것으로 예상되는 예산의 규모도 자연히 늘어나게 된다. 다시 말해서, 중기재정계획을 수립하고 이에 따라 연도별 예산을 편성하게 될 경우 경제성장률을 과다하게 추정할 유인이 존재한다는 것이다. 경제성장률을 비롯한 거시경제예측(macroeconomic forecasts)이 중기재정계획의 작성에 핵심적인 요소이기 때문에 최근에는 왜곡되지 않은 거시경제예측이 이루어질 수 있도록 다양한 제도적인 노력들이 이루어지고 있다. 가장 대표적인 것이 직접 거시경제예측을 수행하거나 혹은 정부의 거시경제예측을 검증하는 기능을 가진 이른바 독립적 재정기구(independent fiscal institutions)의 설립이다.[3)] 최근 유럽연합(EU)에서는 회원국에게 독립적 재정기구를 설립해서 거시경제예측을 직접 담당하거나 검증하도록 요구하고 있다(EU Independent Fiscal Institutions, 2018). 특히, 영국에서는 2010년에

2) 스웨덴의 연동계획은 t0년도에 계획을 수립할 때, t1~t3년을 대상으로 계획을 수립하고 t1년에는 t2~t4년을 대상으로 계획을 수립하는 체계이다. 대신, t1년에 이후의 3년을 대상으로 계획을 수립하더라도 t0년에 t3년을 대상으로 설정한 지출한도는 변경하지 않는다.

3) 독립적 재정기구에 관해서는 제13장을 볼 것.

예산책임청(the Office for Budget Responsibility)을 설립해서 독립적이고 중립적인 위치에서 거시경제예측 기능을 수행하도록 하고 있다(von Trapp *et al.*, 2021).[4)]

② 중기재정계획에 포함된 예산을 권리로서 인식 : 중기재정계획은 단년도의 틀을 뛰어 넘어 재정을 계획적 · 전략적으로 운용하겠다는 의미를 담고 있다. 따라서 중기재정계획의 수립 당시 사전에 검토되었던 사업들을 중심으로 예산이 배분되어야 중기재정계획의 실효성을 살릴 수 있다. 그러나 다른 한편으로 중기재정계획은 3~5년을 대상으로 수립되는 계획이기 때문에, 사회경제적 환경이 변화하면 이미 중기재정계획에 포함된 사업이라 하더라도 타당성을 재검토해야 할 필요가 있는 경우가 있다. 하지만 각 부처가 중기재정계획에 일단 포함된 사업에 대해서는 예산을 확보하는 것이 자신들의 권리라고 여기게 되면 재정운용이 경직적으로 될 위험성이 있다. 계획적 예산운용과 신축적 재정운용을 어떻게 조화시킬 것인가가 중기재정계획체계의 가장 큰 고민이라고도 할 수 있다.

3. 우리나라의 국가재정운용계획

우리나라에서도 예전부터 중기재정계획이 수립되어 왔으나 예산편성과정에서 제대로 활용되지는 않았었다. 우리나라에서 중기재정계획체계에 따라 중기재정운용계획을 수립하고 이를 단년도 예산편성과 연계시키려는 노력은 2004년에 도입된 국가재정운용계획부터라고 할 수 있다. 국가재정운용계획은 당해 연도를 포함해 향후 5년을 대상으로 재정운용에 관한 계획을 수립한 후 매년 연동계획을 통하여 수정하는 형태로 운영되고 있다. 예를 들어, '2022~2026 국가재정운용계획'은 2022년에 작성되어 2026년까지를 포함하는 재정운용계획으로서, 5년 동안의 국가재정의 기본 운용방향과 주요 분야별 재원배분 및 투자계획 등을 제시하고 있다.

국가재정운용계획에는 다음의 사항들이 포함되어야 한다(국가재정법 제7조 제2항).

---

4) 네덜란드의 경제분석국(Bureau for Economic Analysis, CPB)도 독립적인 거시경제예측 기능을 수행하는 대표적인 기구이다.

- 재정운용의 기본방향과 목표
- 중 · 장기 재정전망 및 그 근거
- 분야별 재원배분계획 및 투자방향
- 재정규모증가율 및 그 근거
- 의무지출의 증가율 및 산출내역
- 재량지출의 증가율에 대한 분야별 전망과 근거 및 관리계획
- 세입 · 세외수입 · 기금수입 등 재정수입의 증가율 및 그 근거
- 조세부담률 및 국민부담률 전망
- 통합재정수지에 대한 전망과 근거 및 관리계획

그리고 국가재정운용계획을 제출할 때에는 다음의 서류를 첨부하도록 되어 있다(국가재정법 제7조 제3항).

- 전년도에 수립한 국가재정운용계획 대비 변동사항, 변동요인 및 관리계획 등에 대한 평가 · 분석보고서
- 중·장기 기금재정관리계획
- 국가채무관리계획
- 중·장기 조세정책운용계획

국가재정운용계획은 비슷한 시기에 도입된 총액배분 · 자율편성 예산제도(top-down 예산제도)와 긴밀하게 연계되어 운영되고 있다. 국가재정운용계획에 포함된 재정배분 방향과 목표를 기초로 부처별 지출한도가 설정되고, 이에 따라 각 부처가 다음 회계연도의 예산을 편성하고 기금운용계획을 작성하고 있다. 예산편성과정의 첫 단계로서 기획재정부가 향후 4년간의 거시경제 예측을 하게 되고, 각 부처는 사업의 비용을 추계한 후 중기사업계획을 제출하도록 되어 있다. 이러한 과정을 통해 국가재정운용계획, 각 부처의 중기사업계획 그리고 매 회계연도의 예산편성이 연계되고 있다(Choi & Park, 2013).

국가재정운용계획은 수립과정에서 각 분야별 작업반이 구성 · 운영되고 공개토론회가 개최되는 등 전문가, 관계부처, 이해당사자 등의 폭넓은 참여가 허용되고 있으며, 완성된 국가재정운용계획은 예산안과 함께 회계연도 개시 120일 전까지 국회에 제출하도록 되어 있다. 또한 국가재정운용계획을 국회에 제출하기 30일 전에 재정규모, 재정수지, 재원배분 등의 수립방향을 국회 소관 상임위원회에

보고하도록 되어 있다.

제3절 | Top-down 예산제도

Top-down 예산제도는 예산의 전체 규모가 정해진 후 그 한도 내에서 예산배분이 이루어지는 것이 기본적인 특징이다. 보다 구체적으로, 다음 회계연도 예산의 전체 규모가 일단 정해지면 이 한도 내에서 예산의 분야별 배분이 이루어지고, 다시 분야별 한도 내에서 각 부처에 대한 예산배분이 이루어지는 식으로 예산편성과정이 진행된다. 각 단계 예산의 배분이 그 전 단계에서 결정된 예산제약 하에서 이루어지는 것이 top-down 예산과정의 기본특징인 것이다.

1. 상향적 예산편성의 문제점

하향적 예산편성은 상향적 예산편성과정에서 나타나는 문제점을 해소하기 위해 도입된 것이다. 상향적 예산편성은 다음과 같은 문제점을 지닌 것으로 지적되고 있다.

1) 게임으로서의 예산

상향적 예산편성과정에서는 일선 부처와 예산담당기관 사이에 전략적 게임의 가능성이 항상 존재하고 있다. 일선 부처의 경우에는 사업을 지속하거나 확대하기를 원하고, 중앙예산기관은 항상 삭감에 주력하게 된다. 따라서 항상 일선 부처는 예산을 과다하게 요구하는 반면, 중앙예산기관은 예산을 대폭 삭감하려는 유인을 갖게 되는 것이다. 그런데 중앙예산기관이 독자적인 정보에 의해 예산을 조정하거나 삭감하기는 어렵다. 사업의 내용에 대한 각종 정보를 소유하고 있는 주체는 바로 예산을 요구하는 일선 부처이기 때문이다. 이에 따라 예산 조정과 삭감을 위해 중앙예산기관이 사업의 내용과 필요성을 면밀하게 검토하기 위해서

예산편성과정에서 일선 부처의 예산요구 전략

- 인기 있는 사업의 예산을 미리 삭감해서 제출한다. 이렇게 하면 부처에서 처음 제출하는 예산이 그리 크지 않게 보일 수 있다. 그러나 인기 있는 사업이기 때문에 어차피 다시 살아나게 되어 있다는 것을 알고 있다.
- 조금이라도 예산삭감이 이루어지면 전체 사업 자체가 추진 불가능하다고 주장한다.
- 새로운 사업이나 예산반영이 어렵다고 생각되는 사업을 인기 있는 사업과 결합해서 제출한다. 이렇게 하면 사업의 안정성을 높일 수 있기 때문이다.
- 새로운 사업이 실제로는 지금까지 해 온 사업이라고 강변한다.
- 새로운 사업을 일단 소규모로 시작한다. 일단 사업이 시작되면 매몰비용 때문에 쉽게 사업을 종료시키지 못한다는 것을 알기 때문에, 1~2년 후에 예산증액을 요구한다.
- 사업에 포함된 특정 지출은 일시적인 것이라고 강변한다.
- 업무량 데이터를 제공함으로써 예산의 필요성을 주장한다.
- 사용료나 수수료 등의 징수를 통해 사업이 자체 수입으로 지탱될 수 있다고 주장한다.
- 이번의 지출증가가 다음 번에는 예산절약으로 나타날 수 있다고 주장한다.
- 위기가 발생했을 경우 위기를 이용해 예산을 증액시킨다.
- 사업이 꼭 필요한 이익집단과 합동작전을 펼친다. 이익집단이 중앙예산기관, 의회 등에 사업의 필요성을 주장한다.

자료 : Wildavsky and Caiden(2004: 57-67); Riley and Colby(1991: 69-70).

는 사업에 관련된 정보를 갖고 있는 일선 부처에 의존할 수밖에 없는 현상이 나타난다. 이러한 정보의 비대칭으로 인해 사전적 예산심사(*ex ante* budget review)가 전체적인 수준에서의 우선순위 설정과 이를 통한 지출증가 억제로 이어지지 못하는 현상이 발생하기도 하는 것이다.

2) 지출의 지속적인 증가

상향적 예산편성을 따르게 되면 각 부처 내에서는 실무사업부서가 예산을 요구하고 이를 각 부처 내 예산담당조직이 취합해서 중앙예산기관으로 보내게 된다. 이때 각 부처 내에서는 실질적인 예산의 조정이나 삭감은 거의 이루어지지 않는다. 왜냐하면 일선 부처의 입장에서는 어차피 중앙예산기관이 예산을 심사하면서 대폭 삭감하려는 경향이 있는 것을 이미 파악하고 있어서 미리 예산을 삭감하거나 조정할 이유가 없기 때문이다. 그리고 각 부처별, 각 분야별 지출한도가 없는 상황에서는 예산에 대한 논의가 사업의 필요성과 시급성을 증명하고 설득하는 데 치중하게 된다. 특히, 개별 사업이 전체 예산규모에 미치는 영향력은 대부분의 경우 미미하기 때문에, 사업과 예산의 필요성을 강력하게 주장하는 측이 예산을 확보할 가능성이 매우 크다. 중앙예산기관은 예산을 삭감하려고는 하지만, 상향적 예산편성과정에서는 개별 사업에 대한 예산배분이 결정된 이후에야 예산의 총규모에 대한 고려가 이루어지기 때문에 예산규모의 팽창을 사전에 억제하는 데에는 한계가 있을 수밖에 없다(Ljungman, 2009).

3) 정치적 우선순위 반영 곤란

상향적 예산편성은 각 단위부서의 예산요구, 이를 취합한 각 부처의 예산요구 그리고 중앙예산기관에서의 최종적인 조정의 순서로 이루어진다. 따라서 각 단위조직의 미시적인 사업계획과 예산요구가 종합됨으로써 정부예산안이 만들어지는 것이다. 이 과정에서 국가 전체적인 시각하에 재원배분의 우선순위를 반영해서 예산을 편성할 수 있는 여지는 상당히 줄어들게 된다.

4) 장기적인 전략의 부재

상향적 예산편성과정에서는 단년도주의에 입각해서 미시적으로 편성한 예산이 종합화되는 과정을 밟아 예산이 편성되기 때문에, 중장기적인 계획과 전략을 기초로 재원을 배분하기 어렵다. 다시 말해서, 예산의 계획적 · 전략적 운용이 어렵다는 것이다.

5) 부처의 자율성 제한

상향적 예산편성과정에서는 중앙예산기관이 각 부처의 사업과 예산에 대해 일일이 간섭하고 통제함으로써 부처의 자율성을 심각하게 제약하는 문제가 발생한다. 그리고 중앙예산기관이 예산편성과 운영과정에 관여하면 할수록 일선부처는 자기 책임하에 예산을 운영할 유인이 줄어들며, 이는 궁극적으로 예산운영의 전반적인 효율성 저하로 나타나게 된다.

2. Top-down 예산제도의 특징

Top-down 예산제도는 캐나다, 스웨덴, 노르웨이, 아이슬란드, 네덜란드, 핀란드, 영국 등에서 도입·운영되고 있다. 우리나라도 2004년부터 총액배분·자율편성 예산제도라는 이름으로 top-down 예산제도를 도입하여 운영하고 있다. Top-down 예산제도는 다음과 같은 특징을 지니고 있다.

1) 총지출규모에 대한 정치적 결정

Top-down 예산편성의 첫 번째 단계는 다음 회계연도의 재정총량을 정치적으로 결정하는 단계이다. 즉, 중기재정계획, 다음 해의 경제상황에 대한 예측, 공약 등 정치적으로 우선시되어야 하는 사업 등을 종합적으로 고려해서 지출의 전체적인 규모를 결정하게 되는 것이다. 이 과정에는 국정의 최고 책임자(대통령 혹은 총리), 중앙예산기관의 장 등 예산 관련 최고정책결정 책임자들이 참여하게 된다.

2) 각 부처의 지출한도 설정

총지출규모가 결정되면 다음 단계로 분야별 재원배분계획이 세워지게 된다. 이때 각 분야별 재원배분의 지출한도(ceiling)가 설정된다. 이렇게 분야별 재원배분의 지출한도가 결정되면, 바로 이어서 각 부처별로 예산의 지출한도가 설정된다.

3) 실무부처들에 의한 자율적 예산운용

각 부처의 예산 지출한도가 정해지면, 각 부처는 그 지출한도 내에서 예산을 편성하게 된다. 상향적 예산편성과정과는 달리 top-down 예산편성과정을 밟게 되면 각 부처 내 예산담당기관의 예산조정과 삭감기능이 대폭 강화된다. 왜냐하면 상향적 예산편성 때에는 각 부처의 예산담당기관이 단순히 실무부서의 예산요구를 취합해서 중앙예산기관에 전달하는 기능만 수행했지만, top-down 예산제도하에서는 미리 주어진 예산의 지출한도 내에서 예산을 조정해야 하기 때문이다. 부처 내 예산담당기관의 기능이 강화될 뿐만 아니라 각 부처는 주어진 지출한도 내에서 예산을 배분하고 사업을 수행할 수 있기 때문에, 자율적인 예산운용이 가능해진다.

4) 전체와 부분의 분리

상향적 예산편성과정에서는 각 부처 내 실무부서들의 예산요구의 합이 각 부처의 예산요구액이 되며, 이를 합산한 것이 정부의 예산안이 된다. 다시 말해서, 상향적 예산편성과정에서는 부분의 합이 전체가 되는 것이다. 이와는 달리 top-down 예산제도하에서는 먼저 총재정규모와 각 부처의 지출한도가 결정된 후, 하부조직의 예산이 결정되는 순서를 밟게 된다.

Top-down 예산제도하에서의 예산편성과정을 '2단계 예산과정(two-stage budget process)'이라고 부른다. Top-down 예산제도의 가장 중요한 목표가 예산의 총규모가 각각의 프로그램에 대한 지출압력으로부터 벗어나도록 하는 것인데, 예산의 총규모(즉, 전체)가 개별 프로그램(즉, 부분)과 동시에 고려되면, 당초 계획했던 것 이상으로 예산의 총규모가 늘어날 위험성이 있다. 따라서 top-down 예산제도하에서는 부분을 합쳐서 전체가 도출되는 것이 아니라, 전체(budget totals)와 부분(parts)이 제도적으로 분리되는 것이 특징이다.

3. 공유지의 비극과 top-down 예산제도

제2장에서 재화의 종류를 논의하면서 소비에 있어서는 경합적이지만 배제가 불가능한 재화를 공유재 혹은 공유자원이라고 부른다고 설명한 바 있다. 공유재의 경우에는 적절한 통제장치나 공동체 구성원 간 협약이 없으면, 공유자원이 고갈될 수 있는 위험성이 있다. 이러한 공유자원의 고갈 가능성을 공유지의 비극(the tragedy of the commons)이라고 부른다. 공유지의 비극은 시장실패의 유형 중 하나이다. 소비에 있어서는 경합적이지만 배제가 불가능한 재화가 존재할 경우 이 재화를 가능한 빨리 확보해서 소비하는 것이 개인이익을 극대화시키는 방법이다. 이렇게 되면 공유자원 자체가 고갈되는 문제가 생겨난다. 즉, 자기이익(self-interest)의 추구가 집합적 차원의 이익(collective interest)의 극대화로 연결되지 않는 현상이 나타난다는 것이다.

이러한 공유지의 비극이 예산배분과정에서도 나타난다. 공유자원을 중심으로 나타나는 공유된 이익은 다음과 같은 세 가지 특징을 지닌다.

① 제한된 자원(finite resources)

② 많은 사용자(many users)
③ 과다사용에 의한 고갈(depletion due to overuse)

그런데 흥미로운 사실은 예산이 바로 공유자원의 특징을 지니고 있다는 것이다. 즉,

① 예산은 무한대로 늘릴 수 없기 때문에 총량이 제한되어 있다(제한된 자원).
② 예산을 확보하기 위해 노력하는 많은 정부부처들이 존재한다(많은 사용자).
③ 모든 정부부처들이 예산확보를 위해 노력하게 되면 예산이 상한선을 넘어설 수 있다. 이렇게 되면 정부는 재정적자에 의존할 수밖에 없다(과다사용에 의한 고갈).

공유자원의 사용 패턴을 통제하고 조정하는 것이 집합적 차원에서는 이익이지만, 가능한 많은 공유자원을 사용하는 것이 개인적으로는 최선이다. 예산과정에 있어서도 정부가 재정건전성을 유지하는 것이 집합적 차원에서는 바람직하지만, 개별 부처 입장에서는 가능한 많은 예산을 확보하기 위해 노력하는 것이 최선인 것이다.

이렇게 예산과정에서 공유지의 비극의 문제가 발생하게 되면 재무행정의 세 가지 목표를 달성하기 어렵게 된다. 즉,

① 총량적 재정규율의 문제 : 각 부처들이 예산극대화를 위해 노력하게 되면, 전체적인 차원에서는 예산의 지속적인 증가 현상이 발생하게 된다.
② 배분적 효율성의 저하 : 각 부처들이 지속적으로 예산을 확보하는 것이 가능하다고 믿게 되면, 우선순위나 사업의 효과성에 따라 예산을 배분하는 것이 매우 어려워진다. 이렇게 되면 배분적 효율성이 저하될 수밖에 없다.
③ 기술적 효율성의 문제 : 예산운영에 관련된 절차적 규칙은 통제와 순응을 강조하지만, 효율적인 관리와 성과향상이라는 예산운영의 실질적 결과를 향상시키지는 못한다.

총량적 재정규율을 유지하기 위해서는 전체와 부분을 분리시킬 필요가 있다. 전체에 대한 책임은 중앙(즉, 중앙예산기관)의 책임이며, 예산의 운영에 대한 책임은 실무부처(서)에 위임한다. 다시 말해서, 지출항목에 대한 권한은 실무부처(서)

에 위임하는 대신, 전체에 대한 한계는 엄격히 유지한다는 것이다. 이를 통해 총량적 재정규율뿐만 아니라 배분적 효율성과 기술적 효율성을 제고할 수 있는 것이다(Schick, 1998).

4. Top-down 예산제도의 장점

상향적 예산편성방식과 비교할 때, top-down 예산제도는 다음과 같은 장점을 지니고 있는 것으로 평가되고 있다.

1) 예산증가의 억제

Top-down 예산제도는 정부부처의 예산요구액을 합산하고 조정하는 과정을 통해 예산총액이 결정되는 것이 아니라 미리 예산의 총액을 결정한 상태에서 예산편성이 진행되기 때문에 예산증가를 억제할 수 있는 장점이 있다. 그런데 top-down 예산제도가 지출증가를 억제하기 위해서는 예산의 완전성 원칙이 준수되어야 한다. 예산의 완전성 원칙이 준수되지 않아 예산통제를 우회할 수 있는 방법이 존재할 경우, 지출한도 설정의 효과는 크게 줄어들 수밖에 없기 때문이다.

2) 예산배분을 위한 우선순위 설정

상향적 예산과정에서는 미시적으로 예산을 편성함에 따라 예산에 대한 종합적인 고려를 하기 어렵다. 즉, 나무는 보되 숲을 보지 못할 위험성이 있는 것이다. 그러나 top-down 예산과정에서는 국가 전체적인 차원에서 우선순위를 명확히 한 상태에서 예산총액과 분야별·부처별 지출한도가 정해진다. 사실, 예산배분의 우선순위가 사전에 명확히 설정되어야만 분야별·부처별 지출한도가 정해질 수 있는 것이다. 그리고 이를 통해 계획적·전략적 재원배분이 가능해지는 것이다. 또한 top-down 예산제도는 통상적으로 중기재정계획체계와 결합되어 운영되기 때문에 장기적인 전망하에 예산을 계획적으로 운용할 수 있게 된다.

3) 자율성과 책무성의 연계

Top-down 예산제도에서는 부처의 지출한도만 하향적으로 정해질 뿐 지출한도 내에서 어떻게 예산을 편성할 것인가는 각 부처의 자율적 판단과 결정에 따른다. 따라서 예산 편성과 운용에 있어서 각 부처와 각 실무부서의 자율성이 대폭 확대된다. 예산 편성과 운용에 있어서 각 부처의 자율성이 커지기 때문에 예산운용의 결과에 대해서는 예산을 실제 운영한 조직에 책임을 물을 수 있게 되는 것이다.

4) 예산운용의 효율성 제고

Top-down 예산제도에서는 각 분야별 지출한도의 합이 총지출한도를 초과하지 못하며, 분야 내 예산배분의 합은 그 분야의 지출한도를 초과할 수 없다. 또한 각 부처 예산배분의 합이 그 부처 지출한도를 초과할 수 없다. 이것이 의미하는 바는 분야 내 혹은 부처 내에서 정책목표 간, 사업 간 상쇄(trade-off)가 이루어져야 한다는 것이다. 즉, 어떤 사업을 시행하기 위해서는 다른 사업을 종료시키지 않으면 안 된다는 것이다. 부처별 지출한도가 확고하게 설정되면, 각 부처가 새로운 사업을 시행하기 위해서는 부처가 현재 시행하고 있는 사업에서 비효율적으로 운영되고 있는 점은 없는지, 사업의 중복은 없는지, 혹은 더 이상 기대했던 효과를 내지 못하는 사업은 없는지를 면밀하게 검토하고 사업방법의 개선 혹은 사업의 종료 등 필요한 조치를 취할 수밖에 없다. 결국 top-down 예산제도를 시행함으로써 정부 전체의 효율성을 제고할 수 있는 가능성이 높아지는 것이다(Ljungman, 2009).

제4절 | 세입예측

1. 세입예측의 의의

지출의 총규모를 정하기 위해서는 세입에 대한 예측이 이루어져야 하기 때문에, 세입예측으로부터 실질적인 예산편성과정이 시작된다고 할 수 있다. 세입은 경제적 요인, 인구학적 요인 등 정부가 통제할 수 있는 범위를 넘어서는 요인들에 의해 영향을 받는다. 따라서 세입예측과 이에 기반한 재정적자(혹은 재정흑자)의 발생 가능성과 규모는 지출의 수준을 결정하는 가장 중요한 변수가 된다. 세입의 총규모가 예측되어야만 지출한도를 정할 수 있기 때문에, 세입규모가 예측되어야 예산편성과정이 비로소 시작된다고 할 수 있다.

세입예측은 중기적 시계에 입각한 재정운용을 위해 필요하다. 최근 단년도주의로부터 벗어나 중·장기적 시계에 입각한 예산운용이 강조되면서 세입예측의 중요성이 더욱 커지고 있다. 중기재정계획체계에서 총지출한도의 설정은 기본적으로 향후 몇 년간을 대상으로 이루어지는 세입예측에 기초해서 이루어진다. 따라서 중기재정계획체계의 신뢰성을 높이기 위해서는 정확한 세입예측이 필요하다.

세입예측을 너무 높게 할 경우 중기재정계획에서 세출 수준도 높게 설정되는데, 이렇게 되면 현실적으로 예측한 세입보다 실제 세입이 낮게 되어 재정적자와 국가채무를 발생시킬 수밖에 없다. 그 결과 재정건전성 확보를 위해 무분별하게 지출을 삭감해야 하는 상황이 발생하게 되는데, 이는 예산운용의 효율성을 크게 떨어뜨리는 문제를 야기하게 된다. 이 문제를 해결하기 위해 세입을 너무 낮게 예측하는 경우가 있는데, 이 또한 예산운용의 효율성을 떨어뜨린다는 점에 주목할 필요가 있다. 예측한 세입보다 실제 세입이 높게 되면, 잉여자원이 발생하게 되어 추가적인 지출에 대한 압력이 높아지게 된다. 이 경우 예산사업에 대한 엄격한 심사보다는 정치적 압력이나 편의주의에 입각해서 지출이 이루어질 가능성이 높은데, 이렇게 되면 낙관적 세입예측만큼이나 비관적 세입예측도 지출의 효율성을 떨어뜨리게 되는 것이다(Brumby & Hemming, 2013).

2. 예측과 추정의 차이

예측(forecasting)과 추정(estimating)은 유사하게 사용되고 있으나 구분하여야 하는 개념이다. 예측은 미래에 관련된 것인 반면, 추정은 과거나 현 시기를 대상으로 한다는 점에서 차이가 있다. 예측은 아직 일어나지 않은 사건이 미래에 어떻게 전개될지에 관한 지식을 얻는 행위라면, 추정은 과거나 현재 일어나고 있는 사건에 대해 실질적으로 측정 혹은 계산(count)하기에는 비용과 시간이 많이 소요되기 때문에 활용하는 방법이다. 예측의 예로는 세입예측과 세출예측이 있다. 추정의 예로는 국내총생산(GDP), 실업률, 소비자물가지수 등을 들 수 있다(Reed & Swain, 1997: 113–14).

제5절 | 세출예측

1. 재량지출과 의무지출

세입은 정부의 의지보다는 경제적 요인, 인구학적 요인 등 사회경제적 요인들의 변화에 영향을 크게 받기 때문에 정확한 세입예측은 예산편성과정에서 매우 중요하다. 그런데 세출예산은 예산편성 시에 정부의 의지에 따라 조정이 가능하다고 보아 세입예측만큼 중요하게 취급되지는 않았다. 그러나 예산편성 시에 정부정책을 전면적으로 재검토하는 것은 불가능하며 예산편성권자의 의지대로 세출예산의 수준과 구성을 변화시키기도 쉽지 않다.

특히, 최근 들어 인구 고령화, 복지지출의 증가 등에 따라 정부가 재량적으로 지출 수준을 조정할 수 있는 예산의 상대적 크기가 점점 줄어듦에 따라 세출예측의 중요성이 매우 커지고 있다. 다시 말해서, 재량지출(discretionary spending)이 아니라 의무지출(mandatory spending)의 비중이 커지는 경우 세출예측은 예산편성 시에 대단히 중요한 역할을 수행하게 된다. 재량지출이란 정부가 예산편성 시에 조정할 수 있는 지출을 의미한다. 정부부처 운영비, 도로건설비 등 우리가 흔히 생각하는 지출항목이 이에 해당한다. 이와는 달리 의무지출이란 법률에 의해 반드시 지출해야 하거나 국가채무에 대한 이자지출 등 정부가 예산편성 시에 마음대로 조정할 수 없는 지출을 의미한다. 예를 들면 실업수당 관련법을 통과시키면 이 법을 바꾸지 않는 한 실업자들에게는 매달 의무적으로 정부가 일정액의 수당을 지급해야 하므로, 이 예산항목은 정부가 재량적으로 매년 그 지

우리나라의 의무지출과 재량지출

우리나라에서는 2010년 개정된 「국가재정법」부터 재정지출을 의무지출과 재량지출로 구분하기 시작하였다. 2010년 개정된 「국가재정법」 제7조에서 재정지출을 의무지출과 재량지출로 구분한 후, 의무지출이란 '재정지출 중 법률에 따라 지출의무가 발생하고 법령에 따라 지출규모가 결정되는' 법정지출과 이자지출을 의미한다고 정의하고 있다. 우리나라에서 이루어지고 있는 의무지출과 재량지출의 구분은 다음의 〈표 6-3〉에 정리되어 있다. 의무지출은 기본적으로 법률에 따라 이루어지는 지출이므로, 지출단가 등에 대해 정부가 재량적으로 조정할 수 있는 인건비·기본경비·계속경비 등 경직성 경비는 의무지출에 포함되지 않는다.

표 6-3 의무지출과 재량지출의 차이

구분	의무지출	재량지출
지출 구분 근거	「국가재정법」 제7조 제2항 제4호의 2	「국가재정법」 제7조 제2항 제4호의 3
지출발생 요인	지출의무가 명시된 재정수반 법률	사업추진 근거법 등
지출 규모	법령에 의해 결정	국회심의에 따라 결정
예산 변경방법	재정수반법령의 제·개정(입법과정)	예산심의 과정에서 규모 조정
예산안 심사관점	편성규모의 정확성 등	정책(사업)과 규모의 타당성 등

자료 : 국회예산정책처(2022: 81).

출 수준을 조정할 수 없게 되는 것이다. 의무지출도 지출에 관련된 법률을 바꾸면 조정할 수 있으나, 이는 예산과정에서 할 수 있는 일이 아닐 뿐만 아니라 법률 수정 자체가 사회적 갈등을 야기할 수 있는 사안이기 때문에 의무지출은 지속되는 경향을 지닌다.

2. 기준선 전망과 비용추계

재량지출을 위한 예산과정과 의무지출을 위한 예산과정은 사뭇 다르다. 재량지출의 경우에는 내년도 지출수준을 결정하는 것이 가장 중요한 반면, 의무지출의 경우에는 향후 발생할 비용을 추계하는 것이 가장 중요하다. 의무지출의 비중이 늘어나면서 예산과정에서 향후 세출을 예측하는 작업이 매우 중요해졌는데, 이 과정에서 생겨난 개념이 기준선과 비용추계이다. 기준선(baseline)이란 새

그림 6-1 **기준선 전망과 비용추계**

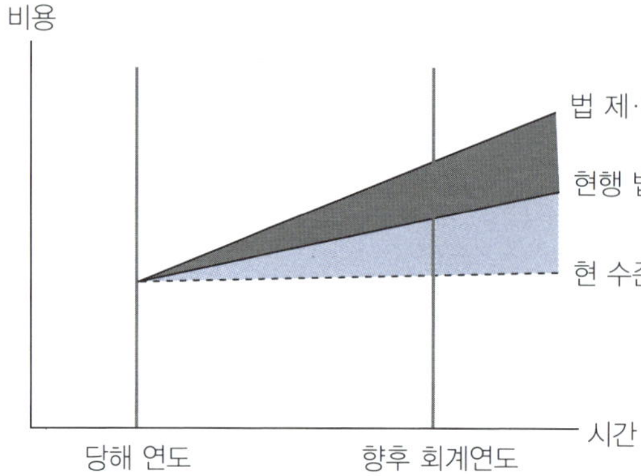

자료 : 국회예산정책처(2018). 「2017년 가결 법률의 재정소요 점검」.

로운 법이 도입되거나 현존하는 법의 수정이 없다는 전제하에 향후 예상되는 사회경제적 요인(인구 변동, 인플레이션 등)의 변화에 의해 예측되는 지출수준을 의미한다. 즉, 현재의 정부정책이 그대로 지속될 경우 예측되는 지출수준을 의미하는 것이다(Schick, 2007). 그리고 이러한 기준선을 예측하는 행위, 즉 현재 시행되고 있는 법과 정책에 변화가 없는 것을 가정한 상태에서 미래의 재정소요를 예측하는 것을 기준선 전망(baseline projection)이라고 부른다. 비용추계(cost estimation)란 새로운 법을 도입하거나 현존하는 법을 개정할 경우 예상되는 비용의 증가분을 예측하는 행위를 의미한다. 위의 [그림 6-1]은 기준선 전망과 비용추계의 개념을 보여주고 있다.

의무지출의 비중이 커지고 있다는 것은 한번 도입된 법이나 정책은 당해 연도에만 영향을 미치는 것이 아니라 향후 수년간 혹은 수십 년간 재정적 영향을 미칠 수 있다는 것을 의미한다. 따라서 의무지출의 비중이 커짐에 따라 최근에는 단년도에만 초점을 맞추는 데에서 벗어나 향후 수년간 혹은 그 이상을 대상으로 재정의 흐름을 예측하는 것이 중요해졌다. 이러한 이유로 앞에서 살펴본 중기재정계획체계를 도입하고 있는 국가들에서는 중기재정계획을 수립하는 데 있어서 기준선 전망과 비용추계를 적극적으로 활용하고 있다.

의무지출의 비중이 커지고 있는 상황에서는 예산운용의 시계를 중·장기적으로 확대하면서 거시경제의 변동과 세입수준에 대한 예측을 정확히 하는 동시에 기준선 전망과 비용추계를 적극적으로 활용하는 것이 매우 중요하다. 그리고 세입수준과 세출수준 예측 작업의 정확도를 높이기 위해서는 출산율과 인구 고령화 추이 등 인구학적 변화에 대한 정확한 예측, 경제성장률 등 거시경제의 변동에 대한 신중한 경제적 가정(prudent economic assumptions) 등이 뒷받침될 필요가 있다.

제6절 | 예산편성과 예산배분

예산편성과정은 기술적·합리적 측면도 있지만 보다 근본적으로 정치적 타협의 과정이라고 할 수 있다. 예산편성과정에서의 본질적 질문은 어떤 분야, 어떤 사업에 얼마만큼의 예산을 배분할 것인가의 문제이다. 즉, 교육, 복지, 국방, 농어촌 지원 등에 얼마의 예산을 배분할 것인가의 문제인 것이다. 그러나 현실적으로 예산편성과정에서 이러한 본질적인 질문에 대해 명쾌한 해답을 제시하면서 예산이 배분되는 것은 결코 아니다. 이러한 질문에 대한 결정을 정부가 내리기란 거의 불가능에 가까울 정도로 어렵기 때문이다. 사실상, 각 사업의 필요성을 검토하고 이에 기반해서 각 사업에 대한 예산배분을 결정하기 위해서는 매년 원점 혹은 영기준(zero base)에서 각 사업의 타당성을 재검토하지 않으면 안 된다. 이는 곧 정부의 예산이 매년 새롭게 편성되어야 한다는 것을 의미한다.

그러나 매년 예산을 재검토한다는 것은 정치적으로 불가능할 뿐만 아니라 정부의 능력을 훨씬 초과하는 일이기도 하다. 매년 사업을 재검토해서 특정 사업의 예산은 늘리고 다른 사업의 예산을 줄이는 일은 기술적인 측면에서는 합리적일 수는 있지만 정치적으로는 엄청난 갈등을 촉발하는 일이 된다. 무엇보다도 예산배분을 매년 새롭게 하기 위해서는 정부가 추구하는 가치, 목표, 우선순위를 매년 새롭게 검토하고 설정해야 한다. 또한 매년 사업의 필요성, 사업을 추진할 수 있는 여러 가지 대안에 대한 검토, 대안별 예상되는 결과, 대안별 소요되는 비용을 일일이 검토하기 위해서는 정부가 감당할 수 있는 수준을 훨씬 넘어서는 인력, 비용, 시간이 필요하다.

이러한 정치적·인지적 이유 때문에 예산은 매년 합리적인 기준에 따라 새롭게 편성되는 것이 아니라 정치적·인지적 제약 요인하에서 타협과 부분적 조정의 산물로 편성되는 것이다. 따라서 신규 사업이나 예산이 증액되는 사업에 대한 부분적이며 분절적인 분석과 검토가 예산편성과정의 특징이다. 예를 들면, 중앙예산기관의 예산심의과정에서 의무지출보다는 재량지출, 소규모 사업보다는 대규모 사업, 사업규모가 안정적인 사업보다는 확대되는 사업이 집중적으로 검토대상이 된다. Wildavsky가 일찍이 간파한 대로 예산은 합리적인 과정보다는 점증주의적인 과정을 통해 결정되는 것이 일반적이다. [그림 6-2]는 전형적인 점증주의 예산의 편성방식을 보여주고 있다.

[그림 6-2]는 통상적으로 내년도 예산이 전년도(즉, 올해) 예산액에 인건비의 전체적인 인상분을 더하고 이에 다시 인플레이션에 따른 비용의 증가분을 더한 후, 기존 프로그램의 확대에 따른 비용 증가분과 신규 사업 혹은 서비스 질 향상에 따른 비용의 증가분을 합함으로써 구해짐을 보여주고 있다. 예산을 증액할 경우에는 사업별로 '공정한 몫(fair share)'에 대한 고려가 중요하며, 예산을 감액할 경우에는 특정 사업의 예산만을 깎는 것이 아니라 거의 모든 사업의 예산을 균등하게 삭감함으로써 모든 사업이 '동등한 희생(equal sacrifice)'을 경험하고

그림 6-2 점증주의적인 예산편성과정

전년도의 예산
+
인건비의 자동적인 증가
+
인플레이션에 따른 서비스 공급비용의 증가
+
기존 프로그램의 확대에 따른 비용 증가
+
신규 사업 혹은 서비스 질 향상에 따른 비용 증가

자료 : Riley & Colby(1991: 29).

있음을 강조하는 것이 필요하다(Forsythe, 1997; Good, 2007; Wildavsky & Caiden, 2004). 이러한 점증주의적 예산편성이 매년 누적되어 가다가 가끔씩 세출에 대한 심도 있는 검토와 삭감을 통해 예산이 조정되는 과정을 밟는 것이 예산편성 과정의 특징이라고 할 수 있다.

제7절 | 예산문서

국회에 제출할 예산문서(예산의 구성)는 그 형식이 규정되어 있다. 국가재정법 제19조에 의하면, 행정부가 국회에 제출하는 예산안에는 ① 예산총칙, ② 세입세출예산, ③ 계속비, ④ 명시이월비, ⑤ 국고채무부담행위가 포함된다.

1. 예산총칙

예산총칙에는 세입세출예산, 계속비, 명시이월비와 국고채무부담행위에 관한 총괄적 규정을 두는 이외에 국채 또는 차입금의 한도액, 재정증권의 발행과 일시차입금의 최고액, 기타 예산집행에 관하여 필요한 사항 등이 규정되어 있다. 예산총칙은 총괄적 규정으로 법조문 형식을 취하며 당해 회계연도 내에서만 효력이 발생한다. 예산총칙도 예산의 일부이므로 추가경정예산에 의해서만 변경할 수 있다.

2. 세입세출예산

세입세출예산은 예산안의 중심적인 부분으로서, 한 회계연도의 모든 수입과 지출 예정액이 구체적으로 표시된다. 세입세출예산은 독립기관 및 중앙관서의 소관별로 구분한 후 소관 내에서 일반회계 · 특별회계로 구분한다.

3. 계속비

계속비란 완성에 수년도를 요하는 공사나 제조 및 연구개발사업에 있어서 그 경비의 총액과 연부액(年賦額)을 정하여 미리 국회의 의결을 얻은 범위 안에서 수년도에 걸쳐서 지출할 수 있도록 한 것이다. 계속비의 최대 연한은 그 회계연도로부터 5년 이내로 하는 것이 원칙이나, 필요하다고 인정하는 때에는 국회의 의결을 거쳐 그 연한을 연장할 수 있도록 하고 있다.

4. 명시이월비

국가재정법 제24조는 '세출예산 중 경비의 성질상 연도 내에 지출을 끝내지 못할 것이 예측되는 때에는 그 취지를 세입세출예산에 명시하여 미리 국회의 승인을 얻은 후 다음 연도에 이월하여 사용할 수 있다'고 규정하고 있는데, 이것이 바로 명시이월비이다.

5. 국고채무부담행위

국가재정법 제25조는 '국가는 법률에 따른 것과 세출예산금액 또는 계속비의 총액의 범위 안의 것 외에 채무를 부담하는 행위를 하는 때에는 미리 예산으로써 국회의 의결을 얻어야 한다'고 규정하고 있는데, 이것이 국고채무부담행위이다. 국고채무부담행위는 사항마다 그 필요한 이유를 명백히 하고 그 행위를 할 연도 및 상환연도와 채무부담의 금액을 표시하도록 되어 있다.

참고문헌

국회예산정책처. (2018). 「2017년 가결 법률의 재정소요 점검」.

_______. (2022). 「2022 대한민국 재정」.

기획재정부 예산실. (2010). 「2010 한국의 재정」. 서울: 매일경제신문사.

대통령자문 정부혁신지방분권위원회. (2008). 「참여정부의 재정세제개혁」.

Blöndal, Jon R. (2003). "Budget Reform in OECD Member Countries: Common Trends." *OECD Journal on Budgeting* 2(4): 7–26.

Bozeman, Barry and Jeffrey D. Straussman. (1982). "Shrinking Budgets and the Shrinkage of Budget Theory." *Public Administration Review* 42(6): 509–15.

Brumby, James and Richard Hemming. (2013). "Medium-Term Expenditure Frameworks." in Richard Allen, Richard Hemming, and Barry H. Potter(eds.), *The International Handbook of Public Financial Management*. 219–36. London: Palgrave Macmillan.

Choi, Jae-Young and Nowook Park. (2013). "Achieving Medium Term Expenditure Framework Reform." World Bank Policy Research Working Paper No. 6342.

EU Independent Fiscal Institutions. (2018). *Medium-Term Budgetary Frameworks: A Contribution to Definitions and Identification of Good Practices*.

Good, David A. (2007). *The Politics of Public Money: Spenders, Guardians, Priority Setters, and Financial Watchdogs inside the Canadian Government*. Toronto: University of Toronto Press.

Goode, Richard. (1984). *Government Finance in Developing Countries*. Washington, D.C.: The Brookings Institution.

Ha, Yeonseob, Kangho Lee, and Jón R. Blöndal. (2013). "Top-down Budgeting in Korea." Paper presented at the OECD Experts Meeting on Modern Budgeting Reforms, April 4–5. OECD Headquarter, Paris.

Harris, Jason, Richard Hughes, Gösta Ljungman, and Carla Sateriale. (2013). "Medium-Term Budget Frameworks in Advanced Ecoonmies: Objectives, Design, and Performance." in Marco Cangiano, Teresa Curristine, and Michel Lazare(eds.), *Public Financial Management and Its Emerging Architecture*. 137–73. Washington, D.C.: IMF.

Holmes, Malcolm and Alison Evans. (2003). "A Review of Experience in Implementing Medium Term Expenditure Frameworks in a PRSP Context: A Synthesis of Eight Country Studies." Overseas Development Institute, London.

Jensen, Lotte and John Wanna. (2003). "Conclusion: Better Guardians?" in John Wanna, Lotte Jensen, and Jouke de Vries(eds.), *Controlling Public Expenditure: The Changing Roles of Central Budget Agencies—Better Guardians?* 251–70.

Cheltenham: Edward Elgar.

Kim, John M. and Chung-Keun Park. (2006). "Top-Down Budgeting as a Tool for Central Resource Management." *OECD Journal on Budgeting* 6(1): 87-125.

Lee, Robert D. Jr., Ronald W. Johnson, and Philip G. Joyce. (2008). *Public Budgeting Systems*. 8th ed., Boston: Jones & Bartlett Publishers.

Ljungman, Gösta. (2009). "Top-Down Budgeting: An Instrument to Strengthen Budget Management." IMF Working Paper WP/09/243.

Mikesell, John L. (2007). *Fiscal Administration: Analysis and Applications for the Public Sector*. 7th ed., Fort Worth: Harcourt Brace College Publishers.

Organization for Economic Cooperation and Development. (2014). *Budgeting Practices and Procedures in OECD Countries*. Paris: OECD.

_______. (2019). *Budgeting and Public Expenditures in OECD Countries 2019*.

Reed, B.J. and John W. Swain. (1997). *Public Finance Administration*. 2nd ed., Thousand Oaks: Sage.

Riley, Susan L. and Peter W. Colby. (1991). *Practical Government Budgeting: A Workbook for Public Managers*. Albany: State University of New York Press.

Rubin, Irene S. (2000). *The Politics of Public Budgeting: Getting and Spending, Borrowing and Balancing*. 4th ed., Chatham, N.J.: Chatham House.

Schiavo-Campo, Salvatore. (2009). "Potemkin Villages: 'The' Medium-Term Expenditure Framework in Developing Countries." *Public Budgeting & Finance* 29(2): 1-26.

Schick, Allen. (1998). "A Contemporary Approach to Public Expenditure Management." Washington D. C.: The World Bank.

_______. (2007). *The Federal Budget: Politics, Policy, Process*. Washington, D.C.: Brookings Institution Press.

Sherwood, Monika. (2015). "Medium-Term Budgetary Frameworks in the EU Member States." Discussion Paper 021. European Commission.

von Trapp, Lisa, Peter Fontaine, Michal Horvath, and Gemma Telow. (2021). "OECD Review of the Office for Budget Responsibility in the United Kingdom." *OECD Journal on Budgeting* 21(2): 2-63.

Wildavsky, Aaron and Naomi Caiden. (2004). *The New Politics of the Budgetary Process*. 5th ed. New York: Pearson.

World Bank. (2013). *Beyond the Annual Budget: Review of Global Experience with Medium-Term Expenditure Frameworks*. Washington, D.C.: The World Bank.

제 7 장

예산심의

제1절 | 예산과 의회

정부가 존립하기 위해서는 예산이 필요하다. 그런데 정부지출을 위해서는 이를 뒷받침하는 조세수입이 있어야 하는데, 이러한 조세수입은 기본적으로 국민이 내는 세금으로부터 나오는 것이다. 지배자가 피지배자로부터 세금을 걷는 것은 통치현상이 존재하기 위한 가장 기본적인 요건이라고 할 수 있다. 국민으로부터 세금을 걷기 위해서는 궁극적으로 이를 강제할 수 있는 국가의 강제력이 뒷받침되어야 한다. 따라서 강제력과 조세징수권, 그리고 이 모든 것을 관리하기 위한 관료제의 성립이라는 세 가지 현상이 근대국가를 구성하는 기본적인 제도적 틀인 것이다. 통치현상이 존재하기 위해서는 지배자가 피지배자로부터 세금을 징수해야 하지만, 조세의 징수가 언제나 강제력에 의존할 수는 없으며 궁극적으로는 피지배자의 동의와 순응에 의존할 수밖에 없다. 이때 조세징수에 대한 피지배자의 동의와 순응이 제도적으로 표현된 것이 바로 의회이다. 역사적으로 볼 때, 의회는 바로 국민의 대표가 조세의 징수와 이로부터 비롯되는 정부지출을 통제하기 위한 제도적 장치로서 나타난 것이라고 할 수 있다. 이렇게 볼 때, 의회제도의 발달과 국고관리권(the power of the purse)이야말로 민주주의 발달의 본질적인 측면이었다고 할 수 있다.

예산심의는 행정부가 제출한 예산안을 입법부가 검토하고 예산을 최종적으로 조정 · 배분하는 과정을 의미한다. 민주주의의 발전과정은 국민의 의사를 모을 수 있는 의회가 구성되고 국민의 대표로 구성된 의회가 국왕이나 행정부를 통제해 나가는 과정이었다고 할 수 있다. 이에 따라 유럽이나 미국의 경우 민주주의 발전의 초기 단계에는 의회가 직접 예산을 편성한 후, 이렇게 편성된 예산을 행정부가 단순히 집행하는 형태를 취하고 있었다. 미국의 경우 19세기에는 재무부가 각 부처가 요구한 예산을 행정부 내부에서 조정한 후 행정부의 예산안을 편성해서 이를 의회에 제출한 것이 아니라, 각 부처가 제출한 예산안을 단순히 취합해서 의회에 제출할 뿐이었다. 그러다가 20세기 들어 행정부가 직접 예산안을 편성하고 이를 의회에 제출하여 의회에서 예산을 심의 · 의결하는 형태를 취하게 되었는데, 이렇게 행정부편성예산제도(executive budget system)가 등장한 것을 보고 바로 행정국가화 현상이 시작되었다고 표현하는 것이다.

국가의 강제력에 기반해서 징수하는 세금을 국민의 의지대로 사용하게끔 제도적 장치를 만들어 나가는 과정이 바로 민주주의의 발달과정이었으며, 이를 상징하는 것이 의회이다. 세목과 세율을 정할 때는 항상 의회가 제정하는 법률에 의해야 한다는 조세법정주의가 나타나게 된 것이며, 세금뿐만 아니라 정부의 지출에 있어서도 행정부가 의회의 통제를 받도록 한 것이 민주주의의 발달과정이었던 것이다. 따라서 민주주의의 핵심적인 내용은 바로 정부의 세입과 세출을 위해서는 의회의 사전 승인이 있어야 한다는 이른바 재정민주주의라고 할 수 있다. 이러한 이유로 우리나라에서도 가을에 열리는 정기국회를 다른 말로 예산국회라고도 표현하는 것이다.

제2절 | 정치제도의 특성과 예산과정에서 의회의 역할

의회가 전체 예산과정에서 어떤 역할을 담당하며 어느 수준에서 권한을 행사하는가는 국가마다 매우 다르게 나타난다. 전체 예산과정에서 나타나는 의회의 역할을 크게 몇 가지 유형으로 구분해 볼 수 있다. 가장 전통적인 유형이 행정부가 제출한 예산안에 대해 의회가 사전적(*ex ante*) 심의를 하는 경우이다. 그런데 의회가 행정부가 제출한 예산안을 심의하는 경우에도 어느 정도의 영향력을 행사하는가는 국가마다 매우 다르게 나타난다. 예산심의단계를 넘어 의회가 예산의 집행과 사업수행에까지 관여하는 경우도 있으며, 더 나아가 예산집행의 결과까지 의회가 감독하는 경우도 있다.

다음의 〈표 7-1〉은 OECD 회원국 중 27개국을 대상으로 예산심의과정에서 의회의 예산 수정 권한을 보여주고 있다. 영국을 비롯하여 영연방국가인 호주, 캐나다, 뉴질랜드의 경우에는 행정부가 제출한 예산안에 대한 수정이 전혀 없는 상태에서 예산이 의결된다. 이른바 웨스트민스터(Westminster)형의 국가는 아니지만 일본과 그리스에서도 의회에서 예산은 수정 없이 통과된다. 이와는 정반대로 의회가 행정부가 제출한 예산안에 대해 상당한 수정을 가하는 국가로서는

표 7-1 의회의 예산안에 대한 수정 정도

	수정 없이 의결	약간의 수정 후 의결	상당한 수정
호주	×		
오스트리아		×	
캐나다	×		
체코			×
덴마크			×
핀란드		×	
프랑스		×	
독일		×	
그리스	×		
헝가리			×
아이슬란드		×	
아일랜드		×	
이탈리아		×	
일본	×		
한국		×	
멕시코		×	
네덜란드		×	
뉴질랜드	×		
노르웨이		×	
폴란드		×	
포르투갈		×	
스페인		×	
스웨덴		×	
스위스		×	
터키		×	
영국	×		
미국			×
계	6	17	4
비중	22%	63%	15%

자료 : OECD(2002).

미국이 대표적이며, 체코, 헝가리와 덴마크가 이에 해당한다. 다른 국가들은 이 중간에 속하는데 행정부가 제출한 예산안에 대해 의회에서 약간의 수정을 가한 후 예산을 의결하는 국가들이다.

행정부 예산안에 대한 수정과 정부에 대한 불신임

2012년 실시된 OECD 조사에는 "예산을 수정할 수 있는 의회의 권한에도 불구하고, 예산안에 대한 투표가 정부에 대한 신임투표로서의 의미를 갖는가?"라는 문항을 포함하고 있는데, 이에 대한 32개 OECD 회원국 중 절반인 15개국이 "그렇다"라고 응답했다.

국가	신임 투표로서의 의미	국가	신임 투표로서의 의미
호주	●	한국	○
오스트리아	○	룩셈부르크	●
벨기에	●	멕시코	○
캐나다	●	네덜란드	●
칠레	○	뉴질랜드	●
체코	○	노르웨이	○
덴마크	○	폴란드	○
에스토니아	●	포르투갈	○
핀란드	●	슬로바키아	○
프랑스	●	슬로베니아	○
독일	◑	스페인	○
그리스	●	스웨덴	●
헝가리	○	스위스	○
아일랜드	●	터키	●
이탈리아	●	영국	●
일본	○	미국	○

OECD 회원국 32개국
●(=그렇다) 15개국, ○(=그렇지 않다) 16개국, ◑(=기타) 1개국

자료 : OECD(2014). Table A7.7

의회가 행정부가 제출한 예산안에 대해 수정할 수 있는 권한을 가지고 있는 경우에도 예산의 수정 규모가 매우 낮은 수준에 머무르는 것이 통상적이다. 여당이 의회에서 다수 의석을 차지하고 있는 경우에는 의회에서 예산이 대폭 수정될 가능성은 거의 없다. 또한 재정준칙이 도입되어 있거나 의무지출의 비중이 상당히 높은 경우에는 의회의 실질적인 예산 수정 권한이 제한될 수밖에 없다. 예산편성단계에서 행정부와 의회 간 논의와 협상이 이루어질 경우에도 의회에서 실제 수정이 이루어질 가능성은 매우 낮다. 무엇보다도 의회에서 예산의 수정이

정부에 대한 불신임으로 해석되는 국가의 경우, 의회에서 예산 수정은 거의 이루어지지 않는다(OECD, 2019: 89).

그런데 의회가 예산총액의 설정과 예산의 배분에 대해 상당한 영향력을 행사하려고 할 경우, 이러한 영향력 행사는 예산심의과정에서의 사전적 통제를 통해 이루어진다. 반면, 예산운용의 효율성에 대한 점검은 예산집행이 종료된 이후 감사기관에 의한 감사보고에 기초한 사후적(*ex post*) 예산통제를 통해 이루어진다. 사전적 통제는 예산정책의 내용과 방향에 대한 점검에 초점을 맞추는 반면, 사후적 통제는 예산집행의 질적 측면에 초점을 맞추는 것이 특징이다. 미국의회의 경우 사전적 예산심의를 통해 예산의 총액과 예산의 배분에 대해 막강한 영향력을 행사하는 대표적인 예라고 할 수 있지만, 결산보고서를 검토할 별도의 위원회는 두고 있지 않다. 이와는 달리 영국의 경우에는 사전적 예산심의가 거의 무의미하기 때문에 사전적으로 의회가 예산정책에 영향을 미칠 가능성은 거의 없다. 반면, 정부지출에 대한 사후적 검토를 통해 예산집행의 운영적 측면에 초점을 맞추는 것이 영국 의회의 특징이다. 사실, 예산을 수정할 수 있는 권한이 없는 영국 의회의 경우 운영적 측면에 대한 검토야말로 의회가 행사할 수 있는 유일한 예산 관련 권한이라고 할 수 있을 것이다(Wehner, 2004: 8).

흥미로운 사실은 각 국가마다 다르게 나타나는 정치제도의 특성에 따라 예산과정에서 의회의 역할 또한 다르게 나타난다는 것이다. 예산과정에서 의회의 역할에 영향을 미치는 요인들로서는 다음과 같은 요인들을 들 수 있다.

① 정부형태 : 정부형태가 대통령중심제인가, 이른바 웨스트민스터 모형인가 혹은 합의제 모형인가에 따라 예산과정에서 의회의 역할이 매우 다르게 나타난다.

② 정당체제와 선거제도의 특징 : 정당체제가 양당제인가 다당제인가에 따라 예산과정에서 의회의 역할은 매우 다르게 나타난다. 또한 선거제도가 소선거구제인가 혹은 비례대표제인가도 의회의 역할에 대해 중대한 영향을 미친다. 그런데 이러한 선거제도는 예산과정에서의 의회의 역할에 직접적으로 영향을 미치기보다는 정부형태와 정당체제에 영향을 미침으로써 간접적으로 영향을 미친다고 할 수 있다. 이에 더하여 정당규율의 강약 정도도 영향을 미칠 수 있다. 정당공천이 현역 의원의 재선에 결정적인 영향력을 미칠 경우 개별 의원에 대한 정당의 영향력은 매우 강하게 나타나는데, 이

럴 경우 정당의 정강정책이 예산심의에 중대한 영향을 미칠 수 있다.

③ 의회의 구성 : 단원제인가 양원제인가에 따라 예산과정에서 의회의 영향력이 달라진다.

④ 의회 내 위원회제도의 특징 : 의회에 전체적인 차원에서 예산을 검토할 수 있는 독립적인 위원회의 존재 여부가 예산심의행태에 중대한 영향을 미칠 수 있다.

⑤ 의회 내 예산 관련 전문조직의 존재 여부 : 의회 내에서 의원들의 예산심의를 도울 수 있는 전문기관이 존재할 경우 의회의 영향력은 강화된다.

1. 정부형태와 의회의 역할

예산과정에서 의회의 역할이 상반되게 나타나는 정부형태가 바로 대통령중심제와 이른바 웨스트민스터 모형이다. 대통령중심제의 대표적인 국가는 미국이며, 미국의 경우 대통령과 의원들이 별개의 선거과정을 통해 선출된다. 또한 대통령중심제에서는 행정부와 입법부가 견제와 균형의 원리에 따라 구성되고 운영되는 것이 특징이다. 대통령중심제에서 내각의 구성은 의회 의원들로 이루어지는 것이 아니라 이와는 무관하게 대통령의 지명에 의해 이루어진다. 미국 예산과정의 대표적인 특징은 전 세계에서 거의 유일하게 의회가 예산과정에서 막강한 영향력을 행사한다는 것이다. 미국에서 대통령이 의회에 제출하는 예산안은 단순히 행정부가 의회에 추천하는 '안'일 뿐이며, 의회가 예산안을 완전히 새롭게 편성할 수 있는 권한을 지니고 있다. 이런 현상을 두고 미국의 예산과정을 설명할 때, 행정부가 제출하는 예산안이 의회에 도착했을 때 이미 이 예산안은 그 효과가 상실되었다('dead on arrival')라고 표현한다.

그러나 '행정부 예산안의 효과가 상실된다'라는 표현에도 불구하고 미국에서 행정부(혹은 대통령) 예산안은 의회 예산심의에 있어서 중요한 기초로서 작용한다. 이론적으로는 의회가 행정부 예산안을 완전히 무시하고 처음부터 새로운 예산을 짤 수 있지만, 현실적으로는 행정부 예산안에 기초해서 특정 영역이나 특정 프로그램의 예산을 증액하거나 감액하는 형태로 예산심의가 이루어진다. 개별 의원들이 OMB와 같은 기구에 대한 접근이 제한되어 있어 포괄적인 예산안을 완전히 새롭게 편성할 능력이 없을 뿐만 아니라 의회에서 수정한 예산안이 법률로써 효력을 발휘하기 위해서는 최종적으로 대통령의 서명이 있어야 하므로 의회의 예산심의 결과가 행정부 예산안에서 크게 벗어나기는 어렵다. 대통령이 의회 예산안에 대해 거부권을 행사할 경우, 이를 뒤집기 위해서는 상·하 양원에서 각각 2/3의 찬성표가 있어야 하기 때문에 행정부 예산안을 완전히 무시하기 어렵게 되어 있는 것이다. 현실적으로 대통령 소속 정당과 의회 다수당이 다를 경우 예산의 수정 정도는 큰 것으로 알려져 있다(Kramer, 2012; Pasachoff, 2016).

웨스트민스터 모형의 대표적인 국가는 영국이다. 웨스트민스터 모형에서는 의

민주주의의 웨스트민스터 모형과 합의제 모형

정치체제를 크게 대통령제와 내각책임제로 구분하는데, 내각책임제도 Lijphart(1999)에 의하면 크게 웨스트민스터 모형과 합의제 모형으로 나눌 수 있다.

웨스트민스터 모형의 특징

1) 단일 정당에 의한 집권(연립정당이라 할지라도 단일 정당이 주도적인 역할 수행)과 행정권의 집중
2) 내각의 지배적인 역할
3) 양당제
4) 종다수제에 의한 선거(후보자 중 가장 많은 득표를 한 후보자가 과반에 미치지 못하더라도 당선)
5) 다원적인 이익집단 체제
6) 단방제에 입각한 집권화된 중앙정부
7) 단원제 의회
8) 헌법적 유연성
9) 헌법재판의 부재
10) 행정부에 의한 중앙은행의 통제

합의제 모형의 특징

1) 연립내각의 구성에 의한 행정권의 공유
2) 행정부와 입법부의 힘의 균형
3) 다당제
4) 비례대표제
5) 조합주의적인 이익집단 체제
6) 연방주의와 분권화된 정부
7) 강력한 양원제
8) 헌법적 경직성
9) 헌법재판
10) 중앙은행의 독립성 보장

자료 : Lijphart(1999).

회 선거에서 승리한 정당이 행정부도 구성한다. 즉, 내각책임제로서 다수당의 대표가 총리가 되며, 다수당의 다선 의원들이 내각을 구성하도록 되어 있다. 다수당이 의회를 장악하고 있고, 다수당의 다선 의원들이 내각을 구성하기 때문에, 실질적으로 내각이 의회에 대해 지배력을 행사하는 것이 웨스트민스터 모형의 특징이다. 웨스트민스터 모형에서는 일반적으로 양당제도가 나타난다. 웨스트민스터 모형의 선거제도는 통상적으로 소선거구제(1인 1선거구제)이며 각 선거구에서 의원의 선출방식은 단순 과반수제를 따른다. 과반을 획득하면 당연히 당선되지만 누구도 과반을 얻지 못할 경우에는 가장 많은 득표를 한 후보자가 의원으로 선출된다는 것이다(Lijphart, 1999). 영국과 같은 웨스트민스터 모형 국가에서는 예산과정에서 의회의 역할은 미미하다. 의회에서 예산을 심의하고 이를 통해 예산을 수정한다는 것은 같은 정당이 장악하고 있는 의회가 행정부에 대해 불신임투표(vote of no confidence)를 했다는 것을 의미할 뿐이다. 그러므로 영국과 같은 웨스트민스터 모형 국가의 경우 예산과정에 있어서 의회의 역할은 전무하다고 해도 과언이 아니다. 예를 들면, 영국의 경우 제1차 세계대전 이후 단 한 차례도 의회가 행정부가 제출한 예산안을 수정한 적이 없다(Posner & Park, 2007: 87). 호주, 캐나다, 뉴질랜드 등의 경우에도 예산과정에서 의회의 역할이 대단히 미약하다.

정부형태로 보았을 때 미국과 영국은 예산과정에 있어서 양 극단에 있는 사례라고 할 수 있다. 이 사례의 중간에 위치하고 있는 형태로 이른바 대통령과 총리의 권력 분점으로 대표되는 유사대통령제(semi-presidential system), 대통령이 의회에서 선출되는 의회공화제(parliamentary republics), 비례투표제에 기반한 내각책임제 국가인 이른바 합의제 모형 국가 등을 들 수 있다.

2. 정당체제의 특징과 의회의 역할

정당체제의 특징도 예산과정에서 의회의 역할에 영향을 미친다. 일반적으로 양당제의 경우에는 의회의 역할이 약화되는 경향이 있다. 이 경우 집권여당이 의회에서 다수의석을 차지하고 있기 때문에 행정부가 제출한 예산안을 수정할 이유가 거의 없다. 따라서 의회의 역할이 매우 제한적으로 나타난다. 특히, 내각

책임제 국가의 경우 의회에서의 다수당이 예산에 대해 상당한 수정을 가할 경우 이는 내각에 대한 불신임으로 해석될 수 있기 때문에 예산과정에서 집권당뿐만 아니라 의회 전체의 역할은 대단히 제한적으로 나타난다. 양당제에서 정당규율이 강할 경우, 특히 공천권을 정당지도부가 지니고 있는 경우에는 이런 경향이 더욱 강하게 나타난다.

이와는 달리 다당제일 경우이거나 양당제라 할지라도 정당규율이 느슨한 경우에는 예산과정에서 의회의 역할은 강화된다. 이 경우 행정부는 예산안을 통과시키기 위해 연립정부에 참여하고 있는 개별 정당이나 혹은 개별 의원들을 설득해야 하기 때문에, 의회의 역할이 전체적으로 강화된다는 것이다. 의회 혹은 개별 의원들 간의 협상은 예산안을 제출하기 전에 이른바 사전적 예산협상의 형태를 취할 수도 있다(Posner & Park, 2007: 80).

어느 한 정당이 의석의 절대 다수를 점하지 못하고 소수당이 연립정부를 구성하는 경우에는 예산과정에서 의회의 역할이 커질 수 있다. 복수의 정당이 연립정부를 구성하는 경우, 예산을 통과시키기 위해서는 다양한 정당의 협력을 얻어내야 하기 때문에, 의회 내 예산과정에서 예산의 배분이 변경될 가능성이 크다는 것이다(Lienert, 2005: 9).

3. 의회의 구성 형태

일반적으로 단원제 의회보다는 상·하원으로 구성되어 있는 양원제 의회, 특히 상원과 하원이 동등한 예산결정권을 가질 경우 의회의 역할이 강하게 나타난다.[1] 이러한 경향은 상원과 하원의 예산에 대한 입장이 다를 때 더 크게 나타나는데, 양원제의 경우 상원과 하원의 의견을 조율할 필요가 있고 이 과정에서 이른바 예산통과를 위한 거부점(veto points)의 수가 더 늘어나기 때문에 의회가 더 큰 영향력을 행사할 수 있는 것이다.

거부점이란 어떤 안건이 정책으로 결정되거나 법률로서 통과되기 위해 거쳐야

1) OECD 국가 중 상원과 하원이 동등한 예산결정권을 갖는 국가는 칠레, 이탈리아, 스위스, 미국 등 4개국 정도이다. 대부분의 국가에서는 하원이 예산과정에서 주도적인 역할을 수행한다(OECD, 2019: 85).

하는 의사결정의 단계를 의미한다(Tsebelis, 1995 & 2002). 일반적으로 어떤 안건이 정책으로 채택되는 과정에서 반드시 통과해야 하는 단계마다 정책결정과정의 참여자들이 이를 거부할 수 있는 가능성이 존재한다고 할 수 있는데, 이렇게 되면 각 단계마다 참여자들이 정책을 통과시키는 데 상당한 영향력을 행사할 수 있다. 예산과정에서도 거부점의 수가 많아지면, 예산과정 참여자들의 영향력은 커지게 된다. 특히, 의회 내 거부점의 수가 많아지면 그만큼 의회의 영향력이 커지게 된다고 할 수 있다.

4. 의회 내 위원회제도의 특징 : 공유자원의 문제와 예산심의절차

예산운용에 대한 책무성과 투명성을 확보하기 위해서는 예산과정에서 의회의 적극적인 역할이 필요하다. 그러나 의회의 적극적인 역할은 자칫 재정규율을 약화시킬 위험성도 안고 있다. 이는 공유지의 비극 혹은 공유자원의 문제가 의회의 예산과정에서도 나타날 수 있기 때문이다. 사실, 의원들은 개별적으로 예산과정에 참여하기 때문에, 행정부에서의 예산편성과정에 비해 의회의 예산심의과정에서 공유자원의 문제가 나타날 가능성이 더 크다고 할 수 있다. 의회의 예산심의과정에서 각 의원들은 자신들의 지역구나 지지세력을 위한 예산증액을 원한다. 그러나 각 의원들의 이러한 행태가 전체적인 차원에서 누적되면 예산이 지속적으로 증가함으로써 재정건전성을 해칠 우려가 있다. 특히, 행정부가 제출한 예산안을 의회가 수정할 수 있는 권한을 갖고 있고 각 상임위원회가 자신들의 이해관계에만 집중해서 예산을 심의할 경우 이러한 경향이 더욱 강화될 위험성이 있다.

이때 의회 내에서 위원회가 어떻게 구성되고 역할이 어떻게 주어지느냐에 따라 예산심의행태는 사뭇 다르게 나타난다. 예산 관련 위원회의 구성방식은 크게 두 가지이다. 하나는 예산 관련 전문위원회가 구성되는 방식이며, 다른 하나는 각 상임위원회에서 소관 예산을 심의하는 방식이다. 예산위원회(budget committee)의 예산심의는 예산을 전체적인 차원에서 검토하고 심의하는 것이 특징인 반면, 각 상임위원회별 예산심의에서는 사업 중심(program orientation)의 예산심의가 이루어지는 것이 특징이다. 따라서 예산위원회가 존재할 경우 의회 내 예산심의에 있어서 조정과 일관성의 확보를 통해 예산규율의 유지가 가능하다는 장점이 있는 반면, 각 상임위원회별 예산심의는 예산규율을 약화시킬 위험성이 있다(Schick, 2002).

다시 말해서, 의회에서 행정부가 제출한 예산안을 중장기적이며 국가 전체적인 차원에서 검토하고 이를 토대로 예산의 총액한도를 정할 수 있는 예산위원회가 존재할 경우에는 각 상임위원회에서 개별적으로 통과시킨 예산을 마지막 단계에서 단순히 합산함으로써 생기는 예산의 팽창 현상을 적절히 제어할 수 있다는 것이다. 이렇게 할 경우 예산총액의 한도를 설정하고 이를 유지할 수 있을 뿐만 아니라 국가 전체적인 차원에서 예산배분의 우선순위를 정할 수 있게 된다(Wehner, 2004).

의회가 예산과정에서 행정부의 예산안을 수정할 수 있는 권한을 가질 경우에는 상임위원회의 심사과정을 거치면서 예산이 증가하는 경향이 존재하는데, 예산위원회의 설치는 이러한 경향을 완화시킬 수 있다. 그러나 사업별 우선순위의 설정과 사업별 예산의 심의를 위해서는 상임위원회의 역할을 무시할 수는 없다.

따라서 공유지의 비극 문제를 해소하면서 두 가지 방식의 장점을 살리기 위해서는 예산총액에 대한 한도를 정하는 과정과 각 사업에 대한 예산배분을 정하는 과정이 분리될 필요가 있다. 이른바 2단계 예산심의과정(two-stage budget approval process)을 통해 '전체'와 '부분'의 분리가 가능하도록 하자는 것이다. 즉, 예산위원회를 통해 예산의 총액한도를 설정한 후, 이 한도 내에서 각 상임위원회별로 사업과 예산을 심의토록 함으로써 공유지의 비극 문제를 완화할 수 있다는 것이다. 스웨덴 의회의 예산심의과정이 대표적인 예라고 할 수 있는데, 스웨덴의 경우 의회 전체 차원에서 예산총액을 결정한 후, 이 한도 내에서 각 상임위원회가 예산을 심의하는 절차를 따르고 있다.

그런데 단순히 의회의 예산심의과정에서 top-down 방식을 도입한다고 해서 총량적 재정규율을 확보할 수 있는 것은 아니라는 점에 주목할 필요가 있다. 왜냐하면 재정총량을 결정하는 예산위원회에서 자신들이 정한 총량이 향후 각 상임위원회의 예산심사에 미칠 영향을 미리 고려한 상태에서 아예 총량을 높여 잡을 가능성이 있기 때문이다(Ferejohn & Krehbiel, 1987). 따라서 단순히 2단계 예산심의과정을 도입하는 것만으로 의회의 예산심의과정에서 공유자원의 문제가 나타나는 것을 방지할 수 없으며, 예산위원회에 예산결정권한이 집중되어 예산위원회가 자율적 · 독립적 상태에서 재정총량을 결정할 수 있도록 하는 것이 보다 중요하다(Wehner, 2010: 103–109).

5. 의회 내 예산전문기관의 존재 여부

의회 내에 예산심의를 보좌할 수 있는 예산 관련 전문기관이 설치되어 있는 경우에는 예산과정에서 의회의 역할이 강화될 수 있다. 2012년 현재 의회에 예산 관련 전문기관을 설치한 OECD 국가는 16개국에 달한다(OECD, 2014).

의회 예산전문기관은 다음과 같은 네 가지 주요 기능을 수행한다(Anderson, 2008; Lienert, 2013).

첫째, 경제예측기능이다. 예산편성을 위해서는 세입 · 세출예측이 필요한데 이를 위해서는 경제성장률 등에 대한 예측이 필요하다. 이러한 독립적 · 객관적 경제예측을 통해 행정부가 제출한 예산안에 대한 객관적인 검토가 가능한 것이다.

둘째, 비용추계(cost estimation)와 재정소요점검(scorekeeping) 기능이다. 법안비용추계는 발의 단계에 있는 개별 재정수반법률안에 의해 추가적으로 발생할 비용을 추계하는 것이라면, 재정소요점검은 한 해 동안 가결된 재정수반법률 전체가 야기할 수입 또는 지출의 증감을 추계하는 것이다(국회예산정책처, 2022a). 비용추계와 재정소요점검 기능은 중·장기적 시계에서 예산통제를 위한 유효한 수단으로 활용된다.

셋째, 행정부가 제출한 예산안에 대한 분석기능이다. 예산안의 세부적인 내용에 대한 검토를 통해 의원들을 지원하는 역할을 수행하는 것이다.

넷째, 중기재정분석을 시행한다. 이를 통해 행정부로 하여금 기존 정책 및 새로운 정책의 재정적 영향을 고려할 수 있도록 하는 것이다.

이러한 기능을 수행하는 의회 예산전문기관의 설치를 통해 다음과 같은 효과가 기대된다(Anderson, 2008: 132; Johnson & Stapenhurst, 2008: 152–53).

첫째, 예산 관련 정보에 대한 행정부의 독점을 완화함으로써 의회가 행정부와 보다 동등한 위치에서 예산을 심의할 수 있도록 한다.

둘째, 복잡한 예산 관련 정보를 단순화한다. 행정부가 의회에 제출하는 예산 관련 정보는 매우 복잡하고 이해하기 어려운 경우가 많은데, 의회 예산전문기관은 이를 단순화함으로써 의원들뿐만 아니라 언론과 일반시민들도 이를 쉽게 활용할 수 있도록 한다.

셋째, 예산의 투명성을 높인다. 예산 관련 정보와 예산에 대한 분석을 의원들뿐만 아니라 인터넷 등을 통해 일반국민들에게 제공함으로써 예산의 투명성을 높일 수 있다.

넷째, 예산 관련 정보의 단순화와 예산의 투명성 제고를 통해 예산과정의 신뢰성을 높일 수 있다.

다섯째, 예산편성 시에 사용된 가정과 추정에 대한 세밀한 검토를 통해 궁극적으로 예산의 책무성을 제고시킨다. 행정부가 제출한 가정과 추정을 세밀하게 재검토함으로써 행정부로 하여금 예산편성과정에서 보다 신중하고 정확을 기하도록 만든다는 것이다.

끝으로, 예산이 단순성·투명성·신뢰성·책무성을 갖추게 함으로써 예산과정 전체를 단순하고 이해하기 쉽게 만들고, 궁극적으로 보다 책임 있는 예산운용이 이루어지도록 한다는 것이다.

제3절 | 예산안의 제출 시기와 예산심의기간

예산과정에서 의회의 역할은 예산심의를 위한 충분한 기간이 주어지는가에 의해서도 달라진다. OECD 국가 중 약 60%는 회계연도 시작 3개월 전에 예산안이 의회로 제출되며, 거의 모든 국가에서 회계연도 개시 전에 예산이 의결된다. 그렇지만 다음의 [그림 7-1]에서 볼 수 있는 바와 같이 예산안의 제출 시기는 0개월에서 8개월에 이르기까지 매우 다양하다. [그림 7-1]에는 나와 있지 않지만 미국의 경우에는 행정부가 예산안을 회계연도 시작 8개월 전에 의회에 제출하도록 되어 있고, 영국의 경우에는 회계연도 개시 후에 예산안이 제출된다.

통상적으로 의회에서 예산안이 심의되는 기간은 2~3개월이다. 미국의 경우가 대단히 예외적인 경우로서, 예산심의를 위한 기간이 8개월에 달한다. 일반적으로 행정부의 권한이 강한 반면 의회의 권한이 상대적으로 약한 경우에는 예산

그림 7-1 의회에 예산안 제출 시기와 예산 의결 시기

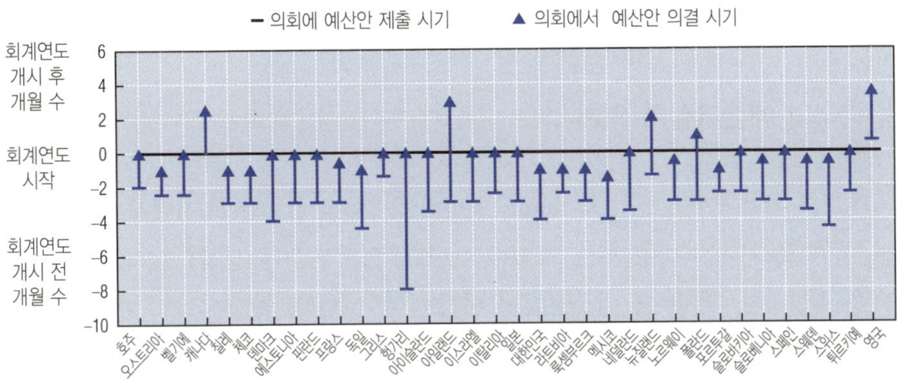

주 : 그림에는 미국이 표시되어 있지 않지만, 미국은 회계연도 개시 8개월 전에 의회에 예산안을 제출하도록 되어 있다.

자료 : OECD(2019: 87, Figure 5.5).

심의기간이 상당히 짧은 것이 특징이다(Lienert, 2010). 많은 OECD 국가들에서 회계연도 개시 전에 의회가 예산을 의결하고 있지만, 영국을 비롯한 웨스트민스터형 국가들(예를 들면, 캐나다, 아일랜드, 뉴질랜드 등)의 경우에는 통상적으로 회계연도 개시 후에 의회에서 예산이 의결된다.

제4절 ❙ 예산과정에서 의회 역할의 비교

앞에서도 설명한 것처럼 예산과정에서 의회의 역할은 미국과 영국에서 판이하게 다르게 나타난다. 예산과정에서 의회가 가장 강력한 영향력을 행사하는 국가가 미국이며, 이와는 정반대로 의회가 거의 역할을 하지 못하는 국가가 영국이다. 다른 나라들은 모두 정도의 차이는 있지만 중간에 위치해 있다고 할 수 있다. 예산과정에서 의회의 역할과 관련해서 특별히 주목할 만한 나라는 스웨덴이다. 스웨덴은 행정부 내에서의 예산편성과정뿐만 아니라 의회의 예산심의과정에서도 top-down 예산과정이 제도화되어 있는 나라이다. 이러한 이유로 이 절에서는 미국, 영국, 스웨덴의 예산심의과정을 소개하고 있다.

1. 영국의 예산과정과 의회

영국은 웨스트민스터 정부형태의 전형적인 국가로서 예산과정에서 의회의 역할은 존재하지 않는다고 해도 과언이 아니다. 행정부는 통상적으로 의회에서 예산을 승인하기 이전부터 예산집행을 시작할 뿐 아니라, 예산승인도 매우 포괄적으로 이루어지기 때문에 정부부처들은 지출한도를 초과하지 않는 한 예산사용에 있어서 거의 무제한적인 신축성을 발휘할 수 있다. 영국 의회는 회계연도가 개시될 즈음에야 예산안을 제출받으며, 회계연도 개시 후에야 예산을 승인한다(Wehner, 2014: 518).

영국 의회는 세입이나 세출을 심의할 수 있는 별도의 위원회를 두고 있지 않다. 각각의 정부부처를 관할하고 있는 의회 내 위원회들도 새로운 사업과 지출을 승인할 수 있는 권한을 갖고 있지 않다. 영국에서는 세입과 세출에 관한 모든 권한이 의회가 아니라 행정부에, 행정부 내에서도 재무장관(Chancellor of the Exchequer)에게 집중되어 있다. 영국에서 재무장관은 세율에 대한 결정권과 예산총액에 대한 결정권을 가지고 있다. 미국과 비교할 때, 영국의 재무장관은 미국 의회의 세입위원회(Ways and Means Committee)와 예산위원회(Budget Committee)의 권한을 동시에 갖고 있다고 할 수 있다. 세입과 세출 총액에 대한 내용은 재무장관이 연례적으로 의회에 제출하는 예산서(Budget Statement)에 담겨 있다.

영국에서 예산과 관련해서 중요한 역할을 수행하는 또 하나의 제도적 행위자는 재무차관(Chief Secretary to the Treasury)이다. 재무차관은 정부부처를 관할하지는 않지만, 영국 내각의 구성원이 된다. 재무차관은 지출검토(Spending Reviews)과정에서 각 부처에서 제출한 예산요구를 조정하고 예산을 배분하는 역할을 담당한다.

재무장관이나 재무차관과 비교할 때, 영국의 내각은 예산과정에서 별 역할을 수행하지 않는다. 경제정책의 일반적인 측면에 관해서는 내각 내에서 토론이 이루어질 수 있지만, 내각이 예산과 관련된 중요한 정책결정에 관여한 적은 없다. 내각의 구성원, 즉 각 부 장관은 예산심의과정에서 재무부에 예산을 요구하는 역할을 수행하지만, 새로운 지출을 요구하는 사업에 대한 승인권은 엄연히 재무부에 귀속되어 있다(Young, 2006).

앞에서 영국의 경우 의회에서 예산에 대한 승인이 통상적으로 회계연도 개시 후에 이루어진다고 했는데, 의회민주주의의 발상지라고 할 수 있는 영국에서 의회에 대한 예산안의 제출 시기가 회계연도 개시 직전이나 직후에 이루어지고 예산심의기간이 대단히 짧은 것은 대단히 이례적인 현상이라고 할 수 있다. 그러나 Schick(2002)에 의하면, 이러한 이례적인 현상은 의회에 의한 예산의 통제를 가능케 한 역사적인 요인 때문이라고 한다. 영국에서 의회가 예산에 대해 영향력을 행사하게 된 역사적 계기는 1215년의 대헌장(Magna Carta)에서부터 찾을 수 있다. 그러나 대헌장에도 불구하고 왕과 대의기관 사이에는 약 5세기에 걸쳐 갈등이 지속되게 된다. 예산에 관련해서는 의회에 비해 왕이 우월한 지위에 있었기 때문에, 의회가 왕을 예산 측면에서 통제할 수 있는 가능성은 왕이 사용할 수 있는 재원이 고갈되었을 때였다. 즉, 왕이 사용할 수 있는 재원이 고갈되면 왕이 의회를 소집할 수밖에 없었는데, 이 과정에서 왕이 사용할 수 있는 재원조달을 승인해 주는 대가로 의회는 왕으로부터 두 가지 양보를 얻어낼 수 있었던 것이다. 첫 번째 양보는 왕실재정과 국가재정을 분리하는 것이었으며, 두 번째 양보는 의회가 승인한 목적을 위해서만 예산을 사용하도록 하는 것이었다. 이러한 의회의 의지를 실현시키기 위해 영국 의회는 왕이 자신에게 승인된 예산을 모두 소진한 후인 회기 말이 되어서야 예산에 대한 심의와 승인을 하는 전략을 구사하게 된다. 왕의 입장에서는 내년도에 사용하기를 원하는 만큼의 예산을 의회가 승인해 준다는 보장이 없었기 때문에, 예산관리를 신중하게 하고 의회가 요구하는 여러 가지 조건을 준수할 수밖에 없는 상황이 나타나게 된 것이다.

흥미로운 사실은 회기 말 예산안제출과 예산승인이라는 관행이 왕의 행태를 제어하는 데에는 효과적이었지만 장기적으로는 의회의 권한을 오히려 축소시키는 결과를 낳게 되었다는 것이다. 회계연도가 개시된 후 예산을 승인함으로써 결과적으로 의회는 이미 집행된 예산을 추인하는 신세가 되어버린 셈이다. 특히, 왕이 아니라 행정부가 예산집행을 책임진 이후에는 사후적 예산승인이 예산통제의 수단이 아니라 단지 기계적 행위로 전락하게 된 것이다(Schick, 2002: 18-19).

2. 스웨덴의 예산과정과 의회

스웨덴의 예산과정과 예산제도는 1990년대 경제위기를 극복하는 과정에서 근본적인 변화를 경험한다. 1990년대 경제위기를 극복하는 과정에서 도입한 스웨덴의 재정제도는 네 가지 요소로 구성되어 있다. Top-down 예산제도와 중앙정부에 대한 지출한도(expenditure ceilings), 일반정부 부문에 대한 흑자 목표치(surplus target), 지방정부에 대한 균형예산, 그리고 독립적 재정정책위원회(fiscal policy council)의 설립이 그것이다.

스웨덴의 예산개혁에서 매우 특징적인 현상은 행정부가 아니라 의회에서 먼저 top-down 예산과정을 도입했다는 것이다. 즉, 1994년에 스웨덴 의회는 의회개혁에 착수하는데, 핵심적인 내용은 예산의 총액을 먼저 결정하고 그 이후 27개 지출분야에 대한 예산의 배분을 결정한다는 것이었다. 1997년에는 3년을 대상으로 하는 중기재정계획에서 3차연도에 대한 지출한도를 사전에 설정하는 지출한도제를 도입하였다. 그리고 2000년부터는 일반정부를 대상으로 재정흑자 목표치를 설정하는 제도를 시행 중인데, 재정흑자 목표치란 경기순환주기(business cycle) 동안 일반정부가 평균 1%의 흑자를 시현하도록 하는 제도이다.[2] 지방정부에 대한 균형예산 유지 요구도 2000년부터 시행 중이다(Jonung, 2015: 203). 끝으로, 2007년에 설립된 재정정책위원회는 재정정책에 대한 모니터링과 목표 달성 정도 평가, 그리고 경제정책의 투명성 확보를 주된 임무로 한다. 그리고 2010년에는 예산법이 개정되어, 지출한도 설정과 재정흑자 목표치가 법적인 의무사항으로 규정되기에 이른다.

표 7-2 스웨덴 재정제도의 진화과정

연도	내용
1995년	중앙정부 대상으로 top-down 예산제도 도입
1997년	중앙정부를 대상으로 지출한도제 도입
2000년	일반정부 부문에 대한 흑자 목표치 도입
2000년	지방정부에 대한 균형예산 도입
2007년	재정정책위원회 설립

자료 : Jonung(2015: 203), Table 8.2.

2) 스웨덴의 재정 상황이 개선됨에 따라 2015년 이후에는 재정흑자 목표치가 GDP 대비 0.33%로 완화되었다(Bourne, 2020: 59).

스웨덴의 재정제도 중 재정건전성 유지에 가장 큰 영향을 미치는 제도는 지출한도라고 할 수 있다. 경기순환주기라는 다소 모호한 기준을 사용하는 재정흑자 목표치와는 달리 지출한도는 단순 명쾌할 뿐만 아니라, 행정부와 의회의 예산심의과정에서 총지출한도뿐만 아니라 27개 분야로 할당된 지출한도를 통하여 특정 지출 분야에서의 증액 요구가 있을 경우 이를 동일한 지출 분야에서의 감액으로 상쇄하도록 강제하고 있기 때문이다(하연섭, 2016; Jonung, 2015).

스웨덴에서는 연간 예산과정과 중기재정계획이 긴밀하게 연계되어 있다. 예산편성과정의 초기 단계에서 거시경제 전망, 기준선 전망, 그리고 재정흑자 목표치 등을 고려하여 중기재정계획을 갱신하는데, 핵심적인 내용은 3차연도에 대한 지출한도 설정이다. 이렇게 연간예산편성과정의 초기 단계에서 중기재정계획의 3차연도 지출한도를 설정할 뿐만 아니라, 3년 전에 정해진 지출한도가 당해 연도 예산편성과 심의를 근본적으로 제약하는 식으로 연간 예산과정과 중기재정계획이 연계되어 있는 것이다. 스웨덴의 예산편성과정은 봄에 총량에 대한 결정이 이루어지고, 가을에 구체적인 예산안이 마련되는 순서로 진행된다. 그리고 행정부는 4월 15일에 거시경제 전망, 중기재정계획 기간 동안의 총지출 수준에 대한 예측, 그리고 예산정책에 관한 일반적인 방향을 담은 춘계재정정책제안서(Spring Fiscal Policy Bill)를 의회에 제출하며, 의회는 6월 초에 춘계재정정책제안서를 승인한다. 그리고 9월 20일에 행정부가 의회에 제출하는 예산안에는 중기재정계획 기간의 3차연도 지출한도, 27개 지출 분야에 대한 내년도 지출한도, 중기재정계획 기간의 2차연도와 3차연도의 27개 분야에 대한 예시적 지출한도, 그리고 내년도 각 지출 분야 내에서의 구체적인 예산배분에 관련된 내용이 포함된다.

의회에서의 예산심의과정은 2단계로 나뉘어 진행된다. 즉, 11월 말까지 예산위원회가 중심이 되어 예산총액과 27개 지출 분야별 예산배분을 먼저 결정한다. 이후 개별 상임위원회는 분야별 총액 내에서 개별 사업에 대한 예산배분을 결정하고 이를 12월 말에 의회가 통과시키는 순서로 예산심의가 진행된다. 그런데 스웨덴 의회는 법적으로 지출한도를 변경시킬 수 있는 권한을 지니고 있지만, 아직까지 의회에서 행정부가 제출한 지출한도를 변경시킨 경우는 없었다. 또한 각 상임위원회에서도 행정부가 제출한 분야별 예산안을 수정한 경우도 거의 없다.

이렇게 스웨덴 의회에서 행정부가 제출한 지출한도, 분야별 예산배분, 그리고 분야 내 예산의 구체적인 배분안을 거의 수정 없이 받아들이는 이유는 스웨덴

의회의 독특한 의사결정 규칙 때문이다. 스웨덴의 예산과정과 관련해서 주목해야 할 스웨덴 정치체제의 특징은 선거제도가 비례대표제이면서 의회에서 정부를 구성할 때에 과반수 득표를 요구하지 않는다는 것이다. 이러한 이유로 스웨덴에서는 소수 정부(minority government)가 출현하기도 한다. 그런데 소수 정부이면서도 스웨덴 의회에서의 독특한 의사결정 규칙 때문에 소수 정부가 제안하는 예산안이 거의 수정 없이 의회를 통과한다. 스웨덴 의회에서는 총지출한도와 분야별 지출한도 등에 관한 의사결정이 패키지로 이루어져 단 한 번의 투표로 결정된다. 상임위원회에서도 분야별 예산배분안이 패키지로 취급되어 단 한 번의 투표로 결정된다. 야당이 예산의 구체적인 모습을 수정하기 위해서는 대안적인 예산안을 패키지로 제출해야 하는데, 서로 다른 정당들끼리 대안적 예산안에 동의하는 것이 거의 불가능하기 때문에 정부가 제출한 예산안이 거의 수정 없이 통과된다는 것이다(Downes & Shaw, 2017).

〈표 7-3〉은 스웨덴 의회의 예산과정을 정리해 놓고 있다.

표 7-3 **스웨덴 의회의 예산과정**

4월 15일	행정부가 춘계재정정책제안서(Spring Fiscal Policy Bill)를 의회에 제출
6월 초	춘계재정정책제안서를 승인
9월 20일	예산안(Budget Bill)을 의회에 제출
11월 말	예산위원회에서 27개 각 분야에 대한 총액을 의결
12월 말	각 분야 내에서의 구체적인 예산배분을 의결
1월 1일	회계연도 시작

자료 : Downes & Shaw(2017). Box 4.2.

3. 미국의 예산과정과 의회

미국 연방정부의 예산과정은 다른 국가의 예산과정과 비교할 때 매우 예외적인 사례로서, 예산과정에서 의회의 강력한 역할이 미국의 가장 중요한 특징이다. 미국의 연방헌법에서는 국고관리권(the power of the purse)이 의회의 기능임을 명백히 규정하고 있다. 이러한 국고관리권은 조세입법권과 조세징수권, 그리고 기채권을 포함한다. 그러나 미국 연방헌법에서는 의회가 이러한 권한을 어떻게 행사할지는 규정하지 않고 있으며, 예산과정이 어떻게 진행되어야 하는지에 대해서도 규정이 없다. 또한 국가 재정을 관리하는 데에 있어서 대통령의 역할이 무엇인지에 대해서도 별도의 규정이 없다(Kramer, 2012). 따라서 미국 예산과정의 특징을 이해하기 위해서는 견제와 균형에 입각해서 행정부와 입법부가 예산을 둘러싸고 어떤 제도적 장치들을 마련해 왔는지를 먼저 이해하는 것이 필요하다.

1) 미국 예산과정의 역사적 전개

미국 예산과정의 역사적 전개과정은 크게 세 단계로 나누어 볼 수 있다.

첫 번째 단계는 1921년 이전의 단계이다. 1921년 이전은 의회가 예산과정에서 주도권을 행사하던 시기이다. 이 시기에는 오늘날과 같은 중앙예산기관이 행정부 내부에 아예 존재하지 않았으며 예산에 대한 실질적인 결정권은 의회가 가지고 있었다. 당시 미국의 재무부는 각 정부부처가 의회에 제출할 예산요구서를 단순히 취합해서 의회에 전달하는 역할만 수행했을 뿐 행정부 내부에서 각 부처의 예산요구를 조정하는 일은 존재하지 않았다.

두 번째 단계는 1921년부터 1973년까지의 시기이다. 1921년에 이른바 예산회계법(Budget and Accounting Act of 1921)이 통과되는데, 이 법을 통해 중앙예산기관이라고 할 수 있는 예산처(Bureau of the Budget)가 설립되었다. 예산처가 설립됨으로써 각 부처가 직접 의회로 예산안을 제출하는 것이 금지되었는데, 이를 통해 비로소 행정부에서 예산을 편성하는 기능을 수행하게 된 것이다. 1970년에 예산처의 명칭이 관리예산처(Office of Management and Budget: OMB)로 바뀌는데, OMB는 백악관 직속기구로서 오늘날까지 중앙예산기관의 역할을 수행하고 있다.

세 번째 단계는 1974년 이후의 시기이다. 1974년에 미국 의회는 이른바 '의회예산 및 지출거부통제법(The Congressional Budget and Impoundment Control Act)'을 통과시키는데, 이 법 제정 전까지 미국 의회에서는 예산의 총량을 사전에 정하거나 세입과 세출을 동시에 고려할 수 있는 제도적 장치가 없었다. 이 법을 통해 상·하원에 각각 예산위원회(Budget Committee)를 설치하여 의회에서 심의·의결하는 예산의 총액과 전체적인 배분을 먼저 결정하고 세입과 세출을 동시에 고려할 수 있도록 하였다. 또한 의회 내에 OMB에 대응할 수 있는 의회예산처

(Congressional Budget Office: CBO)를 설립하였는데, 이러한 일련의 제도적 장치를 통해 1974년부터 예산과정에서 의회가 다시금 주도권을 행사하게 되었다.

2) 재량지출과 의무지출

미국의 예산과 예산과정을 이해하기 위해서는 재량지출과 의무지출의 차이를 이해하는 것이 필요하다. 재량지출이란 매년 행정부와 의회의 의지에 따라 변경시킬 수 있는 지출을 의미한다. 의무지출은 관련법이 통과되면 정부가 의무적으로 지출해야 하는 항목을 의미한다. 현재 미국의 경우 정부지출의 약 70%가 의무지출에 해당한다. 미국 의회에서는 재량지출을 위한 예산과정과 의무지출을 위한 예산과정이 사뭇 다르게 운영되는 것이 특징이다.

정부지출이 이루어지기 위해서는 이를 위한 사업이 존재해야 하는데, 정부가 수행할 사업을 승인하는 법을 수권법안(authorizing act)이라고 표현한다. 세출법안(appropriations act)은 실질적으로 정부지출을 승인하는 법안이다. 의무지출을 위해서는 수권법안만 뒷받침되면 충분하고 별도의 세출법안이 통과될 필요가 없다. 수권법안 후 직접적으로 지출한다는 의미에서 의무지출을 직접지출(direct spending)이라고 표현하는 것이다. 이와는 달리 재량지출이 이루어지기 위해서는 재량지출이 필요한 사업을 승인하는 수권법안이 통과된 후 구체적으로 지출을 승인하는 세출법안이 통과되어야 한다. 재량지출의 경우에는 수권법안이 통과되었다고 해서 자동적으로 사업수행을 위한 예산이 배분되는 것이 아니라 반드시 세출법안이 뒷받침되어야 하는데, 이 과정에서 당초 의도와는 달리 예산이 삭감될 가능성은 얼마든지 있다.

3) 미국의 예산과정

미국의 회계연도는 매년 10월 1일에 시작하지만, 행정부의 예산편성은 OMB가 각 부처에 예산편성지침을 시달하는 전년도 4월부터 시작한다. 즉, 행정부의 예산편성작업은 대통령이 의회에 예산안을 제출하기 약 10개월 전, 그리고 회계연도 개시 약 18개월 전에 시작되는 것이다. 통상적으로 9월까지 각 부처가 예산요구서를 작성하여 OMB에 제출하면 10월과 11월에 걸쳐 OMB가 예산심의를 하며, 그 이후 이의제기 절차와 최종 조정과정을 거쳐 2월 첫째 월요일에 행정부가 의회에 예산안을 제출하도록 되어 있다.

미국 의회에서 예산에 관련된 위원회는 크게 세 가지이다. 상원과 하원에는 공통적으로 예산위원회(Budget Committee), 세출위원회(Appropriations Committee), 그리고 세입위원회(상원에서는 이를 Finance Committee, 하원에서는 Ways and Means Committee라고 부른다)가 있다. 세출위원회는 상·하 양원에 각각 12개의 소위원회를 두고 있다.

예산위원회는 1974년에 '의회예산 및 지출거부통제법'에 의해 설립된 위원회로서, 주요 기능은 매년 예산결의안(budget resolution)을 채택하는 것이다. 보다 구체적으로, 3월과 4월에 상원과 하원의 예산위원회는 각각의 예산결의안을 통과시키는데, 예산결의안은 이후 상·하원의 본회의에 상정되어 (수정)통과되고, 상·하 양원 협의회(conference)에서 차이점을 해소한 후, 4월 15일까지는 상·하 양원 합동예산결의안(concurrent budget resolution)을 통과시키도록 되어 있다.

합동예산결의안에는 향후 5년 동안의 총세입액, 총지출권한(budget authority), 총지출액(budget outlays), 재정적자 혹은 흑자액, 국가채무액 등 다섯 가지 총액과 21개 기능별 분야에 대한 배분을 포함하고 있다. 합동예산결의안은 법적 구속력은 없지만, 의회 예산정책의 기본방향에 관한 공식적인 합의문이라고 할 수 있다. 예산결의안에서 결정된 세입과 세출의 총액은 다시 상·하원 위원회로 배분되며, 그 다음 단계로 세출위원회가 12개의 세출소위원회로 지출한도를 배분하는 이른바 2단계 예산과정을 밟고 있다고 할 수 있다. 예산결의안은 2단계 예산과정 중 첫 번째 단계에 해당하는 것이다(Guess & Savage, 2021; 하연섭 외, 2022).

예산결의안이 통과된 후 미국 의회에서 선택적으로 밟는 절차가 이른바 조정절차(reconciliation process)인데, 이는 재량지출이 아니라 의무지출과 세입의 통제를 통해 예산총액을 관리하기 위한 절차이다. 예산위원회는 필요할 경우 조정지침(reconciliation instructions)을 수권법안을 다루는 입법위원회(legislative committees)와 세입을 다루는 상·하원의 세입위원회에 시달하는데,[3] 조정지침은 예산위원회에서 정한 예산결의안과 세입과 의무지출의 수준을 맞추기 위해 지출한도를 초과할 것으로 여겨지는 관련 위원회에 대해 의무지출이나 세입 관련 법 내용의 변경을 요구하는 내용을 담고 있다. 그리고 이러한 조정지침에서 특정된 위원회에서는 조정지침에서 요구한 만큼의 세출이나 세입의 변화를 담은 조정법

3) 조정지침은 재량지출을 관장하는 세출위원회에는 시달되지 않는다.

안(reconciliation bills)을 예산위원회에 보고해야 한다.

그런데 미국 의회에서는 지출한도와 세입하한을 지키지 않았다고 해서 자동적으로 통제장치가 작동하는 것은 아니며, 개별 의원이 의사진행상 이의제기(point of order)를 발동하고 이러한 이의제기가 본회의에서 수용되었을 경우에 예산통제가 이루어진다(하연섭 외, 2022).[4]

예산결의안이 채택된 이후에는 예산의 구체적인 배분을 결정해야 하는데, 이를 담당하는 위원회가 세출위원회이다. 상원과 하원의 세출위원회는 동일하게 각각 12개의 소위원회를 두고 있는데, 각 소위원회에서는 소관 분야에 대한 12개의 세출법안을 마련하도록 되어 있다. 세출위원회는 재량지출의 배분에 대해서는 전권을 행사한다. 그러나 세출위원회는 의무지출을 조정할 권한은 없다(Schick, 2007; Blöndal *et al.*, 2003).

하원과 상원이 각각의 세출법안을 통과시키고 나면, 두 법안의 차이를 해소하기 위해 상·하 양원 합동위원회(conference committee)가 구성된다. 상원과 하원이 동일한 형태로 법안을 통과시키기 전에는 세출법안이 법적 효력을 갖지 못하게 되어 있다. 동일한 내용을 지닌 세출법안이 상·하 양원을 통과하면 대통령에게 전달되는데, 대통령은 법안에 서명하든지 혹은 법안 전체를 거부할 수 있는 권한을 갖고 있다. 대통령이 법안의 일부분에 대해서만 거부권을 행사하는 것은 금지되어 있다. 통상적으로 의회에서 세출법안을 완성하기 전에 대통령과의 협의를 통해 이견을 해소하기 때문에, 세출법안은 대통령의 서명을 받아 법적 효력을 발휘하게 된다.

미국의 회계연도 개시일은 10월 1일이지만, 최근에는 미국 의회에서 회계연도 개시 전에 세출법안을 통과시킨 적이 없다. 1977 회계연도(FY1977)부터 회계연도 개시일을 10월 1일로 변경했는데, 10월 1일 이전에 의회가 모든 세출법안을 통과시키고 이 세출법안에 대통령이 서명하는 등 예산과정의 모든 일정을 준수한 적은 1977, 1989, 1995, 1997 회계연도 등 단 네 차례뿐이다. 1996년 이후에는 의회가 제때 모든 세출법안을 통과시킨 적이 없다(McClanahan *et al.*, 2019; Pfiffner, 2020).

의회가 회계연도 개시일까지 세출법안을 통과시키지 못하면, 의회는 이른바

4) 의사진행상 이의제기는 상원의 경우 매우 중요하다. 상원 의원 100명 중 60명이 찬성해야 이의제기를 무력화시킬 수 있으므로, 이의제기는 예산통제의 중요한 수단이 되고 있다.

잠정예산결의안(continuing resolutions)을 통과시키게 된다. 그런데 미국 의회는 12개의 세출법안을 통과시키기 때문에, 통과시키지 못한 세출법안의 수는 해마다 다르며, 그 결과 의회에서 통과시키는 잠정예산의 수도 다양하다.[5)] 잠정예산은 통상적으로 전년도 세출법안에 포함된 사업에 대해서만 예산을 배정할 수 있으며, 신규사업에 대한 예산배정은 금지되어 있다. 잠정예산의 기간은 짧게는 하루에서 길게는 회계연도 전체를 포함할 수도 있다.[6)] 잠정예산은 정상적인 세출법안이 통과되거나 혹은 잠정예산의 만기가 도래하면 자동적으로 효력을 상실한다. 정상적인 세출법안이 통과되기 전 잠정예산의 만기가 도래하면 추가적으로 한 개 이상의 잠정예산이 통과되기도 한다. 의회가 잠정예산에도 합의하지 못할 경우 연방정부 폐쇄가 나타나게 되는 것이다.

4) 의회의 예산 관련 지원기관

미국 의회에서 예산 관련 지원기관으로서는 의회예산처(Congressional Budget Office: CBO), 감사원(Government Accountability Office: GAO), 의회조사국(Congressional Research Service: CRS)을 들 수 있다. 예산과정에서 가장 중요한 역할을 하는 것이 바로 의회예산처인데, CBO는 독립적인 경제적 가정에 기초한 독립적인 예산추계를 제출함으로써 행정부의 OMB를 견제하는 역할을 담당한다. 특히, CBO의 비용추계를 통해 법안의 채택 여부가 결정되는 경우가 많기 때문에, 예산과정에서 CBO의 영향력은 매우 크다고 할 수 있다. GAO는 다른 나라의 감사 관련 기관과는 차별화된 기능을 수행한다. 사실, 회계 측면에서의 GAO의 역할은 미미한 편이며, GAO의 대부분의 기능은 성과감사에 있다고 할 수 있다. CRS는 사업에 대한 심도 있는 분석을 제공하는 기능을 수행한다(Blöndal *et al.*, 2003: 22-23).

---

5) 1998 회계연도부터 2019 회계연도 사이에 매년 평균 5.3개의 잠정예산이 통과되었으며, 개별 잠정예산의 유효기간은 평균 38.3일이었다(McClanahan *et al.*, 2019: 12-13, table 3)

6) 2002, 2011, 2013년의 경우에는 잠정예산이 회계연도 전체를 포괄한 경우가 있었다(Pfiffner, 2020: 30).

제5절 | 우리나라의 예산심의

1. 우리나라의 예산심의과정

다른 대부분의 나라와 마찬가지로 우리나라도 행정부가 예산안을 편성해서 국회에 제출하면, 국회에서 예산안을 검토해서 최종적으로 의결하는 형태를 취하고 있다. 예산심의과정은 시정연설, 상임위원회의 예비심사, 예산결산특별위원회의 종합심사, 본회의 의결의 순으로 이루어진다.

[그림 7-2]는 우리나라 국회의 예산심의과정을 보여주고 있다.

그림 7-2 국회의 예산심의과정

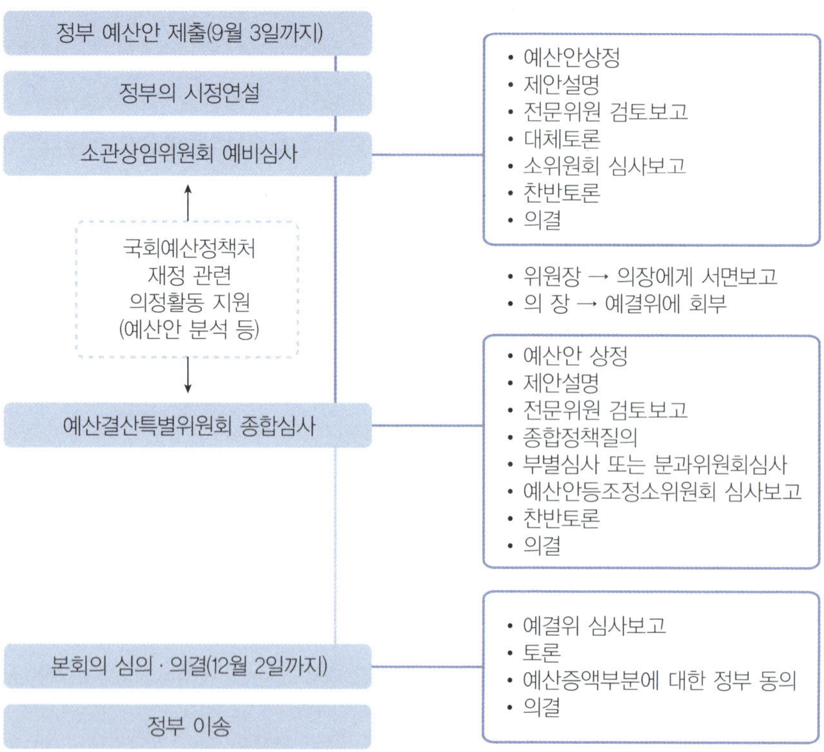

자료 : 국회예산정책처(2022b: 195).

1) 시정연설

9월 3일에 기획재정부에서 국회에 예산안을 제출하고 나면, 예산과정의 첫 단계로서 대통령의 시정연설이 있게 된다. 원래 시정연설은 내년도 정부사업의 우선순위와 이에 따른 예산배분의 방향을 설명하고 국회의 협조를 요청하는 형식을 취하도록 되어 있다. 그러나 우리의 경우 시정연설은 정치적 이슈에 관한 내용이 많은 편이며, 구체적인 내용보다는 수사적인 내용이 대부분을 차지한다.

2) 상임위원회의 예비심사

대통령의 시정연설이 끝나면, 예산안은 각 부처를 담당하는 상임위원회별로 넘겨져 심의가 이루어진다. 상임위원회의 예비심사는 소관 부처 장의 부처 관련 내년도 예산안에 대한 제안설명으로부터 시작된다. 이것이 끝나면 전문위원의 검토보고가 있게 되며 이어서 의원들의 대체토론(大體討論)이 이루어진다. 대체토론이란 사업에 대한 세밀한 분석이 아니라 내년도 사업의 우선순위, 예산배분의 기본방향 등 예산요구의 큰 틀에 대한 정책질의와 일반적 토론이 이루어지는 것을 의미한다.

대체토론이 끝나면, 소위원회를 구성하여 예산을 본격적으로 심사하며, 이 과정이 종료되면 다시 전체회의를 열어 소위원회의 심사보고가 있게 된다. 소위원회의 심사보고가 끝나고 나면, 소위원회의 심사보고에 대해 찬반토론이 있게 되며 그 이후 의결이 이루어지면 소관 상임위에서의 예산안 예비심사는 종료된다.

3) 예산결산특별위원회의 종합심사

상임위원회의 심사 이후 예산결산특별위원회(예결위)의 심사가 시작된다. 예결위는 1999년까지 전년도 결산 및 예산안이 본회의에서 통과될 때까지 존속되는 한시조직이었으나 2000년 2월 국회법이 개정됨에 따라 50인으로 구성된 상설 특별위원회로 운영되고 있다. 일반적으로 상임위원회 위원의 임기는 2년으로 되어 있지만, 예결위 위원의 임기는 1년으로 되어 있다. 예결위의 종합심사는 상임위의 예비심사와 유사한 순서를 밟는다.

먼저, 예결위에 정부안이 상정되면 기획재정부 장관의 제안설명과 전문위원의 검토보고에 이어 종합정책질의가 이루어진다. 종합정책질의에서는 모든 부처를 대상으로 예산 관련 사항에만 국한되지 않고 국정 전반에 걸쳐 질의응답이 진행되는 것이 특징이다. 종합정책질의가 끝나면 부처별로 세부예산내역을 심사하는 부별심사가 열린다. 부별심사에서는 종합정책질의 때와는 달리 구체적인 세부사업에 대해 예결위원이 질의하고 부처관계자 및 예산당국이 설명하는 형태로 운영된다.

부별심사가 끝나면 예산안등조정소위원회가 구성되는데 예결위 위원장과 여야 간사를 포함하여 12명 내외의 위원이 참여한다. 예산안등조정소위에서는 각 사업별로 구체적인 예산금액을 조정하는데 우리나라 예산심의과정에서 가장 실질적이며 구체적인 금액조정이 이루어지는 단계이다. 이러한 과정에서 구체적인 사업에 대한 정부예산이 삭감되는 경우도 있지만 오히려 증액되는 경우도 있다. 그러나 우리나라 헌법은 국회에서 당초 정부가 제출한 항별 예산을 증액하거나 새로운 비목을 설치하려고 할 경우에는 정부의 동의를 받아야 한다고 규정하고 있어(헌법 제57조), 예산을 증액하거나 새 비목을 설치할 경우에는 정부를 대표하여 기획재정부 장관의 동의를 얻는다. 예산안등조정소위는 감액심사를 먼저 하고 증액심사를 실시하는데, 통상적으로 감액심사는 공개적으로 하는 반면 증액심사는 비공개로 진행하고 있다.

예결위는 소관 상임위원회의 예비심사내용을 존중하도록 되어 있지만, 국회법은 예비심사과정에서 삭감한 사항을 원상회복하는 경우에만 소관 상임위원회의 동의를 얻도록 규정하고 있어 사실상 상임위원회가 삭감한 사항만 예결위를 구속한다고 할 수 있다. 그 결과, 예결위 심사에서 상임위원회가 삭감한 사항은 대부분 받아들이지만, 증액한 사항은 중시하지 않는 것으로 나타나고 있다(국경복 외, 2012: 11).

예산안등조정소위에서 합의된 내년도 예산안은 다시 예결위 전체 회의에 상정되어 예산안등조정소위의 심사보고가 있게 되고 이어 예산안등조정소위의 안에 대한 찬반토론이 이루어진다. 이 과정이 종료되면 예결위에서 내년도 예산안에 대한 의결이 이루어지지만, 통상적으로 예산안등조정소위의 예산안 수정안이 원안 그대로 위원회안으로 채택된다.

4) 본회의 심의 · 확정

예결위 종합심사가 끝나면, 예산안 처리를 위한 본회의가 개최되는데 먼저 예결위원장이 내년도 예산안 심사보고를 하게 되어 있다. 그 이후 본회의에서 예결위의 안에 대해 질의 및 토론이 이루어지며, 마지막으로 국회 본회의에서 예산안을 의결함으로써 새해예산이 확정된다.

우리나라 헌법에서는 국회가 새해 예산을 회계연도 개시 30일 전까지 의결하여야 한다고 규정하고 있지만, 예산이 법정 기한인 12월 2일을 넘겨 통과되는 경우가 많이 있었다. 이 문제를 해결하기 위하여 2012년 국회법 제85조의 3 '예산안 등의 본회의 자동 부의 등'에 관한 규정이 신설되었다. 예산안의 자동 부의 제도는 위원회가 예산안에 대한 심사를 11월 30일까지 마치지 못할 경우, 그 다음 날에 위원회의 심사를 마치고 바로 본회의에 부의된 것으로 보는 제도이다. 그러나 이러한 규정에도 불구하고 의장이 각 교섭단체 대표의원과 합의한 경우에는 예외가 인정되어 예산안이 본회의에 자동으로 부의되지 않는다(국회예산정책처, 2022b: 203).

2. 국회 예산심의의 문제점과 개선 방향

우리나라 국회에서의 예산심사는 분절화된 위원회 제도(fragmented committee system)에 바탕을 둔 전형적인 상향식(bottom-up) 심사가 특징이다. 행정부에서의 예산편성과정이 상향식으로 이루어질 경우 개별 사업과 개별 부처의 예산극대화를 위한 노력이 총량적 재정규율의 약화로 이어지는 이른바 '공유지의 비극' 문제가 나타날 수 있다고 했는데, 의회가 예산을 상향식으로 심사할 경우 이 문제가 더 심각하게 나타나는 경향이 있다.

1) 상향식 예산심사와 전략적 재원배분의 문제

우리나라 국회에서 예산심사는 상임위원회 예비심사 → 예결위 심사 → 본회의 의결 순으로 진행되는데, 이때 개별 상임위원회는 소관 부처와 소관 사업 예산에 대해서만 심사를 하기 때문에 소관 예산이 국가재정 전체에 미칠 영향이나 국가 전체적인 차원에서의 전략적 재원배분에 대해 논의할 이유가 없다.

예산결산특별위원회, 특히 예산안등조정소위원회가 예산에 대한 실질적 결정 권한을 가지고 있지만, 재정총량이나 분야별 배분에 대한 거시적 심사가 아니라 개별 사업에 대한 미시적 심사에 그침으로써, 총량적 재정규율과 예산의 배분적 효율성을 제고하는 데에는 이르지 못하고 있다. 예결위 심사에서도 예산총액과 분야별 재원배분 방향에 대한 합의가 이루어진 이후에 개별 부처 예산과 개별 사업을 심사하는 것이 아니라, 개별 사업에 대한 심사 결과 분야별 재원배분이 조정되고 최종적으로 재정총량이 결정되는 과정을 밟는다.

2) 미시적 예산심사와 상임위원회의 옹호자적 역할

우리나라 국회에서는 상임위원회의 예비심사 후 예결위 심사가 진행되지만, 둘 사이에 뚜렷한 차이점이 없다. 상임위원회도 세부사업 위주의 미시적 심사이며, 예결위도 똑같이 세부사업 위주의 미시적 심사이다. 이보다 더 큰 문제는 상임위원회의 심사결과가 예결위의 결정을 구속하는 것이 아니라 단순한 참고자료로 정부가 제출한 예산안에 첨부되어 예결위에 회부되므로, 예결위의 심사대상은 상임위원회를 거친 수정된 예산안이 아니라 정부가 제출한 예산안 원안이라는 점이다. 다만, 국회법에 의하면 예결위는 소관 상임위에서 삭감한 세출예산항목을 증액하거나 새로운 비목을 설치할 경우에는 소관 상임위원회의 동의를 얻어야 한다. 바로 이런 이유로 예결위는 상임위에서 삭감한 예산항목은 수정 없이 그대로 받아들이되 증액한 항목에 대해서만 감액 심사를 하게 되는 것이다. 상임위원회 입장에서는 소관 부처 예산을 삭감하면 예결위에서 대부분 그대로 받아들이지만 증액은 재검토 대상이 되기 때문에, 소관 부처의 예산을 미리 삭감하기보다는 예산을 증액시키려는 경향을 갖게 된다. 바로 이러한 이유로 예산심사과정에서 상임위가 소관 부처의 옹호자 역할을 수행하게 되는 것이다(국경복 외, 2012: 55-57).

3) 책임성 있는 예산과정과 top-down 예산심사

최근 의회의 예산심의에 대해 관심이 높아지고 있는 이유는 무엇보다도 대응성 있는 예산과정(responsive budgeting)이 반드시 책임성 있는 예산과정(responsible budgeting)으로 연결되지는 않는다는 인식 때문이다. 국민들의 의사를 정책과 예산에 반영하는 것이 의회 본연의 역할이지만, 자칫 이러한 역할이 총량적 재정규율의 와해와 비효율적 재원배분으로 연결될 수 있다는 우려가 제기되고 있는 것이다.

의회에서의 예산심의를 둘러싼 공유자원의 문제를 해결하기 위한 제도적 장치로서 top−down 예산심사의 중요성이 부각되고 있다. 즉, 재정총량과 예산의 분야별 배분에 대한 결정이라는 거시적 예산결정 이후 분야별(혹은 상임위별) 예산총액 내에서의 사업 간 예산배분이라는 미시적 예산결정이 이루어질 필요가 있다는 것이다. 이를 위해서는 우리나라 국회에서도 재정총량과 분야별 예산배분에 관한 방향을 예결위에서 미리 설정한 후, 각 상임위는 당해 상임위에게 부여된 예산 한도액 내에서 세부사업 간 실질적인 재원배분을 결정짓고, 최종적으로 예결위에서 각 상임위의 예산심사가 예산한도액을 준수하는지 여부를 심사한 후 예산을 최종적으로 의결하는 방식으로 예산심의과정을 개편할 필요가 있다. 이렇게 함으로써, 각 상임위의 예산심사도 단순한 증액 위주의 심사에서 벗어나 예산의 효과성에 기초해서 사업에 대한 실질적인 심사가 이루어질 수 있을 것이다.

행정부의 top−down 예산제도가 제 기능을 하기 위해서도 국회에서 top−down 예산심사제도가 도입될 필요가 있다. 예산편성과정에서 top−down 예산제도가 제대로 운영되어 재정총량, 부처별 한도 등이 준수된다 하더라도 국회의 예산심의가 현행과 같이 상향식으로 이루어지는 한 개별 부처와 사업담당자는 국회 예산심의과정에서 사업을 살리고 예산을 증액할 수 있는 기회를 갖게 된다. 따라서 실무부처의 전략적 행위를 제어하기 위해서도 국회 예산심의방식이 top−down 방식으로 변경될 필요가 있다.

중기재정계획체계의 효과성을 제고하기 위해서도 국회의 예산심사과정이 top−down 방식으로 변경될 필요가 있다. 사실, top−down 예산제도와 중기재정계획체계는 하나의 세트로 움직이는 제도라고 해도 과언이 아니다. Top−down 예산제도의 기초가 되는 재정총량과 분야별 재원배분은 사실 국가재정운용계획에서 설정하는 것이다. 그런데 총량적 재정규율을 확보하기 위해서는 이의 기초가 되는 세입과 지출에 대한 추계가 중요한데, 이러한 추계의 실효성을 담보하기 위해서는 신중한 경제적 가정, 신중한 세입 및 세출 예측, 비용추계 등이 매우 중요하다. 우리나라에서 국가재정운용계획이 도입·운용되고 있으나 그 기초가 되는 경제적 가정이나 세입·세출 예측 등의 타당성, 객관성, 정확성을 검증하는 기능은 존재하지 않고 있다. 그러나 국회 예산심의의 첫 단계가 재정총량과 분야별 재원배분을 정하는 단계가 되면 자연스럽게 국회에서 행정부가 예산을 편성할 때 사용한 경제적 가정이나 세입·세출의 타당성을 검증할 수밖에 없다. 따라서 국회에서의 top-down 예산심의과정은 국가재정운용계획의 충실성을 제고할 수 있는 중요한 계기로 작용할 것이다.

그러나 재정총량을 먼저 정한 이후 개별 사업에 대한 미시적 심사에 들어간다고 해서 재정규율이 확보될 것으로 기대할 수는 없다. 미국의 경우 예산위원회의 설치와 예산결의안의 채택이라는 top-down 예산심의과정 도입 이후에도 지속적으로 재정총량이 늘어났다고 하는데, Ferejohn과 Krehbiel(1987)에 의하면 개별 사업에 미칠 영향을 고려하면서 재정총량을 정하고 이것이 예산결의안에 그대로 반영되었기 때문에 2단계 예산심의과정 도입 이후에도 예산이 지속적으로 늘어났다는 것이다. Wehner(2010)가 강조하고 있듯이, 예산심의의 순서(sequencing)보다 더 중요한 것은 재정총량과 분야별 배분을 정하는 위원회의 집권화(centralization)이다. 따라서 top-down 예산심의과정이 기대한 효과를 낼 수 있도록 예결위의 독립성을 충분히 확보하는 동시에 예산에 관한 의사결정권한이 집권화될 수 있도록 하는 방안을 고민할 필요가 있다.

참고문헌

국경복 외. (2012). "국회의 예산심사제도 개혁방안 연구: 거시총량적 심사와 전략적 재원배분 방안 도입을 중심으로." 국회 기획재정위원회.

국회예산정책처. (2022a). 「2021년 가결 법률의 재정소요점검」.

_______. (2022b). 「대한민국재정 2022」.

하연섭. (2016). "재정건전화의 정치경제: 비교제도분석." 「한국정책학회보」 25(1): 237-67.

하연섭 · 장유미 · 류철. (2022). "왜 우리 국회에서는 비용추계가 제대로 활용되지 않는가? 재정제도주의적 해석." 「한국정책학회보」 31(3): 257-81.

Anderson, Barry. (2008). "The Value of a Nonpartisan, Independent, Objective Analytical Unit to the Legislative Role in Budget Preparation." in Rick Stapenhurst, Riccardo Pelizzo, David M. Olson, and Lisa von Trapp(eds.), *Legislative Oversight and Budgeting: A World Perspective*. 131-39. Washington, D.C.: The World Bank.

_______. (2009). "The Changing Role of Parliament in the Budget Process." *OECD Journal on Budgeting* 9(1): 1-11.

Blöndal, Jón R., Dirk-Jan Kraan, and Michael Ruffner. (2003). "Budgeting in the United States." *OECD Journal on Budgeting* 3(2): 7-53.

Bourne, Ryan. (2020). "International Experience with Fiscal Rules." in John Merrifield and Barry Poulson(eds.), *A Fiscal Cliff: New Perspectives on the U.S. Federal*

Debt Crisis. 43–63. Washington, D.C.: Cato Institute.

Downes, Ronnie, Delphine Moretti and Trevor Shaw. (2017). "Budgeting in Sweden." *OECD Journal on Budgeting* 16(2).

Ferejohn, John and Keith Krehbiel. (1987). "The Budget Process and the Size of the Budget." *American Journal of Political Science* 31(2): 296–320.

Guess, George M. and James D. Savage. (2021). *Comparative Public Budgeting: Global Perspectives on Taxing and Spending*. Cambridge: Cambridge University Press.

Heniff, Bill, Jr, Sandy Streeter, Megan Suzanne Lynch, and Jessia Tollestrup. (2011). "Introduction to the Federal Budget Process." in Gerard T. Brenner and Alexander K. Monroe(eds.), *United Federal Budget Process*. 1–42. New York: Nova Science.

Johnson, John K. and Rick Stapenhurst. (2008). "Legislative Budget Offices: International Experience." in Rick Stapenhurst, Riccardo Pelizzo, David M. Olson, and Lisa von Trapp(eds.), *Legislative Oversight and Budgeting: A World Perspective*. 141–58. Washington, D.C.: The World Bank.

Jonung, Lars. (2015). "Reforming the Fiscal Framework: The Case of Sweden 1973–2013." in Torben M. Andersen, U. Michael Bergman, and Svend E. Hougaard Jensen(eds.), *Reform Capacity and Macroeconomic Performance in the Nordic Countries*. 190–215. Oxford: Oxford University Press.

Kramer, Mattea. (2012). *A People's Guide to the Federal Budget: National Priorities Project*. Northampton, MA: Interlink Books.

Lienert, Ian. (2005). "Who Controls the Budget: The Legislature or the Executive?" IMF Working Paper WP/05/115.

_______. (2010). "Role of the Legislature in Budget Processes." International Monetary Fund Technical Notes and Manuals.

_______. (2013). "Role of the Legislature in Budget Processes." in Richard Allen, Richard Hemming, and Barry H. Potter(eds.), *The International Handbook of Public Financial Management*. 116–36. London: Palgrave Macmillan.

_______ **and Moo-Kyung Jung**. (2004). "The Legal Framework for Budget Systems: An International Comparison." *OECD Journal on Budgeting* 4(3).

Lijphart, Arend. (1999). *Patterns of Democracy: Government Forms and Performance in Thirty–Six Countries*. New Haven: Yale University Press.

Ljungman, Gösta. (2006). "The Medium–term Fiscal Framework in Sweden." *OECD Journal on Budgeting* 6(3): 93–109.

McClanahan, Kate P., Bill Heniff, Jr., James V. Saturno, Justin Murray, and Megan S. Lynch. (2019). "Continuing Resolutions: Overview of Components and Practices." Congressional Research Service.

Organization for Economic Cooperation and Development. (2002). "The OECD

Budgeting Database." *OECD Journal on Budgeting* 1(3): 155–71.

_______. (2014). *Budgeting Practices and Procedures in OECD Countries*. Paris: OECD.

_______. (2019). *Budgeting and Public Expenditures in OECD Countries* 2019.

Pasachoff, Elioise. (2016). "The President's Budget as a Source of Agency Policy Control." *Yale Law Journal* 125(8): 2182–2290.

Pfiffner, James P. (2020). "OMB, the Presidency, and the Federal Budget." in Meena Bose and Andrew Rudalevige(eds.), *Executive Policymaking: The Role of the OMB in the Presidency*. 11–40. Washington, D.C.: Brookings Institution Press.

Posner, Paul and Chung-Keun Park. (2007). "Role of the Legislature in the Budget Process: Recent Trends and Innovations." *OECD Journal on Budgeting* 7(3): 77–102.

Schick, Allen. (2002). "Can National Legislatures Regain an Effective Voice in Budget Policy?" *OECD Journal on Budgeting* 1(3): 15–42.

_______. (2007). *The Federal Budget: Politics, Policy, Process*. Washington, D.C.: Brookings Institution Press.

Tsebelis, George. (1995). "Decision Making in Political Systems: Veto Players in Presidentalism, Parliamentalism, Multicameralism, and Multipartyism." *British Journal of Political Science* 25: 289–326.

_______. (2002). *Veto Players: How Political Institutions Work*. Princeton: Princeton University Press.

von Hagen, Jürgen. (2007). "Budgeting Institutions for Better Fiscal Performance." in Anwar Shah(ed.), *Budgeting and Budgetary Institutions*. 27–51. Washington, D.C.: The World Bank.

Wehner, Joachim. (2004). "Back from the Sidelines? Redefining the Contribution of Legislatures to the Budget Cycle." World Bank Institute Working Paper.

_______. (2010). *Legislatures and the Budget Process: The Myth of Fiscal Control*. New York: Palgrave Macmillan.

_______. (2014). "Legislatures and Public Finance." in Shane Martin, Thomas Saalfeld, and Kaare W. Strøm(eds.), *The Oxford Handbook of Legislative Studies*. 514–25. New York: Oxford University Press.

Wildavsky, Aaron and Naomi Caiden. (2004). *The New Politics of the Budgetary Process*. 5th ed., New York: Pearson.

Young, Stuart. (2006). "The British Budget Process: A Case Study." Harvard Law School Federal Budget Policy Seminar Briefing Paper 32.

제 8 장

예산집행

정부가 활동하기 위해서는 예산이 뒷받침되어야 한다. 예산편성단계가 정부가 추구하는 정책목표를 달성하기 위한 기획의 과정(planning process)이라면, 예산집행단계는 예산의 사용을 통해 정책목표를 실현하는 관리과정(management process)이라고 할 수 있다. 예산집행에서는 크게 두 가지 문제를 다룬다. 첫째, 예산집행의 과정을 다루는데, 이는 중앙예산기관과 일선 부처, 그리고 일선 부처 내에서도 예산관리기관과 일선 사업부서와의 상호작용의 문제라고 할 수 있다. 둘째, 예산집행은 관리과정이므로, 예산관리와 관련된 기법(즉, 회계, 자금관리, 구매 등)의 문제를 다룬다.

제1절 | 예산집행의 목적

예산집행의 목적으로서는 다음의 네 가지를 들 수 있다.

1. 입법부의 의도 준수

행정부는 입법부의 의도를 준수하면서 예산을 집행해야 한다. 이때 입법부의 의도란 재정적 측면뿐만 아니라 예산에 담긴 정책적 의도까지 포함하는 개념으로서, 예산집행을 통해 입법부가 당초 의도한 정책목표를 실현할 수 있어야 한다는 것이다.

2. 예산의 통제

행정부는 입법부가 정한 예산의 범위 내에서 지출해야 할 뿐만 아니라 적법한 방식으로 예산을 집행해야 한다. 이때, 예산의 범위란 예산의 총액 범위 내에서 지출이 이루어져야 한다는 것을 의미할 뿐만 아니라 사업별·조직별·지출대상별 예산의 한도를 준수하고 회계연도 내에 입법부가 승인한 예산을 지출하여야 한다는 것을 동시에 의미한다.

전통적으로 예산의 부적절한 사용과 낭비를 방지하고 예산절약을 기하는 것이 예산집행의 가장 중요한 목적으로 간주되어 왔는데, 이 목적은 오늘날에도 매우 중요하다. 사실 예산의 규모, 예산의 배분 같은 문제보다는 예산의 낭비, 비효율적인 예산사용, 예산운용과 관련된 부패 등이 정부예산과 관련해서 일반 국민의 관심을 더 많이 끄는 문제이다. 예산을 제대로 통제하지 못한 정부는 국민들로부터 불신을 자초할 수밖에 없기 때문에, 예산의 통제는 오늘날에도 매우 중요한 예산집행의 목적이라고 할 수 있다(Good, 2007: 206).

3. 신축성의 유지

예산편성과정과 예산심의과정을 통과한 예산은 행정부의 사업계획과 입법부의 의도를 반영하고 있기 때문에, 예산을 원래 계획한 대로 집행하는 것이 바람직하다. 그러나 예산이 통과된 후 경제상황의 변화, 세입·세출의 예측과 실제 상황과의 괴리, 리더십의 변화, 새로운 사회문제의 발생 등으로 인하여 예산이 집행과정에서 변경되어야 할 필요성이 발생한다. 따라서 예산집행의 과정에서 어느 정도의 신축성을 유지함으로써 필요할 경우 일정수준에서 예산을 변경하는 것은 불가피할 뿐만 아니라 바람직한 것이기도 하다.

그러나 회계연도가 진행되는 동안 예산을 변경하는 것은 다른 차원의 문제를 야기할 수 있다. 회계연도가 개시된 이후 예산을 변경하도록 행정부처의 장에게 재량권을 부여할 경우, 이는 정상적인 예산과정에서는 상상할 수 없는 상당한 의사결정권을 행정부처의 장에게 허용하는 것과 같다. 만약 행정부처의 장이나 행정부의 수반이 입법부의 의도를 뒤집을 정도로 재량권을 행사하게 되면, 입법부와 행정부 간에는 상당한 갈등이 발생할 수밖에 없을 것이다. 나아가 회계연도 개시 이후에 이루어진 예산의 변경이 상당한 수준이라면 이는 예산의 기획기능을 무력화시키는 결과를 초래할 수도 있으며, 더욱 심각하게는 의회에서 결정된 예산에 대해 만족하지 못하는 이익집단이나 관료들이 예산집행단계에서 예산을 수정하려고 시도할 수도 있을 것이다. 따라서 신축성의 유지와 예산의 변경은 입법부의 의도 준수라는 예산집행의 또 다른 목표와 갈등을 일으킬 수밖에 없다(Rubin, 2000; Nice, 2002).

다른 한편, 입법부의 의도만을 지나치게 강조할 경우, 변화하는 상황에 대한 신축적인 대응 능력이 약화될 수도 있다. 따라서 예산편성과 예산심의과정에서 예측할 수 없었던 문제들에 대응하고 사업을 효과적으로 수행하기 위해서는 집행기관의 자율성이 보장될 필요가 있다. 결국 예산집행과정에 있어서 가장 중요한 문제는 예산의 통제와 예산집행의 자율성을 어떻게 조화시킬 것인가에 있다고 할 것이다.

4. 예산운용의 효율성과 효과성 제고

기본적으로 예산집행은 재원의 사용과 관리를 통해 사업의 목적을 달성코자 하는 행위라고 할 수 있다. 따라서 어떻게 재원을 사용하고 관리하느냐에 따라 사업 목적의 달성 정도가 달라지게 된다. 정부가 설정한 우선순위에 따라 예산을 효율적·효과적으로 사용하는 것도 예산집행의 중요한 목적인 것이다. 이러한 예산운용의 효율성과 효과성 제고는 최근에 와서 강조되기 시작한 예산집행의 목적이다. 예산운용의 효율성과 효과성을 제고하기 위해서는 투입에 대한 세부적인 통제로부터 벗어나 예산운용과정에서 집행기관에 상당한 자율성을 보장해 줄 필요가 있으며, 투입보다는 예산집행의 결과에 초점을 맞출 필요가 있다.

제2절 | 예산집행과정

국회에서의 예산승인(appropriation)이란 입법부가 행정부에 대해서 한 회계연도 동안에 지출할 수 있는 권한을 부여했다는 것을 의미할 뿐이다. 예산승인으로부터 실제 지출이 이루어지기까지는 몇 단계의 중간과정을 거쳐야 한다.

예산집행의 첫 번째 단계는 예산의 배정(apportionment)이다. 예산의 배정이란 중앙예산기관이 일선 부처가 사용할 수 있는 예산의 한도를 정해 주는 작업이다. 즉, 예산승인이 의회가 행정부처에게 한 회계연도 동안에 지출을 할 수 있는 권한을 부여하는 행위를 의미한다면, 예산의 배정이란 중앙예산기관이 각 행정부처에게 지출을 할 수 있는 권한을 부여하는 행위를 의미하는 것이다.

예산의 배정은 주로 분기별로 이루어진다. 국가재정법(제42, 43조)에 의하면 각 중앙관서의 장은 예산이 확정된 후 사업운영계획 등을 포함한 예산배정요구서를 기획재정부 장관에게 제출하여야 하며, 기획재정부 장관은 예산배정요구서에 따라 분기별 예산배정계획을 작성하여 국무회의의 심의를 거친 후 대통령의 승인을 얻도록 되어 있다. 이러한 절차에 따라 기획재정부 장관이 각 부처에 예산을 배정할 때에는 이를 감사원에 통지하여야 한다.

예산의 배정이 이루어지면, 각 행정기관 내부에서 예산의 재배정(allotment)이 이루어진다. 예산의 재배정은 각 행정부처의 장이 각 실무부서에게 지출을 할 수 있는 권한을 부여하는 것을 의미한다. 예산의 재배정은 주로 월별로 이루어진다. 예산의 배정과 재배정이 있어야만 각 실무부서는 비로소 지출을 할 수 있는 것이다.

행정부에서 예산이 배정될 때에는 국회에서 의결된 예산보다 예산의 사용용도가 더 상세하게 규정된다. 즉, 국회에서 예산을 의결하여 줄 때는 예산의 항까지만 의결하지만 예산을 배정할 때는 이보다 더 세부적으로 세항과 목까지 분류해서 지출권한을 부여하게 된다. 이러한 이유로 예산의 과목구조에서 장, 관, 항을 입법과목이라고 부르고, 세항과 목을 행정과목이라고 부르는 것이다.

예산배정제도를 두는 근본적인 이유는 지출원인행위와 지출의 시기를 조정하기 위한 것이다. 예산배정제도는 각 부처가 모든 재원을 조기에 사용하지 못하게 함으로써 궁극적으로 추가경정예산편성의 필요를 최소화하기 위한 장치라고 할 수 있다. 이와 함께 예산배정제도를 통해 지출과 지출원인행위의 시기와 속도를 조절함으로써 경기를 조절하고자 하는 경우도 있다. 예산배정이 갖는 이러한 기능을 보다 적극적으로 수행하기 위하여, 우리나라 국가재정법 제43조에서는 기획재정부 장관이 재정수지의 적정한 관리 및 예산사업의 효율적인 집행관리 등을 위하여 필요한 때에는 분기별 예산배정계획을 조정하거나 예산배정을 유보할 수 있으며, 배정된 예산의 집행을 보류하도록 조치를 취할 수 있음을 규정하고 있다.

예산의 재배정 또한 회계연도 동안 지출의 시기를 통제함으로써 자금의 조기 사용을 방지하거나 경기를 조절하기 위한 장치로 활용된다. 따라서 예산의 배정과 재배정 모두 관리적 기능 및 거시경제적 기능을 수행한다고 할 수 있다.

예산의 배정과 재배정이 이루어지고 나면, 비로소 각 사업부서에서 예산의 집행이 이루어지게 된다. 예산의 집행은 통상적으로 계약의 체결이나 재화의 주문이라는 형태를 통해 이루어지는데, 이러한 행위는 현금의 지급을 수반하는 것이 아니라 지출이 궁극적으로 이루어지게끔 하는 원인행위를 하는 것이다. 따라서 이러한 행위를 지출원인행위(commitment)라고 한다. 지출원인행위를 할 수 있는 예산규모는 예산배정과 예산재배정 단계에서 허용된 액수를 초과할 수 없다.

지출원인행위가 이루어진 후에는 실질적으로 계약체결의 당사자에게 계좌이체 혹은 현금 등을 지급하는 행위가 수반되는데, 이를 지출(disbursement)이라고 부른다. 지출행위는 통상적으로 사업부서가 직접 하는 것이 아니라 조직 내 지출관이 이를 담당한다.

[그림 8-1]은 예산집행의 절차를 보여주고 있다.

그림 8-1 예산집행의 절차

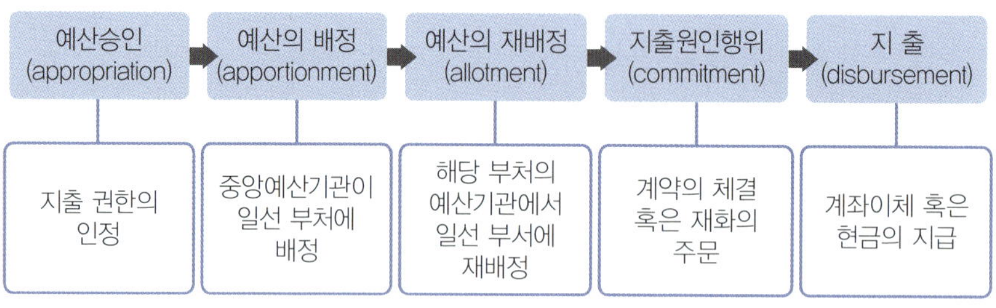

제3절 | 예산배정제도의 기능

중앙예산기관의 예산배정권한은 중요한 정책적·행정적 도구이다. 일선 부처가 사용하는 예산은 의회에서 승인된 예산보다는 중앙예산기관에 의해서 배정되는 예산에 의해 그 구체적인 모습이 결정된다고 할 수 있다. 예산배정은 통상적으로 분기별로 이루어지는데, 이를 통해 중앙예산기관은 일선 부처의 지출패턴을 통제할 뿐만 아니라 입법부에서 예산이 의결된 후에 발생한 상황의 변화에 신축적으로 대응할 수 있게 되는 것이다. 이러한 이유로 예산배정을 소규모 운영예산(mini-operating budget)이라고 부르기도 한다.

Axelrod(1995)에 의하면 예산배정제도는 다음과 같은 여섯 가지 기능을 수행한다.

1. 입법부 의결 후의 지출계획조정

의회에서 최종적으로 의결된 예산은 행정부의 예산안과는 사뭇 다를 수밖에 없다. 의회의 예산심의과정을 통해 정책과 지출수준에 있어서의 변화를 수반하는 새로운 예산이 나타나게 되는 것이다. 어떤 사업에 승인된 지출규모가 변했을 수 있고, 새로운 사업이 추가되었을 수도 있으며, 특정 사업은 의회의 심의과정에서 폐기되었을 수도 있다.

또한 예산편성 당시에 기초했던 경제적 가정들이 더 이상 유효하지 않을 수도 있으며, 세입·세출에 대한 예측이 다르게 나타날 수도 있다. 예를 들면, 우리나라의 경우 예산이 편성되는 시점은 통상적으로 회계연도 8~9개월 전이며, 예산이 국회에 제출되는 시점도 회계연도 개시 4개월 전이다. 특정 회계연도의 4/4분기(10~12월)와 비교하면 예산이 편성되는 시점은 적어도 1년 반 전이기 때문에 예산편성 당시 기초했던 경제적 가정들과 이에 기반해서 이루어진 세입·세출예측은 부정확할 수밖에 없다. 따라서 이러한 변화를 반영해서 새로운 지출계획을 수립해야 할 필요가 있으며, 이러한 새로운 지출계획의 집행을 가능하게 하는 것이 바로 예산배정제도인 것이다.

2. 지출통제

예산배정제도는 지출을 통제하기 위한 수단으로서, 지출통제야말로 예산배정의 가장 중요한 기능이다. 자금의 분기별 배정을 통해 ① 예산의 조기사용 방지, ② 균형예산 유지, ③ 재정적자의 발생 방지, 그리고 ④ 추가경정예산의 편성요인 억제 등의 목적을 달성할 수 있다. 특히, 일선 부처가 사용할 수 있는 예산을 조기에 사용하고 나서 새로운 예산을 요구할 수 없도록 하는 것이 예산배정의 가장 중요한 목적이다.

Axelrod(1995)는 지출을 통제하기 위한 기제(mechanisms)로서 다음의 일곱 가지를 들고 있다.

1) 수입과 지출의 모니터링

중앙예산기관이 주기적으로(월별 혹은 주별) 세입과 세출을 모니터링함으로써 실제의 세입과 세출이 예측치와 동일한지를 점검한다.

2) 지출한도액 설정

지출원인행위와 지출액에 대한 최고한도를 설정함으로써 지출을 통제한다.

3) 자금의 용도배당

일선 부처의 초과지출을 방지하기 위해 자금의 사용처에 대한 용도지정을 하기도 한다. 우리나라에서도 급여, 상여금, 정액수당, 공공요금, 채무상환금 및 차관이자는 전용할 수 없도록 규정하고 있다.

4) 긴급비 설정

비상사태나 예측할 수 없었던 상황에 대처하기 위해 중앙예산기관은 전체 예산액 중 일정액을 보유한다.

5) 계약과 지출의 시기지연

지출을 통제하기 위한 또 다른 방법으로서 들 수 있는 것이 계약과 사업시행 시기 등을 지연하는 방법이다.

6) 연도 말 과다지출의 억제

연도 말 과다지출을 억제하기 위해서 분기별 · 월별로 자금을 배정한다.

7) 지출의 촉진

예산배정은 지출을 지연시키는 기능을 담당할 뿐만 아니라 경제불황기에는 지출을 촉진시키는 역할도 담당한다.

3. 신축성 유지

예산을 집행함에 있어 정부는 예측하지 못한 상황에 직면하게 된다. 이때 이러한 상황에 대처하기 위한 방법으로서 예산배정제도가 활용되는 것이다.

4. 경기변동에 대처

예산배정제도는 경기조절기능을 담당하기도 한다. 즉, 경기가 불황에 처할 때는 지출을 촉진하고, 경기 호황기에는 지출을 지연시키는 기능을 담당하는 것이다.

우리나라의 경우에도 예산배정과 예산집행을 앞당김으로써 경기를 살리려는 노력을 기울이고 있다. 우리나라에서는 하반기 대비 상반기의 예산집행 목표를 높게 잡고 그 집행을 관리 · 이행하고 있는데, 이러한 방식을 '조기집행'이라고 부른다(국회예산정책처, 2022). 〈표 8-1〉은 2017년부터 2022년 사이의 상반기 집행 목표와 상반기 집행실적을 보여주고 있는데, 매년 60~70% 정도의 재정을 상반기에 집행하고 있음을 알 수 있다.

표 8-1 2017~2021 중앙부처 조기집행 목표 및 실적 (단위: 조 원, %)

구분	연간집행계획 (A)	상반기 집행목표		상반기 집행실적	
		금액(B)	집행률(B/A)	금액(C)	집행률(C/A)
2017	233.8	135.7	58.0	139.52	59.6
2018	238.6	138.9	58.2	149.3	62.6
2019	252.6	155.9	61.7	166.2	65.8
2020	261.4	164.6	63.0	175.6	67.2
2021	293.3	187.4	63.9	203.2	69.3

자료 : 국회예산정책처(2022: 211).

5. 사업의 효율성과 효과성 제고

예산배정제도는 관리도구로서 기능할 수도 있다. 즉, 정부가 사업평가, 관리분석 등을 할 수 있는 능력을 갖추고 있는 경우, 예산집행과정에서 발생하는 사업의 불필요한 지연, 경비의 과다지출, 목표 달성 미달 등을 발견해 낼 수 있다. 이때 이러한 문제들이 해결되지 않을 경우 더 이상의 예산배정을 거부함으로써 사업의 능률과 효과를 향상시킬 수 있는 것이다.

우리나라의 국가재정법도 예산의 효율적인 집행관리 등을 위하여 수시배정과 예산배정의 유보 등을 규정하고 있다. 수시배정은 국가재정법 제43조 제4항에 규정되어 있는데, 예산의 효율적인 집행관리를 위하여 필요한 때에는 분기별 예산배정계획에 관계없이 개별 사업의 추진상황과 문제점 등을 검토하여 그 결과에 따라 예산을 배정할 수 있도록 하는 제도이다. 그리고 국가재정법 제43조 제5항에서는 재정수지의 적정한 관리 및 예산사업의 효율적인 집행관리 등을 위하여 필요한 때에는 분기별 예산배정계획을 조정하거나 예산배정을 유보할 수 있으며, 예산의 집행을 보류할 수 있도록 규정하고 있다.

6. 신규사업의 착수와 사업종료

예산배정제도를 통해 새로운 사업의 착수와 사업의 종료를 통제할 수 있다.

제4절 | 예산의 신축성 유지방법

국회에서 통과된 예산은 사업별·조직별·지출대상별로 그 범위가 엄격하게 정해질 뿐만 아니라 지출시기도 회계연도 독립의 원칙에 의해 한 회계연도로 한정된다. 국회에서 예산을 의결해 줄 때는 장, 관, 항까지 의결해 주며, 이렇게 국회를 통과한 예산은 다시 행정부 내부에서 구체적으로 세항과 목까지 그 사용대상이 엄격하게 규정된다.

이에 따라 예산의 신축성 유지방법은 크게 세 가지로 나뉜다.

첫째는 입법과목 간 상호융통 혹은 행정과목 간 상호융통을 허락함으로써 예산집행과정에서 나타나는 예상치 못한 상황의 변화에 대처하는 방법이다. 이를 사업내용과 시행방법상의 신축성 유지방법이라고 할 수 있다. 이에 해당하는 신축성 유지방법으로는 예산의 이용, 전용, 이체, 예비비, 그리고 추가경정예산 등을 들 수 있다.

둘째는 경비의 성격에 따라 회계연도 독립의 원칙을 지키지 못할 것이 예상되거나 혹은 불가피하게 한 회계연도를 넘겨 지출을 해야 할 상황이 발생하게 되는데, 이때 필요한 신축성 유지방법이 있다. 이를 시기적인 신축성 유지방법이라고 할 수 있다(신무섭, 2009). 이에 해당하는 신축성 유지방법으로는 이월, 계속비, 국고채무부담행위 등을 들 수 있다.

셋째, 최근의 결과중심 예산개혁에 따라 실무부처의 자율성을 확대해 주기 위한 예산의 신축성 유지방법이 강조되고 있는데, 대표적인 예가 총액예산제도이다.

1. 사업내용과 시행방법상의 신축성 유지방법

1) 이 용

예산의 이용(移用)은 입법과목 간의 상호융통을 의미한다. 즉, 장, 관, 항 사이의 상호융통이다. 원칙적으로 각 중앙관서의 장은 각 기관 간 또는 각 장·관·

항 간에 상호이용할 수 없도록 되어 있지만, 예산집행상 필요에 따라 미리 예산으로써 국회의 의결을 얻은 때에는 기획재정부 장관의 승인을 얻거나 기획재정부 장관이 위임하는 범위 안에서 자체적으로 이용할 수 있도록 하고 있다.

그런데 '예산집행상 필요한 경우'를 넓게 인정하는 문제를 제어하기 위하여, 2014년 국가재정법을 개정하여 이용이 가능한 사유를 ① 법률상 지출의무의 이행을 위한 경비 및 기관운영을 위한 필수적 경비의 부족액이 발생하는 경우, ② 환율변동 · 유가변동 등 사전에 예측하기 어려운 불가피한 사정이 발생하는 경우, ③ 재해대책 재원 등으로 사용할 시급한 필요가 있는 경우, ④ 그 밖에 대통령령으로 정하는 경우로 한정하고 있다.

2) 전 용

예산의 전용(轉用)은 행정과목 간의 융통을 의미한다. 따라서 국회의 승인이 필요한 이용과는 달리 예산의 전용을 위해서는 행정부 내부의 절차만 요구된다. 전용은 예산의 목적범위 안에서 재원의 효율적 활용을 위한 것으로, 전용을 하는 경우에는 사업 간의 유사성이 있는지, 재해대책 재원 등으로 사용할 시급한 필요가 있는지, 기관운영을 위한 필수적 경비의 충당을 위한 것인지 여부 등을 종합적으로 고려하여야 한다. 그리고 당초 예산에 계상되지 아니한 사업을 추진하는 경우와 국회가 의결한 취지와 다르게 사업 예산을 집행하는 경우에는 전용할 수 없다.

3) 이 체

정부조직 등에 관한 법령의 제정 · 개정 또는 폐지로 인하여 중앙관서의 직무와 권한에 변동이 있을 때, 중앙관서장의 요구에 의하여 기획재정부 장관이 예산을 상호이용하는 것을 이체(移替)라고 한다.

4) 예비비

예산편성 시에 미처 예측할 수 없는 사태에 대처하기 위하여 별도의 금액을 처음부터 계상해 놓는 방법을 활용하는데, 이 같은 경비가 바로 예비비(豫備費)이다. 예비비는 일반예비비와 목적예비비로 구분된다. 일반예비비는 사용용도가 제한되지 않는 예비비로서, 현재 우리나라는 일반회계 총액의 1% 이내의 금액을 일반예비비로 계상할 수 있도록 하고 있다. 이와는 달리 예산총칙에서 미리 사용목적을 지정해 놓은 예비비도 있는데 이를 목적예비비라고 한다. 일반예비비와 목적예비비 모두 공무원의 보수 인상을 위한 인건비를 충당할 목적으로는 사용할 수 없다.

예비비는 기획재정부 장관이 관리하며, 중앙관서의 장은 예비비의 사용이 필요한 때에는 그 이유와 금액 등을 명백히 한 명세서를 작성하여 기획재정부 장관에게 제출하여야 하며, 기획재정부 장관은 국무회의의 심의와 대통령의 승인을 얻도록 되어 있다.

5) 추가경정예산

추가경정예산(追加更正豫算)은 예산이 국회에서 통과된 이후 발생한 요인으로 인해 추가적인 예산이 필요하다고 판단될 때, 본예산에 추가 또는 변경을 가하는 예산이다. 추가경정예산은 본예산과 동일한 예산편성 및 심의 절차를 밟도록 되어 있으며, 정기국회가 아닌 임시국회에서 처리된다. 우리나라의 경우 거의 매년 추가경정예산이 편성되고 있다.

2. 시기적인 신축성 유지방법

1) 이 월

예산의 이월(移越)이란 당해 회계연도의 예산을 다음 연도의 예산으로 사용하는 것을 말한다. 이월할 수 있는 경비는 다음과 같다.

① 명시이월

경비의 성격상 한 회계연도 내에 지출이 완료되지 못할 것이 예산편성단계부터 예상되는 경비가 있다. 이러한 경비에 대해서는 그 취지를 미리 명시하여 국회의 승인을 얻어 다음 회계연도에 이월하여 사용할 수 있도록 하고 있는데, 이를 명시이월비(明示移越費)라고 한다.

국가재정법 제24조에 의하면 '세출예산 중 경비의 성질상 연도 내에 지출을 끝내지 못할 것이 예측되는 때에는 그 취지를 세입세출예산에 명시하여 미리 국회의 승인을 얻은 후 다음 연도에 이월하여 사용할 수 있다.'라고 규정하고 있다. 명시이월비는 원칙적으로 명시이월 승인을 얻은 연도의 다음 연도에 한하여 집행할 수 있다는 점에서 2~5년간 집행할 수 있는 계속비와 차이가 있다.

② 사고이월

명시이월비는 예산을 편성할 때부터 이월할 것으로 예상하여 국회의 승인을 미리 받아 둔 경비이다. 이와는 달리 사고이월비(事故移越費)는 이월할 것이 미리 예상된 것이 아니라 예산집행과정에서 이월하지 않을 수 없게 된 경비이다. 보다 구체적으로, 사고이월비는 지출원인행위를 할 당시에는 연도 내 지출이 가능하였으나 추진하는 과정에서 불가피한 사유 때문에 지출이 다음 연도로 이월된 경비를 말하는 것이다.

2) 계속비

지출의 성격상 한 회계연도 내에 지출이 모두 이루어지지 못하고 수년도에 걸쳐서 지출이 이루어져야만 하는 경우가 있다. 완성에 수년을 요하는 공사나 제조 및 연구개발 사업이 대표적인 예이다. 이러한 사업들을 위해 경비의 총액과 연부액(年賦額)을 정하여 미리 국회의 의결을 얻은 범위 안에서 수년도에 걸쳐 지출이 이루어질 수 있도록 하는데, 이와 같은 지출이 계속비(繼續費)이다. 계속비의 연한은 원칙적으로 그 회계연도부터 5년 이내로 하는데, 사업규모 및 국가재원 여건상 필요한 경우에는 예외적으로 10년 이내로 할 수 있다. 또한 필요하다고 인정되는 때에는 국회의 의결을 거쳐 지출연한을 연장할 수 있도록 하고 있다. 그리고 계속비의 연도별 연부액 중 당해 연도에 지출하지 못한 금액은 계속비 사업의 완성연도까지 계속 이월하여 사용할 수 있다.

3) 국고채무부담행위

국고채무부담행위(國庫債務負擔行爲)란 당해 연도 예산확보 없이 국가가 채무를 지는 행위를 말한다. 즉, 사업이나 공사 등에 대한 계약은 당해 연도에 체결해야 하나 지출은 다음 연도 이후에 이루어지는 경우에 활용되는 것이 국고채무부담행위인 것이다. 국가재정법(제25조)에서는 법률에 따른 것과 세출예산금액 또는 계속비의 총액 범위 내의 것 이외에 채무를 부담하는 행위를 할 경우에는 미리 예산으로써 국회의 의결을 얻도록 하고 있다. 국고채무부담행위를 위해서는 사항마다 그 필요한 이유를 밝혀야 하고, 그 행위를 할 연도 및 상환연도와 채무부담의 금액을 표시하도록 되어 있다. 국고채무부담행위에 해당하는 지출은 세입 · 세출예산액에는 포함되지 않고 그 상환액이 다음 연도 이후 세출예산에 포함된다.

3. 결과중심 예산제도와 신축성 유지방법

기존의 예산집행방식은 '통제' 위주의 예산집행이었다. 이는 예산낭비의 방지와 예산사용과 관련된 부패의 최소화라는 목표를 달성하는 데는 기여했지만, 예산의 효율성과 효과성을 제고하는 데에는 오히려 걸림돌로 작용한다는 지적이 있어 왔다. 이러한 문제를 극복하기 위해 OECD 국가들을 중심으로 이른바 결과중심 예산제도로 전환하고 있는데, 결과중심 예산제도란 집행기관에 예산운용과 관련된 상당한 자율성을 보장해 주고 예산운용의 결과에 대해서 책임을 묻는 제도이다.[1] 결과중심 예산제도를 도입하게 되면 예산집행과정은 불필요한 통제장치를 완화시켜 나가면서 '결과와 성과'를 중시하는 예산운용방식으로 전환하는 동시에, 지속적으로 예산의 부적절한 관리가 일어나지 않도록 하는 데 초점을 맞추게 된다.

결과중심 예산개혁과 연관된 신축성 유지방법으로서는 운영비 예산에 대한 총액예산제도를 들 수 있다. 총액예산제도란 과거처럼 운영비의 각 항목에 대해서 세세하게 통제하는 것이 아니라 집행기관의 장에게 운영비 총액을 배분해 준 상태에서 사업의 수행에 가장 적절하다고 판단되는 방식으로 운영비 예산을 사용할 수 있는 권한을 주는 제도이다. 총액예산 내에서는 얼마든지 항목 간 예산의 자유로운 이동이 가능하기 때문에 예산절약을 위한 유인이 생겨날 수 있고 예산집행과정에서 자율성을 신장시킴으로써 궁극적으로 예산운용의 결과에 대해 책임을 물을 수 있다는 것이 총액예산제도를 도입하는 이유이다.

---

1) 결과중심 예산제도 혹은 결과중심 예산개혁에 관한 보다 자세한 내용은 이 책의 제12장을 볼 것.

제5절 | 예산통제방법의 변화

예산통제는 세 단계를 거쳐 발전해 왔다. 중앙예산기관에 의한 지출의 외부적 통제(external control), 일선 부처에 의한 투입에 대한 통제를 의미하는 내부적 통제(internal control), 그리고 사업부서에 대한 자율권·재량권을 인정한 상태에서 결과에 대해 책임을 묻는 관리적 책무성(managerial accountability) 단계로의 변화가 바로 그것이다. 이러한 통제방법의 변화 순서는 외부적 통제가 정착된 후에야 내부적 통제 단계로 전환할 수 있으며, 내부적 통제가 확립된 이후에야 사업부서에 재량권을 인정해 주고 결과에 대해 책임을 물을 수 있다는 것을 의미한다(Schick, 1998: 113).

1. 외부적 통제

외부적 통제는 예산의 투입측면에 대한 통제에 초점을 맞추며, 산출은 고려하지 않는 것이 특징이다. 외부적 통제는 다음과 같은 장점을 지니고 있다.

① 지출이 발생하기 전에 사전적 통제가 가능하다.
② 정부 전체에 걸쳐서 균일한 적용이 가능하다.
③ 투입에 초점을 맞추기 때문에 정부지출의 경제성을 확보할 수 있다.
④ 실제 예산을 집행하는 사람과 지출의 합법성과 적정성을 평가하는 사람이 다르다.
⑤ 구체적인 예산집행에 초점을 맞출 수 있다.

그러나 이러한 장점에도 불구하고, 외부적 통제는 투입에만 초점을 맞추기 때문에 투입-산출의 비교에 기반하여 효율성을 제고하기 어렵다는 한계를 지니고 있다(Schick, 1998: 115-16).

2. 내부적 통제

내부적 통제는 예산을 실제 집행하는 조직이나 사람이 예산운용의 합법성과 적정성에 대해 일차적인 책임을 지도록 하는 통제방식을 의미한다. 내부적 통제가 이루어지기 위해서는 각 일선 부처가 예산집행을 통제할 수 있는 별도의 조직과 인력 및 관리 시스템을 구비하고 있어야 한다. 통제는 여전히 투입에 초점을 맞추지만, 지출을 위해서 외부기관으로부터 사전승인을 받아야 할 이유는 없다. 사전적 승인 대신에 사후적 감사가 중시되며, 예산통제가 모든 예산운용을 대상으로 하기보다는 몇 개의 샘플만 대상으로 하여 예산운용이 절차를 준수하였는지를 확인한다.

내부적 통제는 예산운용에 있어서 순응비용(compliance costs)을 줄이고 과업수행과정에서 관리자에게 어느 정도의 자율성을 보장함으로써 운영적 효율성을 높일 수 있는 장점이 있다. 그러나 내부적 통제로 전환한다 하더라도 관리자들이 여전히 외부규칙에 의해 예산을 운용해야 하는 문제는 거의 해결되지 않는다. 내부적 통제로 전환한다 하더라도 관리자들의 자율성과 재량권이 향상되지 않는 이유는 다음의 세 가지이다.

① 획일적인 예산운용이 관리자들의 재량권을 제약한다.

② 여전히 중요한 예산운용에 있어서는 중앙의 승인을 받아야 한다.

③ 중앙예산기관이 통제를 완화한다 하더라도, 통제 자체가 완화되는 것이 아니라 통제의 주체가 중앙예산기관에서 일선 부처의 본부조직으로 바뀔 뿐이다. 일선 관리자의 입장에서는 통제의 주체가 중앙예산기관이거나 일선 부처의 본부조직이거나 상관없이 여전히 운용의 자율성을 제약받는다는 것이다(Schick, 1998: 116-17).

3. 관리적 책무성

관리적 책무성을 강조하는 통제방식에서는 통제의 초점이 투입에서 산출로 전환된다. 관리자는 배정된 예산을 어떻게 사용할 것인가에 대해 상당한 자율성을 가지는 대신, 예산운용의 결과에 대해서는 책임을 진다. 사실, 자율성과 책무성은 긴밀하게 연계되어 있는 개념이다. 자율성이 없이 예산을 운용한 관리자에게 예산운용의 결과를 물을 수는 없다. 또한 결과에 대해 책임을 지지 않는다면, 예산운용에 있어서 자율성을 향유할 이유가 없다.

Schick(1998: 123-27)에 의하면 관리적 책무성의 기본요소는 다음과 같다.

① 사업부서(혹은 관리자)에 예산을 총액으로 배분한다.

② 예산운용의 책임이 실제 사업을 수행하는 관리자에게 위임된다.

③ 비용이 산출이나 활동을 단위로 배정된다.

④ 산출물이 사전에 정의된다.

⑤ 서비스의 구매자와 서비스의 공급자가 구분된다.

⑥ 정부는 포괄적인 성과보고체계와 감사체계를 운영한다.

⑦ 관리자는 비용과 산출물에 대해 책임을 진다.

다음의 〈표 8-2〉는 예산통제의 유형과 특징을 정리해 놓은 것이다.

표 8-2 예산통제의 유형

통제의 유형	통제의 주체	통제의 대상	책무성의 유형
외부적 통제	중앙예산기관	투입 : 개별 지출 항목	예산항목 준수 예산 관련 절차 준수 사전적 통제
내부적 통제	일선 부처	투입 : 주요 지출 항목	일선 부처의 예산관리방식이 정부 전체의 기준을 충족 사후적 통제
관리적 책무성	사업 담당자 (혹은 조직)	산출과 총운영비	산출에 대한 책무성 산출에 대한 사전적 정의 산출에 대한 사후적 감사

자료 : Schick(1998: 115).

참고문헌

국회예산정책처. (2022). 「대한민국재정 2022」.

신무섭. (2009). 「재무행정학」. 개정6판. 서울: 대영문화사.

Allen, Richard and Daniel Tommasi. (2001). *Managing Public Expenditure: A Reference Book for Transition Countries*. Paris: OECD.

Axelrod, Donald. (1995). *Budgeting for Modern Government*. 2nd ed., New York: St. Martin's Press.

Burkhead, Jesse. (1956). *Government Budgeting*. New York: John Wiley & Sons.

Good, David A. (2007). *The Politics of Public Money: Spenders, Guardians, Priority Setters, and Financial Watchdogs inside the Canadian Government*. Toronto: University of Toronto Press.

Hendrick, Rebecca and John P. Forrester. (1999). "Budget Implementation." in Roy T. Meyers(ed.), *Handbook of Government Budgeting*. 568–96. San Francisco: Jossey–Bass.

Nice, David C. (2002). *Public Budgeting*. Belmont, CA: Wadsworth/Thomson Learning.

Rubin, Irene S. (2000). *The Politics of Public Budgeting: Getting and Spending, Borrowing and Balancing*. 4th ed., Chatham, N.J.: Chatham House.

Schick, Allen. (1998). "A Contemporary Approach to Public Expenditure Management." Washington D.C.: The World Bank.

_______. (2007). *The Federal Budget: Politics, Policy, Process*. Washington, D.C.: Brookings Institution Press.

Tommasi, Daniel. (2013). "The Budget Execution Process." in Richard Allen, Richard Hemming, and Barry H. Potter(eds.), *The International Handbook of Public Financial Management*. 285–311. London: Palgrave Macmillan.

제 9 장

결산과 감사

제1절 | 결산의 의의와 과정

결산은 예산과정의 마지막 단계로서, 세입과 세출의 결과를 확정된 계수로 표시하는 행위를 의미한다. 결산결과는 감사원의 검사를 통해 집행의 적법성과 회계의 적절성을 검증받는다. 감사원의 결산 확인 후 최종적으로 국회의 결산심의가 끝나면 한 회계연도의 예산과정은 종료된다. 국회의 결산승인은 지출에 대한 정부의 책임을 해제시키는 의미를 갖는다.

예산과 결산은 가급적 일치하는 것이 바람직하지만, 예산과 결산은 일치할 수가 없다. 예산은 사전적 계획인 데 반해, 결산은 사후적인 세입과 세출에 대한 기록이기 때문이다. 국회에서 예산이 통과된 이후 예기치 못한 문제에 봉착하고 새로운 상황이 전개되었을 경우 집행과정에서 예산은 변경될 수밖에 없는 것이다. 따라서 실제 집행된 예산과 편성 · 심의되었을 당시의 예산은 다를 수밖에 없다.

결산과정은 수입 · 지출의 출납사무를 완결하는 것으로부터 실질적으로 시작된다. 즉, 기획재정부 장관은 매 회계연도 2월 10일[1]에 감사원장이 지정하는 감사위원과 그 밖의 공무원의 참여하에 직전 회계연도의 총세입부와 총세출부를 마감한다. 총세입부 · 총세출부란 정부의 세입세출예산 집행결과를 중앙관서별 · 회계별 · 예산과목별로 기록한 총괄 회계장부를 의미한다. 총세입부 · 총세출부를 마감한다는 것은 한 회계연도의 세입세출 출납사무를 완결하고 정부 전체의 세입세출 실적과 세계잉여금 규모가 확정됨을 의미하는 것이다.

결산 시 발생하는 일반회계의 세계잉여금은 지방교부세와 지방교육재정교부금 정산에 우선 사용하며, 그 금액을 제외한 세계잉여금의 30% 이상은 공적자금 상환기금에 우선적으로 출연하도록 되어 있다. 이상의 정산액과 상환액을 제외한 나머지 금액의 30% 이상을 국가채무를 상환하는 데 사용하여야 한다. 위의 용도에 따라 사용한 금액을 제외한 세계잉여금은 추가경정예산안의 편성에 사용할 수 있으며, 최종 잔액은 다음 연도 세입에 이입하도록 되어 있다(국가재정법 제90조).

1) 이를 출납정리기한이라고 한다.

총세입부·총세출부 마감 이후 각 중앙관서의 장은 그 소관에 속하는 일반회계·특별회계 및 기금을 통합한 중앙관서결산보고서를 작성한다. 중앙관서의 장이 아닌 기금관리주체는 매 회계연도마다 기금에 관한 결산보고서(기금결산보고서)를 작성하여 소관 중앙관서의 장에게 제출토록 되어 있다. 결산보고서는 다음 연도 2월 말까지 기획재정부 장관에게 제출하여야 한다. 기획재정부 장관은 회계연도마다 중앙관서결산보고서를 통합하여 국가의 결산보고서(국가결산보고서)를 작성한 후 국무회의의 심의를 거쳐 대통령의 승인을 받아야 한다(국가회계법 제13조). 이렇게 대통령의 승인을 받은 국가결산보고서를 기획재정부 장관은 다음 연도 4월 10일까지 감사원에 제출하여야 한다.

감사원은 국가결산보고서를 검사하고 그 보고서를 다음 연도 5월 20일까지 기획재정부 장관에게 송부하여야 한다. 그리고 정부는 감사원의 검사를 거친 국가결산보고서를 다음 연도 5월 31일까지 국회에 제출토록 되어 있다. 다음 〈표 9-1〉은 국회 제출 시까지 결산의 과정을 보여주고 있다.

표 9-1 결산의 과정

기간	사항
다음 연도 2월 10일까지	총세입부와 총세출부 마감
다음 연도 2월 말까지	중앙관서결산보고서 작성 및 제출 (각 부처 → 기획재정부)
다음 연도 4월 10일까지	중앙관서결산보고서를 통합한 국가결산보고서 작성 국무회의의 심의와 대통령의 승인 국가결산보고서 감사원 제출 (기획재정부 → 감사원)
다음 연도 5월 20일까지	국가결산보고서 검사보고서 송부 (감사원 → 기획재정부)
다음 연도 5월 31일까지	감사원의 검사를 거친 결산보고서 제출 (정부 → 국회)

제2절 I 결산과 의회

예산과정에서의 의회의 역할은 예산심의과정과 결산과정에서 나타난다. 그런데 흥미로운 사실은 예산심의과정에서 의회가 적극적인 역할을 하는 경우에는 결산과정에서의 역할은 그리 크지 않으며, 반대로 예산심의과정에서 의회의 역할이 미약한 경우에는 결산과정에서 의회가 적극적인 역할을 한다는 것이다. 예를 들면, 예산심의과정에서 전 세계적으로 가장 강력한 역할을 하는 미국 의회의 경우 결산은 그리 심각하게 취급하지 않는 반면, 예산심의과정에서 거의 역할이 없는 영국을 비롯한 이른바 웨스트민스터형 국가의 경우에는 결산과정에서 의회의 역할이 두드러진다. 미국의 경우에는 의회의 결산승인 없이 결산보고만 하도록 되어 있다.

웨스트민스터형 국가의 의회에서 두드러지게 발달한 위원회는 이른바 결산위원회(Public Accounts Committee)이다. 대부분의 영연방국가에서 결산위원회는 하원의 상임위원회의 형태로 운영된다.[2] 결산위원회의 위원 구성은 전체 의회에서 여야의 의석배분과 일치하도록 되어 있어, 집권당이 결산위원회에서도 다수석을 차지하는 것이 통상적이다. 그러나 여야 간 균형을 맞추고 결산위원회가 초당적으로 운영될 수 있도록 하기 위하여 결산위원회의 위원장은 야당 의원이 맡는 것이 관례로 되어 있다.[3] 결산위원회는 정부결산보고서의 검사, 정부정책의 효율성·효과성과 행정의 적절성 검토 등의 기능을 수행한다(Pelizzo & Stapenhurst, 2008: 118-20). 특히, 영연방 국가의 경우에는 감사원이 의회 소속 기구로 되어 있으며 감사원이 감사결과를 결산위원회에 보고하도록 되어 있다(Stapenhurst, 2008: 58).

우리 국회는 결산승인권을 갖고 있는데, 국회의 결산승인은 재정집행에 대한 사후적 심의를 통하여 재정운용의 적법성과 타당성을 확인하고 재정집행을 최종 승인한다는 의미를 지닌다. 즉, 국회의 결산심의는 예산집행과정에서 위법·

2) 여기에도 약간의 예외가 있는데 호주와 인도의 경우에는 결산위원회가 상·하 양원 합동위원회로 운영된다.

3) 여기서의 예외도 호주인데, 호주의 경우에는 결산위원회의 위원장을 집권당 의원이 맡도록 되어 있다.

그림 9-1 국회의 결산심의과정

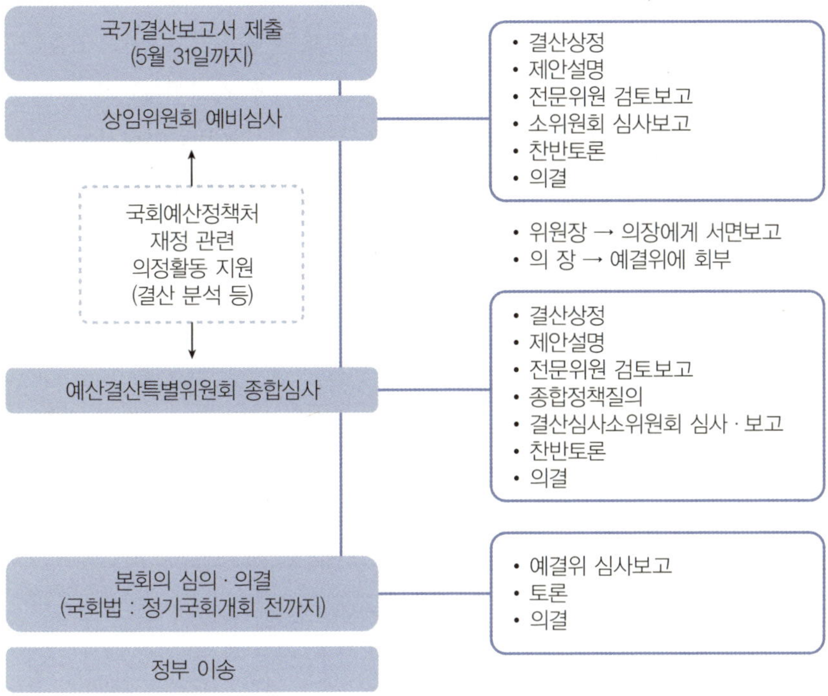

자료 : 국회예산정책처(2022: 267).

부당한 지출이 있었는지의 여부와 국회의 의도대로 예산이 집행되었는지를 확인하는 예산에 대한 통제기능과 예산운용결과에 대한 평가를 통해 다음 연도 예산편성과 심의 시에 반영하도록 하는 환류기능을 수행하는 것이다(국회예산정책처, 2018: 92).

[그림 9-1]은 우리나라 국회 내에서 이루어지는 결산심의과정을 보여주고 있다. 국가결산보고서가 국회에 제출되면, 국회 내에서는 예산심의와 동일한 절차를 밟아 결산을 심의 · 의결한다. 즉, 상임위의 예비심사, 예결위 종합심사, 그리고 본회의의 의결이라는 절차를 밟는다. 결산이라는 것을 제외하면 예산심의 때와 같은 절차를 밟는 것이다.

결산은 사후적으로 이루어지는 것이기 때문에 국회가 결산승인권을 갖는다 해도 결산을 통한 실질적 재정통제에는 한계가 있을 수밖에 없다. 이러한 문제를 해결하기 위한 방편으로 우리나라 국회법(제84조 2항)은 결산의 심사결과 위법 또는 부당한 사항이 있는 경우에는 정부 또는 해당 기관에 변상 및 징계조치 등 그 시정을 요구할 수 있고, 정부 또는 해당 기관은 시정요구를 받은 사항을 지체 없이 처리하여 그 결과를 국회에 보고하도록 규정하고 있다. 또한 국회법(제127조의 2)은 국회가 특정 사안에 대하여 감사원에 감사를 요구할 수 있도록 규정하고 있는데, 실제 결산 결과 문제가 있는 특정 사안에 대해서는 매년 감사원에 감사요구를 하고 있다(기획재정부 예산실, 2010: 143).

국가회계법 제14조에 의하면 결산보고서는 결산 개요, 세입세출결산(기금은 수입지출결산), 재무제표(재정상태표, 재정운영표, 순자산변동표), 그리고 성과보고서로 구성된다.

제3절 | 감사의 목적과 기능

1. 감사의 목적

우리나라에서 감사라고 이야기할 경우 개념적 혼란이 발생한다. 이는 우리나라 감사원의 주된 기능과 관련이 있는데, 우리나라 감사원법에 따르면 회계검사와 직무감찰을 합쳐 감사라고 부르고 있다. 그런데 최근에 들어 감사라고 할 경우에는 직무감찰을 넘어 회계검사와 성과감사까지도 포함시켜 감사라고 부르는 것이 일반적이다. 이 책에서 사용하는 감사라는 개념도 정부의 예산활동에 대한 사후 감사의 다양한 형태를 포괄하는 넓은 의미로 사용하고 있다.

감사는 재무행정에서 매우 중요한 역할을 담당한다. 기본적으로 감사를 통해 무엇이 어떻게 달성되었는가를 점검하고 평가할 수 있는 것이다. 즉, 감사를 통해 공공기관이 정확한 기록을 유지했는지, 법적인 요건을 충족시켰는지, 그리고 예산집행을 통해 기대한 만큼의 성과를 내었는지 등을 확인할 수 있는 것이다. 이러한 정보를 통해 ① 기록상의 문제(record-keeping problems)를 교정할 수 있고, ② 통제, 관리, 기획에 있어서의 문제점을 파악할 수 있으며, ③ 공공기관이 행한 불법적 혹은 적절하지 못한 행위를 교정할 수 있게 되는 것이다(Reed &

Swain, 1997).

2. 감사의 기능

감사는 법적 규정을 준수하면서 예산이 집행되었는지, 입법부와 정부가 의도한 대로 예산이 집행되었는지, 그리고 예산집행을 통해 원래 의도했던 사업의 목적이 얼마나 달성되었는지를 점검하는 기능을 수행한다. 감사는 그 자체가 목적이 아니며, 감사를 통해 재무행정의 문제점을 파악함으로써 이를 교정하는 동시에 보다 근본적으로는 향후 이러한 문제의 재발을 막는 사전예방적 기능을 수행한다. 구체적으로 감사는 통제, 관리 및 기획 기능을 수행한다(Reed & Swain, 1997: 301–302).

1) 통 제

감사의 일차적인 목적은 예산이 의도한 대로 사용되었음을 확인하는 동시에 불법적인 행위를 발견하는 데 있다. 즉, 감사는 일차적으로 정부가 작성한 예산집행에 관한 기록이 정확한지를 점검하고 이를 바탕으로 예산사용에 있어 불법적인 행위가 없었는지를 확인하는 통제(control)기능을 수행한다.

2) 관 리

감사를 통해 조직이 무엇을 달성했으며 목적을 달성하기 위해 어떤 절차와 과정을 밟았는지를 평가해 봄으로써, 조직운영상의 문제점을 발견해 내는 동시에 그 개선방안을 제시할 수 있는 것이다. 즉, 감사는 조직운영과 사업관리 방식에 있어서 비효율적인 측면이 있었는지를 점검하고 이를 바탕으로 예산운용과 조직운용에 있어서 보다 효율적인 개선방안을 제시하는 관리(management)기능을 수행한다.

3) 기 획

감사는 과거의 성과에 대한 평가를 통해 미래에 대한 구체적인 계획을 세울 수 있는 자료와 정보를 제공해 주는 역할을 담당한다. 즉, 감사는 계획을 세우는 데 필요한 예산운용과 사업관리에 관한 정보를 제공하는 기획(planning)기능을 수행한다.

제4절 | 감사의 종류

1. 사전감사와 사후감사

사전감사(pre-audit)는 지출활동이 완료되기 전에 그 적절성을 검토하는 감사이다. 즉, 사전감사는 지출이 완료되기 전에 지출의 법적인 근거와 운영상의 적절성을 판단하기 위한 수단으로 활용되는 것이다. 사전감사는 외부감사기관에 의해 행해지기보다는 예산집행과정에서 내부통제(internal control)방법으로 주로 활용된다.

우리가 일반적으로 감사라는 표현을 사용할 때는 사후감사(post-audit)를 의미한다. 사후감사는 이미 이루어진 지출을 대상으로 하며, 사전감사와 마찬가지로 지출의 적법성 여부, 예산집행과정상 · 운용상의 적절성을 판단하기 위한 수단으로 활용된다. 사후감사는 다음과 같은 활동을 포함한다(Allen & Tommasi, 2001: 349).

① 회계, 즉 재정활동의 결과에 대한 기록검토와 이에 대한 의견 제시
② 전반적인 정부활동의 책무성에 대한 검토와 인증
③ 예산집행과정에서의 관련 법과 규정 준수 여부
④ 내부통제와 내부감사 기능에 대한 감사
⑤ 피감기관 내에서 이루어진 의사결정의 적절성에 관한 감사

2. 내부감사와 외부감사

내부감사와 외부감사의 구분은 피감기관에 대해 감사기관이 어느 정도의 독

립성을 갖고 있는지 그리고 감사결과가 누구에게 보고되는가에 따른 구분이다. 외부감사(external audit)란 감사기관이 피감기관에 대해 독립적인 관계를 유지하면서 감사결과를 피감기관이 아닌 제3의 기관에게 보고하는 감사를 의미한다. 이와는 달리 내부감사(internal audit)는 감사기관이 피감기관의 내부에 위치하면서 감사결과도 피감기관에 직접 보고하는 감사를 의미한다(Allen & Tommasi, 2001: 341).

내부감사는 다음과 같은 장점을 지니고 있다(Reed & Swain, 1997: 304).

① 조직의 운영에 대한 객관적이고 독립적인 정보를 제공해 줄 수 있다.
② 운영상의 문제가 심각해지기 전에 문제에 대한 신속한 대처를 가능하게 한다.
③ 외부감사기관이 쉽게 발견하지 못하는 업무의 중복과 비효율성의 문제를 발견할 수 있다.
④ 외부감사가 하기 어려운 지속적인(focused & extended) 감사를 가능하게 한다.

우리가 통상 감사라고 이야기할 때는 외부감사를 의미한다. 외부감사기관은 입법부에 소속된 기관으로 있는 형태와 행정부에 소속되어 있지만 독립적인 지위를 향유하는 형태로 크게 나눌 수 있다. 감사기관이 어디에 소속되어 있든지 입법부는 예산집행에 대한 감사결과를 토대로 행정부에 예산집행방식과 공무원의 부적절한 행위의 교정을 요구할 수 있다. 외부감사기관의 위치와 형태는 다음의 〈표 9-2〉에 나타나 있다.

입법부에 소속되어 있으면서 독립적인 감사기능을 수행하는 대표적인 예로서는 미국의 감사원(Government Accountability Office)을 들 수 있다. GAO는 미국의 예산회계법(the Budget and Accounting Act)에 의해 1921년 의회 기관으로 설립되었다. 행정부가 아닌 의회기관으로 설치된 이유는 정부재정운용에 대한 객관적인 평가를 위해서였다. GAO의 수장, 즉 감사원장(Comptroller General)은 상원의 동의를 얻어 대통령이 임명하는데, 그 임기는 단임으로 15년이다. GAO 활동의 약 70%는 의회의 요구에 의한 감사행위인데, 전체 감사활동의 대부분은 이른바 성과감사에 집중되어 있으며, 재무감사 등 전통적인 감사는 전체 감사활동의 20% 미만인 것으로 알려져 있다(Shand & Anand, 1996: 101).

표 9-2 외부감사기관의 위치와 형태

형태	국가	감사기관 장의 임명권
입법부에 소속된 독립기관	영국	행정부에서 임명
	미국	행정부와 의회에서 임명
외부감사기관의 지원을 받는 입법부 소속 기관	스웨덴	의회에서 임명
사법적 기능이 없는 독립된 법원	네덜란드	행정부와 의회에서 임명
사법적 기능이 있는 독립된 법원	이탈리아	행정부에서 임명
	프랑스	행정부에서 임명
행정부 내 독립기관	일본	행정부와 의회에서 임명
	한국	행정부와 의회에서 임명

자료 : Lienert & Jung(2004: 81–83).

우리나라의 감사원은 대통령에 소속되어 있되, 직무에 관하여는 독립된 지위를 가진다. 감사원 소속 공무원의 임면, 조직 및 예산의 편성에 있어서는 감사원의 독립성이 최대한 존중되도록 감사원법에서는 규정하고 있다. 우리나라 감사원의 기능은 크게 회계검사와 직무감찰로 구성되어 있으며, 이 둘을 합하여 감사라고 부르고 있다. 회계검사는 국가, 지방자치단체, 기타공공단체 등의 수입과 지출의 적법성과 적정성을 검사하는 활동을 의미한다. 직무감찰은 행정기관의 사무와 그에 소속한 공무원의 직무를 감찰하는 것을 의미한다.

제5절 I 전통적 감사와 성과감사

1. 재무감사 혹은 회계감사

가장 일반화되어 있는 감사의 형태가 바로 재무감사(financial audit)이다. 재무감사는 공공기관의 거래내용과 회계체제에 대한 체계적인 점검과 평가를 통해 회계의 객관성과 신뢰성을 점검하고자 하는 데 그 목적이 있다. 다시 말해서, 수입과 지출이 적절하게 기록되고 통제되었는지 그리고 회계기록이 완벽하고 신뢰할 만한 것인지를 점검함으로써, 회계가 조직의 재정 상태와 운영결과를 정확히 반영하고 있는지를 점검하는 데 그 목적이 있다.

재무감사에서는 회계가 설정된 회계원칙을 준수하면서 작성 · 기록되었는지, 그리고 예산이 의도한 대로 제대로 사용되었는지를 점검하게 된다. 따라서 재무감사를 통해 회계와 재무행정에 있어서의 부정과 오류를 발견하게 되며, 결국 합법적으로 지출이 이루어졌는가를 규명하게 되는 것이다. 재무감사의 초점은 통제에 있다.

2. 준거감사 혹은 합법성감사

준거감사(compliance audit)는 행정기관이나 공무원들이 그들의 업무를 정해진 법령이나 규정에 따라서 수행했는지 그 여부를 감시하는 것이다. 이러한 법과 규정은 재무행정에 관련되어 있을 수도 있지만, 재무행정과 연관되어 있지 않은 부분까지도 포함한다. 준거감사는 예산집행과정에서 불법적이거나 부적절한 행위가 있었는지를 발견하는 데 초점을 둔다. 준거감사의 초점도 통제에 있으며, 재무감사와 함께 가장 많이 이용된다.

준거감사의 목적은 과거의 잘못을 들추는 데에만 있는 것이 아니라 궁극적으로는 정부기관 및 소속 공무원의 부적절한 행위를 사전에 예방하는 데 있다. 개별적으로 문제 있는 행위를 추려냄으로써 그 행위를 교정할 수는 있겠지만, 이러한 노력이 부적절한 행위를 사전에 예방할 수 있는 체계적인 노력으로 연결되지 못한다면 준거감사의 의미는 반감될 수밖에 없다. 특히, 준거감사에서 주의해야 할 점은 지나치게 준거감사를 강조하게 되면 피감기관이나 그 소속 공무원들이 재량권의 행사를 극도로 억제하는 등 적극적인 행정에 나서지 않게 되어 행정의 무사안일과 복지부동이라는 의도하지 않은 부작용이 나타날 수 있다는 것이다.

3. 성과감사

1) 성과감사의 의미

최근 OECD 국가를 중심으로 강조되는 감사는 이른바 성과감사(performance audit)이다. 성과감사는 사업이 얼마나 효율적으로 운영되었는지 혹은 정부의 사업이 원래의 목적을 어느 정도 달성하였는지를 검사하는 데 초점을 맞춘다. 성과감사는 예산의 가치에 대한 감사(value-for-money audit)라고도 한다.

전통적 감사(준거감사와 재무감사)는 피감기관이 제공한 재무 관련 정보가 정확한지를 검토하고 합법적으로 예산운용이 되었는지를 점검하는 데 초점을 맞추고 있는 데 반해, 성과감사는 예산운용의 효율성과 효과성에 대한 판단을 내린다는 점에서 근본적인 차이가 있다.

성과감사는 크게 효율성감사와 효과성감사로 나뉜다.[4)]

표 9-3 전통적 감사와 성과감사의 비교

	전통적 감사	성과감사
정부에 대한 이미지	기계적인 관료제	투입 → 과정 → 산출 → 결과로 이어지는 생산과정(production chain)으로 파악
효과성의 의미	공식화된 조직체계와 과정을 통해 정부의 모든 거래와 과업들을 효과적으로 통제	조직의 목표와 제약요건하에서 조직의 활동을 최적화
감사의 일차적 목적	합법적 예산집행	성과 향상
감사의 기능	•제공된 회계정보의 확인 •실제 활동과 규범 간의 격차 점검 •결과 보고	•사업과 조직의 활동에 대한 평가 •결과 보고

자료 : Barzelay(1996: 18)의 내용을 저자가 일부 수정.

2) 효율성감사

효율성감사(efficiency audit)는 행정기관이 자원을 경제적이며 효율적인 방법으로 관리하고 활용하고 있는지를 점검하고 정보체계, 행정절차 혹은 조직구조의 문제 등 비효율성의 원인을 파악하고 개선하려는 감사이다. 다시 말해서, 효율

4) 성과와 관련된 개념에 대한 보다 세부적인 논의는 이 책의 제12장 '결과중심 예산개혁과 성과주의 예산제도'를 참고할 것.

성감사는 투입이 산출물로 최적의 방법에 의해 전환되고 있는지를 파악하기 위하여(특히, 비용과 관련하여) 조직의 기능, 과정 및 사업의 요소들을 점검하는 감사이다.

감사의 초점은 '어떻게 운영되고 있는가(how things are done)?'에 있으며, 비용분석(cost analysis), 작업흐름(workflow), 시간분석(time-study analysis) 등 관리지향적 분석기법들이 감사기법으로 활용된다. 효율성감사의 초점은 관리(management)에 두어져 있다.

미국의 GAO에 의하면 효율성감사를 수행함에 있어서 다음과 같은 측면에 초점을 맞춘다(Reed & Swain, 1997: 307).

① 비효율적이거나 높은 비용을 유발하는 절차
② 조직구성원 간 혹은 부서 간 노력의 중복
③ 조직의 목적과 연관되어 있지 않은 활동
④ 비효율적이고 비경제적인 물자와 기자재의 사용
⑤ 인원의 중복과 과다
⑥ 적절하지 않은 구매관행과 불필요한 재산, 물자 등의 축적
⑦ 자원의 낭비

효율성은 근본적으로 자원의 활용에 관련된 개념이다. 따라서 효율성을 측정하기 위해서는 투입과 산출을 정확히 정의하고 측정할 필요가 있다. 다시 말해서, 효율성감사를 실시하기 위한 전제조건은 비용과 산출물에 대한 정확한 측정이라고 할 수 있다.

3) 효과성감사

가장 최근에 부각되고 있는 감사의 형태가 바로 효과성감사(effectiveness audit)이다. 효과성감사는 조직의 목적 혹은 목표 달성도에 초점을 맞추게 된다. 효과성감사는 조직이 달성하고자 하는 결과를 어느 정도 달성하고 있는가를 점검하는 데 그 목적이 있는 것이다.

효과성감사에서 감사의 초점은 정책 그 자체에 있는 것이 아니라 정책의 효과와 이러한 정책의 효과가 정책의 원래 의도와 어느 정도 부합하는지를 점검하는 데 초점을 맞추는 것이 특징이다. 다시 말해서, 효과성감사는 문제의 해결책을

표 9-4 효율성감사와 효과성감사의 비교

감사의 유형	분석의 단위	감사의 범위	감사의 초점
효율성 감사	조직의 기능 혹은 과정	공공조직의 운영 방식	'how': 조직이 얼마나 효율적으로 자신의 활동을 수행하고 있는가?
효과성 감사	정책 혹은 사업	사업설계와 사업운영 방식	'what': 조직이 무엇을 달성하고 있는가?

자료 : 저자가 작성.

찾는 것이 아니라 주어진 해결책이 문제를 해결하는 데 어느 정도 도움이 되고 있는지를 판단하는 데 그 목적이 있는 것이다(Glynn, 1993: 115-18).

〈표 9-4〉는 효율성감사와 효과성감사를 비교하고 있다.

효율성감사가 공공조직이 얼마나 효율적으로 자신의 활동을 수행하고 있는가(how efficiently an organization is carrying out its activities)에 감사의 초점을 맞춘다면, 효과성감사는 조직의 활동이 목적을 달성하는 데 혹은 임무를 수행하는 데 어느 정도 효과적인가를 파악하는 데 중점을 둔다(whether an organization's activities are effectively meeting its mission). 따라서 효과성감사가 제대로 이루어지기 위해서는 사업의 목적과 조직의 임무가 분명하게 설정되어 있어야 한다.

어떤 조직은 목적을 달성하는 데 있어서는 대단히 성공적이지만, 그러한 성공을 이루는 데 있어서는 대단히 비효율적일 수 있다. 그러므로 효율성감사 결과와 효과성감사의 결과가 반드시 일치하는 것은 아니다.

참고문헌

국회예산정책처. (2022). 「대한민국재정 2022」.

기획재정부 예산실. (2010). 「2010 한국의 재정」. 서울: 매일경제신문사.

Allen, Richard and Daniel Tommasi. (2001). *Managing Public Expenditure: A Reference Book for Transition Countries*. Paris: OECD.

Barzelay, Michael. (1996). "Performance Auditing and the New Public Management: Changing Roles and Strategies of Central Audit Institutions." in OECD, *Performance Auditing and the Modernisation of Government*. 15-56. Paris: OECD.

Glynn, John J. (1993). *Public Sector Financial Control and Accounting*. 2nd ed., Oxford:

Blackwell.

Jones, Rowan and Maurice Pendlebury. (2000). *Public Sector Accounting*. 5th ed., London: Prentice Hall.

Lienert, Ian and Moo-Kyung Jung. (2004). "The Legal Framework for Budget Systems: An International Comparison." *OECD Journal on Budgeting* 4(3).

Pelizzo, Riccardo and Rick Stapenhurst. (2008). "Public Accounts Committees." in Rick Stapenhurst, Riccardo Pelizzo, David M. Olson, and Lisa von Trapp(eds.), *Legislative Oversight and Budgeting: A World Perspective*. 117–29. Washington, D.C.: The World Bank.

Reed, B.J. and John W. Swain. (1997). *Public Finance Administration*. 2nd ed., Thousand Oaks: Sage.

Shand, David and Paul Anand. (1996). "Performance Auditing in the Public Sector: Approaches and Issues in OECD Member Countries." in OECD, *Performance Auditing and the Modernisation of Government*. 57–102. Paris: OECD.

Stapenhurst, Rick. (2008). "The Legislature and the Budget." in Rick Stapenhurst, Riccardo Pelizzo, David M. Olson, and Lisa von Trapp(eds.), *Legislative Oversight and Budgeting: A World Perspective*. 51–65. Washington, D.C.: The World Bank.

제 3 편

예산이론과 예산개혁

제 10 장

예산이론 : 합리성, 정치, 제도

제1절 | 예산이론의 역사적 전개

제1장에서 설명한 대로 예산은 정치적·경제적·관리적 측면을 모두 포함하는 다차원적인 현상이다. 예산의 정치적 측면에 초점을 맞추면 예산이란 사회집단 간 이해관계의 갈등과 조정을 반영하는 것이다. 예산의 경제적 측면에 초점을 맞추면, 시장실패를 교정하기 위한 수단으로서의 정부의 재정활동과 예산의 의미가 부각된다. 예산의 관리적 측면에 초점을 맞추면, 예산을 어떻게 관리하고 운영함으로써 예산이 추구하는 목적을 효율적·효과적으로 달성할 것인가에 관심을 갖게 된다.

그런데 예산의 경제적 차원과 관리적 차원에서의 연구는 초점을 맞추는 대상의 차이에도 불구하고 궁극적으로 예산운용의 합리성(rationality) 제고를 지향하는 공통점이 있다. 이와는 달리 예산의 정치적 측면에 대한 강조는 예산을 둘러싼 사회집단 간 권력관계(power relationship)와 예산이 갖고 있는 정치적 성격에 초점을 맞추고 있다. 이러한 특성을 반영하여 예산이론의 역사적 전개과정은 예산과정에 있어서 합리성과 정치성(혹은 권력관계) 중 어느 것을 더 강조할 것인가에 대한 논쟁의 과정이었다고 해도 과언이 아니다.

체계적인 예산이론의 필요성을 처음 주창한 학자로는 V. O. Key, Jr.를 들 수 있으며, Verne B. Lewis와 Aaron Wildavsky의 논의는 사실상 Key가 제시한 예산이론에 있어서의 강조점 중 어느 것을 더 강조하고 있는가에 따라 나눌 수 있다. 최근의 예산이론은 Wildavsky의 점증주의(incrementalism)에 대한 비판으로부터 출발하여, 예산을 둘러싼 제도적 맥락의 중요성을 강조하는 방향으로 나아가고 있다.

1. Key의 예산이론

현대적 의미에서의 예산이론의 출발점으로 1940년에 V. O. Key, Jr.가 *American Political Science Review*에 발표한 논문 "예산이론의 부재(The Lack of a Budgetary Theory)”를 들 수 있다. Key의 논의를 이해하기 위해서는 Key의 논문이 나온 시대적 배경을 살펴볼 필요가 있다. 미국의 행정역사에서 주목할 만한 변화 중 하나가 20세기 초 이른바 진보의 시대(The Progressive Era)에 이루어진 부정부패 청산노력이었는데, 재무행정에서 이러한 변화가 표현된 것이 바로 품목별 예산제도(line-item budgeting)였다.

품목별 예산제도는 정부가 구입하는 물건(즉, 투입)에 초점을 맞추어 예산을 분류하는 방식으로 ‘누가, 언제, 어떤 물품을 얼마에 구입했는지’를 기록하고 이를 기반으로 예산운영과정을 통제하는 예산제도이다. 따라서 품목별 예산제도는 예산운용에 있어서 책무성을 확보하고 통제를 강화하는 데 매우 적합한 예산제도이다. 이러한 품목별 예산제도의 도입은 예산운용에 있어 합법성과 통제를 강화하는 수단으로서, 그 당시 혁신적 의미를 갖는 것이었다.

품목별 예산제도의 이러한 공헌에도 불구하고, Key의 논문은 그 한계를 지적하는 것으로부터 출발한다. 즉, Key는 기존의 예산운용은 예산편성의 조직과 절차, 예산요구서의 양식, 예산서의 양식 등 예산의 기계적 측면에만 초점을 맞추고 있는 반면, 정작 예산에 있어서 가장 중요한 문제는 다루고 있지 않다고 비판하고 있다. Key에 따르면 예산에 관련된 근본 질문은 바로 ‘어떤 기준에 따라 예산을 배분할 것인가(On what basis shall it be decided to allocate X dollars to activity A instead of activity B?)’라는 것이다(Key, 1940: 22).

논문의 처음 부분에서 Key는 예산이 희소한 자원의 배분에 관련된 본질적으로 응용경제학적인 성격을 지니고 있으므로 예산결정에 경제이론(즉 한계효용이론)의 도입이 필요함을 주장하고 있다. 그러나 논문의 후반부에서 Key는 예산의 결정에 있어서 경제이론 혹은 효율성의 기준이 한계가 있음을 동시에 지적하고 있다. 즉, 예산결정은 공통분모(common denominator)가 없는 가치선호(value preferences)의 문제이기 때문에 한계효용이론으로 예산배분을 결정할 수 없다는 것이다. 논문의 후반부에서 Key는 예산배분의 문제는 사실상 정치철학적인 문제임을 강조하고 있는 것이다.

Key의 논문이 주목받는 이유는 이 논문을 통해 예산이론이 정립되었기 때문이 아니라 이후 전개될 예산을 둘러싼 이론적 논쟁의 주제를 모두 제시하고 있기 때문이다. Key는 논문의 전반부에서는 예산에 대한 기계적 접근을 비판하면서 예산배분을 위한 근거로 경제이론의 도입을 주장한 반면, 논문의 후반부에서는 예산배분이란 궁극적으로 정치철학적인 문제임을 강조하고 있다. 다시 말해서, Key는 예산을 둘러싼 논쟁의 두 축이라 할 수 있는 합리성과 정치의 측면을 모두 강조함으로써 이후 전개되는 예산이론의 기본주제를 제시하고 있는 것이다.

2. Lewis의 예산이론

Key의 논의 중 예산배분의 합리성 측면을 보다 더 발전시킨 대표적인 학자가 Verne B. Lewis이다. Lewis는 예산에 대한 경제이론의 정립이 가능하다고 보고, 이를 위한 기초를 제시하기 위한 목적으로 논문을 서술하고 있다. Lewis는 예산배분을 위한 세 가지 원칙을 다음과 같이 제시하고 있다.

첫째, 희소한 자원의 배분이 제대로 이루어지기 위해서는, 모든 지출로부터 발생하는 편익이 적어도 그 지출의 기회비용은 되어야 한다. 예산분석이란 자원의 대안적 사용에 대한 비교인 것이다.

둘째, 한계효용(marginal utility)은 체감하기 때문에, 예산배분에 있어서도 한계이론을 도입해야 한다. 예산을 몇 가지 다른 용도로 배분할 때 각각의 용도로부터 얻을 수 있는 한계편익(마지막 단위에 사용되는 예산으로부터 얻는 효용)이 동일할 수 있도록 예산배분이 이루어져야 한다는 것이다. 한계효용체감의 법칙에 따라 지출의 한계적 편익이 모든 예산항목에서 동일하도록 예산을 배분해야 한다는 것이다.

셋째, 공통의 목적을 달성하는 데 있어서의 상대적 효과성(relative effectiveness)에 따라 지출의 비교가 이루어져야 한다. 의회에서 정부지출의 궁극적인 목적이 정해지면, 시장에서 소비자들이 선택을 하듯이 행정부도 목적을 달성하는 데 있어서의 상대적 효과성에 기반하여 예산배분을 결정하여야 한다는 것이다(Lewis, 1952).

사실, 오늘날의 시각에서 보면 Lewis의 논의는 매우 단순하면서도 기초적인 논의라고 할 수 있다. 이러한 Lewis의 논문이 오늘날까지도 주목받는 이유는 한계효용이론을 응용하여 예산배분에 대한 응용경제학적인 이론 구축을 시도한 최초의 논문이라는 의미를 지니고 있기 때문이다. 다시 말해서, Lewis의 논문은 예산배분에 있어서 합리성을 어떻게 추구할 것인지를 본격적으로 논의한 최초의 논문으로 평가받고 있는 것이다.

제2절 I Wildavsky의 점증주의 예산이론

1. Wildavsky 연구의 특징

예산의 정치적 측면에 관한 본격적인 논의는 Aaron Wildavsky(1961 & 1964)로부터 시작되었다고 할 수 있다. Wildavsky에게 있어 예산이란 정치과정의 핵심에 해당하는 사안이다("The budget lies at the heart of the political process.").

Wildavsky의 예산이론을 이해하기 위해서는 Wildavsky가 저작을 내놓을 당시의 시대적 상황을 살펴볼 필요가 있다. 1960년대 초반은 미국에서 예산개혁에 대한 요구가 비등하여, 집권화(centralization), 기술적 정교화(technical sophistication), 예산의 완전성(comprehensiveness)에 대한 요구가 높아지던 시기로서 예산개혁을 통해 예산운용의 책임성 · 경제성 · 효율성 · 효과성을 추구하고, 특히 품목별 예산제도의 정교화를 통해 책무성을 확보하고자 하였다. 한마디로 합리적 예산개혁에 대한 요구가 거세지던 시기였던 것이다. Wildavsky의 논의는 바로 이러한 시대적 배경하에 이루어지고 있던 합리적 예산개혁의 흐름을 정면으로 비판했다는 의미를 지니고 있다. 또한 세계경제가 유례없는 호황을 누리고 있던 1950년대와 1960년대를 배경으로 예산과정에서 의회가 지배적인 위치를 차지하고 있는 미국의 예산과정을 연구하면서 이 이론이 제시되었다는 점을 특별히 기억할 필요가 있다.

보다 구체적으로, Wildavsky는 자신의 저작 '예산과정의 정치(*The Politics of the Budgetary Process*)' 서문에서 예산연구의 목적과 과정을 다음과 같이 밝히고 있다.

첫째, 미국 연방정부의 예산과정에 초점을 맞추고 있다.

둘째, 예산과정의 참여자들에 대한 인터뷰와 15년간에 걸친 25개 부처에 대한 청문회 회의록의 검토에 기반하고 있다.

셋째, 예산연구의 목적은 예산과정을 묘사, 설명, 평가하기 위한 것이다.

넷째, 매우 중요한 의미를 갖는 것인데, 자신의 연구범위는 제한되어 있다고 밝히고 있다. 즉, Wildavsky의 연구는 특정 시기의 미국의 연방정부, 그중에서도 의회의 예산과정에 관한 연구라는 것이다. 이에 따라 Wildavsky의 연구는 의회의 예산과정에만 초점을 맞추고 있으며, 예산배분의 궁극적 결과나 정부 바깥에서 일어나는 예산을 둘러싼 행위들은 상대적으로 무시하고 있다.

Wildavsky는 자신의 예산에 관한 점증주의이론이 Charles Lindblom의 점증주의를 받아들인 것이라고 스스로 밝히고 있다. 그러나 Wildavsky는 정책결정모형으로 개발된 Lindblom의 점증주의를 예산과정에 창의적으로 적용한 것으로 평가되고 있다(Swain & Hartley, 2001).

2. '정치'로서의 예산

Wildavsky는 예산에 관한 V. O. Key의 고전적인 질문("On what basis shall it be decided to allocate X dollars to Activity A instead of Activity B?")이 근본적으로 대답할 수 없는(unanswerable) 질문이라고 주장하고 있다. 즉, Key의 질문 자체가 답변이 불가능한 질문이라는 것이다. Key의 질문에 대답하기 위해서는 '정치'에 관한 포괄적이며 규범적인 이론의 성립이 전제되어야 하지만, 이는 불가능하다는 것이다. Wildavsky는 예산과정이란 누구의 선호가 반영될 것인가에 관련된 갈등을 해결하는 과정이라고 보고 있다. Wildavsky의 시각에서는 예산개혁이란 곧 정치를 개혁하는 것과 전혀 차이가 없는 것이다.

예산의 결정에 있어서 어떤 기준이 활용될 것인가 하는 문제는 '정부가 무엇을 할 것인가'를 결정하는 문제와 동일하다. '정부가 무엇을 할 것인가(what the government ought to do)'는 '무엇이 예산에 포함되어야 하는가(what to be in the budget)'라는 질문으로 대체할 수 있다(Wildavsky, 1961: 39). 따라서 예산배분에 관한 문제를 해결한다는 것은 사회에서 정부의 역할이 무엇인가에 대한 의견차이와 갈등을 해결하는 것에 다름 아니다.

'좋은 예산이 무엇인가'에 대한 질문에 대해서도 Wildavsky는 누가 얻고 누가 잃는가를 고려하지 않은 상태에서 해답을 제시할 수 없다고 본다. 즉, '예산에 대한 연구(the study of budgeting)'란 곧 '정치에 관한 연구(the study of politics)'인 것이다(Wildavsky, 1961: 44). 따라서 '예산의 편익을 어떻게 극대화할 것인가'만 중요한 문제가 아니라 '누가 예산으로부터 편익을 얼마만큼 얻을 것인가'도 중요한 문제라는 것이다(하연섭, 2009).

3. 점증주의의 주요 내용

Wildavsky 예산이론의 핵심은 점증주의(incrementalism)이며, 점증주의에서 가장 중요한 개념은 '기초(base)'와 '공정한 몫(fair share)'이다. 예산과정의 참여자들은 기존에 자기들의 몫으로 배분되던 예산을 주어진 것(given)으로 간주하는 경향이 있으며, 예산을 새롭게 배분하는 경우에도 이해집단들이 공정하다고 생각하는 몫을 나누어 주어야 예산을 둘러싼 갈등이 최소화된다는 것이다. 또한 점증주의는 의사결정을 단순화(simplifying decisions)시킴으로써 인지능력의 한계와 예산의 복잡성에 대응하는 예산결정방식이라고 주장하고 있다.

점증주의의 주요 내용을 보다 자세하게 설명하면 다음과 같다(Swain & Hartley, 2001; Wildavsky & Caiden, 2004).

첫째, 예산은 기술적인 문제해결(technical problem solving)과정이라기보다는 정치적인 의사결정과정이다.

둘째, 예산과정의 결과는 점증적이다. 예산은 합리적인 계산에 의해 매 회계연도마다 근본적으로 변화하는 것이 아니라 전년도 예산에 조금씩 더해 나가는 가운데 결정된다는 것이다. 따라서 예산과정의 결과는 예산주기 간, 예산과정 간 대동소이하다.

셋째, 예산과정은 복잡성에 대처하기 위한 의사결정의 단순화과정이다. 즉, 인간의 한계와 복잡성에 의해 발생하는 난관을 극복하기 위해서 의사결정 참여자들은 계산에 소요되는 노력(calculational effort)을 증대시키기보다는 의사결정을 단순화하려고 한다.

넷째, 예산개혁은 계산의 부담을 늘리고 합의를 어렵게 만든다. 예산개혁은 정치적으로 중립적인 과정이 아니다.

Wildavsky에 의하면 점증주의 예산과정을 통해 다음과 같은 효과가 기대된다.

첫째, 예산에 관련된 갈등을 최소화하는 동시에 사업의 불확실성을 줄일 수 있다.

둘째, 사회의 중요한 가치가 무시될 수 있는 가능성을 줄임으로써 합의가 이루어질 수 있는 가능성을 높인다.

셋째, 예산결정에 있어서 정치적·인지적 부담을 줄일 수 있다(Schick, 1983: 3).

결국 Wildavsky는 예산의 규범적 이론을 대신해서 예산에 대한 과정적 이론을 제시하고 있다. 즉, '좋은 예산'이란 과거의 예산에 비해 점증적으로 변화하는 예산이다. 따라서 Wildavsky에 있어서는 기술적 점증주의(descriptive incrementalism)가 규범적 점증주의(normative incrementalism)로 곧바로 전환하고 있음을 볼 수 있다.

규범적 점증주의에서는 정치적 과정을 통해 결정된 예산이 좋은 예산이라고 보는 데 그 특징이 있다. 점증주의의 정치과정이란 다원주의적 정치과정이며, 사회의 모든 이해관계가 정치과정을 통해 반영되고 궁극적으로 예산에 반영된다고 본다. 그러나 점증주의 예산이 반드시 정태적인(static) 예산을 의미하는 것은 아니며, 단지 점증적으로 변화하는 예산을 의미하는 것이다.

4. 점증주의에 대한 비판

예산의 정치적 성격에 초점을 맞춘 Wildavsky의 점증주의이론은 예산에 관한 연구에 있어서 대단히 중요한 공헌이다. 그러나 Wildavsky의 점증주의이론에 대해서도 다음과 같은 비판이 제기되고 있다.

첫째, 점증주의이론은 합리적 의사결정의 가능성에 대해 지나치게 비판적이라는 것이다(Swain & Hartley, 2001: 19). 예산배분이 정치적 결정과정임은 분명하지만, 그렇다고 예산의 배분과 예산의 관리과정이 정치적 요인에 의해서만 결정되는 것은 아니며 국민이 낸 세금을 제대로 사용하기 위해서는 예산의 운용과 관리에 있어서 효율성과 효과성이 중시될 필요가 있다. 예산에 관한 많은 논의가 정치적인 측면에 대한 고려 없이 합리성만을 강조하는 우를 범하고 있기는 하지만, 예산은 합리성과 정치적 성격 등 다차원적인 성격을 갖는 것이기 때문에 예산의 정치적 측면에 대한 강조가 합리적 예산운용의 가능성을 무시하는 것으로 연결되어서는 곤란하다는 것이다. 물론 Wildavsky도 실질적으로 예산과정은 '정치'와 '효율성' 사이의 어스름한 영역(twilight zone)에서 이루어진다(Wildavsky, 1961: 41)고 표현하고 있지만, 효율성보다는 사회적 몫을 어떻게 분배하는가에 더 큰 관심을 가졌다고 할 수 있다.

둘째, 점증주의이론은 예산의 정치적 측면을 강조하고 있기는 하지만 예산이 갖는 정치적 성격을 전체적으로 고려하는 것이 아니라 오직 다원주의적 정치과정에만 초점을 맞추고 있다는 것이다. 다원주의(pluralism)란 자발적으로 형성되는 무수한 이익집단들 간의 상호작용에 의해서 정책이 결정되는 정치체제를 의미한다. 집단은 개인 이익의 결사체로서 개인들의 필요에 따라 자발적으로 만들어지며, 한 개인은 많은 수의 이익집단에 중첩적으로 가입해 있다고 본다. 다원주의에서는 정책이 집단 간 상호작용을 통해 형성되는 것으로 파악하며, 정책은 이익집단의 상대적 영향력에 따라 결정된다고 본다. 따라서 이익집단의 상대적 영향력이 변화하면 정책도 변화한다고 본다. 다원주의에서 정부의 역할은 단지 이익집단 간의 상호작용을 중재하는 역할만을 담당하는 중립적 중재자(neutral arbiter)일 뿐이다. 결국 다원주의에서 예산이란 집단 간의 자유로운 상호작용과 경쟁에 의해서 결정된다고 본다. 이러한 다원주의 정치체제하에서 예산의 결정과정을 가장 잘 보여주는 예가 바로 미국의 의회예산과정인 것이다. Wildavsky는 이러한 미국의 의회예산과정에 초점을 맞추어 점증주의이론을 만들어 낸 것인데, 이에 따라 그의 이론은 미국의 경계를 넘어 다른 제도의 모습이나 정치과정을 보이고 있는 다른 나라의 사례에 그대로 적용하기 어렵다는 비판을 받게 되는 것이다.

셋째, 점증주의는 특정 시기에만 유효한 예산이론이라는 것이다. 앞에서도 이야기했듯이 Wildavsky의 저작이 나온 시기는 세계경제와 미국경제가 유례없는 호황을 누리던 1950년대와 1960년대이다. 이 시기에는 점증주의적 예산과정을 통해 예산이 지속적으로 팽창하더라도 정부예산이 전체 경제에서 차지하는 비중은 거의 늘어나지 않았다. 그 이유는 매우 간단하다. 예산이 팽창하는 만큼 경제규모가 팽창했기 때문이다. 이렇게 지속적으로 성장하는 경제하에서는 예산규모가 지속적으로 증가해도 재정적자의 발생, 국가채무의 누적 등의 문제가 발생하지 않는다. 그리고 예산이 지속적으로 증가할 수 있기 때문에 예산을 통해 모든 이익집단의 요구를 수용할 수 있었던 것이다. 한마디로, 예산규모가 증가하는 경우에만 점증주의의 설명은 유효성을 갖는다(Kettl, 2002). 그러나 경제성장이 어느 정도 한계에 부닥치게 되면 예산이 지속적으로 늘어나기 어렵게 된다. 더 나아가 예산이 삭감되는 경우에는 예산사업 간 상충관계가 나타날 수밖에 없으며, 이렇게 되면 점증주의 예산과정을 통한 갈등의 중재와 갈등의 최소화를 실현하기 대단히 어렵게 되는 것이다. 1970년대 중반 이후 세계경제의 지속적인 팽창이 어느 정도 한계에 도달하면서 선진 자본주의 국가에서는 재정적자와 국가채무가 증가하는 현상이 나타나게 되고, 이에 대응하기 위해 예산규모의 팽창도 억제되기 시작하는데, 이러한 현상에 대해서는 점증주의이론이 효과적인 설명을 하기 어렵게 되었다. 다시 말해서 점증주의 예산이론은 예산삭감을 설명하기 어려우며, 하향적 예산과정을 설명하기 어렵다는 것이다.

넷째, 점증주의는 재량지출에만 적용 가능하며, 의무지출 혹은 비재량지출을 설명하기 어렵다(Kettl, 2002). 제7장에서 설명한 바와 같이 재량지출이란 매년 행정부와 의회의 의지에 따라 변경시킬 수 있는 지출을 의미한다. 정부부처 운영비, 도로건설비 등 우리가 흔히 생각하는 지출항목이 이에 해당한다. 이와는 달리 의무지출은 관련법이 통과되면 정부가 의무적으로 지출해야 하는 항목을 의미한다. 예를 들면 실업수당 관련법을 통과시키면 이 법을 바꾸지 않는 한 실업을 경험하는 사람들에게는 매달 의무적으로 정부가 수당을 지급해야 하는데, 이는 정부가 재량적으로 매년 조정할 수 있는 지출항목이 아니기 때문에 의무지출 혹은 비재량지출이라고 부른다. Wildavsky가 자신의 저작을 저술할 당시 미국 예산에서 비재량지출의 규모는 큰 편이 아니었으나, 현재 미국 정부지출의 약 70%가 의무지출에 해당한다. 우리나라의 경우에도 정부지출의 약 절반 정도가 의무지출에 해당한다. 이렇게 재량지출의 비중이 줄어드는 동시에 의무지출의 비중이 늘어나는 경우, 점증주의의 설명력은 약화된다.

다섯째, 점증주의 예산이론은 모든 시기, 모든 국가, 모든 조건에 적용되는 보편성을 주장하는 한계를 지니고 있으며, 바로 이러한 이유로 예산을 둘러싼 환경적 요인을 제대로 고려하지 않았다는 비판을 받고 있다(Jones & McCaffery, 1995; Kettl, 2002; Rubin, 1989). 위에서도 지적했듯이, 점증주의 예산이론이 유효성을 갖기 위해서는 점증적으로 늘어나는 자원(즉, 경제성장)을 전제조건으로 한다. 제2차 세계대전 이후 경제성장이 지속되는 환경에서는 점증적으로 팽창하는 예산을 통해 사회의 모든 이해관계를 예산에 수렴할 수 있었다. 즉, 경제성장이야말로 점증주의적 정치의 필요조건이었던 것이다. Schick(1980: 30)이 표현한 대로, '경제위기가 바로 정치의 위기로 연결'되는 것이다. 따라서 점증주의는 예산에 대한 보편적인 이론이라기보다는 특정 시기와 특정 국가에만 적용되는 예산에 대한 기술적(descriptive) 모형이라고 할 수 있다. 나아가 점증주의 예산이론의 설명력은 사실상 예산을 둘러싼 환경적 요인(즉, 지속적으로 성장하는 경제, 다원주의적 정치체제)에 크게 의존하는데 점증주의이론은 이러한 변수들을 단지 주어진 것으로 받아들인 상태에서 예산이론을 구축했다는 비판을 받고 있다.

제3절 | 예산위기, 예산과정의 변화와 예산이론

1. 예산위기와 점감주의적 예산과정

1970년대 중반 이후 거의 모든 선진 자본주의 국가들은 이른바 예산위기에 직면하게 된다. 예산위기란 다름 아니라 정부지출이 정부수입을 초과함으로써 재정적자가 발생하게 되고 그 결과 국가채무가 누적되는 현상을 의미한다. 이러한 예산위기는 세입과 세출 측면 모두에서 발생한 것이었다. 세입측면에서는 경제성장률의 둔화와 이에 따른 조세수입 증가율의 둔화를 원인으로 들 수 있다. 세출측면에서는 정부수입의 증가가 한계에 직면하는데도 불구하고 정부지출은 지속적으로 증가했을 뿐만 아니라 의무지출은 더 급속한 속도로 증가한 데 기인한 것으로 볼 수 있다.

이러한 예산위기의 도래는 Wildavsky가 그리고 있는 낭만적인 시기를 더 이상 기대하기 어렵다는 것을 의미하는 것이다. 점증주의적 예산과정이 지속적으로 성장하는 경제를 전제조건으로 한다면, 경제성장률의 둔화는 곧 점증주의적 예산과정이 더 이상 유효하지 않다는 것을 의미한다. 1980년대 이후부터는 점증주의적 예산과정이 아니라 점감주의적 예산과정(decremental budgeting)을 고민해야 하는 시점에 온 것이다. Behn(1985)에 의하면 점감주의적 예산과정은 다음과 같은 측면에서 점증주의적 예산과정과 차이가 있다.

첫째, 점증주의적 예산과정은 분권화된(decentralized) 과정이다. 이익집단과 정부부처 모두 자신이 원하는 예산을 요구하고 이러한 요구들이 조정과정을 거쳐 정부예산으로 확정되는 과정을 밟았던 것이다. 이와는 달리 예산삭감을 위해서는 집권화된(centralized) 과정을 밟아야 한다.

둘째, 점증주의적 예산과정은 분절화된(fragmented) 과정을 특징으로 한다. 이익집단이나 정부부처 모두 예산과정의 다른 참여자들의 요구에 대해서 관심을 가질 이유가 없는 것이다. 그러나 점감주의적 예산과정은 포괄적인(comprehensive) 과정이다. 예산삭감을 위해서는 예산의 우선순위를 검토하고 사업의 효율성과 효과성을 면밀히 평가해야 하기 때문이다.

셋째, 점증주의적 예산과정에서는 예산이 글자 그대로 점증적인 변화를 보이지만, 점감주의적 예산과정은 전체 예산에 대한 검토를 특징으로 한다.

넷째, 점증주의적 예산과정은 일상적일 뿐만 아니라 합의에 기반하고 있지만, 점감주의적 예산과정은 혼란스러우며 갈등적일 수밖에 없다. 예산이 지속적으로 늘어날 것이 예상될 때에는 예산과정이 합의에 기반할 수 있지만, 예산삭감은 심각한 사회적 갈등을 수반할 수밖에 없는 것이다.

다섯째, 점증주의적 예산과정은 상호이해에 기반한 협상과 조정에 의한 예산과정을 특징으로 하지만, 점감주의적 예산과정은 강제성, 대립, 상호불신을 특징으로 한다. 예산삭감에 동의하지 않는 이익집단과 정부부처를 대상으로 강제적으로 예산을 삭감할 수밖에 없기 때문이다.

여섯째, 점증주의적 예산과정이 보이지 않는(invisible) 예산과정이라면, 점감주의적 예산과정은 예산과정에 대한 높은 관심을 특징으로 한다.

일곱째, 점증주의적 예산과정이 분배적(distributive)이라면, 점감주의적 예산과정은 재분배적(redistributive)이다. 분배적 과정이란 예산과정의 참여자가 지속적으로 증가하는 자원의 배분을 통해 모두가 어느 정도씩은 혜택을 받을 수 있다는 것을 의미한다. 이와는 달리 재분배적 과정이란 사회구성원 중 어느 한쪽의 몫을 늘리기 위해서는 다른 쪽의 몫을 줄일 수밖에 없는 상황을 의미하는 것이다.

여덟째, 점증주의적 예산과정이 반복적(repetitive)이고 예측 가능(predictable)하다면, 점감주의적 예산과정은 선례파괴(precedent-breaking), 다년도(multi-year), 그리고 예측 불가능(erratic and unpredictable)을 특징으로 한다. 예산이 지속적으로 늘어나는 상황에서는 모든 사람들이 기초와 공정한 몫을 보장받을 수 있다고 생각하기 때문에 매년매년의 예산과정은 비슷한 패턴으로 진행된다. 반면, 예산삭감을 위해서는 기존의 예산배분방식을 전면적으로 바꾸어야 하기 때문에 선례파괴가 일어나는 것이고 예측이 불가능한 것이다. 특히, 예산삭감을 위해서는 예산배분의 우선순위를 정할 필요가 있고 이를 위해서는 중장기적인 재정운용계획이 수립될 필요가 있기 때문에 단년도 시계에서 벗어나 다년도 시계를 갖게 되는 것이다.

끝으로, 점증주의적 예산과정이 보상적(rewarding)이고 사회적 합의도출에 기반하고 있으며 자동적이라면, 점감주의적 예산과정은 고통을 수반하고 불안정한 사회적 연합에 기반하고 있으며 능동적인 리더십을 필요로 한다. 불안정한 사회적 연합이란 예산배분의 원칙과 패턴이 경제적 상황의 변화에 따라 바뀔 수 있기 때문에 예산을 둘러싼 사회집단 간의 협력 패턴이 수시로 바뀔 수 있음을 의미하는 것이다.

이상의 논의를 정리한 것이 〈표 10-1〉이다.

표 10-1 점증주의와 점감주의의 비교

점증주의적 예산과정	점감주의적 예산과정
분권화된 과정	집권화된 과정
분절화된 과정	포괄적인 과정
점증적인 변화	전체 예산에 대한 검토
일상적이며 합의에 기반	혼란스러우며 갈등적
상호이해에 기반한 협상과 조정	강제성, 대립, 상호불신
보이지 않는(invisible) 예산과정	예산과정에 대한 높은 관심
분배적	재분배적
반복적, 예측 가능	선례파괴, 다년도, 예측 불가능
보상적, 사회적 합의도출, 자동적	고통수반, 불안정한 연계, 능동적인 리더십

자료 : Behn(1985).

2. 예산과정의 변화와 점증주의

예산과정에서 각 이익집단, 각 정부부처의 예산극대화 노력이 기초와 공정한 몫이라는 예산과정의 관행에 의해 집단 간 정치적 갈등을 최소화할 수 있는 방향으로 예산이 결정될 수 있다는 것이 점증주의의 기본 주장인데, 이러한 점증주의는 사실 상향적 예산과정을 전제로 하는 것이다.

점증주의모형은 예산과정의 참여자들 간 상호작용에 관해 다음과 같은 기본적인 가정을 하고 있다.

① 예산과정에서 역할의 분절화이다. 예산과정의 참여자들은 예산에 관해 매우 좁은 시야를 가지고 있다. 따라서, 각 부처들은 예산증액을 위해 노력하며, 중앙예산기관은 각 부처의 요구를 삭감하려는 경향을 가지게 된다.

② 점증주의모형에서는 협상 전략의 중요성을 강조한다. 예산과정의 참여자들은 예산사업에 대한 포괄적인 비교나 검토를 행하는 것이 아니라, 자신의 사업만을 확대하려는 경향을 가진다.

③ 점증주의모형에서는 예산의 안정성을 강조한다(Bozeman & Straussman, 1982).

그런데 Wildavsky가 그리고 있는 경제가 지속적으로 팽창하고 다원주의적 정치질서가 자리잡고 있는 낭만적인 시기가 1970년대를 끝으로 막을 내리자 이후 나타난 심각한 문제는 바로 상향적 예산과정을 통해 만들어지는 예산이 예산능력을 뛰어넘는 수준으로 팽창하게 되었다는 것이다. 이것이 바로 재정적자의 누적이며 국가채무의 증가현상으로 나타난 것이다. 이에 따라 1980년대 이후부터 주목받기 시작한 예산과정이 바로 하향적 예산과정이다. 하향적 예산과정은 대통령이나 수상 등 정부수반을 중심으로 한 소수의 예산과정 참여자를 특징으로 하며, 덜 공개적(less visible)이다. 하향적 예산과정에서는 예산의 전체 규모, 예산의 전체적인 배분, 정책의 우선순위에 관한 결정이 주로 이루어진다.

그리고 이러한 하향적 예산과정의 중요성이 커지게 되었다는 것은 곧 예산과정이 집권화되고 있다는 것을 의미한다. 이러한 예산과정의 집권화를 통해 예산배분과정에서 특수이익(particularistic interests)을 추구하는 이익집단이나 다른 예산과정 참여자들의 요구를 적절히 제어할 수 있는 것이다(Savage & Schwartz,

1999: 542-43).

이러한 하향적 예산과정이나 예산과정의 집권화를 제대로 설명하지 못하는 것이 점증주의모형의 한계라고 할 수 있다. 물론 하향적 예산과정의 중요성이 커진다는 것이 곧 상향적 예산과정이 없어진다는 것을 의미하는 것은 아니다. 일반적으로, 하향적 예산과정에서 예산의 전체 규모 등을 결정한다면, 이 틀 내에서의 구체적인 예산의 배분은 상향적 예산과정을 통해 이루어진다. 하향적 과정과 상향적 과정의 상대적 중요성은 예산을 둘러싼 환경에 크게 영향을 받으며, 예산 제약이 심해질수록 하향적 과정의 중요성이 커지게 된다고 할 수 있다 (Bozeman & Straussman, 1982).

제5장에서도 설명한 바와 같이 하향적 예산과정을 다른 말로 거시적 예산과정이라고 하며, 상향적 예산과정을 미시적 예산과정이라고도 부른다. 점증주의 예산이론은 본질적으로 미시적 예산과정에 관한 이론이며, 이에 따라 전체 예산의 규모나 배분에 대한 이론이 아니라 예산의 한 부분에 대한 이론일 뿐이다. 따라서 점증주의이론에 대한 비판은 점증주의가 거시적 예산과정을 전혀 고려하고 있지 않은 데 대한 비판이라고도 할 수 있다. 이렇게 볼 때, 점증주의이론은 예산의 현실(the reality of national budgeting)에 대한 적절한 묘사로서 그 적실성이 점차 약해졌다고 할 수 있다(LeLoup, 1988). 이제는 예산이론과 예산의 운영에 있어서 거시적 측면과 미시적 측면을 동시에 고려하는 것이 필요하다. 이것이 예산과정에서 미시적 측면의 중요성이 없어졌다는 것을 의미하는 것은 아니며, 단지 거시적 측면을 더 적극적으로 고려해야 한다는 것을 의미하는 것이다.

제4절 | 예산과 제도 : 예산이론의 최근 흐름

1980년대 이후에는 예산과정이 상향적 과정일 뿐만 아니라 하향적 과정일 수도 있으며, 예산을 둘러싼 환경의 변화가 예산과정의 변화를 촉발하는 것으로 이해하기 시작했다. 즉, 가용자원의 수준이 예산과정에 영향을 미치며, 예산 참여자들의 행위도 가변적인 것으로 이해하기 시작한 것이다. 예산과정이 상향적

일 뿐만 아니라 하향적일 수 있으며 가용자원의 수준에 따라 가변적이라는 인식은 예산연구에 있어서 맥락(context)의 중요성에 대한 강조로 연결된다(Rubin, 1990). 이러한 흐름은 사회과학연구에 있어서 제도의 재발견(이른바 신제도주의)과 맞물리면서 예산을 둘러싼 제도의 모습이 예산과정과 재정성과에 어떤 영향을 미치는지에 대한 연구로 이어지고 있다.[1)]

1. 재정현상과 예산제도

제도는 일반적으로 개인 행위에 영향을 미치는 공식적 및 비공식적 제약요인을 의미한다. 예산연구에 있어서도 각 나라에 고유한 제도의 모습이 재정적 성과에 어떤 영향을 미치는가에 관심이 옮겨가고 있다.

예산의 특징은 비용의 부담자와 편익의 수혜자가 일치하지 않는다는 것이다. 또한 교환관계에 의하지 않은 상태에서 비자발적으로 국민들이 낸 세금에 근거해서 행정부가 예산을 편성하고 의회가 예산을 심의한 이후 다시 행정부가 예산을 집행하는 과정을 밟는 것이 재정현상의 본질적 모습이다. 이러한 재정현상을 둘러싸고 두 가지 문제가 발생할 수 있다.

첫 번째는 이른바 주인-대리인 관계(principal-agent relationship)이다. 민주주의의 핵심적인 내용은 주인인 국민들이 대리인인 정치인들에게 예산 사용처의 결정을 위임했다는 것이다. 따라서 민주주의에 있어서 핵심적인 개념은 국민에 대한 책무성인 것이다. 그러나 정치경제적 환경의 복잡성으로 말미암아 정치인들이 예산의 용도를 어떻게 결정하는지 국민들이 세세하게 감독하기는 실질적으로 불가능하다. 따라서 민주주의의 형식적인 원칙에도 불구하고 유권자의 선호와 실제 정책이 일치하지 않을 가능성은 상당히 크다고 할 수 있다.

두 번째는 이른바 공유지의 비극이다. 일반적으로 예산을 통한 편익은 특정집단에 집중되는 반면, 이를 위한 비용은 일반국민에게 널리 퍼지는 경향이 있다. 개별 국민의 입장에서는 특정 프로그램에 지출되는 자신의 세금부담이 무시할 수 있을 정도로 작기 때문에, 이러한 사안에 대해 별 관심을 두지 않는다. 결국 소수의 이익집단에 대한 혜택의 집중과 일반국민들에 의한 비용의 폭넓은 부

1) 이른바 신제도주의에 관한 자세한 논의는 하연섭(2011)을 참고할 것.

담이라는 현상이 나타나게 되며, 특수이익의 보호를 위해 사회적 총비용이 사회적 총편익을 상회하는 예산정책이 채택될 수 있는 것이다. 정치과정에서 정치가들이 자신을 지지하는 집단이나 자신의 지역구에 편익이 집중되는 예산정책을 추구하게 되면, 정부예산이 필요 이상으로 팽창하는 현상이 나타나게 된다. 이는 궁극적으로 재정적자와 국가채무의 증가로 연결된다.

최근에 와서 예산연구의 관심은 예산운용을 둘러싼 '제도'를 어떻게 설계함으로써 이러한 주인-대리인 문제와 공유지의 비극을 동시에 해결할 수 있는가로 집중되고 있다. 이때 예산제도(budget institutions)란 행정부와 입법부 내에서의 예산과정을 규율하는 일련의 공식적·비공식적 규칙을 의미하는 것이다. 예산제도는 예산과정을 몇 단계로 나누어 각 단계에서 누가, 언제, 어떤 역할을 할 것인가를 결정할 뿐만 아니라 예산과정 참여자들 사이의 정보소통의 형태에도 영향을 미치게 된다. 이를 통해 예산제도는 예산과정 참여자들의 전략과 상호협력의 가능성뿐만 아니라 궁극적으로 이들이 재정성과에 대해 어느 정도 책임을 지게 될 것인지에 대해서도 영향을 미치게 되는 것이다(Hallerberg *et al.*, 2009: 19; von Hagen, 2007: 27-29).

2. 주인-대리인 문제와 예산제도

주인-대리인 문제란 기본적으로 납세자인 국민이 재정에 대한 의사결정과 관리를 대리인인 정부에 위임했지만, 재정에 대한 정보를 대리인인 정부가 독점하고 있기 때문에 주인인 국민이 정부를 통제하기 어려운 상황을 의미한다. 이러한 주인과 대리인의 문제는 국민과 정부의 차원뿐만 아니라 국민과 의회, 의회와 행정부, 행정부 내부 조직 간의 문제에서도 나타난다. 주인-대리인 문제의 근본적인 원인은 주인과 대리인 간 정보의 비대칭에 있다. 따라서 주인-대리인 문제를 해결하기 위해서는 정보의 비대칭이 극복되어야 하며, 이를 위한 핵심적인 수단이 재정정보의 공개와 재정투명성의 향상이다(하연섭, 2018).

이러한 재정투명성의 확보에 더해 최근 예산연구에 있어서 중요한 관심사 중 하나는 선거제도가 예산을 둘러싼 주인-대리인 관계에 어떤 영향을 미치는가이다. 선거제도는 크게 선거구의 크기(districit magnitude), 의석 배분방식(electoral formula), 그리고 투표방식(ballot structure)으로 구성되어 있다. 선거구의 크기란 선거구당 한 사람만 뽑는 소선거구제인지 혹은 전국을 대상으로 하는 대선거구제인지 등에 관련된 문제이다. 의석 배분방식이란 득표 수를 의석으로 연결시키는 방식을 의미한다. 예를 들어 후보자 중 과반 이상을 획득했을 경우에만 승리한 것으로 인정해서 1차 투표와 결선 투표를 할 것인지 혹은 후보자 중 단순히 득표를 가장 많이 한 사람을 선거에서 승리한 것으로 인정할 것인지(이른바 단순다수득표제)와 관련된 문제이다. 투표방식이란 개별 후보자에게 투표를 하는 것인지 혹은 정당에 투표를 하는 것인지와 관련된 것이다.

소선거구제하에서 후보자 개인에게 투표하고 단순다수득표제를 택하는 경우 유권자들은 정당보다는 개인에 초점을 맞추어 투표하는 경향이 강하다. 따라서 개별 후보자들의 개인적 성과에 초점을 맞추어 책무성을 확보하는 특징이 있다. 반면, 대선거구제를 택하고 비례대표제이면서 정당에 투표하는 경우에는 모든 후보자들의 평균적인 성과에 초점을 맞추기 때문에 개인적 책무성을 약화시키는 특징이 있다. 따라서 소선거구제이면서 단순다수득표제를 택하는 경우가 책무성을 확보하는 데 더 유리할 수 있다는 것이다(von Hagen, 2007). 그러나 이러한 선거제도가 꼭 재정성과의 향상으로 이어질지는 경험적인 연구가 필요하다. 왜냐하면 개별 후보자의 개인적 성과에 초점을 맞추는 경우에는 예산과정에 참여하는 정치인들이 자신의 지역구 예산 챙기기에만 몰두함으로써 국가 전체적인 재정의 배분적 효율성이 약화될 가능성이 얼마든지 있기 때문이다.

선거제도는 정당 간 경쟁에 영향을 미침으로써 궁극적으로 재정성과에 대한 책무성 정도에 영향을 미치게 된다. 소선거구제이면서 단순다수득표제를 택하는 경우에는 소규모 정당출신이나 정치신인이 당선되기는 대단히 어렵다. 이와는 달리 비례대표제하에서는 소규모 정당이나 정치신인이 당선될 가능성이 상대적으로 높다. 특히, 의석을 확보할 수 있는 최소득표비율이 낮은 경우에 비례대표제하에서 정당 간 경쟁이 매우 치열할 가능성이 높다. 정당 간 치열한 경쟁으로 말미암아 재정적인 측면에서도 예산의 낭비와 비효율성을 지적할 가능성이 높고, 이렇게 되면 궁극적으로 정부지출수준을 낮추면서 재정적자도 줄이게 될 가능성이 높다는 것이다(von Hagen, 2007).

3. 집권화와 재정성과

예산배분에 있어서 공유지의 비극이 나타나는 근본적인 이유는 예산과정 참여자들이 자신의 지지기반이 되는 이익집단, 지역 혹은 정책에 예산을 집중적으로 배분하고 그 부담은 전체 국민에게 전가시키기 때문이다. 이러한 예산배분에 있어서 공유지의 비극 문제를 해결할 수 있는 방법은 예산과정 참여자들이 자신들의 결정에 수반되는 비용과 편익에 대해 전체적인 시각(comprehensive view)을 가질 수 있도록 제도를 설계하는 데 있다고 할 것이다. Hallerberg와 von Hagen 등 재정 제도론자(fiscal institutionalists)에 의하면, 분절화된 예산과정(fragmented budgeting)은 공유지의 비극 문제를 심화시키는 데 반해, 집권화된 예산과정(centralized budgeting)은 예산과정의 참여자들이 자신들의 결정에 대해 전체적인 시각을 갖게 유도함으로써 공유지의 비극 문제를 해소할 수 있다고 한다. 다시 말해서, 분권화된 예산과정보다는 집권화된 예산과정을 통해 재정규율(fiscal discipline)을 확보할 가능성이 높다는 것이다.

집권화는 예산과정의 모든 단계에서 필요하다. 예산편성단계에서는 중앙예산기관의 예산편성지침이 모든 행정부처에 강한 구속력을 가질 수 있어야 하고, 전체 예산의 한도와 각 부문별 상한선이 결정됨으로써 총량적 재정규율이 준수될 필요가 있다. 의회에서 이루어지는 예산심의과정에는 더 많은 참여자들이 관여하기 때문에 행정부 내부에서의 예산편성단계보다 공유지의 비극 문제가 심화될 가능성이 높다. 행정부가 제출한 예산안을 의회에서 자유롭게 수정할 수 있고, 예산배분에 관한 결정이 각 상임위원회에서 분산적으로 이루어지며, 의회의 예산과정에 관한 일반적인 지침이 없을 경우에는 공유지의 비극이 심화되고 의회를 통과한 예산이 대폭 증가할 가능성이 높다. 이와는 달리 행정부가 제출한 예산안을 의회가 거의 수정하지 못할 뿐만 아니라 예산의 총액을 먼저 결정하고 그 다음에 예산의 개별 항목에 대한 결정이 이루어지는 식으로 예산에 대한 결정이 두 단계로 나누어져 이루어질 경우에는 예산과정이 집권화되어 공유지의 비극이 나타날 가능성이 낮아진다.[2] 예산의 집행단계에서 집권화가 이루어지게 되면 중앙예산기관이 집행과정을 통제하고 일선 부처가 집행과정에서 예산을 쉽게 변경할 수 없게 됨으로써 예산낭비를 방지할 수 있다(Hallerberg *et al.*, 2009;

2) 이것이 바로 제7장에서 설명한 스웨덴 의회의 예산심의과정이다.

Hallerberg, 2004; von Hagen, 2007).

4. 위임과 계약

예산운영에 있어 공유지의 비극 문제를 최소화하기 위해서는 예산과정이 분권화되어 있는 것이 아니라 집권화되어 있어야 한다. 예산과정이 분권화되어 있으면 예산과정의 참여자들이 자신들의 개별적인 이익의 극대화에만 몰두함으로써 예산이 팽창되는 현상을 막을 수 없기 때문이다. 이렇게 예산과정이 분권화되어 있어서 예산과정 참여자들이 자신들의 이익만을 추구하는 현상을 봉토현상(fiefdom)이라고 표현한다. 봉토현상을 극복할 수 있는 제도의 형태로서 등장하는 것이 위임과 계약이다.

위임(delegation)이란 예산과정을 전체적인 시각에서 조망하고 통제할 수 있는 사람에게 예산에 대한 권한을 대폭 맡기는 것을 의미한다. 일반적으로 이러한 역할을 재무장관(finance minister)이 수행한다. 계약(contract)이란 재정적 목표에 대한 예산과정 참여자들 간의 구속력 있는 합의에 기반해서 예산과정이 진행되는 현상을 의미한다. 흥미 있는 것은 위임에 의한 방법은 단일 정당에 의해 정부가 구성되거나 복수의 정당에 의해 정부가 구성되더라도 이들 정당 간 이데올로기적 차이가 크지 않을 때 가능한 방법이라는 것이다. 단일 정당에 의해 정부를 구성할 경우에는 말할 것도 없고 정부구성에 참여하는 정당 간 이데올로기적 차이가 크지 않을 경우 예산배분에 관해 예산과정 참여자들 사이에서 선호의 차이가 크지 않기 때문에 재무장관에게 예산배분과 예산운영에 관한 권한을 쉽게 위임할 수 있다. 재무장관은 이러한 권한의 위임에 기반해서 예산과정 전체를 집권화함으로써 예산운영과 관련된 공유지의 비극을 최소화시킬 수 있다. 위임형의 예산제도를 보이는 대표적인 국가로서는 영국과 프랑스를 들 수 있다. 의원내각제에서 뿐만 아니라 대통령제하에서도 위임에 의한 방법이 사용될 가능성이 높다. 그러나 의원내각제에 비해 대통령제하에서 행정부와 입법부 간 관계는 갈등적인 관계를 보일 가능성이 매우 높다.

이에 반해, 계약에 의한 방법은 다수 정당의 연합에 의해 정부가 구성되거나 정부를 구성하는 정당 간 이데올로기적 차이가 상당히 클 때 가능한 방법이다.

연립정부의 경우 각 부처 장관들 간 예산배분의 방향에 대해 견해차가 상당히 클 수밖에 없기 때문에, 예산배분에 대해 합의가 이루어지기 위해서는 연립정부 참여자들 간에 타협과 조정이 전제되어야 한다. 특히, 재무장관과 다른 부처 장관들의 소속 정당이 다르기 때문에 재무장관에게 예산배분에 대한 권한을 집중시킬 경우 또 다른 차원의 주인-대리인 문제가 발생할 가능성이 높다. 이러한 문제를 미연에 방지할 수 있는 방법은 연립정부 참여자들 간에 예산배분의 방향에 대해 사전적으로 합의하는 것이다(von Hagen, 2007: 38-46). 예산제도가 계약형태를 보이는 대표적인 국가로서는 네덜란드와 핀란드를 들 수 있다.

흥미 있는 것은 각 국가가 택하고 있는 선거제도가 정부형태에 영향을 미치고, 이것이 다시 각 국가가 취하는 예산제도의 형태에 영향을 미친다는 것이다. 단순다수득표제를 택하거나 비례대표제를 택하더라도 의석을 확보할 수 있는 최소득표비율이 높은 경우에는 단일 정당에 의해 정부를 구성하거나 다수당이 연합정부를 구성하더라도 이데올로기적으로 유사한 정당끼리 정부를 구성할 가능성이 높다. 이러한 정부하에서는 위임형 예산제도가 나타날 가능성이 높다. 이와는 달리 의석을 확보할 수 있는 최소득표율이 낮으면서 비례대표제를 택하는 국가에서는 이데올로기적으로 상당한 거리가 있는 정당들 간의 연합을 통해 정부가 구성될 가능성이 높으며, 이 경우 계약형 예산제도가 나타날 가능성이 높다(Hallerberg *et al.*, 2009).

최근에 와서 예산연구에 있어서의 관심은 제도의 모습과 제도적 환경이 예산과정에 어떤 영향을 미쳐서 궁극적으로 재정성과에 어떤 영향을 미치는가에 집중되고 있다. 즉, 예산을 둘러싼 제도개혁을 통해 더 나은 재정성과를 만들어 낼 수 있다는 것이다. 재정제도주의에 의하면, 봉토형에 비해서 예산제도가 위임 혹은 계약의 형태를 취할 때 재정규율을 확보할 가능성이 높다. 특히, 주목해야 할 것은 선거제도와 정당제도를 통해 나타나는 정치제도에 걸맞은 재정제도가 확립되어야만 재정적 성과를 기대할 수 있다는 점이다.

참고문헌

하연섭. (2009). "공공성과 재무행정: 정치 · 경제 · 관리적 측면을 중심으로." 윤수재 · 이민호 · 채종헌(편), 「새로운 시대의 공공성 연구」. 850–78. 서울: 법문사.

_______. (2011). 「제도분석: 이론과 쟁점」. 제2판. 서울: 다산출판사.

_______. (2018). "정부의 재정정보 공개 현황과 개선과제." 「예산춘추」 (2018 겨울). Vol. 49: 58–62.

Behn, Robert D. (1985). "Cutback Budgeting," *Journal of Policy Analysis and Management* 4: 155–77.

Bozeman, Barry and Jeffrey D. Straussman. (1982). "Shrinking Budgets and the Shrinkage of Budget Theory." *Public Administration Review* 42: 509–15.

Hallerberg, Mark. (2004). *Domestic Budgets in a United Europe: Fiscal Governance from the End of Bretton Woods to EMU*. Ithaca: Cornell University Press.

_______**, Rolf Rainer Strauch, and Jürgen von Hagen.** (2009). *Fiscal Governance in Europe*. New York: Cambridge University Press.

Jones, L. R. and Jerry McCaffery. (1995). "Budgeting According to Wildavsky: A Bibliographic Essay." in Naomi Caiden and Joseph White(eds.), *Budgeting, Policy, Politics: An Appreciation of Aaron Wildavsky*. 13–40. New Brunswick: Transaction.

Kettl, Donald F. (2002). *Deficit Politics: Public Budgeting in Its Institutional and Historical Context*. 2nd ed., New York: Longman.

Key, V. O., Jr. (1940). "The Lack of a Budgetary Theory." *American Political Science Review* 34: 1137–40.

LeLoup, Lance T. (1988). "From Microbudgeting to Macrobudgeting: Evolution in Theory and Practice." in Irene S. Rubin(ed.), *New Directions in Budget Theory*. 19–42. Albany: State University of New York Press.

Lewis, Verne B. (1952). "Toward a Theory of Budgeting." *Public Administration Review* 12: 43–54.

Rubin, Irene S. (1989). "Aaron Wildavsky and the Demise of Incrementalism." *Public Administration Review* 49: 78–81.

_______. (1990). "Budget Theory and Budget Practice: How Good the Fit?" *Public Administration Review* 50(2): 179–89.

Savage, James D. and Herman M. Schwartz. (1999). "Cutback Budgeting." in Roy T. Meyers(ed.), *Handbook of Government Budgeting*. 529–47. San Francisco: Jossey–Bass.

Schick, Allen. (1980). "Budgeting as an Administrative Process." in Allen Schick(ed.), *Perspectives on Budgeting*. Washington, D.C.: The American Society for Public

Administration.

_______. (1983). "Incremental Budgeting in a Decremental Age." *Policy Sciences* 16: 1–25.

_______. (1998). "A Contemporary Approach to Public Expenditure Management." Washington D.C.: The World Bank.

Swain, John W. and C. Jeff Hartley, Jr. (2001). "Incrementalism: Old But Good?" in John R. Bartle(ed.), *Evolving Theories of Public Budgeting*. 11–27. Oxford: Elsevier Science.

von Hagen, Jürgen. (2007). "Budgeting Institutions for Better Fiscal Performance." in Anwar Shah(ed.), *Budgeting and Budgetary Institutions*. 27–51. Washington, D.C.: The World Bank.

Wildavsky, Aaron. (1961). "Political Implications of Budgetary Reform." *Public Administration Review* 21: 183–90.

_______. (1964). *The Politics of the Budgetary Process*. Boston: Little, Brown & Co.

_______ **and Naomi Caiden.** (2004). *The New Politics of the Budgetary Process*. 5th ed., New York: Pearson.

제 11 장

예산개혁

사람의 몸에 비유하자면, 예산은 '혈액'과 같은 것이다. 예산이 뒷받침되지 않으면 어떤 정부활동도 제대로 수행할 수 없기 때문이다. 정부활동을 위한 핵심적인 요소가 바로 예산이기 때문에, 예산을 어떻게 관리하고 배분하느냐에 따라 정부활동의 결과는 사뭇 달라질 수밖에 없다. 이에 따라 현대적 의미에서의 예산제도가 정착된 이후 세계의 많은 정부들은 예산의 운용 시스템을 바꿈으로써 정부의 활동방식을 개선하고 이를 통해 국민들에게 더 나은 서비스를 제공하기 위해 노력해 왔다. 예산개혁이란 예산의 분류방식과 운용방식을 개선해 나가는 노력을 의미한다. 다양한 예산개혁이 이루어졌지만, 이 장에서는 전 세계적으로 큰 영향을 주었던 미국의 사례를 중심으로 예산개혁을 설명하고자 한다.

예산개혁이란 한마디로 예산운용에 있어서 '합리성'을 제고해 나가기 위한 노력이었다고 할 수 있다. 가장 대표적인 예산개혁으로서는 품목별 예산제도, 성과예산제도, 계획예산제도, 그리고 영기준 예산제도를 들 수 있다. 이 장에서는 이러한 네 가지 예산개혁을 집중적으로 살펴보고 있다. 최근에는 결과중심 예산제도인 성과주의 예산제도[1]가 전 세계적으로 큰 영향을 주고 있는데, 이러한 최근의 예산개혁에 관해서는 다음 장에서 다루고 있다.

제1절 | 예산개혁의 개관

1920년대 이후 예산개혁은 품목별 예산제도, 성과예산제도, 계획예산제도, 영기준 예산제도, 그리고 최근의 결과중심 예산제도순으로 전개되어 왔다. 〈표 11-1〉에서 볼 수 있는 바와 같이 품목별 예산제도는 지출에 대한 중앙집권적 통제와 책무성 확보, 성과예산제도는 내부 관리의 향상과 효율적인 서비스 공급,

---

1) 1940~50년대에 시도되었던 예산개혁을 통상적으로 성과주의 예산제도라고 일컫고 최근에 시도되고 있는 예산개혁 또한 성과주의 예산제도라고 부르기 때문에 개념상 혼란이 발생하고 있다. Mikesell 교수는 과거의 것을 성과주의 예산제도, 최근의 예산개혁을 신성과주의 예산제도라고 명명하고 있을 정도로 이 둘의 명칭을 구분하기가 상당히 어렵다. 신무섭 교수는 과거의 것을 성과주의 예산제도, 최근의 예산개혁을 성과관리 예산제도라고 부르고 있다. 이 책에서는 과거의 것을 '성과예산제도', 최근의 예산개혁을 '성과주의 예산제도'라고 부르고자 한다.

표 11-1 예산개혁의 특징

예산의 형식	특징	예산의 초점	예산의 지향
품목별 예산제도	•구입한 재화나 자원에 의한 지출의 분류 •지출 대상에 대한 세부적인 분류 •지출에 대한 집권적 통제와 지출을 둘러싼 행정권 남용의 최소화 •지출 통제와 책무성 확보	구입한 자원	통제
성과 예산제도	•업무량 혹은 활동에 의한 지출의 분류 •각 활동별 단위 비용의 계산 •과업과 활동의 효율적 수행 •내부관리의 효율성 제고와 서비스 공급 비용의 감소 •사업의 목표는 주어진 것으로 받아들이되 사업목표를 달성하기 위해 가장 비용이 적게 드는 방법을 강구	수행한 과업 혹은 활동	관리
계획 예산제도	•목표에 따른 지출의 분류 •조직의 경계를 뛰어넘어 비용을 계산 •결과와 다년도 계획에 초점 •합리적 선택을 위한 의사결정과정의 향상	성과(재화 혹은 산출), 제공된 서비스	기획
영기준 예산제도	•과업 혹은 활동에 의한 지출의 분류 •기존의 사업이 지속될 것이라고 가정하기보다는 예산의 기초에 초점 •관리적 통제와 재정적 선택의 신축성 강조	대안적인 활동 수준	관리

계획예산제도는 합리적 선택을 위한 의사결정과정의 향상, 그리고 영기준 예산제도는 관리적 통제와 재정적 선택의 신축성 향상을 강조하는 데 그 특징이 있다(Mikesell, 2007).

Allen Schick(1966)은 예산개혁을 통제, 관리, 기획 지향으로 구분하여 설명하고 있다. 통제란 예산운용에 있어서 부정과 부패를 최소화하는 동시에 입법부나 행정부에 의해서 설정된 정책적 의도를 충실히 따르도록 하는 것을 의미한다. 관리란 목표 달성을 위한 구체적인 사업과 활동을 구분하고 이를 위해 인적 · 물적 자원을 동원하고 배분하는 것을 의미한다. 기획이란 목표를 설정하고, 목표 달성을 위한 대안을 평가하고, 이에 기반하여 사업을 수행하는 것을 의미한다. 모든 예산제도에는 통제, 관리, 기획의 요소들이 포함되어 있지만, 예산제도마다 이 세 가지 지향에 대한 상대적인 강조는 다르게 나타난다. 품목별 예산제도는 통제지향, 성과예산제도는 관리지향, 계획예산제도는 기획지향, 그리고 영기준 예산제도는 다시 관리지향의 특징을 보인다. 하지만 이는 어디까지나 상대적 강조에 의한 구분일 뿐이며 모든 예산제도는 통제, 관리, 기획이라는 세 가지 지향을 동시에 지니고 있다(Schick, 1966).

제2절 | 품목별 예산제도

1. 품목별 예산제도의 특징과 장점

품목별 예산제도(line-item budgeting)란 예산의 품목별 분류에 기반해서 예산을 운용해 나가는 예산제도이다. 예산의 품목별 분류란 정부가 구입하는 재화와 서비스를 중심으로 예산을 분류하는 방식이다. 다시 말해서, 예산의 품목별 분류는 정부활동을 위한 투입에 초점을 맞추어, 지출의 대상별로 예산을 분류하는 방식이다. 미국에서는 1900년대 초반 정부운용에 있어서 부정부패를 없애려는 이른바 진보주의 운동의 일환으로 등장한 것이 바로 품목별 예산제도였다.

인사와 구매 등 정부운영에 있어서 부패가 만연하던 시절에 등장한 품목별 예산제도는 예산의 통제라는 측면에서 중요한 진전이었다고 평가할 수 있다. 즉, 지출의 대상을 중심으로 예산을 편성함으로써 예산운영의 미시적 측면까지 통제가 가능하게 된 것이다. 인력과 구매에 관련된 통제가 제대로 이루어지지 않았던 시기에 예산운영에 있어서 가장 중요한 고려사항은 행정과정에서의 부정과 부패를 최소화하는 것이었고, 품목별 예산제도야말로 이러한 목적을 달성하는 데 안성맞춤이었던 것이다. 1900년대 초반 이후 품목별 예산제도는 거의 모든 정부의 예산운용의 기초가 되었다고 할 수 있다. 그리고 이후에 나타나는 모든 예산개혁 노력은 품목별 예산제도가 갖는 한계를 극복하기 위한 노력이었다고 할 수 있다.

품목별 예산제도의 장점으로서는 다음을 들 수 있다.

① 정부지출을 효과적으로 통제할 수 있다. 품목별 분류는 각 부처가 사용하는 예산의 세부항목을 기준으로 예산을 분류하고 이에 기반하여 항목별

상한선을 설정할 수 있기 때문에, 지출을 통제하는 데 있어 가장 효과적인 분류체계로 알려져 있다(Shah & Shen, 2007: 139).

② 전년도 예산과 올해의 예산을 비교하기가 용이하다.

③ 단순하기 때문에 일반사람들도 정부예산을 쉽게 이해할 수 있다(Cozzetto *et al.*, 1995: 191).

2. 품목별 예산제도의 한계

품목별 예산제도는 예산운용의 효율성과 효과성을 제고하는 데 심각한 문제점을 보인다.

① 무엇보다도 품목별 분류는 투입에 초점을 맞추기 때문에 예산이 얼마나 어떻게 사용되고 있는가에 대한 정보는 제공해 주지만 예산이 무엇을 위해 사용되는가에 대한 정보는 제대로 제공해 주지 못한다. 자원배분의 효율성이란 투입과 산출의 관계이다. 그러나 품목별 분류는 투입에만 초점을 맞추기 때문에 투입이 산출로 어떻게 연결되는지 그리고 자원이 얼마나 효율적으로 사용되는지에 대한 정보는 제공하지 못한다는 것이다.

② 품목별 분류에 기반한 예산운용은 세부적인 사항에만 초점을 맞추기 때문에 중앙예산기관에 의한 미시적 관리(micro-management)와 각 부처 내에서의 위계적인 통제를 낳게 된다. 따라서 품목별 분류에 의해서 예산을 운용할 경우, 예산의 실질적인 사용자의 재량권의 범위는 매우 제약되기 마련이다. 또한 예산 사용자의 재량권이 제약되기 때문에 예산운용의 성과에 대해 책임을 묻기도 어렵다(Shah & Shen, 2007: 139).

③ 예산요구와 예산배분에 있어서 조직단위가 의사결정의 기초가 된다. 품목별 예산제도하에서는 예산이 달성하고자 하는 목표를 기초로 배분되는 것이 아니라 정부조직을 기초로 요구되고 배분된다. 그런데 예산배분의 합리성을 제고하기 위해서는 어떤 목적을 달성하는 데 어떤 대안이 있는지를 세밀하게 검토하고 이러한 대안에 대한 비교 평가가 이루어져야 한다. 뿐만 아니라 특정한 목표를 달성하는 데 총비용이 얼마나 소요되는지를 제대로 측정할 수 있어야만 특정 사업을 수행하는 것이 적절한지를 판단할 수 있

다. 그러나 품목별 예산제도는 정부조직단위에만 초점을 맞추어 예산을 배분하기 때문에, 몇 개의 조직단위가 협력해서 목표를 달성하게 되어 있는 사업의 경우 목표를 달성하는 데 소요되는 총비용을 제대로 계산할 수 없을 뿐만 아니라, 기존의 조직단위를 뛰어넘어 더 효율적이고 효과적인 대안을 탐색하는 데도 한계가 있을 수밖에 없다.

④ 비용에 대한 단기적 고려가 특징이다. 통상적으로 품목별 예산제도는 단일연도를 대상으로 예산을 편성 · 배분하므로 사업이 수년도에 걸쳐 이루어지는 경우 사업의 총비용에 대한 고려가 제대로 이루어지지 않게 되는 것이다.

⑤ 사업의 비용과 사업의 효과에 대한 비교가 제대로 이루어지지 않는다. 품목별 예산제도에서의 비용 개념은 회계적 비용에 국한되어 있으며, 사회적 비용이나 기회비용은 제대로 고려하지 않는다. 여기서 회계적 비용(accounting cost)이란 실제 발생한 화폐적 비용을 의미하며, 기회비용(opportunity cost)은 어떤 대안을 선택함으로써 포기하게 된 사회적 순편익을 의미하는 것이다. 사업 수행의 대안적 방법을 고려함에 있어서는 대안 선택에 따른 기회비용을 고려해야 합리적인 예산편성을 기대할 수 있다. 그러나 품목별 예산제도는 오직 회계적 비용만을 고려하기 때문에 예산편성의 합리성을 제고하기 어렵다. 또한 품목별 예산제도는 투입에만 초점을 맞추기 때문에 예산을 편성할 때 사업의 효과가 제대로 고려되지 않는다. 이에 따라 사업의 비용과 효과의 비교가 제대로 이루어지지 않게 되는 것이다(Mikesell, 2007).

결론적으로, 품목별 예산제도는 지출의 대상별로 예산을 세세하게 분류하기 때문에 '누가 무엇을 하고 있는가(who does what)'에 대해서는 많은 정보를 제공하며, 이를 바탕으로 예산운용에 있어서의 부정과 오류를 최소화시킬 수 있는 장점이 있다. 즉, 지출에 대한 통제와 책무성 확보에 적합한 예산제도라고 할 수 있다. 반면, 품목별 예산제도는 '무엇을 위한 지출인가(for what)' 그리고 '얼마나 잘 하고 있는가(how well)'에 대해서는 제대로 된 정보를 제공하지 못하는 한계를 지니고 있다(Kettl, 2002). 이러한 이유로 품목별 분류는 예산운용의 기초이긴 하지만, 예산운용의 효율성과 효과성 그리고 예산운용의 성과를 높이기 위해서 품목별 분류로부터 벗어나려는 노력들이 지속되어 왔던 것이다. 사실, 지난 수십 년간 이루어졌던 예산개혁 노력들은 품목별 분류에 기반한 예산운용으로부터 벗어나려는 노력이었다고 해도 과언이 아니다.

제3절 | 성과예산제도

1. 성과예산제도의 특징

품목별 예산제도는 예산운용에 있어서 부정과 부패를 막고 정부지출에 대한 책무성을 확보한다는 측면에서는 대단히 중요한 진전이었다고 평가할 수 있지만, 정부의 사업과 기능에 대해서는 제대로 된 정보를 제공해 줄 수 없다는 한계를 애당초 지닌 것이었다. 미국에서 뉴딜정책의 시행과 정부기능의 확대에 따라 정부사업의 수와 규모가 늘어나게 되자, 정부사업의 효율적 관리, 서비스 전달체계의 효율성 제고 등에 대한 관심이 높아지게 되었지만, 품목별 예산제도는 이를 위한 정보와 관리도구를 제공해 줄 수 없다는 문제가 발생하게 되었다. 이러한 시대적 배경하에 사업의 효율성을 제고할 수 있는 관리도구로서 등장한 것이 바로 성과예산제도(performance budgeting)이다. 미국에서 성과예산제도의 도입은 제1차 후버위원회(the Hoover Commission)의 권고에 의해 이루어진 것이며, 1950년의 예산 및 회계절차법(the Budget and Accounting Procedure Act of 1950)에 의해 공식화되었다(Axelrod, 1995: 282).

성과예산제도는 사업의 목표를 설정하고, 이러한 목표를 달성하는 데 소요되는 비용을 측정하며, 각 사업별로 수행된 과업과 성과를 측정하는 데 목적이 있다. 성과예산제도는 정부의 활동(activities)과 비용을 연계시키는 데 그 특징이 있다. 성과예산제도에서는 누가(who) 일을 하는가에 초점을 맞추는 것이 아니라, 정부가 무엇(what)을 하는가에 초점을 맞춘다. 즉, 투입보다는 산출에 초점을 맞추는 것이 성과예산제도의 기본특징인 것이다(Kettl, 2002).

2. 성과예산제도의 구성 요소

성과예산제도는 크게 다음의 네 가지 요소로 구성된다.

① 사업과 산출물의 정의 : 예산편성의 초점은 지출의 대상이나 조직단위가 아니라 달성하고자 하는 결과와 이를 위한 활동에 있다. 따라서 성과예산제도 운용의 첫 번째 단계는 조직이 제공하고자 하는 사업과 산출물을 정의하는 것이다. 조직이 수행하고자 하는 사업(program)을 정의하고 나면, 다시 사업을 하위사업(sub-programs), 활동 등으로 세부분류를 하게 된다. 예를 들면 암치료사업의 경우에는 환자발견(case finding), 암 치료, 그리고 대중교육 등을 하위사업으로 포함할 수 있을 것이다. 이때 환자발견이라는 하위사업은 X-레이 촬영과 판독 그리고 임상실험 등을 활동으로 포함하게 된다.

② 성과측정의 단위 정의 : 사업, 세부사업, 그리고 활동에 대한 정의가 이루어지면, 그 다음 단계로서 각 활동의 성과를 측정할 수 있는 측정단위(measurement unit)를 설정하게 된다. 위의 예에서 측정단위로서는 X-레이 촬영 횟수, 임상실험 횟수, 수술 횟수 등을 들 수 있다.

③ 성과측정 : 성과측정은 원가회계와 과학적 관리법에 기반하고 있으며, 정부활동에 소요되는 비용과 사업의 달성 정도 및 예산운영의 효율성을 측정하는 데 그 목적이 있다. 이를 위해 과업수행에 소요되는 시간과 비용 등을 측정하게 된다. 예를 들면, 암 치료를 하는 데 실제 수행된 X-레이 촬영 횟수와 X-레이를 촬영하는 데 소요된 비용과 시간이 측정대상이 된다. 만일 12,000회의 X-레이 촬영이 있었는데 1억 5천만 원의 총비용이 소요되었다면 단위당 비용은 1억 5천만/12,000=12,500원이 되는 것이다. 또한 12,000회의 X-레이 촬영을 하는 데 440시간이 소요되었다면 1회 촬영에 소요된 시간은 2.2분이 되는 것이다.

④ 성과보고 : 계획된 비용과 사업달성 정도와 실제 소요된 비용과 사업달성 정도를 비교함으로써, 예산운영에 있어서의 문제점을 파악하는 데 초점을 맞춘다. 이를 통해 사업의 효율성을 평가하게 되며, 이러한 평가에 기반하여 예산을 배분하게 된다. 따라서 성과예산제도하에서는 예산이 관리도구가 되는 것이다(Mikesell, 2007). 위의 예에서 표준화된 방법, 다른 유사한

조직과의 비교, 혹은 과거의 축적된 경험에 기반해서 볼 때 암 치료를 위한 환자발견에 있어서 표준화된 1회 촬영 비용은 10,000원이었고, 1회 촬영에 소요되는 표준시간이 2분이었다면, 성과측정의 대상이 되고 있는 사업의 수행방식은 비효율적이라는 결론에 도달하게 되는 것이다. 그리고 이러한 성과보고에 기반해서 각 사업과 조직에 대한 예산배분이 이루어지는 것이 성과예산제도의 특징이다.

3. 성과예산제도의 문제점

① 성과를 측정하기 위해서는 산출물을 정의해야 하지만, 정부조직 중에는 산출물을 정의하기 쉽지 않은 조직들이 있다. 고속도로건설, 교량건설, 전염병 예방 등의 사업은 산출물을 정의하기가 비교적 쉽지만, 교육이나 문화 등의 기능을 담당하는 정부조직의 산출물을 정의하기는 어렵다. 또한 같은 정부조직 내에서도 정책보좌, 인사, 예산 혹은 감사 등 참모기능(staff function)을 담당하는 부서에 대해서는 산출물을 정의하고 측정하기가 쉽지 않다.

② 성과예산제도의 성공 여부는 성과측정의 질에 달려 있지만, 성과 자체를 측정하기가 어려운 경우가 많다. 예를 들어 어떤 정부부처 인사과의 성과를 측정한다고 가정하자. 인사과는 직원의 채용, 훈련, 직무분석, 직원들에 대한 후생복지 등의 기능을 수행함으로써 궁극적으로는 조직의 효과성을 높이는 데 그 목적이 있다. 이때 인사과 활동의 성과는 조직의 성과향상으로 측정할 수 있겠지만, 조직의 성과향상을 어떻게 측정할 것인가의 문제가 발생하게 된다. 설령 조직의 성과향상을 측정할 수 있다 할지라도 조직의 성과향상에 기여한 다른 부서들과 구분해서 인사과만의 공헌을 어떻게 측정할 것인가의 문제는 여전히 남게 된다. 이렇게 무형적인(intangible) 서비스를 대상으로 성과를 측정하기는 매우 어려운 일이다.

③ 정부활동의 질을 측정하기는 매우 힘들다. 예를 들어 감사 건수(audit volume)보다 중요한 것은 감사의 질(audit quality)이지만, 이를 측정하기란 쉽지 않다.

④ 측정하고자 하는 사업의 성과가 정작 국민들이 원하는 서비스인가는 제대로 측정하지 못한다. 성과예산제도는 정부의 사업이 필요한지 혹은 정부사업의 목표가 적절한지를 평가하지는 않는다. 성과예산제도는 정부의 활동이 일단 정해진 정부사업의 목표를 달성하는 데 효율적인지를 평가하는 데만 관심을 가질 뿐이다. 이에 따라 성과예산제도는 정부의 활동이 적은 비용으로 수행되는가를 고려할 뿐, 정부활동이 수행할 가치가 있는 것인지는 제대로 고려하지 않는다(Mikesell, 2007).

⑤ 정부활동에 수반되는 비용을 측정하는 것도 쉬운 일은 아니다. 정부사업 중에는 몇 개의 조직단위가 공동으로 사업을 수행하는 경우가 있는가 하면, 하나의 조직단위에서 몇 가지 사업을 수행하는 경우도 있다. 몇 개의 조직단위가 공동으로 사업을 수행하는 경우에는 사업수행에 소요되는 비용을 각각의 조직단위에 어떤 방식으로 배분해서 각 조직단위의 비용을 계산할 것인지의 문제가 발생한다. 반대로, 하나의 조직단위에서(혹은 한 사람이) 몇 개의 사업을 수행하는 경우에는 각각의 사업을 수행하는 데 실제로 얼마나 비용이 소요되는지를 계산하기가 대단히 어려워진다(Burkhead, 1956: 147).

제4절 | 계획예산제도

1. 계획예산제도의 도입 배경

계획예산제도(planning-programming-budgeting system : PPBS)는 말 그대로 계획(plan)-사업(program)-예산(budget)을 연결시키는 예산제도이다. 즉, 정부가 추구하고자 하는 목표를 설정한 후 이 목표를 달성할 수 있는 계획을 세우고 이러한 계획을 보다 구체화하는 사업계획을 수립한 후, 이에 따라 예산을 편성하는 방식이다. 보다 구체적으로 목표의 설정, 목표를 달성할 수 있는 대안의 탐색, 각 대안의 비용과 편익에 대한 비교 분석, 최적의 대안 선정, 그리고 이에 따른 예산의 편성이라는 순서를 밟는 것이 계획예산제도인 것이다. 목표 달성을 위한 대안적 방법에 대한 체계적인 분석이야말로 계획예산제도의 가장 중요한 특징이다. 따라서 계획예산제도는 예산편성과 운영에 있어서 합리성의 극대화를 추구하는 예산제도라고 할 수 있다.

PPBS는 미국에서 정부예산이 급격하게 팽창하던 1960년대 도입되어 운영되던 예산제도이다. 1960년대 미국은 두 개의 전쟁을 동시에 수행했다고 흔히 이야기된다. 하나는 말 그대로의 전쟁으로서 베트남 전쟁을 의미한다. 다른 하나는 빈곤과의 전쟁(War on Poverty)으로 대표되는 존슨(Johnson) 대통령의 이른바 위대한 사회(the Great Society) 사업으로서 이 시기에 미국에서 빈곤 퇴치를 위한 사회정책 프로그램 등이 대폭 확대되었다. 이에 따라 1960년대에는 미국 연방정부의 지출이 급격하게 팽창하게 되는데, 이러한 상황에서 재무행정 측면에서 큰 관심을 끈 것이 어떻게 하면 예산배분의 우선순위를 설정하고, 사업 간 비용과 편익을 비교함으로써 예산운용의 합리성을 높일 수 있는가의 문제였다. 이러한 배경하에 등장한 것이 바로 PPBS이다(Axelrod, 1995).

PPBS는 당시 미국의 국방장관이었던 Robert McNamara에 의해 1961년에 국방부에 처음 도입되었고, 국방부의 성공적인 예산개혁에 공감한 존슨 대통령에 의해 1965년에 전 연방정부를 대상으로 도입되었다. 계획예산제도는 1971년에 공식적으로 폐기되었지만, 세계 많은 국가들의 예산개혁에 큰 영향을 미치게 된다. 원래 PPBS는 미국 해군에서 처음 시도되었고 이것이 미국 국방부에 도입되었던 것인데 아직도 미국 국방부 예산제도의 기본은 PPBS이다. 우리나라 국방예산도 PPBS를 우리나라 현실에 맞게 수정한 이른바 PPBEES(planning-programming-budgeting-execution-evaluation system)제도를 운영하고 있다.

2. 계획예산제도의 특징과 장점

① 정부가 지향하는 목표(objectives)에 따라 사업이 구성되고 이를 기초로 예산이 배분된다. PPBS의 출발점은 정부가 지향하는 목표를 설정하는 것이다. 조직과 사업의 목표가 분명하게 설정되는 것이 PPBS의 첫 번째 장점이라고 할 수 있다.

② 조직 혹은 사업의 목표를 설정한 이후에는 목표 달성에 대한 기여를 중심으로 사업을 구성하게 된다. 그리고 동일한 목표를 달성하는 데 기여하는 사업들을 결합하여 예산을 배분하게 된다. 따라서 예산을 확보하기 위한 경쟁이 정부조직(부처 혹은 부서) 간에 이루어지는 것이 아니라 사업 간에 이루어지게 되는 것이다. 예를 들어 어떤 지방정부의 목표가 노인보호에 있다고 가정하자. 이때 노인보호를 위해서는 여러 부서가 관여하게 된다. 사회복지 관련 부서에서는 사회복지사가 직접 노인들의 집을 방문하는 사업을 시행할 수 있을 것이다. 주택 관련 부서에서는 노인들을 위한 주택임대 프로그램을 시행할 수 있다. PPBS에서는 노인보호에 관련된 이러한 사업과 예산들이 각기 운영되는 것이 아니라 노인보호를 위한 하나의 사업에 통합되어 운영되도록 하는 데 그 특징이 있다(Jones & Pendlebury, 2000: 78).

③ PPBS는 전통적인 조직의 경계를 뛰어넘어 동일한 목표를 지향하는 활동들을 통합해서 관리하기 때문에, 이를 통해 목표를 달성하는 데 있어 중복되는 사업이나 상호모순되는 사업들을 발견하고 조정할 수 있게 된다(Jones & Pendlebury, 2000: 85).

④ PPBS에서는 정부활동의 목표를 정의하고 이러한 목표에 따라 조직의 활동을 분류하기 때문에 이른바 기능별 예산분류 혹은 프로그램 예산분류가 활용된다. 유사한 목표를 지향하는 사업들을 예산과정에서 통합함으로써, 대안에 대한 비교검토를 통해 예산을 배분하게 되는 것이다. 결국 동일한 목표를 달성하기 위한 실질적인 대안 간 경쟁이 이루어지는 것이 PPBS의 가장 중요한 특징이다.

⑤ PPBS는 중장기적인 시계에서 예산을 운영한다. PPBS는 단일 회계연도에만 초점을 맞추어 예산을 배분하는 것이 아니라 사업의 시작에서부터 종료까지 전 시기를 고려하여 예산을 배분한다. 이에 따라 사업의 총비용이 예산편성 시 고려된다.

⑥ PPBS는 여러 대안적인 사업들의 결과와 비용에 대한 정보를 제공한다. 이러한 비용과 편익에 대한 정보에 기초하여 PPBS에서는 예산편성 시 목적 달성의 대안적 방법을 고려하며, 최소의 비용으로 목표를 달성할 수 있는 대안을 선택하게 된다.

⑦ PPBS에서는 비용-편익분석 등의 분석적 기법을 활용한다. PPBS는 예산과정에서 분석을 제도화하려는 시도라고 할 수 있다. PPBS의 도입에 따라 비용-편익분석, 비용-효과분석 등의 분석적 기법들이 대거 예산편성과정에서 활용되었으며, 이러한 분석을 뒷받침할 수 있는 다양한 지원체계가 마련되었다. 그러나 PPBS와 분석을 동일시할 수는 없다.

3. 성과예산제도와 PPBS의 비교

바로 앞에서 설명한 성과예산제도와 PPBS는 다음과 같은 차이점을 보인다(Schick, 1966).

① 성과예산제도는 관리지향적(management-oriented)인 반면, PPBS는 계획지향적(planning-oriented)이다. 성과예산제도는 주어진 목표를 달성하는 데 필요한 활동의 효율성을 제고할 수 있도록 업무량과 비용에 대한 정보를 제공하는 데 초점을 맞추는 반면, PPBS는 정부의 목표를 달성하는 대안적 방법의 비용과 편익을 분석함으로써 정책결정의 합리성을 제고하는 데 기본목적이 있다.

② 성과예산제도가 과업의 과정(process of work)에 초점을 맞춘다면, PPBS는 과업의 목적(purpose of work)에 초점을 맞춘다.

③ 성과예산제도는 원가회계와 과학적 관리법에 기반하고 있지만, PPBS는 경제학과 시스템 분석에 기반하고 있다.

④ 성과예산제도의 초점은 달성하고자 하는 과업과 과업수행에 소요되는 비용에 있는 반면, PPBS에서는 최종적으로 달성하고자 하는 목표에 주안점을 둔다. 성과예산제도에서는 과업과 활동이 실질적인 목적이 되지만, PPBS에서는 과업과 활동이 목표를 달성하기 위한 중간단계로서의 의미를 지닐 뿐이다.

⑤ 성과예산제도에서는 성과에 대한 평가(evaluation of performance)에 초점을 맞추지만, PPBS에서는 사업에 대한 평가(evaluation of program)에 초점을 맞춘다. 이러한 사업평가로부터 얻어지는 정보가 관리자들에게는 크게 유용하지 않겠지만, 희소한 자원의 배분에 관련된 결정을 내려야 하는 예산

결정자들에게는 유용한 정보를 제공하는 것이다.

4. 계획예산제도의 한계

① PPBS가 성공적으로 수행되기 위해서는 목표가 분명하게 정의되고 정부의 활동이 이러한 목표를 달성하는 데 얼마나 효과적이었는지를 측정할 수 있어야 한다. 그러나 정부가 하는 일 중 많은 일들은 목표를 분명하게 정의하기 어려울 뿐만 아니라 정부의 특정한 활동이 이러한 목표를 달성하는 데 얼마나 효과적이었는지를 측정하는 것이 쉽지 않다. 이러한 측면에서, 미국의 국방부에서 성공적으로 도입되었던 PPBS가 민간정부부문에서 뿌리내리지 못했다는 사실은 시사하는 바가 크다. 무엇보다도 PPBS의 무차별적인 도입이 문제였다고 할 수 있다. 국방부문과는 달리 국민들에게 서비스를 제공하는 민간정부부문에서는 목표와 산출물을 정의하기가 쉽지 않았다는 것이다. 이와 더불어 PPBS가 도입될 당시 미국의 국방부에서는 분석기법, 기획기능 등이 발달되어 있었지만 다른 부처에서는 PPBS 도입에 필요한 기본적인 요건이 구비되어 있지 못했다는 점도 들 수 있다. 비용-편익분석 등을 위한 자료의 미비, 전문인력의 미비, 비용측정을 위한 회계시스템의 미비 등이 PPBS의 성공적인 도입 · 운영에 걸림돌이 되었다는 것이다.

② PPBS를 위한 사업단위와 조직단위 간 괴리가 발생했다. PPBS는 정부조직이 아니라 목표를 달성하는 데 필요한 사업별로 예산이 배분되어야 소기의 성과를 달성할 수 있다. 그런데 사업의 범주에 맞게 조직개편이 이루어지지 않을 경우, 사업의 단위와 조직단위 간의 괴리가 나타날 수밖에 없다. 이에 따라 PPBS의 도입에도 불구하고 조직단위별로 예산이 요구되고 배분되는 문제가 나타났던 것이다.

③ 많은 정부활동은 한 가지 목적에만 관련된 것이 아니라 여러 가지 목적에 관련되어 있다. 예를 들어 어떤 지방자치단체에서 주민들을 위한 도서관을 지었다고 가정하자. 도서관에서 제공하는 서비스는 교육기능으로 분류할 수도 있고 문화활동으로 분류할 수도 있을 것이다. 이때, 예산과정에서 각

각의 목적에 대응하는 비용을 어떻게 배분하고 측정할지가 명확하지 않은 문제점이 발생한다(Jones & Pendlebury, 2000: 85).

④ 사업의 비용을 측정하기도 쉽지 않다. 특히, 공통비용(joint costs)을 어떻게 배분할 것인지가 쉽지 않다. 공통비용이란 다수의 사업에 공통으로 소요되는 비용을 의미한다. 예를 들어 교육부의 기능을 학습단계별로 크게 초등교육, 중등교육, 고등교육, 평생교육 등으로 분류했다고 가정하자. 이러한 기능에는 모두 공통되는 업무가 존재하는데 기획, 예산편성, 인사, 조직관리 등은 교육부가 수행하는 모든 기능을 지원하는 업무이다. 이때 이들 비용을 초등교육, 중등교육, 고등교육, 평생교육 등에 각각 어느 정도로 배분할 것인가에 대한 객관적인 기준을 마련하는 것은 거의 불가능하다. 이렇게 되면 각각의 사업을 수행하는 데 소요되는 비용을 측정하는 것 자체가 대단히 어려워진다.

⑤ 의무지출은 분석의 대상이 되지 않으며, 이에 따라 PPBS가 적용될 수 있는 범위도 상당히 제한될 수밖에 없다. 복지지출, 지방정부에 대한 교부금 등은 비용-편익분석 등의 분석을 통해 그 규모를 정할 수 있는 대상이 아니다. 따라서 이른바 의무지출의 비중이 커질수록 PPBS의 적용 범위는 좁아지게 되는 것이다.

⑥ 의회의 조직구조는 행정부 조직 위주로 되어 있기 때문에 PPBS로 예산이 편성된다 할지라도 예산심의는 여전히 행정부 조직을 단위로 이루어진다. 의회가 행정부를 효과적으로 통제하기 위해서는 각각의 정부부처에 대응하는 위원회가 구성되어 있어야 하기 때문에, 통상적으로 거의 모든 국가에서 의회의 위원회는 행정부의 부처별로 구성되기 마련이다. PPBS는 조직의 경계를 뛰어넘어 특정한 정부목표를 달성하는 데 필요한 사업별로 예산을 배분하는 것이 특징인데, 이렇게 되면 의회에서는 여러 위원회에서 예산심의를 받아야 하는 문제가 생기게 된다. 예를 들어 정부가 출산장려정책을 위한 예산을 의회에 요청했다고 가정하자. 이때 출산장려정책을 효과적으로 수행하기 위해서는 우리나라의 경우 여성가족부, 교육부, 보건복지부 등이 공동으로 사업을 추진해야 한다. 그렇지만 의회의 위원회는 여전히 통제해야 할 부처별로 나누어져 있기 때문에 예산을 제대로 심의할 수 없는 문제가 발생하는 것이다.

⑦ PPBS는 예산과정의 참여자들을 모두 합리적인 인간(rational man)으로 상정하고 있다. 합리적인 인간이란 어느 상황에서나 예산배분의 효율성을 극대화하기 위해 노력하는 사람을 의미한다. 그러나 예산의 배분에 있어서는 단순히 효율성뿐만 아니라 사회집단 간 혜택의 분배와 관련된 정치적·전략적 측면도 고려하지 않으면 안 된다. 그러나 PPBS는 예산이 갖는 정치적 성격을 무시하고 합리적인 예산배분만을 추구했다고 할 수 있다. PPBS가 추구하는 합리적인 의사결정을 위해서는 정부사업의 목표가 명쾌하게 정의되어야 한다. 그렇지만 Wildavsky가 갈파한 대로 예산과정은 '누가 무엇을 얼마나 얻는가(who gets what and how much)'를 결정하는 과정인 것이다. 따라서 예산배분과정은 갈등이 잠재되어 있는 과정이라고 할 수 있는데, PPBS는 사업의 목표, 산출, 그리고 대안을 명백히 제시함으로써 정치적 갈등을 증폭시키게 되었다고 할 수 있다(Axelrod, 1995: 300-301; Premchand, 1983: 328).

⑧ 미시적 수준에서는 목표 달성을 위한 대안적 방법에 대해 체계적인 분석을 함으로써 자원배분의 효율성을 제고시킬 수 있다. 그러나 복지, 교육, 국방 간의 예산배분과 같이 보다 근본적인 결정은 합리적 선택의 문제라기보다는 가치판단과 정치적인 결정의 문제라고 할 수 있다. 이러한 근본적인 결정에 대해서는 PPBS가 기여할 수 없다(Lewis, 1988: 10).

이러한 한계와 PPBS의 공식적인 폐기에도 불구하고, PPBS의 기본요소들은 오늘날까지도 예산과정에 중대한 영향을 미치고 있다. 즉 다년도 예산운영, 예산의 기능별 분류, 사업의 목표와 결과에 대한 고려, 목표 달성을 위한 대안의 비교 평가, 분석기법의 광범위한 활용, 회계정보시스템의 향상 등이 PPBS의 영향이라고 할 수 있다.

제5절 | 영기준 예산제도

1. 영기준 예산제도의 도입 배경과 특징

영기준 예산제도(Zero-Base Budgeting: ZBB)는 민간부문에서 처음 도입된 예산제도이다. Peter A. Pyhrr가 Texas Instruments라는 회사에서 처음으로 ZBB를 활용했는데, 이 제도의 특징을 1973년에 *Harvard Business Review*를 통해 소개한 바 있다. 당시 조지아(Georgia)주 주지사였던 Jimmy Carter가 이 글을 읽고 조지아 주정부에 ZBB를 도입했으며, 1976년 미국 대통령에 취임한 후 전 연방정부에 ZBB를 도입하게 된다.

ZBB는 점증주의 예산과정과는 정반대되는 예산제도이다. 점증주의 예산과정과는 달리 ZBB에서는 예산배분의 기득권을 인정하지 않는다. ZBB는 말 그대로 모든 정부사업과 예산항목을 원점(zero base)에서 재검토하는 예산제도이다. ZBB는 모든 사업에 대한 재검토와 함께 우선순위에 의한 예산배분을 강조하는 것이 특징이다.

2. 영기준 예산제도의 운영과정

ZBB는 의사결정의 단위 설정, 의사결정의 패키지 구성, 의사결정의 패키지에 대한 우선순위 부여, 우선순위에 기반한 예산배분의 순으로 예산과정이 진행된다.

① ZBB는 의사결정의 단위(decision unit)를 정의하는 것으로부터 시작한다. 의사결정의 단위는 예산의 기본단위이다. 의사결정의 단위는 사업일 수도 있고 단위부서일 수도 있으며, 활동일 수도 있다.

② 의사결정의 패키지(decision packages)를 통해 각 의사결정의 단위를 분석한다. 각 의사결정 단위에 대해서 의사결정 단위의 목표, 사업의 내용, 예산수준 등을 기록한 문서를 의사결정의 패키지라고 부른다. 우선순위는 의

사결정 패키지를 대상으로 매겨진다. 의사결정의 패키지가 ZBB에서는 의사결정이 이루어지는 단위가 되는 것이다.

각각의 의사결정 패키지에는 다음의 사항들이 포함되어야 한다(Pyhrr, 1977).

- 사업의 목표
- 사업에 대한 기술(description)
- 사업의 비용과 편익
- 업무량과 성과 측정
- 목표를 달성할 수 있는 대안적 방법

또한 각각의 의사결정 패키지에 대해서 네 가지 수준의 예산배분 수준이 제시되어야 한다.

- 최소한의 수준(minimum level) : 이 수준 이하로는 사업을 수행할 수 없는 수준을 의미한다.
- 현재의 수준(current level) : 정책의 변화 없이 기존의 사업을 수행할 수 있는 수준을 의미한다.
- 중간 수준(intermediate level) : 최소한의 수준과 현재 수준의 중간 정도의 예산 수준을 의미한다.
- 향상된 수준(enhancement level) : 서비스 확대에 필요한 추가 예산소요를 포함한 수준을 의미한다.

그러므로 ZBB에서는 예산배분 수준에 따라 동일 사업에 대해 네 가지 예산이 편성되는 것이다. 그리고 ZBB에서는 각 예산 수준이 사업의 성과에 미칠 영향을 분석해서 제시하도록 되어 있다.

③ 의사결정의 패키지에 대한 우선순위를 정한다. 위와 같이 의사결정의 패키지를 구성한 다음에는 단위부서별로 의사결정의 패키지에 대한 우선순위를 정하는 것이다.

④ 의사결정의 패키지에 대한 우선순위를 각 부처 및 정부 전체 차원에서 통합한다. 각 단위부서에서 우선순위를 정한 의사결정의 패키지는 상위 단위(예를 들면 과에서 국)로 제출되며, 이 단계에서 제출된 의사결정의 패키지에

대한 우선순위가 다시 매겨진다. 그리고 각 부처 수준에서 의사결정의 패키지가 취합되어 우선순위가 다시 매겨진다. 이어 의사결정의 패키지의 취합과 우선순위 설정 작업이 전 정부차원에서 이루어지게 된다.

⑤ 우선순위에 따라 예산을 배분한다. 중앙예산기관에 제출된 모든 사업에 대해 우선순위가 매겨지면 모든 사업이 우선순위대로 정렬되며, 가용예산에 따라 예산에 대한 컷오프(cut-off) 수준이 결정된다. 컷오프 수준 이하에 위치한 사업에 대해서는 예산이 배분되지 않는다.

3. 영기준 예산제도의 실제 운영

원점에서부터 매년 예산을 재검토하는 것은 불가능하다. 법적으로 특정 사업을 계속해야 하는 경우도 있으며, 정치적으로 매년 사업을 재검토해서 예산규모를 조정하기도 쉽지 않을 뿐만 아니라, 분석적으로 매년 사업을 재검토하는 데에는 엄청난 시간과 비용이 소요되기 때문이다. 따라서 실제로는 예산배분의 최소 수준(예를 들어 전년도의 80% 수준)을 제시하고, 이 수준을 초과하는 예산(예를 들면, 전년도의 90%, 100%, 110%)에 대해 의사결정 패키지를 구성토록 한다. 그리고 이렇게 제시된 의사결정 패키지에 대해 우선순위를 부여하고, 예산이 허락하는 범위에서 우선순위에 따라 예산배분을 결정하는 방식을 따르게 된다. 이렇게 되면, ZBB는 실제적으로 점증주의적 예산과정에 합리성을 결합하는 방식을 택하는 것이 된다(Kettl, 2002).

4. 영기준 예산제도의 장점

① 무엇보다도 ZBB는 기존의 점증주의적 예산과정의 관행으로부터 벗어나 모든 사업을 근본적으로 재검토하도록 하는 예산제도이다. 현실적으로는 모든 사업을 원점에서부터 재검토할 수는 없다 할지라도 ZBB를 통해 사업에 대한 재검토가 가능해짐으로써 합리성에 기반한 예산의 재배분을 가능케 한다. ZBB를 통해 우선순위가 낮은 사업들이 종료되거나 예산액이 삭

감되며, 사업의 효과성이 향상될 수 있는 것이다(Pyhrr, 1977).

② ZBB가 운영되기 위한 전제조건은 정부활동의 목표를 명확히 하는 것과 정부가 수행하는 사업들 간의 우선순위를 설정하는 것이다. ZBB의 도입을 통해 정부활동의 목표를 명확히 함과 동시에 정부 전체적으로 우선순위에 대한 고려가 가능해졌다.

③ 의사결정의 패키지를 구성하기 위해서는 업무량, 성과측정 등이 필요하다. ZBB의 도입을 통해 업무량, 성과측정 등 조직관리에 필요한 자료를 수집·개발할 수 있게 되었다(Mikesell, 2007).

무엇보다도 ZBB는 예산운용에 있어서 합리성의 추구가 그 정점에 도달한 예산개혁이었다고 평가할 수 있다.

5. 영기준 예산제도의 한계

① 의사결정의 단위를 정확히 정의하기가 쉽지 않다. ZBB의 출발점은 의사결정의 단위와 의사결정의 패키지를 정하는 것이다. 그런데 의사결정의 단위는 사업일 수도 있고, 단위부서일 수도 있고, 활동일 수도 있다. 바로 이러한 의사결정 단위에 대한 모호한 정의가 ZBB의 실제 운영과정에서 어느 수준에서 어느 규모의 사업을 의사결정의 단위로 설정해야 하는지 혼란을 초래했던 것이다. 예를 들면, 어떤 부처는 의사결정의 단위를 너무 높은 수준에서 정의하고 다른 부처는 너무 낮은 수준에서 정의함으로써, 서로 다른 조직 간 혹은 서로 다른 사업 간 비교 가능한 의사결정의 단위를 설정하기가 어려웠던 것이다(Mikesell, 2007).

② ZBB의 전제조건은 정부활동의 목표를 명확히 설정하는 것이다. 정부활동의 목표가 명쾌하게 제시되지 않으면 우선순위를 설정하기도 쉽지 않다. 그러나 정부활동의 목표를 명확히 정의하는 것 자체가 어려운 일이다. 일반적으로 정부기관의 목표는 모호하게 정의되어 있는 경우가 많은데, 이런 경우에는 ZBB를 실행하기 어렵다.

③ 정부 전체적인 차원에서 우선순위를 설정하는 것은 매우 어려운 일이다.

ZBB가 운용되기 위해서는 우선순위가 설정되어야 하지만, 우선순위 설정은 그 자체가 정치적 결정인 경우가 많다. 같은 분야 혹은 부문 내에서 그리고 매우 세부적인 수준에서는 우선순위를 정하는 것이 어렵지 않을 수 있다. 그러나 고차원적인 결정으로 갈수록 우선순위 설정은 어려워진다. 예를 들면, 국방, 복지, 환경, 교육정책 간의 우선순위를 어떻게 설정할 것인가? 합리성을 기준으로 우선순위를 설정하는 것이 가능하지 않을 수도 있다.

④ 예산편성을 위한 업무량이 증가한다. ZBB가 지향하는 바대로 모든 정부사업을 원점에서 재검토하기 위해서는 예산편성과 관련된 업무량이 대폭 증가할 수밖에 없기 때문에, 매년 ZBB를 활용하여 예산을 편성하기란 쉽지 않다. 예를 들어 지미 카터 대통령이 조지아 주지사였던 시절의 조지아주의 경우, 의사결정 패키지의 수는 10,000개를 상회했는데 이와 관련된 업무량은 엄청난 수준이었던 것으로 알려져 있다.

⑤ 예산편성을 위한 업무량과 비용의 증가뿐만 아니라 정부의 모든 사업에 대해서 매년 원점에서 재검토할 필요가 있는가라는 의문이 제기된다. 정부가 하는 일 중 대부분의 사업들은 매년 재검토할 대상이 아닌 사업이 많다. 예를 들면, 치안서비스, 국방서비스 등은 매년 원점에서 재검토할 필요가 없다. 많은 경우, 반복적으로 계속되는 사업에 대해서는 한계적인(marginal) 수준에서만 깊이 있는 검토가 이루어져도 별 문제가 발생하지 않는다. 이럴 경우에는 사업을 원점에서 재검토하는 것이 아니라 현연도 예산에서 어느 정도를 더 늘릴지 혹은 줄일지를 결정해도 무방하다는 것이다(Lewis, 1988: 14).

⑥ 성과측정이 가능할 수도 있으나, 측정한 성과가 조직의 목표와는 연관되지 않을 수도 있다. 통상적으로 성과측정이 가능한 활동은 계량화가 가능한 활동일 경우가 많다. 예를 들어 감사를 담당하는 조직의 경우 감사활동을 통해 얼마나 조직의 성과를 올릴 수 있도록 유도하고 부적절한 행위를 사전에 예방했는가가 중요할 것이다. 그러나 이러한 감사의 질을 측정하기는 어렵기 때문에 감사 횟수가 성과지표로 활용될 가능성이 높다. 그러나 감사의 횟수를 측정하는 것이 감사조직의 궁극적 목적을 측정하는 것과는 거리가 멀다.

⑦ 의무지출 등은 영기준에서 검토하기가 불가능하다. ZBB는 원칙적으로 모든 사업과 지출을 원점에서 재검토하고자 하는 예산제도이지만, 복지지출, 국가채무에 대한 이자 등은 근본적으로 재검토할 수 있는 예산항목이 아니다. 따라서 ZBB가 적용될 수 있는 범위가 제약되는 것이다.

⑧ 예산편성과정에서 전략적 행위가 나타날 가능성이 높다. 보다 구체적으로, ZBB의 시행과정에서 이른바 역순위(reverse rankings)를 통해 예산의 증가를 꾀하는 문제가 나타날 수 있다. 역순위란 어느 조직이 수행하는 사업 중 우선순위가 매우 높아 삭감하기 어려운 사업에 대해 일부러 우선순위를 낮게 설정해서 상위기관이나 중앙예산기관에 제출하는 방식을 의미한다. 이렇게 되면 이 사업을 배제하거나 예산액을 삭감하기 어렵기 때문에, 이 사업보다 우선순위가 높게 설정된 다른 사업들에 대해서는 자동적으로 예산이 배분된다. 일선 부서의 입장에서는 예산을 더 많이 확보할 수 있는 방법이지만, 정부 전체 차원에서는 자원의 비효율적인 배분이 초래되는 문제가 발생하는 것이다(Kettl, 2002).

⑨ 무엇보다도 ZBB가 광범위하게 도입되지 못한 이유는 ZBB가 예산배분의 합리성 측면에서 정점에 있는 예산제도이기 때문이다. ZBB가 추구하는 합리적인 예산배분은 예산의 정치적 성격과 갈등을 야기할 수밖에 없다. 예산편성과 예산배분은 본질적으로 정치적인 성격을 지닌다. ZBB의 실패는 예산과정에서 '합리성'이 '정치'를 완전히 대체할 수는 없음을 보여주는 것이다.

제6절 | 예산개혁의 교훈과 시사점

예산개혁의 역사는 품목별 예산제도로부터 탈피하여 예산운용에 있어서 합리성을 높이기 위한 노력의 과정이었다고 할 수 있다. 그동안 시도되었던 예산개혁의 노력으로부터 다음과 같은 시사점을 얻을 수 있다.

첫째, 예산개혁의 성공 여부는 예산에 관련된 문제를 해결하고자 하는 수준

(level)에 따라 차이가 있다. ZBB의 경우 낮은 차원의 예산배분에 있어서는 효과가 있었지만, 고차원적인 예산배분에 관련된 결정에서는 적용하는 데 한계가 있었다.

둘째, 대상 기관의 산출물의 특성에 따라 예산개혁의 결과가 다르게 나타났다. 예를 들어 산출물이 장기적이며 물리적인 특성(hard physical goods)을 지니고 있는 국방부문에서의 예산개혁이 서비스 지향적인 정부부처에서도 반드시 성공한다는 보장이 없다.

실제로 계획예산제도의 경우에는 산출물이 유형적(tangible)이고 대규모인 경우에 성공적으로 도입되었던 반면, 산출물이 연성(soft)이면서 서비스 지향적인 정부부처에서는 도입이 쉽지 않았다. 반면, 영기준 예산제도의 경우에는 서비스 지향적인 정부부처에서는 성공적으로 도입되었지만 물리적인 재화를 생산하는 정부부처에서는 도입이 쉽지 않았다. 또한 영기준 예산제도는 유사한 사업 간 우선순위를 정하는 조직의 하부 수준에서는 적용하기가 상대적으로 용이했지만, 상이한 사업 간 비교가 이루어져야 하는 조직의 상층부에서는 적용하기가 어려웠다(Kettl, 2002).

무엇보다도 예산배분의 합리성을 추구했던 예산개혁이 궁극적으로 시사하는 바는 예산은 본질적으로 정치적인 성격을 지닌다는 것이다. 예산과정이란 누가 얻고 누가 잃는가를 결정하는 과정이다. 따라서 예산과정이란 선택의 과정이며, 이러한 정치적인 선택을 합리적-분석적인 모형이 완전히 대체할 수는 없는 것이다(Kettl, 2002).

참고문헌

Axelrod, Donald. (1995). *Budgeting for Modern Government.* 2nd ed., New York: St. Martin's Press.

Burkhead, Jesse. (1956). *Government Budgeting.* New York: John Wiley & Sons.

Cozzetto, Don A., Mary Grisez Kweit, and Robert W. Kweit. (1995). *Public Budgeting: Politics, Institutions, and Processes.* White Plains, NY: Longman.

Jones, Rowan and Maurice Pendlebury. (2000). *Public Sector Accounting.* 5th ed., London: Prentice Hall.

Joyce, Philip G. (1993). "The Reiterative Nature of Budget Reform: Is There Anything New in Federal Budgeting?" *Public Budgeting & Finance* 13(3): 36–48.

Kettl, Donald F. (2002). *Deficit Politics: Public Budgeting in Its Institutional and Historical Context*. 2nd ed., New York: Longman.

Lewis, Verne B. (1988). "Reflections on Budget Systems." *Public Budgeting & Finance* 8: 4–19.

Mikesell, John L. (2007). *Fiscal Administration: Analysis and Applications for the Public Sector*. 7th ed., Fort Worth: Harcourt Brace College Publishers.

Premchand, A. (1983). *Government Budgeting and Expenditure Controls: Theory and Practice*. Washington, D.C.: IMF.

Pyhrr, Peter A. (1977). "The Zero-Base Approach to Government Budgeting." *Public Administration Review* 37(1): 1–8.

Schick, Allen. (1966). "The Road to PPB: The Stages of Budget Reform." *Public Administration Review* 26(4): 243–58.

Shah, Anwar and Chunli Shen. (2007). "A Primer on Performance Budgeting." in Anwar Shah(ed.), *Budgeting and Budgetary Institutions*. 137–78. Washington, D.C.: The World Bank.

Smith, Robert W. and Thomas D. Lynch. (2004). *Public Budgeting in America*. 5th ed., Upper Saddle River, NJ: Pearson.

제 12 장

결과중심 예산개혁과 성과주의 예산제도

제1절 | 결과중심 예산개혁의 특징

1980년대 이후 대부분의 OECD 국가에서는 재정적자의 발생과 국가채무의 누적이라는 이른바 재정위기가 나타나기 시작했다. 이는 경제성장률의 둔화에 따라 정부수입의 지속적인 증가를 기대하기 어려운데도 불구하고 정부지출은 계속해서 증가했기 때문에 나타난 현상이다. 이러한 재정위기에 대응하기 위하여 여러 가지 수단들이 강구되었지만, 그중에서 가장 대표적인 것이 바로 예산관리 시스템의 혁신적인 변화이다. OECD 국가를 중심으로 이루어진 예산개혁의 공통된 특징은 다음과 같다.

① 중기적 시계에서의 재정운용(중기재정계획체계의 활용)
② top-down 예산제도의 도입을 통해 예산의 총체적 배분에 대한 중앙예산기관의 권한 강화
③ 서비스의 직접적 공급기관에 대한 예산운용권한의 위임과 자율성·신축성의 확대
④ 투입에 대한 사전적 통제위주의 전통적 예산제도로부터의 탈피
⑤ 결과중심의 예산운용과 예산을 통한 성과관리
⑥ 정부지출의 가치(value for money)에 대한 강조와 재무관리의 혁신
⑦ 예산, 성과평가, 감사의 연계

이와 같은 예산개혁을 한마디로 결과중심 예산개혁이라고 할 수 있다. 결과중심 예산제도(budgeting for results)는 다른 말로 임무중심 예산제도(mission budgeting)라고도 한다.

임무중심 예산제도는 분권화와 유인(incentives)에 대한 강조가 특징이다. 임무중심 예산제도에서는 예산의 직접적 사용자의 재량권과 자율성의 폭이 확대된다. 이를 통해 우선순위에 따른 예산집행이 가능해지며, 예산운용의 결과에 대해서만 책임을 지게 되는 것이다. 다시 말해서, 집권화된 우선순위의 설정, 분권화된 예산집행, 그리고 결과에 대한 책임의 강조가 결과중심 예산제도의 특징이다. Cothran(1993)은 결과중심 예산제도의 특징을 다음과 같이 설명하고 있다.

① 목표에 대한 집권화된 통제(central control of goals) : 지출총액뿐만 아니라 예산의 분야별 배분에 대해서는 보다 집권화된 상태에서 의사결정이 이루어진다. 이는 top-down 예산제도의 기본특징이기도 하다.
② 수단의 분권화(decentralization of means) : 예산총액과 예산배분의 우선순위가 집권화된 상태에서 결정된 후 예산의 구체적인 운용에 있어서는 예산의 실질적인 사용자(즉, 사업부서)의 재량권과 자율성의 폭이 확대된다. 사업부서의 재량권 확대를 위한 수단으로는 예산의 총액배분, 예산전용과 예산이월의 범위 확대 등이 활용된다.
③ 결과에 대한 책임(accountability for results) : 사업부서의 자율성 확대에 대한 반대급부로서 사업의 결과에 대한 책임을 강조한다. 결과에 대한 책임을 묻기 위한 방법으로 사업의 목표 설정, 목표 달성 정도를 측정하기 위한 성과지표의 개발, 성과의 측정 등이 강조된다.

임무중심 예산제도에서는 분권화와 함께 집권화가 동시에 이루어지는 것이 특징이다. 즉, 예산운용의 분권화가 효과적으로 이루어지기 위해서는 예산운용의 목표와 책임을 명확하게 하는 것이 필요하다. 분권화를 위해서는 목표 간 우선순위를 설정하고, 각 행정단위의 목표를 사전에 명확히 하는 동시에, 성과지표를 마련하고 성과를 모니터링하며 보상하는 절차를 정교화할 필요가 있으며, 각 행정단위를 조직의 전체적인 목표와 연계시키는 통제구조를 정교화할 필요가 있다. 분권화가 의도된 효과를 내기 위해서는 전체 조직의 목표에 맞게끔 조직 구성원들이 행동할 수 있도록 유인 구조(incentive structure)가 사전에 명확하게 설정되어야 한다. 다시 말해서, 분권화의 전제조건이 바로 집권화라는 것이다.

임무중심 예산제도에서는 어떤 목표를 달성할 것인가에 대한 결정을 위임하는 것이 아니라 목표를 어떻게 달성할 것인가에 대한 결정만 위임하는 것이 특징이다. 전반적인 정책결정에 대해서는 집권화가 이루어지지만 집행의 세부지침에 관해서는 분권화가 이루어지는 것이다. 정책결정 수준에서는 목표가 달성되는 과정에 대해 세부적으로 통제해야 한다는 부담을 벗게 됨으로써 목표와 우선순위 설정에 대해서 더 많은 시간과 노력을 투자할 수 있게 된다. 따라서 임무중심 예산제도는 권한의 재배분이 아니라 권한의 확대를 낳게 된다. 임무중심 예산제도가 제대로 운영되면 정책결정 수준에서는 그들의 업무와 관련해서 더 많은 권한을 갖게 되고, 집행부문에서는 수단의 선택과 관련해서 더 많은 권한을 향유할 수 있기 때문에 예산운영의 능력을 동시에 제고할 수 있다.

제2절 | 성과주의 예산제도의 주요 내용

1. 성과주의 예산제도의 의미와 구성 요소

성과주의 예산제도는 성과에 대한 정보를 활용해서 예산운용의 결과와 예산배분을 연결시키는 예산제도를 의미한다. 전통적인 예산제도와 비교할 때 성과주의 예산제도의 특징은 투입을 대상으로 예산을 편성하는 것이 아니라 실제적인 효과나 기대되는 효과에 기반해서 예산을 편성한다는 것이다. 성과관리(performance management)와 성과주의 예산제도(performance budgeting)도 구별할 필요가 있다. 성과관리란 성과정보(performance information)를 활용해서 공공부문의 성과를 향상시키고자 하는 일체의 활동을 의미한다. 이와는 달리 성과주의 예산제도는 성과를 향상시킬 목적으로 성과정보를 예산배분과 연계시키는 활동이라고 정의할 수 있다(Curristine & Flynn, 2013: 226; Robinson, 2013: 237). 따라서 성과주의 예산제도는 성과관리를 구성하는 하나의 요소라고 할 수 있다. 성과주의 예산제도의 궁극적인 목적은 정부지출의 효율성과 효과성을 향상시키는 데에 있다(Robinson, 2007b; Schick, 2007). 성과주의 예산제도에서 결과(outcome *or* result)에 대한 강조는 계획예산제도와 궤를 같이 하는 것이며, 성과측정에 대한 강조는 이전의 성과예산제도와 유사한 것이다. 그렇지만 이전의 성과예산제도가 과업이나 활동 혹은 산출에 초점을 맞추었다면, 성과주의 예산제도는 궁극적으로 결과를 측정하고자 하는 데에 특징이 있다.

성과주의 예산제도의 주요 구성 요소는 다음과 같다.

1) 목표와 전략적 계획(objectives/strategic plan)

각 부처와 사업의 목표를 설정하고, 이를 달성하기 위한 전략적 계획을 제시한다. 정부활동의 성과를 측정하기 위해서는 측정을 위한 기준이 설정되어 있어야 하는데, 이러한 기준의 역할을 하는 것이 바로 사업의 목표이다. 사업의 목표가 명쾌하게 설정되지 않으면, 성과를 측정하기가 매우 어려워진다.

2) 신축적인 집행(flexible execution)

성과주의 예산제도의 초점은 결과에 대한 책임을 확보하는 데 있다. 예산을 사용한 사업부서로 하여금 결과에 대해 책임을 지도록 하기 위해서는 사업의 수행방법에 대해서 상당한 자율성을 보장할 필요가 있다. 어떻게 사업을 할 것인지에 대해 전혀 결정권을 갖지 못한 조직에 그 사업의 결과에 대해 책임을 물을 수는 없기 때문이다. 따라서 성과주의 예산제도는 결과를 달성하는 방법에 대해서는 실무부서에게 상당한 자율성을 보장하는 것이 특징이다.

3) 성과측정(performance measurement)

이미 설정한 목표에 대비해서 어느 정도 목표를 달성했는지를 측정하는 것이다. 이때 성과의 측정은 원칙적으로 활동에 초점을 맞추는 것이 아니라 결과에 초점을 맞추어야 한다. 성과를 정확하게 측정하기 위해서는 정확한 성과지표가 개발되어야 하는데, 성과지표가 지녀야 하는 요소는 SMART로 표현된다. SMART란 구체적이고(specific), 측정 가능하며(measurable), 달성 가능해야 하고(achievable), 연관되어 있으며(relevant), 적시성을 지녀야(timely) 한다는 것을 의미한다.

4) 보고(reporting)

예산집행의 결과에 대한 보고가 이루어지며, 이를 기반으로 사업수행기관에 대한 유인이 제공된다.

5) 유인의 제공(incentives)

보고된 성과에 기반해서 사업수행기관에 대한 인센티브가 제공될 수 있다. 성과평가결과를 활용하는 방법으로는 재정적 인센티브 제공, 예산운용의 신축성 부여, 그리고 평가결과의 공개 등의 방법이 있다.

2. 성과주의 예산제도의 종류

성과주의 예산제도는 성과정보를 활용해서 예산운용의 결과와 예산배분을 연결시키려는 예산제도를 의미한다. 그러나 성과주의 예산제도에 대한 표준화된 정의가 존재하는 것은 아니다. 성과주의 예산제도의 구체적인 모습은 각 나라마다 다르게 나타나고 있다. 어느 정도의 성과정보를 활용해서 어떤 수준에서 예산배분을 결정하는가에 따라 성과주의 예산제도의 유형을 성과보고 예산제도, 성과정보기반 예산제도, 성과기반 예산제도로 구분할 수 있다.

1) 성과보고 예산제도

성과보고 예산제도(performance-reported budgeting)에서는 예산문서의 한 부분으로 성과정보를 제공하긴 하지만, 이 정보를 예산배분에 관한 의사결정과정에서는 활용하지 않는 것이 특징이다(OECD, 2007; Shah & Shen, 2007). 성과에 관한 정보는 성과목표(performance targets)일 수도 있고 결과일 수도 있다. 성과정보는 예산배분에 영향을 미치기 위해서 제공되는 것이 아니라 책무성을 확보하고 일반국민과 입법부와의 의사소통을 위한 수단으로 활용된다.

2) 성과정보기반 예산제도

성과정보기반 예산제도(performance-informed budgeting)에서는 성과정보가 예산배분에 관한 의사결정과정에서 매우 중요한 역할을 수행하긴 하지만, 예산배분의 수준을 결정짓는 유일한 요소는 아니다. 예산과정에서 활용되는 정보는 다양한데, 그중에서 성과정보가 중요하긴 하지만 하나의 요소에 불과하다는 것이다. 성과정보 외에 정치적 고려와 정부 전체 차원에서 설정된 예산배분의 우선순위 등이 예산배분에 중요한 영향을 미친다. 예산이 갖는 정치적인 성격과 성과정보의 불충분성을 고려할 때, 성과를 예산배분에 있어서 중요한 고려 요소 중 하나로 취급하는 성과정보기반 예산제도가 가장 현실적인 성과주의 예산제도의 형태라고 할 수 있다. 성과주의 예산제도를 택하고 있는 대부분의 국가에서 바로 이 유형의 성과주의 예산제도를 택하고 있다.

3) 성과기반 예산제도

성과기반 예산제도(performance-determined budgeting)에서는 예산의 배분이 성과에 기초해서 이루어지는 것이 특징이다. 따라서 성과와 예산배분을 연계시키는 포뮬러를 활용하거나 중앙예산기관과 서비스 공급자 간의 계약관계에 의해 예산이 배분된다. 이러한 이유로 성과기반 예산제도는 포뮬러 예산제도(formula budgeting), 직접적 성과주의 예산제도(direct performance budgeting)라고도 불린다. 성과기반 예산제도는 성과주의 예산제도의 기본정신에 가장 충실한 예산제도이긴 하지만 예산이 갖는 정치적 성격, 성과측정의 어려움 등의 이유로 극히 일부의 OECD 국가에서 제한된 범위에서만 활용되고 있다. 성과기반 예산제도가 활용되는 대표적인 영역으로는 고등교육과 보건 등을 들 수 있다. 성과기반 예산제도의 예로서는 대학의 취업률과 신입생 충원율에 기반해서 대학에 대한 지원예산을 결정하는 것을 들 수 있다(OECD, 2007).

3. 성과주의 예산제도의 기본개념

1) 목표와 성과

성과주의 예산제도는 성과정보를 조직의 임무, 목적, 그리고 사업의 목표와 연계시켜 예산을 운영하는 제도이다. 이때 임무(mission)란 조직의 근본적인 존립 이유를 의미하는 개념이다. 예를 들면, 경찰서의 임무는 법질서의 유지라고 할 수 있다. 목적(goals)이란 조직이 달성하고자 하는 결과에 대한 일반화된 서술이라고 정의할 수 있다. 경찰서의 목적은 범죄로부터 시민들의 안전을 보장하는 것으로 정의할 수 있다. 목표(objectives)는 보다 구체적이고 측정 가능한 형태로 표현한 목적이라고 할 수 있다. 경찰서의 경우, 목표를 전년 대비 범죄율의 10% 하락으로 설정할 수 있는 것이다(Musell, 2009: 35). 결국 임무-목적-목표는 조직의 존재이유와 활동근거를 추상적이고 일반적인 수준에서 보다 구체적이고 측정 가능한 수준으로 기술하는 것이라고 할 수 있다. 이렇게 설정된 목표를 달성할 수 있도록 조직의 활동이 구성되며, 활동 혹은 사업의 결과가 조직의 목표와 목적 그리고 임무에 어느 정도 공헌하는지를 측정하는 것이 곧 성과측정이며 이에 기반해서 예산배분을 조정하고자 하는 것이 성과주의 예산제도인 것이다.

2) 성과관리의 논리모형

성과와 관련된 가장 기본적인 개념으로는 투입, 활동, 산출, 결과를 들 수 있다.

투입(inputs)이란 사업을 수행하는 데 소요되는 자원, 시간, 인력 등을 의미한다. 기본적으로 투입은 예산액 혹은 비용으로 표현할 수 있다.

활동(activities)은 특정 조직에 의해 이루어지는 과업을 의미한다. 보다 구체적으로, 활동은 특정 조직의 사업을 추진하는 과정에서 조직구성원들이 수행하는 과업(works)을 의미한다. 조직구성원들의 활동을 통해 조직의 산출물이 제공되는 것이다. 따라서 산출물의 제공은 통상적으로 다양한 활동의 조합을 필요로 한다. 예를 들면, 교통사고 환자의 치료는 진단, 마취, 수술, 간호뿐만 아니라 병원의 시설 및 물품관리 등 다양한 활동을 필요로 하는 것이다. 또한 정책보좌(policy advice)라는 산출은 보고서 제출, 장관과의 토론, 그리고 정책분석 등의 활동을 포함한다(Kristensen *et al.*, 2002: 11). 통상적으로 활동을 과정(process)이라고 표현하기도 한다.

산출 혹은 산출물(outputs)이란 정부기관이 외부인이나 외부기관(external party)을 위해 제공하는 재화나 서비스를 의미한다. 산출은 외부기관에 제공하는 재화나 서비스만을 의미하기 때문에 같은 정부기관에서 내부 고객(internal clients)에게 제공하는 재화나 서비스를 산출이라고 표현하지는 않는다. 내부 고객에게 제공되는 재화나 서비스는 통상적으로 중간 산출물(intermediate outputs)이라고 표현한다. 대부분의 경우 정부활동의 산출물은 물리적 재화가 아니라 서비스라는 점에 주목할 필요가 있다(Robinson, 2007c: 26-28).

결과(outcomes)는 정부개입에 의해 개인, 사회의 상태 혹은 물리적 환경 등에 생긴 변화를 의미한다. 예를 들면 교통사고 환자에 대한 치료가 산출이라면, 환자 생명의 보존과 장애의 최소화가 결과라고 할 수 있다. 산출이 단기적인 결과를 넘어 보다 근본적인 결과를 낳기도 한다. 예를 들면, 학교교육의 단기적인 결과는 지식의 증가이지만 보다 근본적이고 장기적인 결과는 경제발전과 보다 조화로운 사회의 발전이라고 할 수 있다(Robinson, 2007c). 이때 보다 근본적이고 장기적인 차원의 결과를 영향(impacts)이라고 표현하기도 한다. 결과는 정부가 추진하는 사업이 원래의 목적을 달성했는지를 측정하는 지표이다. 결과는 정부 사업이 개인 혹은 사회에 초래한 변화를 의미하기 때문에, 사업을 수행하는 조직

그림 12-1 **성과관리의 논리모형**

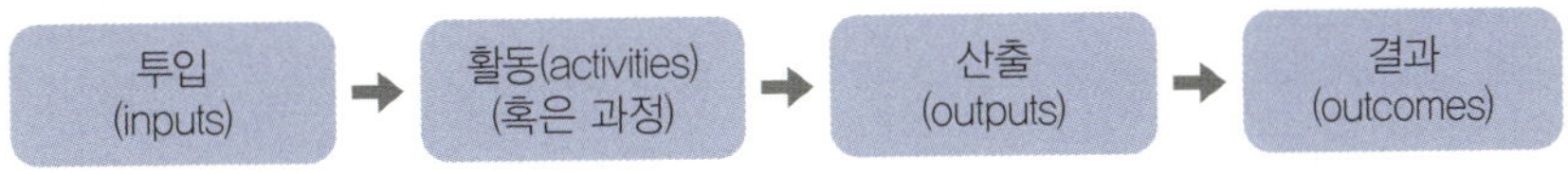

자료 : Robinson(2007c: 27)의 그림을 저자가 수정.

이 사업의 결과를 전적으로 통제할 수 있는 것은 아니다.

이러한 투입, 활동, 산출, 결과의 관계를 보여주는 것이 이른바 논리모형(the logic model)이다. [그림 12-1]은 논리모형을 보여주고 있다.

3) 경제성 · 효율성 · 효과성의 개념

경제성(economy)이란 투입에만 관련된 개념으로서, 사업을 수행하는 데 있어 최소의 비용이 들기만 하면 '경제적'이라고 판단하는 것이다. 다시 말해서, 경제성은 최소의 비용으로 자원을 획득하는 것을 의미한다. 사업을 수행하는 데 인력이 지나치게 많이 활용되거나 지나치게 비싼 가격에 시설을 사용하고 있다면, 비경제적으로 사업을 수행하는 것이 된다.

효율성(efficiency)이란 투입과 산출의 관계를 동시적으로 고려하는 개념이다. 경제성은 단지 투입 측면만 보기 때문에 투입이 더 들어가더라도 훨씬 더 큰 산출물을 생산해 낼 수 있는 가능성을 고려하지 못하는 문제점이 있다. 이와는 달리 효율성이란 투입과 산출의 비율에 관련된 개념으로서 ① 주어진 비용으로 가능한 많은 산출물을 만들어 낼 수 있을 때 혹은 ② 주어진 산출물을 만들어 내는 데 있어 가능한 적은 비용을 사용할 때, 효율적이라고 표현하는 것이다. 주어진 산출물을 만들어 내는 데 투입이 줄어들거나 혹은 주어진 투입을 통해 더 많은 산출물을 만들어 내면 효율성이 증가한 것으로 판단한다.

효과성(effectiveness)이란 결과에 관련된 개념으로서, 산출물이나 사업이 원래 의도했던 결과를 어느 정도 달성했는지를 평가하는 개념이다. 다시 말해서, 효과성이란 공공조직의 산출물이 그 조직의 목표 달성에 얼마나 기여했는지를 평가하는 개념이다. 원래 의도했던 목표를 제대로 달성했으면 효과적으로 사업을 수행한 것이고, 그렇지 않다면 효과성이 낮은 것이다.

효과성은 원래 의도했던 결과가 얼마나 달성되었는지를 평가하는 개념일 뿐,

이러한 결과를 성취하는 데 어느 정도의 자원이 소요되었는지에 대해서는 관심을 두지 않는다. 효율성과 효과성이 동시에 높은 것이 가장 바람직하지만, 이 두 가지가 동시에 높을 필연적인 이유는 없다. 사업을 효율적으로는 수행했지만, 원래 의도했던 목표를 달성하는 데는 미흡한 경우도 얼마든지 있을 수 있기 때문이다.

제3절 | 성과주의 예산제도의 장·단점

1. 성과주의 예산제도의 장점

성과주의 예산제도는 다음과 같은 효과를 지닌 것으로 평가되고 있다.

1) 결과중심의 예산운용과 책무성 제고

성과주의 예산제도는 투입이 아니라 정부활동의 결과에 초점을 맞추도록 함으로써 결과중심의 예산운용을 가능케 한다. 전통적으로 정부는 사업의 추진과정에서 규칙과 절차를 준수하면 책무성을 충족하는 것으로 생각해 왔으나, 성과주의 예산제도는 결과에 기초한 책무성의 확보를 가능케 하고 있다. 즉, 성과주의 예산제도는 사업의 추진 주체로 하여금 어떻게 사업을 추진하는가가 아니라 사업을 통해 무엇을 달성하는가에 대해 책임을 지도록 하고 있는 것이다.

2) 예산운용의 합리성 제고

성과주의 예산제도 그 자체가 본질적으로 정치적인 예산과정의 성격을 바꾸지는 못한다. 그렇지만 예산의 배분을 결정하는 과정에서 성과정보가 중요하게 고려될 경우 그만큼 예산운용의 합리성이 제고될 수 있는 것이다. 특히, 우선순위에 입각한 예산의 배분, 사업의 목표와 성과에 대한 강조 등을 통해 예산운용의 합리성이 높아질 수 있다.

3) 관리의 개선

성과주의 예산제도는 정부가 추구하는 목표와 우선순위를 분명하게 하며, 정부의 각 사업이 어떻게 정부의 목표 달성에 공헌하는지에 대한 정보를 제공한다. 또한 사업의 성과를 모니터링하는 과정에서 사업의 구조와 운영방식에서의 문제점을 파악하게 함으로써 궁극적으로 사업과 조직의 관리방식을 개선할 수 있도록 한다.

4) 예산운용의 투명성 제고

투입에 기초한 품목별 예산제도는 정부가 무엇을 어떻게 달성하고 있는가에 관련된 정보는 제대로 제공하지 못한다. 반면, 성과주의 예산제도는 정부가 추구하는 목표와 이러한 목표의 달성 정도에 관한 정보를 제공함으로써 일반국민들의 정부활동과 정부활동의 성과에 대한 이해도를 높일 수 있다. 다시 말해서, 성과주의 예산제도는 입법부와 일반국민들에게 정부활동의 결과에 대한 정보를 제공함으로써, 정부운영의 투명성을 높일 수 있다는 것이다(Shah & Shen, 2007: 151-53; OECD, 2008).

2. 성과주의 예산제도의 문제점

1) 결과측정의 문제

성과주의 예산제도의 성패는 얼마나 정확하게 성과를 측정하느냐에 달려 있다고 해도 과언이 아니다. 정부사업이 궁극적으로 추구하는 것이 결과인 이상, 성과측정은 바로 결과에 대한 측정이라고 할 수 있다. 그러나 결과에 대한 측정은 다음과 같은 문제점을 지니고 있다.

① 정부의 성과를 측정하는 데 가장 적합한 지표는 결과라고 할 수 있지만, 결과에 관한 제대로 된 정보를 얻기가 매우 힘들 뿐만 아니라 이를 얻는데 상당한 비용이 소요된다는 문제점이 있다. 예를 들어 교육정책의 목표를 '더불어 사는 사람의 양성'으로 설정했다고 가정하자. 이때 '더불어 사는 사람'을 측정하는 지표를 만들어 내기는 대단히 어렵다.

② 결과를 제대로 측정할 수 있다 하더라도 정부정책과 사회적 상황(social

conditions)의 변화 간에 인과관계(causal relationship)를 정확히 설정하는 것도 매우 어렵다(Schick, 2003: 74). 통상적으로 산출이 결과로 직접 연결되지는 않는다. 산출이 기존에 존재하던 상황(pre-existing conditions)과 시민의 반응(citizens' response)과 결합됨으로써 결과를 낳게 되는 것이다. 이러한 두 가지 요소를 외부적 요인(external factors)이라고도 부르는데, 이러한 외부적 요인은 사업수행기관이 통제할 수 없는 변수인 것이다. 예를 들어 출산율을 높이려는 정책의 결과는 당연히 출산율의 증가율인데, 출산율의 증가는 단순히 정부정책뿐만 아니라 결혼, 육아 및 교육 등에 영향을 미치는 다양한 요인에 의해 결정된다. 또한 젊은 부부가 정부정책에 어떻게 반응하는가에 따라 출산율 제고 정책의 결과는 판이하게 다르게 나타날 수 있다. 따라서 정책의 결과에 정부정책과 사업기관의 활동이 얼마나 영향을 미쳤는가를 제대로 판별해 내기는 대단히 어렵다. 정부정책의 영향을 정확히 측정하기 위해서는 이른바 '반대상황(counter-factual)'에 대한 정보가 필요하다. 즉, 만약 정부가 개입하지 않았다면 어떤 상황이 전개되었을 것인가에 대한 정보가 있어야만 정부개입의 효과를 제대로 측정할 수 있는 것이다. 그러나 이러한 정보를 얻기는 사실상 거의 불가능하다(Blöndal, 2003; Robinson, 2007c).

③ 정부의 사업과 결과 사이에는 상당한 시차(time-lag)가 존재할 수 있다. 예를 들어, 다문화 가정에 대한 사회적 수용도를 높이는 정책을 펴는 경우 사람들의 태도가 변하는 데에는 상당한 시간이 소요되는데, 사업에 대한 평가기간은 통상적으로 1년에 불과하다. 이럴 경우 수년에 걸쳐서 실질적으로 정부정책이 다문화 가정에 대한 사회적 수용도를 높이는 데 크게 공헌했음에도 불구하고 당해 연도에는 전혀 영향을 미치고 있지 않다는 결론을 내릴 수도 있다. 이와는 반대의 상황이 나타날 수도 있다. 즉, 어떤 해에 다문화 가정에 대한 수용도가 크게 개선된 것으로 나타날 수 있는데 이는 당해 연도의 노력에 의한 것이 아니라 지난 수년간에 걸쳐 이루어진 노력의 결과일 수 있지만, 그 해의 성과로 측정될 수 있다는 것이다(OECD, 2007; Pollitt, 2001).

④ 성과측정과 관련된 또 다른 문제는 목표를 설정하기가 쉽지 않다는 것이다. 정부정책의 목표는 모호한 경우가 많다. 이는 목표에 대한 합의를 이

루기가 쉽지 않을 뿐만 아니라 정부정책이 모호해야만 정치적으로 훨씬 안전하기 때문이다. 정부의 목표를 분명하게 하는 것 자체가 정치적 갈등을 증폭시킬 위험성이 높다. 그런데 목표가 분명하게 설정되지 않으면 성과를 평가할 기준 자체가 분명하지 않다는 문제가 발생하게 된다.

⑤ 성과측정의 가능성을 모든 정부사업에 대해 일률적으로 이야기하기는 어렵다. 왜냐하면 성과측정의 가능성은 프로그램의 종류에 따라 달라지기 때문이다. Pollitt(2001)에 따르면 정부의 프로그램은 유형적 서비스(tangible services), 무형적이면서 개별화된 서비스(non-tangible individually-tailored services), 무형적이면서 아이디어 차원의 서비스(non-tangible ideal services)로 나눌 수 있다. 유형적 서비스는 반복되는 서비스를 제공하는 측정 가능하고 표준화된 활동을 의미하는데, 대표적인 예로서는 여권발급, 운전면허발급, 세금징수 등을 들 수 있다. 유형적 서비스의 성과를 측정하는 것은 전혀 어려운 일이 아니다. 무형적이며 개별화된 서비스는 일상적이긴 하지만 개인의 욕구와 상황에 맞추어 서비스를 제공해야 하는 프로그램을 의미하는데, 대표적인 예로서는 교육과 보건 등을 들 수 있다. 이러한 서비스에 대해서는 성과지표를 개발하는 것이 불가능하지는 않으나 쉽지만은 않다. 무형적이면서 아이디어 차원의 서비스의 예로서는 정책보좌를 들 수 있다. 정책보좌의 결과는 더 나은 정책을 만드는 것인데, 더 나은 정책을 측정할 수 있는 방법을 개발하는 것 자체가 불가능한 일이다. 이럴 경우 성과의 측정은 활동이나 과정에 대한 측정일 수밖에 없다(Pollitt, 2001; OECD, 2005).

⑥ 성과측정 자체가 사업부서의 행동을 왜곡시킬 수 있다. 성과평가의 결과가 예산배분에 영향을 미치는 경우, 사업부서 입장에서는 유리한 성과정보만을 제출하려는 유인이 강해진다. 그리하여 아예 낮은 목표를 설정하거나 결과치를 유리한 방향으로 조작하고자 하는 유인을 가질 수 있다. 또한 사업부서 입장에서는 성과지표에 포함되어 성과가 측정되는 사업의 특정 측면에만 관심을 기울임으로써 성과평가결과는 좋을지 모르지만, 궁극적으로 국민이 원하는 사업의 결과를 창출하지 못하는(hitting the target and missing the point) 왜곡된 결과가 나타날 가능성도 있다(Hood, 2006; World Bank, 2010).

표 12-1 서비스 종류에 따른 성과측정 가능성

서비스의 종류	서비스의 예	성과측정 가능성
유형적 서비스	여권발급, 운전면허발급, 세금징수 등	쉬움
무형적이면서 개별화된 서비스	교육, 보건 등	어렵지만 불가능하지는 않음
무형적이면서 아이디어 차원의 서비스	정책보좌	불가능

자료 : Pollitt(2001)에 기반하여 저자가 작성.

2) 산출측정의 문제

이상과 같은 여러 가지 이유로 결과 대신에 산출에 초점을 맞추어 성과를 측정하는 경우가 많다. 그러나 이 또한 여러 가지 문제점을 야기할 가능성이 있다.

① 산출에 대해서만 초점을 맞추는 경우에는 목적전도(goal displacement) 현상이 나타날 수 있다. 즉, 사업을 통해 궁극적으로 달성하고자 하는 것은 결과인데도 불구하고 산출에만 초점을 맞추면 수단과 목적이 전도되는 현상이 나타날 수 있다는 것이다. 산출에만 초점을 맞추게 되면 시민들의 요구와 사회적 결과를 무시할 가능성이 있다.

② 산출은 측정하기는 상대적으로 쉽지만, 산출에 의해서만 성과를 평가할 경우 효과성의 문제는 제외하고 효율성에만 초점을 맞출 가능성이 높다.

③ 일반적으로 결과에 비해 산출물은 측정하기가 쉽다. 산출물의 양을 측정하는 경우에는 측정이 문제되는 경우가 별로 없다. 그러나 산출의 질(quality)을 평가하는 경우에는 심각한 문제가 발생할 수 있다. 정부활동의 산출물은 물리적 재화가 아니라 서비스인 경우가 대부분이다. 서비스의 질은 재화와는 달리 사후에 측정할 수 있는 것이 아니라 서비스가 제공되는 순간에 측정되어야 한다. 이와 함께 서비스의 이질성(heterogeneity)은 산출물 측정에 있어 심각한 문제점을 야기한다. 표준화된 산출물의 경우, 산출물의 질을 평가하기 위해서는 제품의 명세(specifications)에 얼마나 충실하게 산출물이 제공되었는지를 평가하면 된다. 그러나 서비스가 이질적인 경우, 특히 각 사례의 특성에 부합하도록 서비스가 제공되어야 하는 경우에는 서비스의 질을 평가하기 매우 어려워진다. 이질적인 서비스의 경우에는 산출물의 질을 측정하는 지표를 만들어 내는 것이 오히려 결과를 측정할

수 있는 지표를 만드는 것보다 더 어려울 수 있는 것이다. 이러한 이유로 공공서비스의 성과를 측정하는 데 있어서는 활동에 대한 측정이 산출에 대한 측정을 대체하는 경우가 종종 발생하게 되는 것이다(Robinson, 2007c: 37).

제4절 I 성과평가결과의 활용

성과주의 예산제도에서 성과평가결과를 활용하는 방법은 크게 세 가지로 나눌 수 있다. 재정적 인센티브 부여, 예산운용의 신축성 부여, 그리고 평가결과의 공개가 그것이다(OECD, 2007).

1. 재정적 인센티브 제공

재정적 인센티브 제공이란 성과평가결과를 토대로 특정 사업에 대한 예산배분을 늘리거나 줄이는 방법을 의미한다. 이는 성과주의 예산제도의 기본정신에 가장 충실한 성과평가결과의 활용방법이라고 할 수 있지만, 성과평가결과의 기계적 활용은 다음과 같은 문제를 야기할 수 있다.

① 성과가 좋은 사업에 대한 예산의 증액은 정부 전체적인 차원에서의 우선순위와 예산제약을 반영하지 못할 수 있다. 성과가 좋은 사업이 반드시 우선순위가 높은 사업이라고는 할 수 없다. 따라서 성과가 좋다고 해서 기계적으로 예산을 증액해 주면 정부의 우선순위와는 거리가 먼 예산배분이 이루어질 수 있는 것이다.

② 낮은 성과를 보이는 경우, 성과를 제대로 내지 못하는 원인을 파악하지 못하고 기계적으로 예산을 삭감하게 되면 특정 사업의 성과를 향상시키는 것이 아니라 반대로 상황을 더 어렵게 만들 수도 있다. 사업의 성과는 여러 가지 요인에 의해 영향을 받게 되는데, 사업수행기관의 통제 범위를 벗어

나는 요인에 의해서 사업의 성과가 낮을 수도 있는 것이다. 특히, 낮은 사업성과가 부족한 예산 때문에 발생한 것이라면, 예산삭감은 문제를 더욱 심화시킬 수 있다. 성과를 높이기 위해서는 사업을 재설계하거나 관리방식을 변경하는 방법이 더 적절할 수 있으며, 경우에 따라서는 오히려 예산을 증액시키는 것이 필요할 수도 있다. 더욱이 정부가 특정한 서비스, 특히 필수적인 서비스의 독점적 공급자일 경우에는 성과가 낮다 하더라도 지속적으로 서비스를 공급해야 한다. 예를 들어 공립초등학교의 성과가 낮다 하더라도 학교를 폐교할 수는 없는 것이다(Robinson, 2007a: 123; Schick, 2007: 126).

③ 성과평가결과를 기계적으로 활용하게 되면 해당 사업기관은 제출하는 데이터를 조작할 유혹을 느끼게 된다. 통상적으로 제공한 정보가 어떻게 활용될 것인가에 따라 평가대상기관은 얼마나 정확한 정보를 제공할 것인가를 결정한다. 따라서 성과평가결과와 예산배분이 기계적으로 연결될 경우에는 평가대상기관이 제공하는 정보를 조작할 가능성이 매우 높아진다.

④ 예산배분에 관한 결정은 정치적 맥락에서 이루어지는 것이다. 그러나 성과평가결과가 좋지 않다고 해서 특정 사업에 대한 예산을 삭감시키려는 시도는 정치적 저항에 직면할 수 있다. 특히 삭감대상사업이 정치적 우선순위가 높거나 정치적으로 중요한 사회집단에 부여되는 혜택을 줄이는 경우에는 정치적 저항이 매우 클 수 있다.

따라서 성과평가의 결과와 예산배분을 연계시키려는 시도는 사례에 따라 선별적(case-by-case basis)으로 이루어질 필요가 있다.

2. 예산운용의 신축성 부여

성과주의 예산제도의 기본 요소 중 하나는 예산운용의 자율성 확대이다. 즉, 투입에 대한 통제위주의 예산운용방식에서 벗어나 예산운용과 인력관리에 있어서 실무부서의 자율성을 확대하는 것이다. 그러나 대부분의 OECD 국가에서 성과주의 예산제도의 도입이 곧 투입에 대한 통제의 완화로 연결되지는 않은 것으로 보고되고 있다. 현실적으로 좋은 성과를 냈다고 해서 예산운용의 신축성이 확대되는 것은 아니지만, 그 반대의 경우는 많이 발생하고 있다. 즉, 성과가 좋지 않은 사업기관에 대해 통제와 보고 의무가 더 강화된다는 것이다.

3. 평가결과의 공개

평가결과를 공개하는 방법은 성과가 좋은 기관에 대해서는 공개적인 인정을 받도록 하고, 그렇지 않은 기관에 대해서는 반대의 효과가 나타나도록 하는 것이다. 이는 성과향상을 위한 압력이 미디어, 일반시민 그리고 입법부를 통해 행사되도록 하는 방법이다.

일반적으로, 성과주의 예산제도에서 성과평가결과가 예산배분에 직접적인 영향을 미치지는 않는다. 성과평가결과는 예산배분에 영향을 미치는 요인 중 하나일 뿐이다. 정부 전체적인 차원에서 성과와 예산배분을 기계적으로 연결시키는 일은 흔치 않다. 성과평가결과를 활용해서 사업예산을 삭감하거나 사업을 없애는 일은 거의 없으며, 대신 사업기관의 성과를 모니터링하고 성과향상을 위한 추가적인 조치를 강구하는 기초자료로서 성과정보를 활용하는 것이 일반적인 관행이다(OECD, 2007: 55).

제5절 | 성과주의 예산제도와 재무행정의 목표

최근 들어 정부지출 증가를 억제하고 자원배분의 효율성을 향상시키기 위한 수단으로서 예산에 대한 기대가 커지고 있다. 바로 이러한 기대를 반영하는 것이 재무행정의 목표에 대한 논의이다. 제3장에서 설명한 바와 같이 재무행정의 목표에는 기술적 효율성, 배분적 효율성, 그리고 총량적 재정규율이 포함된다. 최근의 가장 대표적인 예산개혁이 바로 성과주의 예산제도의 도입이기 때문에,

성과주의 예산제도가 재무행정의 목표 달성에 크게 공헌할 수 있으리라는 기대가 높은 것이 사실이다. 그렇다면 성과주의 예산제도가 재무행정의 목표 달성에 어떤 영향을 미치고 있는지를 살펴보는 것은 대단히 중요하다고 할 수 있다.

1. 기술적 효율성과 성과주의 예산제도

성과주의 예산제도가 가장 큰 영향을 미치는 영역은 바로 기술적 효율성에 관련된 영역이다. 성과정보가 위에서 이야기한 SMART의 요건을 갖추고 있을 경우에는 어떤 사업이 의도한 목표를 달성하고 있으며 어떤 사업이 그렇지 못한가를 판별할 수 있다. 또한 성과평가결과를 활용해서 사업의 성과를 향상시킬 수 있도록 사업운영체제를 바꿀 수도 있다. 따라서 성과주의 예산제도를 활용해서 기술적 효율성을 향상시킬 수 있다고 할 것이다(OECD, 2007: 64).

2. 배분적 효율성과 성과주의 예산제도

배분적 효율성이란 우선순위에 입각해서 예산을 배분할 수 있는 능력을 의미한다. 이론적으로 볼 때, 성과평가의 결과를 활용해서 성과를 내고 있지 못한 사업으로부터 좋은 성과를 내고 있는 사업으로 예산을 재배분할 수 있는 가능성이 존재한다. 그러나 현실적으로 의무지출, 계속사업의 존재 등으로 인해 사업 간 예산을 재배분할 수 있는 여지는 매우 작은 것이 현실이다. 또한 사업 간 예산을 재배분하기 위해서는 전혀 다른 목표 간 비교가 필요하다. 예를 들어 국방, 복지, 교육 간 예산의 배분은 단순히 성과정보와 성과평가결과에만 기초해서 이루어질 수 있는 것은 아니기 때문이다. 이질적인 부문 간 예산배분을 위해서는 정치적인 결정이 필요하다. 그러나 성과주의 예산제도가 정치적인 결정을 대체할 수는 없다. 이 경우 성과정보는 많은 고려사항 중 하나일 뿐이다. 따라서 성과주의 예산제도가 배분적 효율성 향상에 기여할 수 있는 여지는 그리 크지 않다고 할 수 있다.

3. 총량적 재정규율과 성과주의 예산제도

성과주의 예산제도를 총량적 재정규율을 확보하는 수단으로 활용하는 국가는 거의 없으며, 또한 성과주의 예산제도가 정부지출의 증가를 억제하고 있지도 못하다. 총량적 재정규율을 확보할 수 있는 보다 효과적인 수단은 중기재정계획체계와 top-down 예산제도라고 할 수 있다. 오히려 성과주의 예산제도가 정부지출의 증가를 야기할 수도 있다고 한다. Blöndal(2003)에 따르면 성과주의 예산제도의 도입이 오히려 지출의 증가로 이어지고 있다는 것이다. 왜냐하면 제대로 된 성과를 내지 못한다고 해서 예산을 삭감하는 경우는 거의 없지만, 좋은 성과를 내고 있는 사업에 대해서는 보상의 일환으로 예산이 증가되는 경우가 있기 때문에 결과적으로 정부지출이 증가한다는 것이다.

제6절 | 우리나라의 성과주의 예산제도

1. 재정사업 성과관리제도의 연혁

우리나라에서도 성과중심의 재정운용을 위하여 재정사업 성과관리제도를 구축 · 운용하고 있다. 2022년 현재 우리나라의 재정사업 성과관리제도는 기본적으로 성과목표관리와 성과평가로 구성되어 있는데, 우리나라에서 재정사업 성과관리제도는 1999년에 16개 기관으로 하여금 성과계획서를 작성토록 시범사업을 실시한 것으로부터 시작되었다.

2003년에는 재정사업 성과목표관리제도를 도입하였다. 성과목표관리제도는 성과목표의 설정과 이에 바탕을 둔 재정사업의 집행, 그리고 그 결과에 대한 보고체계로 구성되어 있다. 이를 위하여 모든 중앙관서의 장과 기금관리주체는 사전적 계획의 성격을 갖는 성과계획서와 사후적 보고의 성격을 갖는 성과보고서를 제출하도록 되어 있다.

2005년에는 재정사업 자율평가제도를 도입하였다. 애당초 재정사업 자율평가제도는 미국의 사업평가기법(Program Assessment Rating Tool: PART)을 참고하여 도입되었는데, 2005년부터 2015년까지는 기본적으로 기획재정부가 평가기준 및 평가지표 등을 포함하는 평가지침을 사전에 제시하고, 이에 기반하여 각 부처가 재정사업에 대해 자율적인 평가를 실시한 후, 기획재정부가 이를 확인 · 점검하는 방식으로 진행되었다. 이 시기에 재정사업 자율평가는 각 부처가 시행하는 사업을 매년 1/3씩 평가하는 방식을 취하였으며, 사업의 평가등급과 예산배분을 직접적으로 연계시킨 것이 두드러진 특징이었다. 즉, 재정사업의 평가등급을 매우 우수, 우수, 보통, 미흡, 매우 미흡 등 5개 등급으로 나누고, '매우 우수' 및 '우수' 등급 사업은 예산을 증액할 수 있도록 하는 대신, '미흡' 등급 사업은 원칙적으로 전년 대비 예산을 10% 삭감하고, '매우 미흡' 등급 사업은 전년 예산 대비 10% 이상 삭감 또는 사업을 폐지토록 하였다.

2016년에는 재정사업 자율평가제도가 통합재정사업 평가제도로 바뀌는데, 이렇게 명칭이 변경된 것은 일반재정 · R&D · 지역사업 등 분야별로 운영되던 재정사업 평가를 단일평가로 통합한 데 따른 것이다. 통합재정사업 평가제도는 기존의 재정사업 자율평가제도와 비교할 때, 부처 자율성의 폭을 확대한 것이 특징이다. 기존에는 '자율평가'를 표면상 강조하였지만 실질적으로는 기획재정부가 주도하여 평가 결과를 도출한 데 반해, 통합재정사업 평가에서는 부처가 자율적으로 소관 사업을 평가하고 기획재정부 등이 평가기준과 절차의 준수 여부 등을 확인 · 점검하는 메타평가를 실시하는 것으로 바뀌었다. 특히, 기존의 재정사업 자율평가에서는 '미흡' 이하 등급을 받은 사업에 대해서는 10% 이상 감액을 원칙으로 하였지만, 통합재정사업 평가에서는 사업부처가 미흡사업에 대해 지출구조조정 또는 성과개선방안을 마련하는 것으로 바뀌었다.

2018년부터는 재정사업 평가제도가 다시 변경되어, 메타평가를 폐지하는 대신 '핵심사업 평가제도'를 도입하였다. 메타평가를 폐지한 이유는 평가절차와 기준에 대한 확인 · 점검으로 인해 여전히 부처의 자율성이 침해되고 있다는 판단 때문이었다. '핵심사업 평가제도'는 핵심사업을 별도로 선정하여 기획재정부가 직접 평가 · 분석하는 제도이다. 기존에는 정량적 성과지표만을 활용하여 평가하였지만, 핵심사업 평가에서는 전문가 심층인터뷰, 현장조사, 수혜자 만족도 조사 등을 종합적으로 고려하여 평가가 이루어진 것이 특징이다(기획재정부, 2017).

2. 재정사업 성과관리의 주요 내용

1) 재정사업의 성과관리

우리나라의 재정사업 성과관리제도는 2021년 12월 국가재정법 개정을 통해 성과관리에 관한 별도의 장이 마련되면서 보다 체계화되었다. 국가재정법에서는 재정사업 성과관리를 성과목표관리와 성과평가로 구성되어 있음을 분명히 하고 있다. 성과목표관리는 재정사업에 대한 성과목표, 성과지표 등을 설정하고 그 달성을 위해 집행 과정과 결과를 관리하는 제도이다. 성과평가는 재정사업의 계획 수립, 집행 과정 및 결과 등에 대한 점검 · 분석 · 평가를 실시하는 제도이다.

2) 재정사업 성과관리 기본계획의 수립

국가재정법은 기획재정부장관으로 하여금 재정사업 성과관리를 효율적으로 실시하기 위하여 5년마다 다음의 사항을 포함하여 재정사업 성과관리 기본계획을 수립하고, 재정사업 성과관리 기본계획에 기초하여 매년 재정사업 성과관리 추진계획을 수립하도록 의무화하고 있다.

① 재정사업 성과관리 추진의 기본방향
② 재정사업 성과관리의 대상 및 방법에 관한 사항
③ 재정사업 성과관리 관련 연구 · 개발에 관한 사항
④ 재정사업 성과관리 결과의 활용 및 공개에 관한 사항
⑤ 재정사업 성과관리 관련 인력 및 조직의 전문성 · 독립성 확보에 관한 사항
⑥ 그 밖에 대통령령으로 정하는 재정사업 성과관리 업무의 발전에 관한 사항

3) 재정사업 성과관리의 추진체계

국가재정법은 각 중앙관서의 장과 기금관리주체가 재정사업 성과관리 추진체계를 구축하도록 의무화하고 있는데, 재정사업 성과관리 중 성과목표관리를 책임지고 담당할 공무원(재정성과책임관), 재정성과책임관을 보좌할 담당 공무원(재정성과운영관) 및 개별 재정사업이나 사업군에 대한 성과목표관리를 담당할 공무원(성과목표담당관)을 지정하여야 한다. 재정성과책임관은 부기관장, 재정성과운영관은 기획조정실장, 그리고 성과목표담당관은 국장급 공무원을 지정하도록 되

어 있다.

4) 성과계획서 및 성과보고서의 작성과 제출

각 중앙관서의 장과 기금관리의 주체는 재정사업 성과목표관리를 위하여 매년 예산 및 기금에 관한 성과목표 · 성과지표가 포함된 성과계획서와 성과보고서를 작성하여야 하며, 예산요구서(혹은 기금운용계획안)를 제출할 때 다음 연도 예산(혹은 기금)의 성과계획서 및 전년도 예산(혹은 기금)의 성과보고서를 함께 제출하여야 한다.

특기할 만한 점은 정부는 2022년도 예산안부터 성과계획서 작성단위를 기존의 단위사업 및 프로그램 기준에서 프로그램 기준으로 상향하였다는 점이다. 이는 성과관리가 정부 부처 내부의 사업관리 차원이 아닌 국민들에 대한 서비스 제공 차원에서 이루어져야 한다는 정책적 판단에 따른 것이다. 그리고 기획재정부의 '2022년~2026년 재정사업 성과관리 기본계획'에 의하면 '1 프로그램 1 성과지표' 원칙하에 전 부처 성과지표를 1,000여 개(프로그램당 2~3개)에서 500개(프로그램당 1개) 이하로 감축할 계획이다.

5) 재정사업 성과평가

국가재정법에서는 기획재정부장관이 대통령령으로 정하는 바에 따라 재정사업에 대한 성과평가를 실시할 수 있도록 하는 동시에, 재정사업 성과평가와 개별 법령에 따라 실시되는 평가의 대상 간 중복이 최소화될 수 있게 노력하도록 하고 있다. 2022년 현재 기획재정부의 재정사업 자율평가, 재정사업 심층평가, 핵심사업 평가, 기금 평가, 보조사업 평가, 복권기금 평가 등 6개 평가 외에 5개 부처에서 추가적으로 5개의 사업 평가가 진행 중이어서, 6개 부처에서 11개 사업 성과 평가제도가 운영 중이다. 이에 따라 기획재정부의 '2022년~2026년 재정사업 성과관리 기본계획'에서는 평가시기 · 방식 등을 표준화하여 평가중복 및 피평가부담을 최소화할 계획이다. 또한 예산환류와 이력관리 등이 용이하도록 평가대상 사업단위를 세부사업으로, 그리고 평가등급을 우수–보통–미흡의 3등급으로 일원화할 예정이다.

6) 재정사업 성과관리 결과의 반영

기획재정부장관은 재정사업의 성과평가 결과를 재정운용에 반영할 수 있으며, 중앙관서의 장은 재정사업 성과관리의 결과를 조직 · 예산 · 인사 및 보수체계에 연계 · 반영할 수 있다. 기획재정부의 '2022년~2026년 재정사업 성과관리 기본계획'에서는 '미흡' 사업중심의 지출 구조조정, 제도 개선 추진 등 성과평가 결과 활용을 제도화할 계획이다. 즉, 6개 부처 11개 평가제도에 대해 평가 결과에 따라 평가대상 예산의 일정 비율을 구조조정하는 원칙을 도입할 예정이며, '미흡' 사업 중 예산삭감이 곤란한 사업은 각 부처의 예산요구 시 미흡 원인 분석 및 제도개선 계획 제출을 의무화할 계획이다. 또한 2년 연속 '미흡' 사업은 부처로 하여금 사업을 재설계하도록 하는 동시에 기획재정부에서는 컨설팅을 실시하고, 3년 연속 '미흡' 사업은 원칙적으로 폐지할 계획이다.

제7절 | 성과주의 예산제도에 대한 평가

성과주의 예산제도는 기존의 투입과 통제 위주의 예산운용에서 벗어나 결과에 기반한 예산운용으로 전환하는 것이 기본적인 특징이다. 그러나 아직까지 대부분의 성과주의 예산제도는 결과가 아니라 산출에 대한 측정에 그치고 있는 것이 현실이다. 산출에 대한 통제는 가능하나 결과에 대한 통제는 사업수행기관의 통제 범위를 넘는 것이다. 따라서 성과주의 예산제도가 도입된 경우에도 결과예산제도(outcome budgeting)가 아니라 대부분 산출물예산제도(output budgeting)에 머무르고 있다. 다음의 〈표 12-2〉는 투입, 산출, 결과에 기반한 예산운용의 특징과 장점 및 한계를 비교하고 있다.

전통적인 투입 위주의 품목별 예산제도는 기본적으로 이해하기 쉽고 운용에 비용이 들지 않을 뿐만 아니라, 투입에 대한 통제를 통해 총지출의 증가를 쉽게 억제할 수 있는 장점이 있다. 반면, 품목별 예산제도는 투입과 산출의 관계에 대해 무관심하기 때문에 지출의 효율성을 제고하는 데 한계가 있을 뿐만 아니라 예산운용이 단기적이고 신축적이지 않다는 문제점을 지니고 있다. 산출물예산제도는 투입과 산출의 관계에 기초해서 예산을 운용하기 때문에 지출의 효율성과 지출에 대한 책무성을 제고할 수 있다는 장점이 있다. 반면, 정부지출이 궁극적으로 추구하는 것은 사회에 대한 영향, 즉 결과이기 때문에 산출에만 초점을 맞출 경우에는 예산운용의 초점이 왜곡되는 문제점이 발생한다. 또한 산출에 초점을 맞춘다 하더라도 산출을 정확하게 측정하는 것이 어려울 뿐만 아니라 요구되는 정보가 매우 많아진다는 문제점을 아울러 지니고 있다.

결과에 기반한 예산운용은 적어도 동일한 분야 내(intra-sectoral)에서는 사업의 성과에 따른 예산의 재배분을 가능케 한다. 따라서 결과예산제도는 정책결정과 정책조정을 지원하고, 장기적 전망에 기초한 예산운용을 가능케 하는 장점이 있다. 반면, 결과의 측정이 쉽지 않다는 점과 결과에 의해 예산배분을 할 경우 지출의 책무성을 확보하기가 쉽지 않다는 점이 문제점으로 지적된다. 또한 산출에 기초한 예산운용이건 결과에 기초한 예산운용이건 지출의 가치를 정확히 측정하기 위해서는 비용의 측정이 대단히 중요한데, 성과주의 예산제도 그 자체만으로는 비용을 측정하기 어렵다.[1)]

이러한 특징 외에 성과주의 예산제도는 다음과 같은 한계가 있는 것으로 지적되고 있다.

표 12-2 예산운용 장단점의 비교

	장점	단점
투입(input)	•이해하기 쉽고 적용에 비용이 들지 않음 •총지출의 통제가 용이 •통제지향	•효율성 제고 곤란 •신축적이지 않음 •단기적인 시각
산출(output)	•효율성 제고 •책무성 확보	•초점의 왜곡 •측정의 문제 •요구되는 정보의 과다 •비용측정 필요
결과(outcome)	•재배분 용이 •정책결정과 정책조정 지원 •장기적 전망에 기초	•측정의 문제 •책무성의 문제 •요구되는 정보의 과다 •비용측정 필요

자료 : OECD(2005).

1) 비용측정문제는 제14장 '정부회계'에서 다루고 있다.

무엇보다도 정부 전체적인 차원에서의 우선순위를 설정하는 데 있어서는 성과의 측정이 큰 역할을 하지 못한다. 성과측정과 이에 기반한 예산배분은 동일한 분야 내에서는 가능할 수 있다. 예를 들어 같은 교육분야 내에서 성과평가의 결과에 따라 사업들 간에 예산배분을 달리할 수는 있을 것이다. 그러나 서로 다른 분야 간 예산의 배분을 성과평가결과에만 의존할 수는 없다. 예를 들어 교육분야와 국방분야에서의 성과평가결과를 비교해서 두 분야 간 예산배분의 우선순위를 설정하는 것은 거의 불가능하다. 따라서 성과측정이 가능하다 할지라도 성과평가결과가 분야 간 우선순위 설정과 이에 기반한 예산배분에 있어서는 별 역할을 하지 못한다. 정부 전체적인 차원에서의 우선순위 설정과 분야 간 예산배분은 본질적으로 정치적인 결정일 수밖에 없기 때문이다(Joyce, 1999).

다시 말해서, 성과주의 예산제도는 대부분의 경우 분야 간 자원의 재배분을 의미하는 배분적 효율성의 향상에는 크게 기여하지 못하고 기술적 효율성만을 향상시키는 것으로 알려져 있다. 또한 정부 전체적인 차원에서의 우선순위 설정과 지출한도 설정에는 성과주의 예산제도가 거의 기여하지 못하는 것으로 알려져 있다. 더욱 심각한 문제는 성과주의 예산제도를 경직적으로 운영할 경우 오히려 행정의 분절화가 초래될 위험성이 있다는 것이다. 즉, 전체적인 차원에서의 정책조정과 우선순위 설정이 뒷받침되지 않을 경우 성과주의 예산제도는 미시적 수준에서의 성과향상에만 몰입하게 함으로써 기술적 효율성은 향상시킬 수 있을지 모르지만 배분적 효율성은 오히려 저하시키는 문제를 발생시킬 수 있다.

성과주의 예산제도는 조직 혹은 사업의 관리에 있어서도 초점을 왜곡할 가능성이 있는 것으로 지적되고 있다. 예를 들어 성과를 측정할 때 측정하기 쉬운 지표만을 선정함으로써 정작 중요한 사업이나 활동은 측정하지 못하는 경우가 발생할 수 있다. 또한 성과지표에 포함되는 사업에 대해서만 집중적으로 성과관리가 이루어지는 문제가 발생할 수도 있다.

또 다른 문제는 성과주의 예산제도가 도입된 거의 모든 국가에서 성과정보가 예산편성과정에서는 활용된다 하더라도 의회에서의 예산심의과정에서는 거의 활용되지 않는다는 것이다(OECD, 2005: 80). 이는 합리성을 추구하는 성과주의 예산제도가 본질적으로 정치적인 성격을 지니는 의회의 예산심의과정에서는 외면당하고 있다는 것을 의미한다.

예산과정은 본질적으로 정치적인 과정이다. 따라서 성과주의 예산제도를 도입한다고 해서 본질적으로 정치적인 성격을 지니는 예산과정을 합리성만을 추구하는 과정으로 바꿀 수는 없다. 무엇보다도 합리성과 성과정보가 예산과정에서 정치적 고려와 가치판단을 대체할 수 없기 때문이다. 따라서 성과주의 예산제도의 운영에 있어서 중요한 것은 합리성으로 정치성을 대체하려고 시도하는 것이 아니라 성과정보가 예산의 배분과정에서 중요한 고려사항으로 활용될 수 있도록 만드는 데 있다고 할 것이다.

제8절 | 전략적 지출검토

1. 전략적 지출검토의 정의와 특징

전략적 지출검토는 기존 지출에 대한 체계적이고 심층적인 평가에 기초해서 예산절약을 추구하고 우선순위나 효과성이 낮은 사업의 예산을 삭감해 나가는 과정이라고 정의할 수 있다. 전략적 지출검토는 기존 지출에 초점을 맞추는 것이 특징이다. 통상적인 예산과정에서 실무부처들은 새로운 사업을 도입하는 데에는 매우 적극적이지만, 예산절약을 위한 대안 모색에는 매우 소극적인 것이 사실이다. 전략적 지출검토는 예산과정이 갖는 이러한 불균형을 해소함으로써 새로운 사업을 수행할 수 있는 재정여력을 창출해 나가는 절차이다(Robinson, 2014). 2011년 OECD 회원국 중 16개국에서 전략적 지출검토를 운용하고 있었으나 2018년에는 27개국이 전략적 지출검토 제도를 도입 · 운용 중이다(OECD, 2019: 112).

전략적 지출검토의 일차적 목표는 기존 지출에 대한 평가에 기초해서 새로운 재정여력을 창출하는 것이므로, 새로운 정책대안에 대한 고려(기존 프로그램의 확대도 포함)는 전략적 지출검토의 대상이 아니며 통상적인 예산과정의 대상이다. 통상적인 예산과정은 기존 예산에 대한 무관심(inattention to the budgetary base)이 특징인 반면, 전략적 지출검토는 기존 지출의 효율성, 효과성, 중복 여부 등을 평가하여 궁극적으로 지출구조를 조정하는 데 초점을 맞추는 것이 특징이다.

전략적 지출검토 도입 초기에는 예산 삭감만을 강조하였으나, 글로벌 금융위기를 극복하고 재정의 안정성이 회복되면서 지출의 우선순위 설정을 통한 배분적 효율성 제고를 동시에 강조하는 것으로 변화하고 있다. 특히, 코로나19 이후 재정건전성 회복이 모든 국가에서 핵심적인 과제로 등장하면서, 앞으로 지출검토의 중요성은 더욱 증가할 전망이다.

2. 전략적 지출검토의 목적

전략적 지출검토는 기존 사업과 지출의 목적과 가치를 면밀하게 검토함으로써 정부에 가해지는 예산제약을 완화시키는 동시에 새로운 정책 추진을 위한 재정 여력을 확보하는 데에 그 목적이 있다(OECD, 2019: 24). 지출검토의 목적으로는 총량적 재정규율 확보, 배분적 효율성 제고, 기술적 효율성 제고, 공공서비스의 질 향상을 들 수 있다.

1) 총량적 재정규율 확보

전략적 지출검토는 예산절약 방안을 강구함으로써 중기적인 재정건전화 수단으로 활용된다.

2) 배분적 효율성 제고

전략적 지출검토는 기존 지출을 평가하고 새로운 정책을 추진할 수 있는 재정여력을 확보하는 수단으로써, 예산의 배분적 효율성을 제고하는 것을 목적으로 한다. 이는 지출 효율성에 대한 증거 기반(evidence-based) 평가이며, 보다 넓은 의미로는 정책선택의 효율성과 효과성에 대한 평가라고 할 수 있다(OECD, 2013).

3) 기술적 효율성 제고

전략적 지출검토는 비효율적인 지출을 파악하고 적은 투입으로 동일한 결과를 창출하는 방안을 강구함으로써 지출의 가치를 향상시킨다(IMF, 2015).

4) 공공서비스의 질 향상

전략적 지출검토는 예산절감 방안을 제안하는 동시에, 다른 한편으로는 정책의 질 향상에 기여한다. 즉, 전략적 지출검토는 기존 지출의 효율성과 효과성을 평가하고 예산절감에 이어 프로그램의 개선 방안을 제시하는 것을 목적으로 한다(OECD, 2013).

3. 지출검토의 유형

지출검토의 유형으로는 효율성 검토와 전략적 지출검토가 있다. 효율성 검토(efficiency review)는 현존하는 서비스나 사업을 더 낮은 비용으로 공급할 수 있는 방안을 모색하는 지출검토의 한 유형이라고 정의할 수 있다. 효율성 검토는 사업 혹은 조직의 타당성을 재검토하는 것이 아니라 오직 사업의 효율성 제고에만 관심을 갖는다. 전략적 지출검토(strategic review)는 주요 분야 또는 부문을 대상(다부처 사업 포함)으로 재정사업에 대한 분석과 미래 지출방향을 도출하는 일련의 과정이라고 정의할 수 있다(하연섭 · 김영록, 2019). 즉, 전략적 지출검토는 정책의 목표에 대한 재검토와 사업의 성과에 기초해서 우선순위를 재설정하고, 이에 기초해서 예산절약을 추구하는 것이 특징이다. 효과가 없거나 우선순위가 낮은 사업들을 재검토함으로써 궁극적으로 재정여력을 확보하는 작업이 전략적 검토의 주요 내용인 것이다. 효율성 검토를 통한 재정여력 확보 정도는 별로 크지 않지만, 전략적 지출검토에서는 서비스의 수준, 사업의 존치 여부, 그리고 사업의 재구조화 등을 포함하기 때문에 상당한 재정여력 확보 효과가 있는 것으로 알려져 있다(Hawkesworth & Klepsvik, 2013). 통상적으로 지출검토라고 하면 전략적 지출검토를 의미한다.

전략적 지출검토를 대상 범위에 따라 선택적 지출검토와 포괄적 지출검토로 구분하기도 한다. 선택적(selective) 지출검토란 사전적으로 결정한 선택적인 주제에 대해서만 지출검토를 실시하는 것을 의미한다. 포괄적(comprehensive) 지출검토에서는 사전적으로 정한 주제에 구애받지 않고 예산절약을 위한 광범위한 지출검토를 실시하는 것이 특징이다. 그러나 포괄적 지출검토라 할지라도 모든 프로그램에 대해서 지출검토를 시행하는 것은 아니다(Robinson, 2018).

4. 전략적 지출검토의 기준

Robinson(2018)은 전략적 지출검토의 기준으로 적절성(relevance), 중복(duplication), 효과성(effectiveness), 효율성(efficiency), 형평성(equity), 시장의 실패(market failure)를 제시한 바 있다.

표 12-3 **전략적 지출검토의 기준**

적절성(relevance)	당해 프로그램이 사회에 중요한 결과를 낳는가?
중복(duplication)	정부 내 다른 사업 혹은 다른 기관, 혹은 민간부문과 중복이 없는가?
효과성(effectiveness)	당해 프로그램이 의도했던 결과를 달성하고 있는가? 만약 그렇지 않다면, 프로그램을 수정 보완함으로써 의도했던 결과를 달성할 수 있는가?
효율성(efficiency)	당해 서비스가 질을 낮추지 않는 상태에서 더 낮은 비용으로 생산될 수 있는가?
형평성(equity)	상이한 수혜자 그룹 간 서비스가 형평하게 배분되고 있는가?
시장의 실패 (market failure)	민간부문이나 지역공동체가 더 잘할 수 있는 일을 정부가 하고 있는 것은 아닌가?

자료 : Robinson(2018: 306).

5. 전략적 지출검토와 예산과정의 통합

전략적 지출검토는 예산과정과 통합되었을 때 효과가 극대화될 수 있다. 예산절약이나 지출 우선순위의 재설정은 예산을 통해서만 실행될 수 있기 때문에, 지출검토는 예산순기와 밀접하게 연계되어야 한다. 예산편성과정과의 통합 없이는 지출검토가 지출과 프로그램 효율성과 효과성에 대해 갖는 효과는 매우 제한적일 수밖에 없다(OECD, 2013; World Bank, 2018).

연간 예산과정과의 통합뿐만 아니라 전략적 지출검토는 중기재정계획체계와 통합적으로 운영될 필요가 있다. 중장기적인 시계에서 훨씬 효과적으로 예산절약이나 예산재배분 방안을 마련할 수 있을 뿐만 아니라 전략적 지출검토에서 제안한 서비스 제공 방식의 변화나 법안의 제·개정은 몇 년에 걸쳐 이루어질 수밖에 없기 때문이다. 따라서 전략적 지출검토에서 도출된 결론이나 정책제언들이 중기재정계획에 포함되는 것이 매우 중요하다고 할 것이다(Tryggvadottir, 2022).

그런데 OECD(2016)에서 전략적 지출검토를 시행 중인 회원국을 대상으로 시행한 설문조사에서 관련 국가들은 전략적 지출검토의 장애물로써 성과정보와 성과데이터의 부족, 성과정보와 성과데이터의 부실, 시간의 부족, 집행에 대한 관심 부족, 정치적 지지의 부족을 제시한 바 있다. 전략적 지출검토가 성공적으로 운영되기 위해서는 양질의 성과정보와 성과데이터를 확보하는 것이 선결과제라고 할 것이다.

참고문헌

국회예산정책처. (2022). 「대한민국재정 2022」.

기획재정부. (2017). “재정사업 자율평가제도 전면 개편: 재정혁신을 뒷받침하는 재정사업 평가체계로 전환.” 기획재정부 보도자료, 2017. 9. 28.

_______. (2022). 「2022년~2026년 재정사업 성과관리 기본계획」.

기획재정부 예산실. (2010). 「2010 한국의 재정」. 서울: 매일경제신문사.

하연섭. (2013). “사업특성별 성과관리제도의 유효성에 관한 연구: 2012년 재정사업 자율평가 결과를 중심으로.” 「한국행정연구」 22(3): 61–90.

_______ **· 김영록.** (2019). “전략적 지출검토(Spending Review) 도입 방안 연구.” 2019년도 국회사무처 연구용역보고서.

Blöndal, Jón R. (2003). “Budget Reform in OECD Member Countries: Common Trends.” *OECD Journal on Budgeting* 2(4): 7–26.

Cothran, Dan A. (1993). “Entrepreneurial Budgeting: An Emerging Reform?” *Public Administration Review* 53: 445–54.

Curristine, Teresa and Suzanne Flynn. (2013). “In Search of Results: Strengthening Public Sector Performance.” in Marco Cangiano, Teresa Curristine, and Michel Lazare(eds.), *Public Financial Management and Its Emerging Architecture*. 225–53. Washington, D.C.: IMF.

Hawkesworth, Ian and Knut Klepsvik. (2013). “Budgeting Levers, Strategic Agility and the Use of Performance Budgeting in 2011/12.” *OECD Journal on Budgeting* 13(1): 105–40.

Hood, Christopher. (2006). “Gaming in Targetworld: The Targets Approach to Managing British Public Services.” *Public Administration Review* 66(4): 515–21.

IMF. (2015). *Republic of Slovenia: Technical Assistance Report–Establishing a Spending Review Process*. IMF Country Report No. 15/265.

Joyce, Philip G. (1993). "Using Performance Measures for Federal Budgeting: Proposals and Prospects." *Public Budgeting & Finance* 13: 3–17.

_______. (1999). "Performance–Based Budgeting." in Roy T. Meyers(ed.), *Handbook of Government Budgeting*. 597–619. San Francisco: Jossey–Bass.

Kristensen, Jens Kromann, Walter S. Groszyk, and Bernd Buhler. (2002). "Outcome–focused Management and Budgeting." *OECD Journal on Budgeting* 1(4): 7–34.

Marcel, Mario. (2014). "Budgeting for Fiscal Space and Government Performance beyond the Great Recession." *OECD Journal on Budgeting* 13(2).

McNab, Robert M. and Francois Melese. (2003). "Implementing the GPRA: Examining the Prospects for Performance Budgeting in the Federal Government." *Public Budgeting & Finance* 23(2): 73–95.

Musell, R. Mark. (2009). *Understanding Government Budgets: A Practical Guide*. New York: Routledge.

Organization for Economic Cooperation and Development. (2005). *Modernising Government: The Way Forward*. Paris: OECD.

_______. (2007). *Performance Budgeting in OECD Countries*. Paris: OECD.

_______. (2008). "Performance Budgeting: A Users' Guide." *OECD Observer Policy Brief*.

_______. (2013). *Value for Money in Government: Norway*.

_______. (2019). *Budgeting and Public Expenditures in OECD Countries 2019*.

Pollitt, Christopher. (2001). "Integrating Financial Management and Performance Management." *OECD Journal on Budgeting* 1(2): 7–38.

Robinson, Marc. (2007a). "Making Performance Budgeting Work." in Marc Robinson(ed.), *Performance Budgeting: Linking Funding and Results*. 113–27. New York: Palgrave Macmillan.

_______. (2007b). "Performance Budgeting Models and Mechanisms." in Marc Robinson(ed.), *Performance Budgeting: Linking Funding and Results*. 1–18. New York: Palgrave Macmillan.

_______. (2007c). "Results Information." in Marc Robinson(ed.), *Performance Budgeting: Linking Funding and Results*. 26–45. New York: Palgrave Macmillan.

_______. (2013). "Performance Budgeting." in Richard Allen, Richard Hemming, and Barry H. Potter(eds.), *The International Handbook of Public Financial Management*. 237–58. London: Palgrave Macmillan.

_______. (2014). "Spending Reviews." *OECD Journal on Budgeting* 13(2).

_______. (2018). "The Role of Evaluation in Spending Review." *Canadian Journal of Program Evaluation* 32(3): 305–15.

Schick, Allen. (2003). "The Performing State: Reflection on an Idea Whose Time Has Come but Whose Implementation Has Not." *OECD Journal on Budgeting* 3(2): 71–104.

_______. (2007). "Performance Budgeting and Accrual Budgeting: Decision Rules or Analytic Tools?" *OECD Journal on Budgeting* 7(2): 109–38.

_______. (2014). "The Metamorphoses of Performance Budgeting." *OECD Journal on Budgeting* 13(2).

Shah, Anwar and Chunli Shen. (2007). "A Primer on Performance Budgeting." in Anwar Shah(ed.), *Budgeting and Budgetary Institutions*. 137–78. Washington, D.C.: The World Bank.

Tryggvadottir, Alfrún. (2022). "OECD Best Practices for Spending Review." *OECD Journal on Budgeting* 22(1): 1–11.

World Bank. (2010). *Results, Performance Budgeting and Trust in Government*. Washington, D.C.: The World Bank.

_______. (2018). *Bulgaria: Spending Review Manual*.

제 13 장

예산제도와 재정규율

2008년부터 밀어닥친 금융위기와 이로부터 촉발된 재정위기를 겪으면서 재정건전성의 회복이 거의 모든 국가에서 초미의 관심사로 떠오른 바 있다. 우리나라의 경우에도 인구 고령화와 복지지출의 급격한 증가로 인해 재정위기가 현재화될 수 있음을 걱정하는 목소리가 높아지고 있다. 이러한 이유로 최근 예산연구에서는 어떻게 예산제도를 바꿈으로써 재정규율(fiscal discipline)을 확보할 것인가가 가장 큰 관심사로 떠오르고 있다.

예산제도란 예산편성, 예산심의, 예산집행을 규율하는 공식적 · 비공식적 규칙으로 정의된다. 이러한 규칙들은 예산과정 참여자들 간 전략적 영향력의 배분과 정보의 흐름에 영향을 미친다. 이를 통해 예산제도는 예산과정의 결과물에 대해 중요한 영향력을 행사하는 것이다(von Hagen, 2008: 116).

재정규율의 확보는 거시경제의 안정, 외부충격의 완화, 그리고 총량적 경제성과의 향상을 위한 필수요건이다. 거시경제의 안정과 성장을 가능케 하는 재정상태를 유지하기 위해서는 재정규율을 확보하는 것이 필요하며, 이를 통해 과도한 정부차입과 국가채무의 누적을 사전에 방지해야 한다. 동시에 외부적 충격과 고령화와 같은 미래의 재정적 압력에 대응할 수 있는 재정적 완충장치를 확보한다는 측면에서도 재정규율의 유지는 대단히 중요하다(Kumar & Ter-Minassian, 2007: 2-3).

이번 장은 재정규율의 약화 원인을 먼저 살펴보고, 재정규율을 확보하기 위한 대표적인 장치인 계량적 재정준칙의 의미와 종류에 대해 설명하고 있다. 이어서 정치적 영향력으로부터 재정정책을 독립시켜 재정의 지속가능성을 확보하는 방안으로 최근 관심이 급증하고 있는 독립적 재정기구에 대해 살펴본 후, 예산과정의 개혁을 통해 재정규율을 확보하려는 일련의 이론적 · 실제적 흐름을 설명하는 순서로 구성되어 있다.

제1절 | 재정규율 약화의 원인

1. 근시안적 시계

근시안적 시계(myopia)란 현시점에서의 예산에 관한 결정이 장기적으로 어떤 결과를 낳을지에 대해서는 관심을 갖지 않고 단기적으로 자신들에게 유리한 재정정책을 추구하는 경향을 의미한다. 근시안적 시계는 일반국민과 정치가 모두에게서 나타난다. 일반국민들은 현세대가 누릴 수 있는 편익에 대해서만 주로 관심을 가질 뿐 현세대의 편익을 위해 미래세대가 짊어져야 할 부담에 대해서는 큰 관심을 두지 않는 경향이 있다. 이렇게 되면 현세대에게 부담을 주는 세부담의 증가는 피하는 대신 정부지출을 늘리게 되어, 재정적자의 발생과 국가채무의 누적이라는 현상이 나타나게 된다.

일반국민보다 더 근시안적 시각을 갖는 사람들이 정치가들이다. 정치가들은 재선(reelection)의 가능성을 높여줄 수 있는 단기적인 정책에만 초점을 맞출 뿐 정책의 중장기적인 결과에는 관심을 두지 않는 경향이 있다. 정치가들의 근시안적 시계는 정치과정에 내재되어 있는 불확실성, 다시 말해서 재선(혹은 재집권)에 실패할 수 있는 가능성 때문에 나타난다. 선거 패배의 위험성 때문에 정치가들은 정책이 낳을 수 있는 단기적인 결과에만 초점을 맞출 뿐 정책이 파생시킬 수 있는 중장기적인 영향에는 관심을 갖지 않는다. 예를 들어 현재 추진하고 있는 정책으로 말미암아 재정적자가 발생하고 이로 인해 미래에 증세를 하거나 지출이 감소되더라도 이러한 결과에 대해서는 별 관심을 갖지 않는다는 것이다.

특히, 정치인들은 재선의 가능성을 높여줄 수 있는 팽창적인 재정정책을 선호하기 때문에, 세부담을 낮추고 정부지출을 늘림으로써 재정규율을 약화시키고 재정건전성을 위협하는 결과를 초래할 가능성이 높다. 나아가 정치가들이 갖는 근시안적 시계 때문에 불황기에 대비하기 위해 호황기에 발생하는 재정흑자를 저축하지 못하고 바로 지출하게 되는 경기순행적(procyclical) 재정정책을 사용함으로써 결국 재정적자를 지속적으로 발생시키는 문제가 나타나게 된다(Calmfors & Wren-Lewis, 2011; Debrun *et al.*, 2007a; Kumar & Ter-Minassian, 2007).

2. 공유자원의 문제

앞의 제6장에서 예산이 공유자원의 특징을 갖고 있음을 설명한 바 있다. 공유자원의 경우에는 이 재화를 빨리 확보해서 소비하는 것이 개인이익을 극대화시키는 방법이다. 따라서 사용에 대한 적절한 통제장치나 공동체 구성원 간 협약이 없으면, 공유자원은 고갈될 위험성에 처하게 된다. 공유자원이 갖는 이러한 문제점을 공유지의 비극이라고 부른다.

일반적으로 예산을 통해 발생하는 편익은 소수의 집단에 집중되는 반면, 이를 위한 비용은 일반국민에게 널리 퍼지는 경향이 있다. 개별 납세자의 입장에서 보면 특정 사업에 소요되는 자신의 세금부담은 무시할 수 있을 정도로 작게 나타나기 때문에, 이러한 사안에 대해서는 별 관심을 두지 않는다. 결국 소수의 이익집단에 대한 혜택의 집중과 일반국민들에 의한 비용의 폭넓은 부담이라는 현상이 나타나게 되며, 특수이익의 보호를 위해 사회적 총비용이 사회적 총편익을 상회하는 예산정책이 채택되게 된다. 이것이 곧 재정적자와 국가채무의 발생으로 연결되는 것이다.

소수에 대한 편익의 집중과 일반 국민에 대한 비용의 분산이라는 예산의 특징 때문에, 예산을 둘러싸고 Wilson(1989)이 이야기하는 고객정치(client politics)와 기업가정치(entrepreneurial politics)가 나타난다. 편익이 집중되는 소수의 사람들은 자신의 편익을 유지하기 위해 사업의 계속 혹은 확대를 줄기차게 요구하는 반면, 일반국민들은 이 사안에 대해 무관심하다. 이러한 고객정치로 말미암아 정부지출은 지속적으로 늘어나는 경향이 있다. 반대로, 정부지출을 축소 내지 폐지하려는 움직임은 이른바 기업가정치에 의해 저지되기 일쑤이다. 정부지출의 감소로 인한 비용은 소수의 사람들에게 집중되는 반면, 그 편익은 다수의 사람들에게 분산되는 형태를 취하기 때문에, 피해를 보는 소수의 사람들이 예산감축을 반대함으로써 사업이 지속되고 궁극적으로 재정규율이 와해되는 것이다(Posner & Blöndal, 2012: 19).

예산을 둘러싼 공유자원의 문제는 동일세대 내 사회집단 사이에서만 나타나는 현상이 아니다. 정부수입의 동시적인 증가 없이 정부지출만 늘어날 경우 현세대에게 편익이 집중되는 반면, 그 비용은 미래세대에게 분산된다. 특히, 미래세대는 현재의 정책결정에 참여할 수 없기 때문에 미래세대에게 부담을 전가하는 예산정책이 채택될 가능성은 매우 높다. 이를 동세대 내 공유자원의 문제(intra-temporal common-pool resource problem)와 구별하여 세대 간 공유자원의 문제(inter-temporal common-pool resource problem)라고 부른다.

예산을 둘러싼 공유자원의 문제는 중앙정부와 지방정부 간 관계에서도 나타난다(Wyplosz, 2012). 특정 지방정부의 입장에서는 자신의 지역민들에게 돌아가는 편익을 지속적으로 늘리는 동시에 그 부담을 다른 지역민들에게 전가시킬 수 있는 정책이 최선의 정책이다. 특정 지방정부가 중앙정부로부터 지속적으로 재정적 지원을 받을 수 있다고 판단하면, 재정지출을 계속해서 늘리려고 할 것이다. 이렇게 되면 특정 지역에 편익이 집중되는 반면 그 비용은 모든 지역의 주민들에게 분산되는 현상이 나타나게 되고, 이는 궁극적으로 재정규율의 와해로 연결될 것이다. 이러한 현상을 정부 간 공유자원의 문제(intergovernmental common-pool resource problem)라고 명명할 수 있을 것이다.

3. 시간적 비일관성

시간적 비일관성(time inconsistency)의 문제는 사전적으로 합의된 정책이 사후적으로는 지켜지지 않는 경향을 의미한다. 재정균형의 달성과 거시경제의 안정이라는 목표를 달성하기 위해서는 경기역행적(countercyclical) 재정정책이 필요하다. 불황기에는 재정지출을 늘리는 동시에 조세부담을 줄이는 정책이 필요한데, 이 정책은 불가피하게 재정적자를 발생시킨다. 이때 발생하게 되는 재정적자와 국가채무의 문제에 적절히 대응하기 위해서는 호황기에 재정지출을 줄이고 조세수입을 늘리는 정책이 필요하다. 그러나 균형재정을 달성하기 위한 목적으로 호황기에 늘어난 세입을 저축하게끔 만드는 재정준칙이 사전적으로 만들어져 있다 할지라도 호황기에 나타나는 지출압력 때문에 세입을 저축하는 것이 불가능한 상황이 발생한다. 늘어난 세수입 때문에 지출압력을 피하기가 어려워 지출이 늘어나는 이른바 경기순행적 재정정책이 나타나는 것이다. 이것이 시간적 비일관성의 문제이다. 결국 시간적 비일관성의 문제 때문에 과도한 재정적자의 발생과 국가채무의 누적 현상이 발생하는 것이다(Balassone & Kumar, 2007b; Debrun *et al.*, 2007a; Kumar & Ter-Minassian, 2007).

4. 정보의 문제

재정규율이 약화되는 중요한 원인 중의 하나로 정보의 문제(informational problem)를 들 수 있다. 앞에서 정치인들은 재선을 위해 중장기적인 결과에는 관심을 두지 않고 단기적으로 팽창적인 재정정책을 추구할 가능성이 높다고 설명한 바 있다. 이때 유권자들이 현재의 재정상태와 재정정책의 결과에 대해 제대로 된 정보를 갖고 있지 못할 경우 정치인들의 무책임한 정책적 선택이 더 쉽게 나타날 수 있다.

또한 재정규율을 확보하기 위해서는 예산편성단계에서 재정적자의 규모를 줄이거나 지출의 확대를 방지하는 노력을 기울일 필요가 있는데, 이 단계에서 왜곡된 정보가 제공될 경우 재정건전화를 위한 정책적 시도가 아예 이루어지지 않을 가능성이 있다. 왜곡된 정보제공의 대표적인 예가 경제성장에 대한 낙관적인 예측이다. 정치적인 이유로 집권당은 국민들에게 항상 장밋빛 희망을 주는 것이 필요하다. 바로 이러한 정치적인 이유 때문에 정부는 경제성장률을 과다예측하려는 경향이 있다. 그런데 경제성장률을 과다예측하게 되면 예산편성단계에서는 세입이 늘어나는 것으로 예측되기 때문에 표면적으로는 재정규율이 확립되는 것으로 보이지만, 궁극적으로는 재정건전화에 방해가 된다(Calmfors & Wren-Lewis, 2011; OECD, 2015).

제2절 | 재정준칙의 의미

재정규율의 약화는 일반적으로 예산운용과정에서 나타나는 재량권의 남용이 그 원인이다. 예상치 못한 충격에 효과적으로 대응하기 위해서는 예산운용에 있어 재량권의 행사가 불가피하지만, 재량권의 남용으로 인해 재정적자의 누적과 경기순행적 재정정책이 나타날 수 있다. 이러한 재량권의 남용을 사전적으로 방지하기 위해 도입된 정책수단이 바로 재정준칙이다. 재정준칙(fiscal rules)이란 주요한 예산총량을 장기간 규제하는 계량적 목표치(numerial targets)라고 정의할 수

있다.[1)]

재정준칙은 규제하고자 하는 예산총량에 따라 채무준칙, 재정수지준칙, 지출준칙, 수입준칙으로 구분한다. 채무준칙(debt rules)이란 국가채무에 대한 한도설정을 목표로 하는 재정준칙이며, 재정수지준칙 혹은 균형예산준칙(budget balance rules)은 GDP 대비 재정적자의 비율 혹은 균형예산 달성을 목표로 하는 재정준칙을 의미한다. 지출준칙(expenditure rules)이란 정부지출의 절대 규모, GDP 대비 정부지출의 비율, 혹은 지출 증가율의 상한 등의 방법으로 지출한도를 설정하는 것이며, 수입준칙(revenue rules)이란 수입의 상한이나 하한을 정하는 재정준칙을 의미한다. 1990년에는 전 세계에서 단 7개 국가만 재정준칙을 도입하고 있었지만 2009년에는 80개국으로 늘어났고, 2021년에는 전 세계 105개 국가에서 한 가지 이상의 재정준칙을 도입하여 시행 중이다(IMF, 2009 & 2022). 아래의 [그림 13-1]은 재정준칙의 유형별 도입 현황을 보여주고 있다. 2020년 현재, 재정수지준칙이 가장 빈도가 높으며, 그 다음으로 채무준칙, 지출준칙 순으

그림 13-1 재정준칙의 유형별 도입 현황

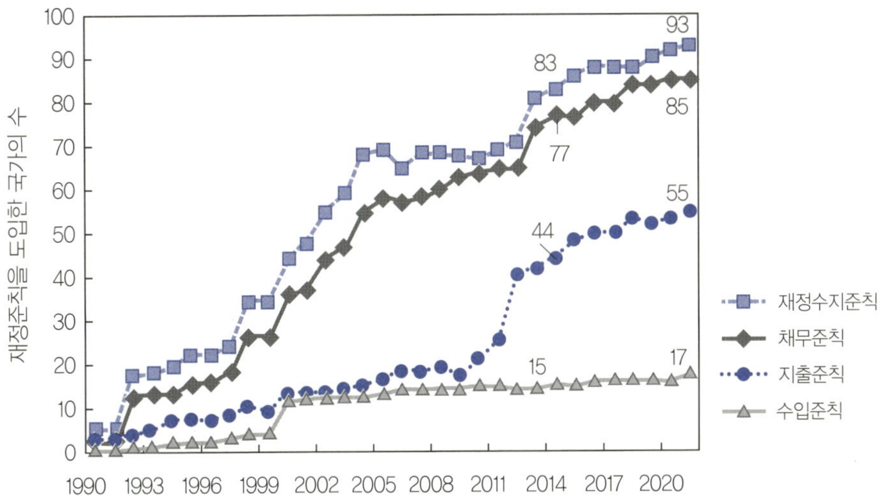

자료 : Davoodi *et al.*(2022: 7, Figure 3).

1) 재정준칙을 넓게 정의할 때는 계량적 재정준칙뿐만 아니라 절차적 재정준칙까지 포함하지만, 통상적으로는 계량적 재정준칙만을 의미한다.

로 많이 활용하고 있음을 볼 수 있다. 수입준칙을 도입 · 운용하고 있는 국가는 많지 않은 편임을 알 수 있다. 그리고 많은 국가들이 통상적으로 한 가지 재정준칙만을 활용하기보다는 두 가지 이상의 재정준칙을 혼합하여 사용하고 있는 것으로 나타났다. 채무준칙과 재정수지준칙 혹은 지출준칙을 같이 운용하는 것이 가장 흔한 사례이다.

재정준칙은 적용 범위에 따라 유럽연합(EU)과 같은 정치적 연합체 등에 적용하는 초국가적 준칙(supranational rules)과 개별 국가별로 적용하는 국가적 준칙(national rules)으로 구분하기도 한다. [그림 13-2]는 적용 범위에 따른 재정준칙의 도입 현황을 보여주고 있다.

계량적 재정준칙은 예산총량에 대한 구속력 있는 한도 설정을 통해 재정적자의 경향을 약화시키고 시간적 비일관성의 문제를 해소할 수 있다는 장점이 있다. 특히, 계량적 재정준칙이 제정되어 있다는 사실만으로도 당해 국가에 대한 외국 투자자들의 신뢰를 회복시킴으로써 차입의 비용을 낮출 수 있는 장점이 있다. 그러나 계량적 재정준칙의 가장 큰 약점은 재정운용에 있어서 신축성을 저

그림 13-2 적용범위에 따른 재정준칙의 도입 현황, 1990-2021

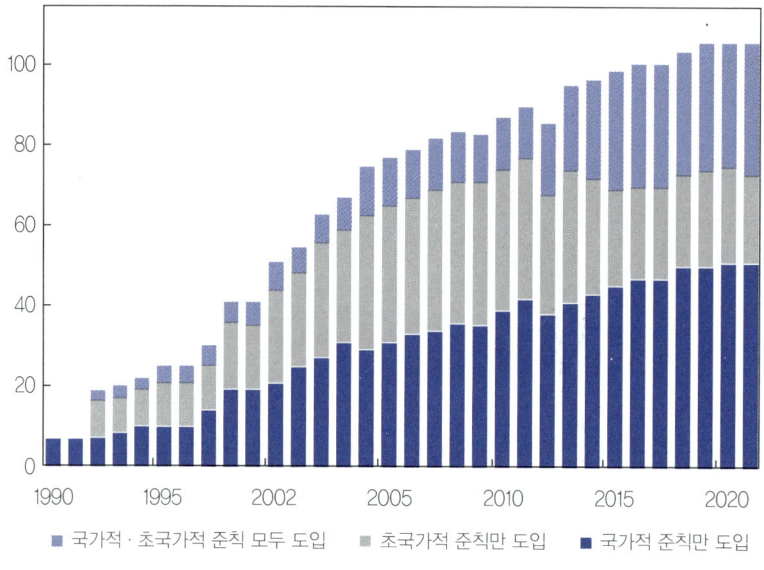

자료 : Davoodi *et al.*(2022: 6, Figure 1).

해한다는 것이다. 또한 재정준칙을 회피하기 위한 다양한 수단, 즉, 회계조작, 지표의 왜곡, 예산외 기관의 활용 등의 다양한 수단들이 활용될 가능성이 얼마든지 있다(Corbacho & Schwartz, 2007: 61–63). 따라서 예산의 투명성, 체계적인 재무행정, 그리고 정치적 의지가 뒷받침되지 않으면 재정준칙이 효과를 발휘하기 어렵다.

그리고 재정규율을 확보하기 위해서는 불황기보다 호황기의 재정관리가 더욱 중요하다. 호황기에는 이익집단이나 일반 국민들이 더 많은 지출을 요구하게 되고 이에 대해 정부는 세금감축 혹은 지출증가로 대응하기 일쑤이다. 이렇게 되면 불황기의 재정적 어려움에 대응할 수 있는 자원을 정부가 갖지 못하는 상태가 나타나기 때문에, 재정준칙은 호황기에 더 강력하게 적용할 필요가 있다(Schick, 2003: 32–33).

재정준칙이 준수되기 위해서는 이를 어겼을 경우 발생하는 비용(경제적 혹은 정치적 비용)이 높아야 한다. 재정준칙을 만드는 중요한 이유 중의 하나가 정부가 재정건전성을 확보하기 위해 스스로의 재량권을 제한할 것임을 공개적으로 밝힘으로써 신인도(creditworthiness)를 확보하겠다는 것인데, 재정준칙을 준수하지 않을 경우에는 국채 이자부담이 높아지는 문제가 발생할 수 있다. 또한 재정준칙을 준수하지 않을 경우에는 다음 선거에서 집권당이 패배하는 정치적 비용을 지불할 수도 있다. 그러나 재정준칙이 준수되지 않았을 때 이러한 비용이 현실적으로 발생하기 위해서는 재정준칙의 운용과 관련된 투명성이 확보될 필요가 있다(Rawdanowicz *et al.*, 2021: 36).

현실적으로 재정준칙의 운용에 있어서 단순성(simplicity)과 신뢰성(credibility) 사이에는 상충관계가 존재한다. 재정준칙은 단순해야 이해하기 쉽고 준수 여부를 판단하기 쉬우며, 그래야만 정부가 재정준칙을 준수할 수 있는 가능성이 높아진다. 그렇지만 재정수지준칙이나 채무준칙 등 단순한 준칙은 지나치게 경직적이거나 혹은 너무 느슨해서 오히려 정부가 최적의 재정정책을 추구하는 것을 방해할 수도 있다. 예를 들어 경제 불황기에 재정수지준칙을 고집스럽게 준수하면 경기순환에 제대로 대처하지 못하는 경기순행적 재정정책이 나타나게 된다. 그렇지만 경기를 살리기 위해 재정수지준칙을 준수하지 않으면 재정준칙의 신뢰성을 상실하는 문제가 발생한다. 경기순행적 재정정책의 가능성을 줄이는 동시에 재정준칙의 신뢰성을 상실하지 않도록 여러 가지 예외조항을 만들 수도 있지만, 이렇게 되면 준칙 자체가 복잡해지는 문제가 발생한다. 복잡한 재정준칙은 준수 여부를 판단하기 쉽지 않을 뿐만 아니라 여러 가지 예외조항으로 인해 빠져나가기 쉽다. 이렇게 되면 재정준칙 자체의 신뢰성을 상실하게 되는 문제가 발생한다(Rawdanowicz *et al.*, 2021: 34). 결국, 재정준칙이 국민들로부터 신뢰받고 기대한 효과를 갖기 위해서는 단순성뿐만 아니라 신축성(flexibility)과 집행 가능성(enforceability)을 갖출 필요가 있으며, 예외조항의 적용 여부를 판단해 줄 수 있는 제3의 기구가 필요하다고도 할 수 있다. 이러한 제3의 기구가 후술하는 독립적 재정기구이다.

제3절 | 계량적 재정준칙의 종류

1. 채무준칙

이론적으로 볼 때, 달성하고자 하는 대상에 대한 목표치를 직접적으로 설정하는 것, 즉 국가채무의 규모에 상한선을 설정하는 재정준칙이 가장 이상적인 준칙이다. 국가채무의 한도 설정은 절대규모가 아니라 GDP 대비 국가채무의 비율로 설정되는데, GDP 대비 국가채무의 비율을 유일한 목표치로 설정하기에는 무리가 따른다. 왜냐하면 국가채무는 그 자체가 직접 통제될 수 있는 대상이 아니라 세입과 세출의 부산물이기 때문이다. 또한 GDP 대비 국가채무 비율은 이자율과 환율 등과 같은 다른 경제적 변수들에 의해서도 영향을 받는다. 이러한 이유로 채무준칙은 재정수지준칙 혹은 지출준칙과 함께 사용되는데, 대표적인 예가 EU에서 활용하고 있는 안정 및 성장협약(Stability and Growth Pact)에서 설정된 재정적자 3% 및 국가채무 60% 목표이다.[2)]

2) 이른바 마스트리히트 조약(Maastricht Treaty)에서 정한 GDP 대비 60%의 국가채무와 3%의 재정적자는 정교한 이론적 근거에 기초해서 설정된 것이 아니다. GDP 대비 60%의 국가채무는 마스트리히트 조약을 체결하던 1997년경에 유럽연합 회원국들의 평균 국가채무 비율이었으며, 3%의 재정적자는 경상성장률(실질성장률+인플레이션율)을 5%로 가정할 경우 국가채무가 더 이상 늘어나지 않는 재정적자 수준으로 여겨졌기 때문이다(Eichengreen *et al.*, 2021: 177).

2. 재정수지준칙

재정수지준칙은 재정적자의 한도를 설정하는 것이므로 이해하기 쉽다는 것이 큰 장점이다. 그러나 재정수지준칙은 경기변동과는 무관하게 설정되는 것이므로 실질적인 효과를 파악하기 어렵다는 문제점이 있다. 예산운용의 결과는 경기순환에 크게 영향을 받기 때문에, 경기가 호전되면 자동적으로 예산균형이 이루어져 재정적자 목표치가 달성될 수 있다. 이 문제는 경기순환주기 동안 균형(balance over the business cycle)을 이루게 함으로써 해결할 수 있지만, 이 구조적 수지 개념 자체가 명확하게 정의되기 어렵기 때문에 예산과정에 불확실성을 야기하는 단점이 있다(OECD, 2010).

더 심각한 문제는 재정수지준칙이 경제안정화를 오히려 저해할 수 있다는 점이다. 재정수지준칙은 GDP 대비 몇 퍼센트와 같은 형태로 명목재정적자의 비율을 정하는 것이 일반적이다. 그러나 이러한 고정적인 목표는 경기가 과열되어 있을 때나 경기를 진작시킬 필요가 있을 때를 구분하지 않고 일률적인 재정적자 목표치의 설정으로 연결된다. 경기안정화를 위해서는 경기역행적 재정정책을 추구해야 하는데, 이는 불황기에는 세입감소, 지출증가 및 재정적자를, 반대로 호황기에는 세입증가, 지출감소 및 재정흑자가 발생해야 함을 의미한다. 따라서 균형예산준칙은 사실상 경기순행적 준칙으로서 경제안정화에 역행하는 준칙이라고 할 수 있다(Wyplosz, 2012).

이러한 경기순행적 재정준칙의 문제점을 해결하기 위해서는 예외조항을 두는 상황적 균형예산준칙(contingent budget-balance rule)을 생각해 볼 수 있지만, 무릇 준칙은 단순해야 한다. 복잡한 준칙은 이를 회피할 수 있는 가능성을 열어주는 것이며, 모니터링의 문제를 야기하기 때문에 궁극적으로 그 유용성이 제한된다. 또한 준칙을 회피하기 위해 회계조작이 발생하고 왜곡된 정책을 유도함으로써 오히려 역효과를 낼 수도 있다.

또한 근시안적 시계에 의해 재정적자가 발생하는 것이라면 재정수지준칙이 근시안적인 정책결정자들로 하여금 장기적으로 효과를 갖는 질 높은 지출(예를 들면, 공공투자나 교육 등)은 줄이는 대신 단기적으로 눈에 띄지만 생산성이 낮은 지출은 유지하도록 유도할 가능성이 있다. 이렇게 되면 재정적자를 줄이기는 하지만 오히려 경제의 지속적인 성장에 방해가 되고 궁극적으로는 재정의 지속 가능성에도 도움이 되지 않는 예산이 만들어질 위험성이 있다(Eyraud *et al*., 2018).

재정수지준칙이 효과를 가지기 위해서는 예산외 기금과 활동을 모두 포함할 필요가 있다. 그렇지 않으면 예산외 활동을 통해 재정은 균형이 이루어진 것처럼 보이게 할 수 있기 때문이다. 또한 재정수지는 그 자체가 통제 가능한 것이 아니며 궁극적으로 세출과 세입의 흐름에 의존하는 것이다. 그러므로 지출한도를 설정하는 지출준칙과 결합되지 않는 재정수지준칙은 효과를 기대하기 어렵다(Guichard *et al*., 2007: 18).

위에서 지적한 대로 재정수지준칙은 경기순행적 준칙으로 작동해서 결과적으로 경제안정화를 저해한다는 점이 가장 큰 문제점이다. 따라서 경기 대응성을 유지하면서도 재정건전성을 확보할 수 있는 방법이 필요한데, 이를 위해 고안된 재정준칙이 바로 구조적 재정수지준칙(structural budget balance rule)이다. 엄격한 재정수지준칙과는 달리, 구조적 재정수지준칙하에서는 재정수지가 경기순환에 따라 변동하게 된다. 이때 핵심적인 개념이 잠재(potential) GDP인데, 잠재 GDP란 한 나라 경제가 보유하고 있는 자본과 노동 등 생산요소가 완전 고용되어 있을 때 달성할 수 있는 GDP를 의미한다. 실질 GDP가 잠재 GDP보다 낮을 경우에는 정부의 실질 수입이 잠재 수입보다 낮을 수밖에 없기 때문에 재정적자가 발생하게 되며, 실질 GDP가 잠재 GDP보다 높을 경우에는 경기가 과열되어 있는 상태로서 재정흑자를 발생시키게 된다. 결국 잠재 GDP가 정확하게 추정될 수 있어야 경기순환주기 동안 재정이 균형을 이룰 수 있게 되는 것이다. 이러한 개념에 기초해서 경기순환주기 동안 재정적자 혹은 재정흑자의 목표치를 설정하는 준칙이 구조적 재정수지준칙이다(Bourne, 2020).

구조적 재정수지준칙이 작동하는 데 있어 핵심적인 요소가 바로 잠재 GDP와 잠재 세입이다. 그런데 잠재 GDP는 측정할 수 있는 것이 아니라서 추정해야 하는데, 잠재 GDP의 추정 자체가 매우 어렵다. 구조적 재정수지준칙이 제대로 작동하기 위해서는 실질 GDP와 잠재 GDP가 얼마나 차이가 나는지, 그리고 이러한 차이가 수입과 지출에 얼마나 영향을 미치는지를 정확하게 알아야 한다. 실질 GDP와 잠재 GDP 간 차이를 일컫는 용어가 아웃풋 갭(output gap)인데, 아웃풋 갭을 추정하기는 매우 어렵다. 또한 아웃풋 갭이 수입과 지출에 얼마나 영향을 미치는지를 보여주는 지표가 재정수지 탄력성(budget balance elasticity)인데 이 또한 측정하기 매우 어렵다. 재정수지 탄력성을 측정하기 매우 어렵기 때문에 잠재 수입을 추정하는 것도 매우 어렵다. 결국 잠재 GDP와 아웃풋 갭의 추정, 재정수지 탄력성 추정 등이 매우 어렵기 때문에 구조적 재정수지준칙을 현실적으로 운용하기는 쉽지 않다(Bourne, 2020; Hers & Suyker, 2014).

3. 지출준칙

지출한도의 가장 큰 장점은 다른 변수에 영향을 받지 않고 독립적으로 통제가 가능하며, 경제성장률이나 재정적자 규모의 예측에 의존하지 않는다는 점이다. 재정수지준칙은 예상되는 재정적자의 수준에 따라 그 적용 여부가 결정된다. 이를 회피하기 위해서 경제성장률을 낙관적으로 예측하고 이에 기반해서 세수입의 증가를 과다하게 예측하는 동시에 세출의 증가를 과소하게 예측하면 예산편성단계에서는 재정수지의 목표치가 달성된 것처럼 보일 수 있다. 회계연도 말에 경제성장과 세입 및 세출의 흐름이 예측과는 차이를 보이고 그 결과 재정적자가 발생한다 할지라도, 재정수지준칙의 적용은 통상적으로 예산편성단계에서 이루어지기 때문에 형식적으로는 재정규율이 준수되었다 할지라도 실질적으로 재정건전성이 악화되는 문제가 발생하는 것이다. 그러나 지출한도의 준수 여부는 단순히 지출총액의 규모나 지출의 증가율만 보면 알 수 있기 때문에 재정수지준칙과 같은 문제는 발생하지 않는다. 다시 말해서, 지출준칙하에서는 지출한도를 준수하지 않는 것이 극명하게 드러나고 지출한도를 넘긴 부처가 직접 책임을 질 수 있도록 하는 것이 장점인 것이다(OECD, 2010).

지출준칙이 야기할 수 있는 부작용은 재정수지준칙과 마찬가지로 목표치를 달성하기 위해 지출의 질이나 성격을 고려하지 않고 지출을 삭감함으로써, 경제의 생산성 향상에 도움이 되는 사업들을 삭감할 수 있는 위험성이다(OECD, 2015). 또한 높은 지출과 낮은 세입의 경계가 모호한 만큼 지출준칙이 조작될 가능성이 얼마든지 있다. 예를 들면, 지출한도를 준수하는 대신 조세지출을 광범위하게 활용함으로써 표면적으로는 지출준칙을 준수하지만 재정건전성이 훼손될 수 있는 가능성이 있는 것이다. 이 문제를 해결하기 위해서는 지출준칙을 운용하면서도 조세지출을 모니터링할 수 있는 제도적 장치를 갖출 필요가 있다. 결국 재정적자 발생의 구조적 문제를 해결하기 위해서는 지출한도에 초점을 맞추면서도 세입 측면을 모니터링할 수 있는 제도적 장치를 갖추는 동시에, 채무준칙이나 재정수지준칙을 함께 활용하는 것이 필요하다(Balassone & Kumar, 2007a; Schick, 2010).

4. 수입준칙

수입준칙이란 세입의 상한선이나 하한선을 정해서 세입 증가를 유도하거나 혹은 세부담이 지나치게 높아지는 것을 방지하는 준칙이다. 수입준칙을 도입 · 운용하는 선진국에서는 조세부담률의 상한선을 설정함으로써 세부담이 지나치게 증가하는 것을 사전에 방지하려는 목적을 가진 반면, 개발도상국에서는 세입 증가를 유도하기 위해 세입의 하한을 설정하는 것이 일반적이다(Davoodi *et al.*, 2022: 7). 그러나 세입은 경제 상황에 영향을 많이 받기 때문에 수입준칙이 세입에 직접적인 영향을 주기 어려울 뿐만 아니라, 지출을 직접적으로 통제하지도 않기 때문에 국가채무를 통제할 수 없다는 한계가 있다. 이러한 이유로 [그림 13-1]에서 볼 수 있는 바와 같이 수입준칙을 도입하는 국가의 비율이 가장 낮게 나타나고 있다.

Pay-as-you-go (PAYGO) 준칙

PAYGO 준칙은 재정적자를 증가시키는 추가적인 지출이나 세입 감소가 이루어질 경우 이를 상쇄할 수 있는 지출의 감축이나 세입의 증가가 반드시 이루어져야 한다는 준칙이다. PAYGO 준칙은 채무, 재정수지, 지출 등과 같은 재정총량에 대한 한도를 설정하는 준칙이 아니기 때문에 계량적 재정준칙이 아니라 절차적 재정준칙으로 분류된다(Davoodi *et al.*, 2022).

PAYGO 준칙을 도입 · 운용하고 있는 대표적인 국가는 미국이다. PAYGO 준칙은 1990년에서 2002년까지 예산강제법(Budget Enforcement Act)에서 한시적으로 적용되었었고, 2010년에는 PAYGO 법을 통해 영구화되었다. 이 법에서는 의회가 의무지출 증가나 세입 감소를 수준하는 법률을 통과시킬 경우, 의무지출 감축, 세입 증가 혹은 이 둘의 결합을 통해 재정적자의 순증가를 방지하도록 의무화하고 있다. 재량지출에는 PAYGO 준칙이 적용되지 않는다. 그리고 이 법에 의하면 의무지출의 증가나 세입의 감소를 통해 재정적자를 증가시키는 법안을 의회가 통과시킬 경우 지출을 자동삭감(sequestration)하도록 규정하고 있다. 그러나 자동삭감이 사회보장기금(Social Security)과 메디케이드(Medicaid) 등에는 적용되지 않는 등 여러 가지 예외규정을 두고 있어서 PAYGO 준칙이 예산통제 수단으로써는 상당한 한계를 지닌 것으로 평가되고 있다(Boccia, 2020).

제4절 | 독립적 재정기구

정치적 영향력으로부터 재정정책을 독립시켜 재정의 지속가능성을 확보할 수 있는 방법으로 앞에서 살펴본 재정준칙의 도입 외에 독립적 재정기구를 설치하는 방안도 전 세계적으로 확대되어 나가는 추세이다. 특히, 2008~2009년의 글로벌 금융위기 이후에는 독립적 재정기구의 설립이 뚜렷한 경향으로 자리잡고 있다. [그림 13-3]에서 볼 수 있는 바와 같이 2021년 현재 49개국에서 51개의 독립적 재정기구가 설립 · 운영되고 있다. 독립적 재정기구는 2010년 이후 급격하게 늘어났는데, 가장 중요한 이유는 2013년 발효된 유럽연합의 '안정, 조정 및 거버넌스 조약(The Treaty on Stability, Coordination and Governance)'[3]에서 회원국들에게 국가 수준에 설치된 독립된 기구가 재정준칙의 준수 여부를 점검하고 예산편성에 사용될 거시경제 및 재정예측을 시행(혹은 적어도 이를 평가하거나 유효성을

그림 13-3 독립적 재정기구 도입 추이

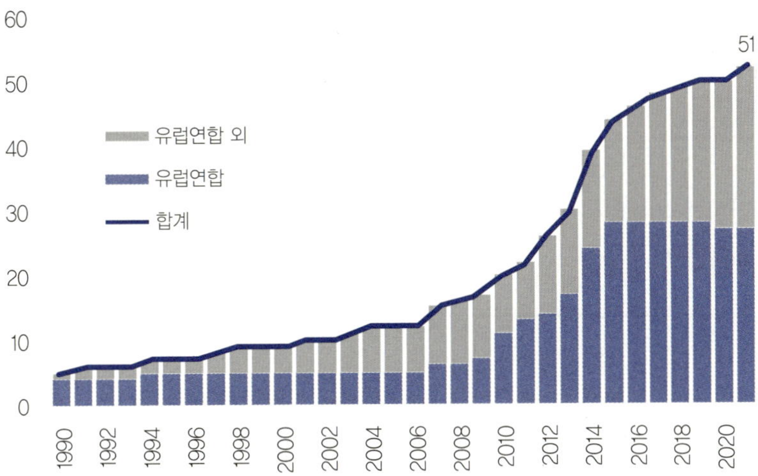

자료 : Davoodi *et al.*(2022: 11, Figure 9).

3) 이를 줄여서 재정안정성 조약(Fiscal Stability Treaty)이라고도 한다.

인증)하도록 의무화했기 때문이다(IMF, 2013).

재정정책을 탈정치화(depoliticization)시키기 위해 재정정책의 결정 권한을 우리나라의 금융통화위원회와 유사한 선출되지 않는(unelected) 독립적 기구에 완전히 위임하는 방법도 거론되긴 했지만, 통화정책과 달리 재정정책은 분배적인 성격이 대단히 강하기 때문에 이를 완전히 정치로부터 독립시키기는 어렵다. 이에 따라 최근 세계 각국에 설치되고 있는 독립적 재정기구는 재정에 대한 정책결정권을 갖는 기구가 아니라, 투명성 제고를 통해서 정부가 재정의 지속가능성을 위협하는 정책 선택을 했을 경우 이에 수반되는 비용을 높임으로써 재정운용에 있어서 책무성을 확보할 수 있도록 유도하는 역할을 수행하고 있다. 여기서 재량권 남용과 왜곡된 정책 선택에 수반되는 비용이란 정부 혹은 집권당의 신뢰에 치명적인 상처를 줄 수 있는 명성비용(reputational cost)이나 다음 선거에서의 패배를 의미하는 선거비용(electoral cost)을 의미한다(Debrun *et al.*, 2009).

각 국가별로 재정의 지속가능성이 위협받는 요인도 다양한 만큼 독립적 재정기구의 기능도 일률적이지 않으며 다양하게 나타나고 있다. 독립적 재정기구의 주요 기능은 다음과 같다.

① 재정계획에 대한 평가
② 거시경제 예측 혹은 이에 대한 평가
③ 세입 · 세출 예측 혹은 이에 대한 평가
④ 장기재정전망
⑤ 재정준칙 준수 여부에 대한 판단
⑥ 새로운 법률에 대한 비용추계
⑦ 재정정책의 적절성에 대한 평가와 재정정책 방향에 대한 제안 등(Beetsma & Debrun, 2018; Davoodi *et al.*, 2022).

앞에서도 설명했듯이 재정준칙은 단순하면서 신축성이 있는 동시에 집행가능성이 있어야 한다. 재정준칙이 단순하면, 여러 가지 상황에 적절히 대처하기가 대단히 어렵기 때문에 정부가 재정준칙을 준수하지 않을 가능성이 높다. 이와는 달리 재정준칙이 경제 상황이나 팬데믹 등과 같은 위기 상황에 적절히 대처할 수 있도록 신축성을 갖추게 되면, 정부 입장에서는 예외 규정을 적용하고자 하는 유혹이 증가하게 된다. 즉, 신축적인 동시에 집행가능성이 높은 재정준칙은 복잡할 수밖에 없는데, 이렇게 되면 재정준칙의 준수를 강제하기 어렵게 되는 것이다. 재정준칙이 갖는 이러한 내재적인 문제, 특히 재정준칙의 예외를 언제 인정할 것인지를 판단하기 위해서는 제3의 기구가 보완적 역할을 수행할 필요가 있는데, 이러한 기능을 수행하는 기구가 바로 독립적 재정기구인 것이다(Beetsma & Debrun, 2018; Wren-Lewis, 2018). 특히, 재정준칙을 준수하지 않았을 경우 앞에서 설명한 명성비용이나 선거비용이 높게 나타나야만 재정준칙이 준수될 가능성이 높다. 재정 감독기구(fiscal watchdog)로서 독립적 재정기구가 재정준칙의 준수 여부를 판단하는 동시에 정부가 책임 있는 재정운용을 하도록 유도하기 위해서는 재정운용과 관련된 투명성을 확보하면서 이 기구가 독립적인 동시에 비정파적(non-partisan)이어야 하며, 뚜렷한 임무와 충분한 자원을 확보하고 있어야 한다(Lledóm, 2018; Mulas-Granados, 2018).

독립적 재정기구의 설립 형태는 크게 의회 소속, 행정부 소속, 감사원 소속, 독립형(stand-alone entities)의 네 가지 유형으로 나타난다. 첫 번째 유형은 의회기구로서 설립된 유형인데(즉, 의회예산기구), 주로 한국이나 미국과 같은 대통령제 국가에서 볼 수 있다. 행정부에 소속된 독립적 재정기구는 네덜란드와 영국이 대표적이다. 독립적 재정기구가 감사원에 소속된 국가로서는 프랑스와 핀란드를 들 수 있다. 독립형은 최근에 설립된 독립적 재정기구에서 주로 나타나는데 스웨덴, 체코가 대표적이다(Davoodi *et al.*, 2022).

제5절 | 예산과정과 재정규율

재정규율이 와해되는 근본적인 원인은 공유자원의 문제이다. 공유자원의 문제를 해결하는 방법은 공유자원 사용자들 사이의 협약을 만들거나 공유자원을 전체적인 차원에서 관리하는 권위 있는 조정자를 두는 것이다. 협약이 구속력을 가진다면 공유지의 비극을 사전에 방지할 수 있다. 사실, 재정준칙은 예산을 둘러싼 사용자 간 협약에 다름 아니다.

공유자원을 전체적인 차원에서 관리할 수 있는 권위 있는 조정자를 둔다는 것은 예산을 전체적인 시각에서 통제·조정할 수 있는 예산과정을 도입한다는 것을 의미한다. 다시 말해서, 공유자원의 문제를 해결하기 위해서는 예산과정 참여자들이 자신들의 결정에 수반되는 비용과 편익을 전체적인 시각에서 조망할 수 있도록 예산제도를 설계하는 것이 필요하다. 이는 곧 예산과정을 집권화하는 동시에 위계적(hierarchical)으로 만든다는 것을 의미한다(Alesina & Perotti, 1996; Hallerberg *et al*., 2009). 예산과정을 위계적으로 만듦으로써 예산편성단계에서는 실무부처보다 중앙예산기관의 영향력을 확대하고, 예산심의단계에서는 특정 이익집단에게 유리한 방향으로 행정부의 예산안을 수정하고자 하는 입법부의 상대적 영향력을 약화시키며, 집행단계에서는 일단 승인된 예산을 수정하고자 하는 입법부의 시도를 약화시킬 수 있는 것이다.

이러한 위계적 예산과정이 곧 top-down 예산제도이다. Top-down 예산제도에서는 정부부처의 예산요구액을 최종적으로 합산하는 과정에서 예산의 총액이 정해지는 것이 아니라 예산의 총액을 미리 정해 놓은 상태에서 분야 간, 부처 간 예산배분이 이루어지는 것이 특징이다. 예산의 총액이 먼저 정해지기 때문에 예산증가를 억제할 수 있고 궁극적으로 재정규율을 확보할 수 있는 것이 top-down 예산제도의 최대 장점이다(Posner & Blöndal, 2012; Wyplosz, 2012).

Top-down 예산제도하에서의 예산편성과정은 이른바 '2단계 예산과정(two-stage budget process)'이다. 전체 예산규모가 결정된 후, 구체적인 프로그램 예산이 결정되는 과정을 순차적으로 밟기 때문이다. 행정부의 예산편성단계이건 의회의 예산심의단계이건 전체 예산규모가 먼저 결정된 후 구체적인 사업예산이 결정되는 2단계 예산과정이 재정규율 확립에 도움이 되는 것으로 알려져 있다. 그러나 2단계 예산심의과정을 밟고 있는 대표적인 예라고 할 수 있는 미국 의회의 예산과정을 보면 2단계 예산과정이 반드시 재정건전화에 기여하는 것이 아님을 알 수 있다. Ferejohn과 Krehbiel(1987)의 연구에서도 순차적 예산과정이 반드시 예산규모의 축소를 가져오는 것이 아님을 밝히고 있다. 이들에 의하면, 예산규모가 예산결정의 순서와 완전히 독립적이라고 할 수는 없지만, 예산의 규모에 가장 큰 영향을 미치는 요인은 예산구성에 대한 의원들의 선호 분포라는 것이다. 이 연구결과는 예산과정이 예산규모에 미치는 영향을 단순화하는 것은 위험하다는 것을 보여준다(Alesina & Perotti, 1999: 19).

그런데 앞의 제10장에서 설명한 것처럼 재정규율을 확보할 수 있는 방법으로서는 위임(delegation)과 계약(contract)을 들 수 있다. 위임이란 예산과정을 전체적인 시각에서 조망하고 통제할 수 있는 사람, 즉 재무장관에게 예산에 대한 권한을 집중시키는 것을 의미한다. 계약이란 예산과정 참여자들 간의 구속력 있는 합의에 기반해서 예산이 편성되고 배분되는 것을 의미한다. 어떤 제도적 형태가 재정규율 확립에 더 기여할 수 있는가는 배경이 되는 정치체제의 모습에 따라 달라진다. 위임은 단일 정당에 의해 정부가 구성되거나 복수의 정당에 의해 정부가 구성되더라도 정당 간 이데올로기의 차이가 크지 않을 때 가능한 방법이다. 다시 말해서, 정부가 단일 행위자(single-actor)로 활동할 수 있을 때 위임이 가능한 것이다. 이와는 달리 계약은 다수 정당의 연합에 의해 정부가 구성되거나 정부를 구성하는 정당 간 이데올로기적 차이가 상당히 클 때 가능한 방법이다. 결국 재정제도가 제대로 운영되기 위해서는 배경이 되는 정치제도(선거제도, 정치체제) 등과 정합성을 지니고 있어야 함을 알 수 있다(Wyplosz, 2012).

von Hagen(2008) 등의 재정제도론자들은 예산과정의 개혁이 재정준칙보다 더 중요하다고 주장한다. 재정준칙은 단순하고 모니터링하기 용이하기 때문에 재정적자와 국가채무 문제를 해결할 수 있는 강력한 수단인 것처럼 보인다. 그러나 이러한 재정준칙은 예산과정 참여자 간 합의가 있어야만 효과가 있다. 재정제도론자들이 이야기하는 계약이 바로 재정준칙을 의미하는 것이다. 예산과정 참여자 간 계약이 불가피하도록 만드는 정당구성, 그리고 이러한 정당구성이 불가피하도록 만드는 정치체제와 선거제도하에서만 재정준칙이 효과를 가질 수 있다는 것이다. 그러나 단일 행위자에 의한 정부구성, 즉 위임에 의한 경우에는 재정준칙을 정부 스스로가 쉽게 어길 수 있는 가능성이 엄연히 존재한다. 따라서 재정준칙이 아니라 위임과 이를 통한 예산과정의 집권화가 오히려 재정규율 확보를 위한 적절한 수단이라는 것이다(von Hagen, 2008: 125). 이렇게 본다면, 재정규율을 확보하기 위한 방법이 정치체제의 모습에 따라 달라진다는 것을 인식할 필요가 있다. 즉, 협약이 중요한 상황에서는 재정준칙을 정교화하는 것이 필요하겠지만, 위임이 중요한 상황에서는 예산제도를 정교화하는 것이 더 중요하다고 할 것이다.

제6절 | 예산제도의 개혁과 재정규율

재정규율의 확보 방안으로서 재정준칙의 중요성이 새롭게 논의되고 있는 근본적인 이유는 민주적 절차를 갖춘 예산과정을 통과한 예산이라 하더라도 예산이 갖는 정치적 성격으로 말미암아 예산이 지속적으로 팽창하는 속성을 갖고 있기 때문이다. 따라서 절차적 중립성과 엄격성만이 아니라 예산에 대한 실질적 한도 설정이 재정규율을 확보하기 위한 대안으로 등장한 것이다. 그러나 재정준칙만으로 재정규율이 확립될 것으로 기대하기는 어렵다. 모든 중요한 결정은 예산과정을 통해 내려지기 때문에, 예산과정이 재정준칙의 실제 운용에 영향을 미칠 수밖에 없기 때문이다. 물론 재정준칙의 존재 자체가 예산과정에 심대한 영향을 미치는 것도 사실이다. 그러므로 재정건전성 확보를 위해서는 실질적인 제약과 과정적인 제약을 통합하는 제도의 재설계가 필요하다(Schick, 2010).

중앙예산기관의 역할 강화, 예산결정권한의 집권화, top-down 예산편성, top-down 예산심의를 포함하는 모든 변화를 예산과정의 개혁으로 통칭할 수 있다. 경직된 계량적 재정준칙이 아니라 예산과정의 개혁을 통해 재정규율을 확보하는 방안에 대해 최근 새롭게 관심이 집중되고 있다. 유럽 사례를 중심으로 재정규율을 확보하기 위해 예산과정을 집권화시키는 제도의 형태로 제시된 것이 위임과 계약이다. 그런데 흥미로운 사실은 위임과 계약이 효력을 발생시킬 수 있는 정치적 맥락이 서로 다르다는 점이다. 이러한 논의가 시사하는 바는 정치적 맥락, 더 나아가 경제적 맥락까지 포함해서 제도의 설계를 통해 어떻게 재정규율을 확보할 것인가에 대한 논의가 앞으로 매우 중요해질 것이라는 점이다.

끝으로, 재정규율을 확보하고 재정건전성을 유지하기 위해서는 정치적 의지와 체계적인 재무행정이 뒷받침되어야 한다. 재정건전화를 위한 정치적 의지가 있다면 재정준칙을 포함한 예산제도의 개혁이 이를 실현하는 데 도움이 될 수 있지만, 예산제도의 개혁이 재정건전화를 위한 정치적 의지를 만들어 낼 수는 없다. 사실, 재정준칙이 제정되어 재정규율이 확보된 사례에 있어서도 재정준칙을 통해 재정규율이 확보되었다기보다는 재정건전화를 위한 정치적 의지가 있었기 때문에 재정준칙이 만들어졌고 이를 통해 재정건전성이 확보되었다고 보는 것이 훨씬 정확한 해석일 것이다. 또한 신뢰할 수 있는 경제예측, 정교한 기준선 전망과 비용추계, 중기재정계획체계의 운용, 위계적 예산과정, 효율적이고 체계적인 예산집행, 객관적이고 시의적절한 회계정보 등 체계적인 재무행정이 뒷받침되지 않으면 재정건전화를 위한 노력이 기대한 효과를 내기 어렵다(Corbacho & Ter-Minassian, 2013).

결론적으로, 재정건전화를 위한 정치적 의지, 재정준칙, 예산과정이 상호결합되어 재정건전화의 정도가 결정될 것이다. 그런데 이러한 요소들이 상호결합되는 방식은 각 국가의 고유한 제도적 맥락에 따라 달리 나타날 것이다. 그러므로 재정규율의 확보 방안에 대한 논의는 단순히 하나의 수단에 집착할 것이 아니라 제도-과정-준칙 간의 상호작용을 어떤 식으로 조정할 것인가에 초점을 맞출 필요가 있다.

참고문헌

Alesina, Alberto and Roberto Perotti. (1996). "Fiscal Discipline and the Budget Process." *American Economic Review* 86(2): 401-407.

_______. (1999). "Budget Deficits and Budget Institutions." in James M. Poterba(ed.), *Fiscal Institutions and Fiscal Performance*. 13-36. Chicago: University of Chicago Press.

Balassone, Fabrizio and Manmohan S. Kumar. (2007a). "Addressing the Procyclical Bias." in Manmohan S. Kumar and Teresa Ter-Minassian(eds.), *Promoting Fiscal Discipline*. 36-57. Washington, D.C.: International Monetary Fund.

_______. (2007b). "Cyclicality of Fiscal Policy." in Manmohan S. Kumar and Teresa Ter-Minassian(eds.), *Promoting Fiscal Discipline*. 19-35. Washington, D.C.: International Monetary Fund.

Beetsma, Roel M.W.J. and Xavier Debrun. (2018). "Introduction: Can Independent Fiscal Councils Be Useful?" in Roel M.W.J. Beetsma and Xavier Debrun(eds.), *Independent Fiscal Councils: Watchdogs or Lapdogs?* 1-7. A VoxEU.org eBook, CEPR Press.

Boccia, Romina. (2020). "The United States vs. Switzerland and Sweden: Three Approaches to Fiscal Restraint." in John Merrifield and Barry Poulson(eds.), *A Fiscal Cliff: New Perspectives on the U.S. Federal Debt Crisis*. 65-86.

Washington, D.C.: Cato Institute.

Bourne, Ryan. (2020). "International Experiences with Fiscal Rules." in John Merrifield and Barry Poulson(eds.), *A Fiscal Cliff: New Perspectives on the U.S. Federal Debt Crisis*. 43–63. Washington, D.C.: Cato Institute.

Calmfors, Lars and Simon Wren-Lewis. (2011). "What Should Fiscal Councils Do?" CESifo Working Paper No. 3382.

Corbacho, Ana and Gerd Schwartz. (2007). "Fiscal Responsibility Laws." in Manmohan S. Kumar and Teresa Ter–Minassian(eds.), *Promoting Fiscal Discipline*. 58–105. Washington, D.C.: International Monetary Fund.

_______ **and Teresa Ter-Minassian.** (2013). "Public Financial Management Requirements for Effective Implementation of Fiscal Rules." in Richard Allen, Richard Hemming, and Barry H. Potter(eds.), *The International Handbook of Public Financial Management*. 38–62. London: Palgrave Macmillan.

Davoodi, Hamid R., Paul Elger, Alexandra Fotiou, Daniel Garcia-Marcia, Xuehui Han, Adresa Laberborg, W. Raphael Lam, and Paulo Medas. (2022). "Fiscal Rules and Fiscal Councils: Recent Trends and Performance during the Pandemic." IMF Working Paper No. 22/11, International Monetary Fund, Washington, D.C.

Debrun, Xavier, David Hauner, and Manmohan S. Kumar. (2007a). "Discretion, Institutions, and Fiscal Discipline." in Manmohan S. Kumar and Teresa Ter–Minassian(eds.), *Promoting Fiscal Discipline*. 9–18. Washington, D.C.: International Monetary Fund.

_______. (2007b). "The Role for Fiscal Agencies." in Manmohan S. Kumar and Teresa Ter–Minassian(eds.), *Promoting Fiscal Discipline*. 106–34. Washington, D.C.: International Monetary Fund.

_______. (2009). "Independent Fiscal Agencies." *Journal of Economic Surveys* 23(1): 44–81.

Eichengreen, Barry, Asmaa El-Ganainy, Rui Esteves, and Kris James Mitchener. (2021). *In Defense of Public Debt*. New York: Oxford University Press. (ch. 11)

Eslava, Marcela. (2011). "The Political Economy of Fiscal Deficits: A Survey." *Journal of Economic Surveys* 25(4): 645–73.

Eyraud, Luc, Xavier Debrun, Andrew Hodge, Victor Lledó, and Catherine Pattillo. (2018). "Second–Generation Fiscal Rules: Balancing Simplicity, Flexibility, and Enforceability. IMF Staff Discussion Note 18–04.

Ferejohn, John and Keith Krehbiel. (1987). "The Budget Process and the Size of the Budget." *American Journal of Political Science* 31(2): 296–320.

Guichard, Stéphanie, Mike Kennedy, Eckhard Wurzel, and Christophe André. (2007). "What Promotes Fiscal Consolidation: OECD Country Experiences." OECD Economic Department Working Papers, No. 553.

Hallerberg, Mark. (2004). *Domestic Budgets in a United Europe: Fiscal Governance from the End of Bretton Woods to EMU.* Ithaca: Cornell University Press.

_______, **Rolf Rainer Strauch, and Jürgen von Hagen.** (2009). *Fiscal Governance in Europe.* New York: Cambridge University Press.

Hemming, Richard and Philip Joyce. (2013). "The Role of Fiscal Councils in Promoting Fiscal Responsibility." in Marco Cangiano, Teresa Curristine, and Michel Lazare(eds.), *Public Financial Management and Its Emerging Architecture.* 205–24. Washington, D.C.: IMF.

Hers, Johannes and Wim Suyker. (2014). "Structural Budget Balance: A Love at First Sight Turned Sour." CPB Netherlands Bureau for Economic Policy Analysis.

International Monetary Fund. (2009). "Fiscal Rules–Anchoring Expectations for Sustainable Public Finances."

_______. (2013). "The Functions and Impact of Fiscal Councils."

Lledó, Victor Duarte. (2018). "The Effectiveness of Fiscal Councils: Emerging International Evidence." in Roel M.W.J. Beetsma and Xavier Debrun (eds.), *Independent Fiscal Councils: Watchdogs or Lapdogs?* 65–73. A VoxEU.org eBook, CEPR Press.

Kopits, George. (2013). "Introduction and Overview." in George Kopits(ed.), *Restoring Public Debt Sustainability: The Role of Independent Fiscal Institutions.* 1–15. Oxford: Oxford University Press.

Kumar, Manmohan S. and Teresa Ter-Minassian. (2007). "Fiscal Discipline: Key Issues and Overview." in Manmohan S. Kumar and Teresa Ter–Minassian(eds.), *Promoting Fiscal Discipline.* 1–8. Washington, D.C.: International Monetary Fund.

Mulas-Granados Carlos. (2018). "Fiscal Councils in Theory: First Principles." in Roel M.W.J. Beetsma and Xavier Debrun(eds.), *Independent Fiscal Councils: Watchdogs or Lapdogs?* 19–29. A VoxEU.org eBook, CEPR Press.

Organization for Economic Cooperation and Development. (2010). "Fiscal Consolidation: Requirements, Timing, Instruments and Institutional Arrangements." in *OECD Economic Outlook*, Vol. 2010/2.

_______. (2014). *Budgeting Practices and Procedures in OECD Countries.* Paris: OECD.

_______. (2015). "Prudent Debt Targets and Fiscal Frameworks." OECD Economic Policy Paper No. 15.

Posner, Paul and Jón Blöndal. (2012). "Democracies and Deficits: Prospects for Fiscal Responsibility in Democratic Nations." *Governance* 25(1): 11–34.

Rawdanowicz, Łukasz, Sébastien Turban, Jörg Haas, David Crowe, and Valentine Millot. (2021). "Constraints and Demands on Public Finances: Considerations of Resilient Fiscal Policy." OECD Economics Department Working Papers No. 1694.

Schick, Allen. (2003). "The Role of Fiscal Rules in Budgeting." *OECD Journal on Budgeting* 3(3): 7–34.

_______. (2010). "Post–Crisis Fiscal Rules: Stabilising Public Finance while Responding to Economic Aftershocks." *OECD Journal on Budgeting* 10(2): 1–17.

von Hagen, Jürgen. (2007). "Budgeting Institutions for Better Fiscal Performance." in Anwar Shah(ed.), *Budgeting and Budgetary Institutions*. 27–51. Washington, D.C.: The World Bank.

_______. (2008). "European Experiences with Fiscal Rules and Institutions." in Elizabeth Garrett, Elizabeth A. Graddy, and Howell E. Jackson(eds.), *Fiscal Challenges: An Interdisciplinary Approach to Budget Policy*. 103–29. Cambridge: Cambridge University Press.

von Trapp, Lisa, Ian Lienert, and Joachim Wehner. (2016). "Principles for Independent Fiscal Institutions and Case Studies." *OECD Journal on Budgeting* 15(2).

Wilson, James Q. (1989). *Bureaucracy: What Government Agencies Do and Why They Do It*. New York: Basic Books.

Wren-Lewis, Simon. (2018). "Policy Delegation and the Consensus Assignment." in Roel M.W.J. Beetsma and Xavier Debrun(eds.), *Independent Fiscal Councils: Watchdogs or Lapdogs?* 11–18. A VoxEU.org eBook, CEPR Press.

Wyplosz, Charles. (2012). "Fiscal Rules: Theoretical Issues and Historical Experiences." National Bureau of Economic Research Working Paper 17884.

제 4 편

재정관리

제 14 장

정부회계

제1절 | 회계의 의미

회계란 조직의 재정활동과 재정상태를 분석, 기록, 요약, 평가, 해석하고 그 결과를 보고하는 행위이다(Lee *et al.*, 2008: 410). 예산이 미래지향적이라면 회계는 회고적인 성격을 갖는다. 예산이 앞으로 추진해 나갈 정부사업에 대한 계획의 성격을 갖는 것이라면, 회계는 실제 이루어진 정부의 활동과 성과를 기록 · 평가함으로써 예산편성에 필요한 정보를 환류(feedback)하는 기능을 갖는 것이다.

정부회계는 민간회계(기업회계)와는 여러 가지 측면에서 차이가 있다. 가장 중요한 차이점은 바로 회계정보가 사용되는 목적에 있다고 할 수 있다. 기업회계는 기업활동을 통해 나타나는 이윤을 측정하고 보고하는 데 가장 큰 목적이 있는 반면, 정부는 이윤을 추구하는 조직이 아니기 때문에 이윤 개념은 정부회계에 있어서 별 의미가 없다. 대신, 정부회계는 예산과 비교한 자금의 흐름을 보여주는 데 일차적인 목적이 있다. 즉, 예산편성 당시에 계획된 대로 정부수입이 발생하고 있으며 정부지출이 이루어지고 있는가를 판단하는 데 회계가 활용되는 것이다. 정부회계와 민간회계의 다른 차이점들은 모두 이러한 근본적인 차이점에서 연유한다고 할 수 있다(Reed & Swain, 1997: 21–22).

정부회계에 관한 쟁점은 다양하게 나타날 수 있지만, 최근에 와서 가장 큰 이슈는 회계의 기록방식과 경제적 사건의 인식 기준에 관련된 논의이다. 회계에서 경제적 사건을 장부에 기록하는 것을 부기 혹은 기장이라고 하는데, 기장의 방법에는 단식부기와 복식부기가 있다. 그리고 경제적 사건을 인식하는 기준을 회계의 기준이라고 하는데, 회계의 기준으로는 현금주의와 발생주의가 있다. 모든 회계보고는 일정한 기간을 가정하여 이루어지기 때문에 수익과 비용의 인식시점을 언제로 할 것인가에 관한 기준은 재무상태 및 재무성과에 큰 영향을 미치게 된다. 이러한 기준을 회계기준이라고 하는데 학자에 따라 다양하게 분류되나 국제회계사연맹(International Federation of Accountants : IFAC)의 공공부문위원회(Public Sector Committee)의 권고에 따른 현금기준, 수정현금기준, 수정발생기준 및 발생기준으로 구분하는 것이 일반적이다. 현금주의와 발생주의는 이러한 구분방법의 양 대척점에 있는 회계기준인데, 현재 세계의 많은 국가들이 전통적인 정부회계방식이었던 현금주의회계로부터 발생주의회계로 전환하고 있는 추세이다.

우리나라도 단식부기 · 현금주의회계로부터 복식부기 · 발생주의회계로 전환하였다. 1990년대 중반부터 정부회계제도의 개혁에 관한 논의가 활발히 이루어지다가 1998년 6월에 정부부문 회계제도의 개혁이 국정과제로 확정되었으며, 이후 몇몇 지방자치단체를 대상으로 시험운영을 거쳐 2007년 지방자치단체에 복식부기 · 발생주의회계가 전면 도입되었다. 그리고 2007년에 제정된 국가회계법은 2009 회계연도 결산부터 작성하는 국가결산보고서에 기존의 현금주의 · 단식부기 방식에 의한 세입세출결산 외에 발생주의 · 복식부기 방식에 의한 재무제표를 포함하도록 하였다. 이렇게 발생주의 · 복식부기 방식에 의해 작성된 재무제표를 2011 회계연도 결산부터 국회에 제출하고 있다.

이러한 이유로 이 장에서도 기장방법과 회계기준을 중심으로 정부회계를 살펴보고 있다. 그리고 최근 발생주의회계를 넘어 발생주의예산으로 전환하는 국가도 있기 때문에, 이번 장의 끝부분에서는 발생주의예산에 관해 설명하고 있다.

제2절 | 정부회계의 기능

정부회계는 통제, 관리, 기획 기능과 함께 의사소통과 책무성 확보 기능을 수행한다.

첫째, 회계의 가장 중요한 기능은 '통제'기능이다. 회계의 가장 중요한 목적은 재정운용에 있어서 투명성과 정직성을 확보하는 것이다. 회계를 통해 예산운용 과정에서의 비리, 부패, 불법적인 행위를 발견해 냄으로써 부적절한 예산운용을 사전에 예방할 수 있는 것이다. 또한 회계는 정부부처가 입법부와 정책의 본래 의도에 맞게끔 예산을 운용하도록 유도하는 기능을 수행한다.

둘째, 회계는 관리기능을 수행한다. 회계를 통해 서비스 공급에 소요되는 비용을 정확하게 측정하여 관련된 정보를 제공함으로써, 사업수행에 있어서의 문제점을 발견할 수 있고 이를 통해 서비스 공급방법의 개선을 도모할 수 있는 것이다. 즉, 회계는 조직관리의 효율성과 효과성을 향상시키는 기능을 수행한다.

셋째, 회계는 기획기능을 지원하는 역할을 수행한다. 회계는 미래의 계획을 세우는 데 필수적인 과거의 재정활동에 대한 정보를 제공함으로써 의사결정을 지원하는 기능을 수행한다. 이러한 정보를 바탕으로, 여러 대안적인 업무 수행방법의 결과를 예측하는 데 필요한 재정분석이 가능하게 된다.

넷째, 회계는 정부와 국민 간 의사소통을 원활히 하는 기능을 수행한다. 회계정보에 기반한 재정보고서를 통하여 국민들은 정부의 재정운용에 대해 신뢰를 가질 수 있는 것이다(Lee *et al.*, 2008: 411-12).

끝으로, 회계는 책무성 확보기능을 수행한다. 회계를 통해 특정 시점에서의 정부의 재정상태를 판단할 수 있으며, 이를 통해 재정운용에 대한 책임을 물을 수 있는 것이다(Diamond, 2002: 28).

제3절 | 기장방식에 따른 회계의 구분 : 단식부기와 복식부기

기장방식(bookkeeping)에 의해 회계를 구분하면 단식부기와 복식부기가 있다.

단식부기(single entry bookkeeping)는 거래의 한쪽 측면만을 장부에 기록하는 방법이다. 통상적으로 각 가정에서 작성하는 가계부가 단식부기의 형태를 취하고 있다. 단식부기는 주로 현금을 수반하는 거래만을 측정하여 장부에 기입·보고하는 방식이다. 단식부기에서는 자산이나 부채는 별도의 비망기록으로 유지·관리한다.

복식부기(double entry bookkeeping)에서는 동일한 거래를 두 가지 측면에서 파악하여 이른바 대변과 차변에 동시에 기록한다. 회계장부에서 왼쪽에 위치하는 것을 차변, 오른쪽에 위치하는 것을 대변이라고 한다. 복식부기에 있어서 가장 중요한 원칙은 '자산=부채+자본'이라는 등식이다. 복식부기는 이러한 회계등식에 따라 자산, 자본과 부채의 증감변화를 등식의 양변에 동시에 기록하는 부기법이다. 〈표 14-1〉에 제시된 바와 같이 차변에는 자산의 증가와 비용의 발생을, 대변에는 자산의 감소와 수익의 발생을 기록한다. 그리고 부채와 자본의 증가는 대변에 기록하고, 부채와 자본의 감소는 차변에 기록한다. 자산, 부채 및 자본은 다음 회계연도에도 계속 존속되는 영구계정인 반면, 수익 및 비용 계정은 회계기간의 종료 시점에 서로 상계된 차액만이 자본의 증감으로 기록된 후 마감되어 사라지는 임시계정이다. 따라서 비용과 수익은 증감의 개념이 아닌 발생의 개념으로 인식하여 비용은 자본을 감소시키고 수익은 자본을 증가시키는 의미에서 각각 차변과 대변에 기입하는 것이다.

표 14-1 분개의 원리

차변	대변
자산의 증가 부채의 감소 자본의 감소 비용의 발생	자산의 감소 부채의 증가 자본의 증가 수익의 발생

단식부기는 거래의 기록이 용이하며, 누구나 이해하기 쉽고, 관리비용이 저렴하다는 장점이 있다. 반면, 단식부기는 다음과 같은 한계를 지니고 있다.

첫째, 단식부기에서는 특정 시점에서의 정부의 재정상태에 대한 총괄적이고 체계적인 파악이 곤란하다.

둘째, 단식부기에서는 장부 간 연계성을 찾기 어렵다. 단식부기는 주로 현금을 수반하는 거래만을 측정하여 장부에 기입·보고하는 부기형태이며, 자산과 부채, 현금수지 등을 각각의 대장에 독립적으로 기록하는 것이 특징이다. 단식부기에서 관리하는 각종 장부나 비망기록들은 각기 독립적으로 존재하는 것일 뿐 서로 유기적인 연결성이 없다.

셋째, 단식부기는 자기검증기능(self-control function)이 없다. 단식부기는 거래의 한쪽 측면만을 장부에 기록하고 자산이나 부채는 별도의 비망기록으로 유지·관리하기 때문에, 기록과정에서 오류를 확인하기가 대단히 어렵다. 단식부기에서 관리하는 각종 장부나 비망기록들은 각기 독립적으로 존재할 뿐 상호 간에 유기적인 연결성이 없기 때문에, 기록이나 장부들을 비교하여 회계의 오류를 발견하는 자기검증기능을 단식부기에서는 기대하기 어렵다는 것이다.

단식부기와 비교할 때 복식부기가 갖는 장점은 다음과 같다.

첫째, 복식부기 회계는 대차대조표를 작성하여 자산과 부채를 계정과목순으로 체계적으로 배열하므로 재정상태에 대한 총체적인 정보를 제공한다.

둘째, 복식부기에서는 장부 간 또는 재무제표 간의 연계성이 뛰어나다.

셋째, 복식부기는 모든 거래를 대차로 이중으로 기록하므로 자동적으로 오류를 발견할 수 있는 자기검증기능을 가진다. 즉, 거래가 분개를 통해 차변과 대변에 기입될 때 차변항목의 합계는 대변항목의 합계와 항상 일치해야 하는데, 이를 '대차평형의 원리'라고 한다. 따라서 차변의 합계와 대변의 합계가 일치하는가를 확인함으로써 회계처리의 정확성을 검증할 수 있는 것이다(행정자치부 · 지방행정연구원, 2005: 55).

제4절 | 인식기준에 따른 회계의 구분 : 현금주의와 발생주의

[그림 14-1]은 재정정보의 흐름을 보여주고 있다. 의회가 행정부에 대해 예산승인을 하고 중앙예산기관이 예산을 배정하면, 각 정부부처는 지출할 수 있는 권한을 부여받게 된다. 이제 이러한 지출 권한에 기반해서 어떤 재화(예를 들어 컴퓨터)를 주문했다면 지출원인행위가 이루어진 것이 된다. 이 컴퓨터가 배달되면 이 부처가 보유하고 있는 컴퓨터의 수가 늘어난 것이 되고 이것이 재고로 기록될 것이다. 그 후 이 컴퓨터에 대해 값을 지불하게 되면 실제 지출이 이루어진 것이 된다. 그런데 이 컴퓨터가 실제 얼마나 비용을 발생시켰는가와 컴퓨터 가격을 지불한 것과는 차이가 있을 수 있다. 만약 컴퓨터의 가격이 150만 원이고 내구연한이 3년이라면 컴퓨터 사용에 따른 비용은 향후 3년간 매년 50만 원씩 발생하는 것으로 처리할 수도 있을 것이다.

이 예에서 우리는 경제적 사건을 인식하는 세 가지 기준을 발견할 수 있다.

그림 14-1 재정정보의 흐름

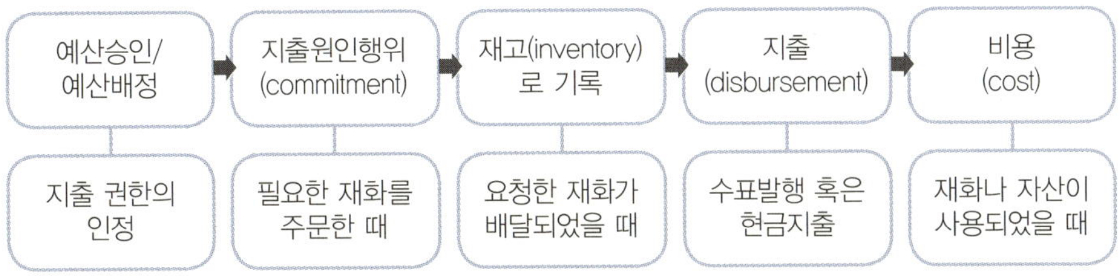

첫 번째는 필요한 재화를 주문한 때에 비용이 발생한 것으로 인식하는 방식이다. 이를 지출원인행위회계(encumbrance accounting)라고 부른다. 지출원인행위회계는 계약을 체결하거나 재화를 주문한 시점에서 앞으로 지불하게 될 채무를 기준으로 정부활동의 비용을 인식하는 회계방식이다.

수표를 발행하거나 현금이 지출되었을 때를 기준으로 비용이 발생한 것으로 인식하는 회계방식이 현금주의회계(cash accounting)이며, 재화나 자산이 사용되었을 때를 기준으로 비용을 인식하는 회계가 바로 발생주의회계(accrual accounting)이다. 최근 논의가 활발한 것이 현금주의회계와 발생주의회계이므로 여기서는 두 가지 회계기준에 초점을 맞추어 설명하고자 한다.

1. 현금주의회계

1) 현금주의회계의 의미

현금주의회계는 현금의 수납과 지급을 기준으로 수입과 지출을 인식하는 회계방식이다. 현금주의회계에서는 현금이 수납되었을 때 수입으로 기록하고 현금이 지급되었을 때 지출로서 기록한다. 따라서 현금주의회계는 예산의 통제기능에 적합하고, 그 내용을 이해하기 쉬우며 현금의 흐름(cash flow)을 파악하는 데 유용하다. 그러므로 현금주의회계를 따를 경우 정부 혹은 정부의 각 조직이 지출한도를 준수하고 있는지를 손쉽게 판단할 수 있다. 이를 바탕으로 예산운용에 대한 정부의 책임을 물을 수 있기 때문에, 전통적으로 현금주의회계가 정부회계의 기본으로 자리 잡아 왔던 것이다(OECD, 1993: 7–8).

2) 현금주의회계의 장점

현금주의회계의 장점은 다음과 같다.

첫째, 현금주의회계의 최대 장점은 단순성이다. 현금주의회계에서는 회계처리가 간단하고 이해하기 쉽다.

둘째, 회계처리에 추정이 개입되지 않으므로 회계정보의 객관성을 확보할 수 있다.

셋째, 복잡한 회계기술이 필요하지 않기 때문에 회계처리에 비용이 거의 소요되지 않는다.

넷째, 현금의 유출입을 기준으로 수입과 지출을 기록하고 이를 기초로 예산잔액을 확인할 수 있기 때문에 정부 각 부처의 지출한도 준수 여부를 쉽게 파악할 수 있다.

3) 현금주의회계의 단점

① 정부의 재정상태 파악 곤란

현금주의회계에서는 자산과 부채에 대한 개념이 없이 당기에 이루어진 현금의 수입과 지급에 대해서만 초점을 맞추기 때문에 정부의 재정상태를 정확하게 파악하기 어렵다는 문제점이 있다. 예를 들어, 어떤 해에 정부가 구입한 재화와 서비스에 대해서 특정 회계연도 내에 현금의 지급이 다 이루어지지 않을 수 있고 정부가 거두어들여야 할 세금이 다 걷히지 않는 경우도 있을 수 있다. 이때 정부입장에서는 앞으로 지불해야 할 부채(liability)가 발생한 동시에 앞으로 받아낼 수 있는 자산(asset)이 발생한 것이 된다. 만약 대차대조표가 있다면 이러한 재정상태는 부채와 자산으로 기록될 것이다. 그러나 현금주의회계에서는 자산과 부채를 인식할 수 있는 대차대조표가 없으며 오직 현금잔고의 개념만이 있을 뿐이다. 자산과 부채의 개념이 없기 때문에, 현금잔고만으로 앞으로 지출할 수 있는 예산이 실제로 얼마나 되는지를 정확하게 파악하기 어려운 문제가 발생하게 되는 것이다. 따라서 현금주의회계를 따를 경우, 정부가 미래의 엄청난 부채를 지고 있어도 계정은 완전히 균형된 것처럼 보이게 된다.

② 비용산정의 어려움

현금주의회계는 성과평가를 위해 필요한 비용에 대한 정확한 정보를 제공하지 못한다. 정부활동의 성과를 측정하기 위해서는 정부활동에 소요된 비용을 정확하게 파악할 필요가 있다. 그러나 현금주의회계에서는 자산과 부채에 대한 정보가 부족할 뿐만 아니라 자본의 기회비용을 인식하지 않기 때문에 정부활동에 소요되는 전체적인 비용을 파악하기 어렵다. 즉, 총비용에 대한 정보가 부족하기 때문에 자원배분의 효율성이라는 측면에서 정부사업 간 비교를 하기가 매우 어려운 것이다(Barton, 2004: 296). 현금주의회계에서 나타나는 심각한 문제점이 바로 자본의 소유비용을 인식하지 못한다는 것이다. 대표적인 예가 감가상각이다. 예를 들어 2020년에 정부가 내구연한이 40년인 건물을 200억 원에 구입했다고 가정하자. 현금주의회계에서는 2020년에 200억 원이 지출된 것으로 회계처리된다. 그런데 어떤 부처가 2030년에서 2040년까지 이 건물에 입주해서 업무를 수행했다고 가정하자. 이 부처가 활동을 수행하는 데 소요되는 비용을 계산하는 데 있어서 현금주의회계를 사용하게 되면 건물소유비용은 '0'으로 처리된다. 이렇게 되면 이 부처의 활동을 평가하는 데 있어서 활동에 소요되는 전체적인 비용을 계산하지 못하는 문제가 발생하는 것이다.

③ 미래에 대해 무감각

현금주의회계는 미래에 대해 무감각한 회계방식이다. 현재의 정부활동이 미래에 수입을 발생시킬 수도 있고 지출을 발생시킬 수도 있는데, 현금주의회계는 오직 현재 이루어지고 있는 현금의 수입과 지급에 대해서만 초점을 맞추기 때문에 앞으로 예상되는 수입과 지출에 대해서 제대로 된 정보를 제공해 주지 못한다.

④ 비효율적인 자산관리

현금주의회계는 현금에만 초점을 맞추기 때문에 현금의 사용에 대해서만 책임을 물을 뿐, 자산과 부채의 관리에 대한 책임에 대해서는 무감각하다. 다시 말해서, 현금주의회계는 자산과 부채를 제대로 인식하지 못하기 때문에 정부의 자산관리가 비효율적으로 이루어질 위험성이 있다(Barton, 2004: 296).

⑤ 회계의 조작 가능성

현금주의회계는 현금의 유입과 유출이 이루어지는 시기를 조정함으로써 회계를 조작할 가능성이 있다. 예를 들어 현금 지급시기를 뒤로 미룸으로써 재정적자가 실제보다 작게 나타나 보이도록 할 수 있다.

2. 발생주의회계

1) 발생주의회계의 의미

발생주의회계는 현금의 유출입과는 무관하게 거래 혹은 경제적 사건이 발생했을 때를 기준으로 수익과 비용을 인식하는 회계방식이다. 발생주의회계에서는 소득을 얻게 되었을 때 수익으로 인식하며, 자원이 소비되었거나 부채가 발생할 경우 이를 비용으로 인식한다. 발생주의회계를 통해 정부활동에 소요되는 비용을 보다 정확하게 측정할 수 있기 때문에, 이 회계는 관리상의 목적을 위하여 매우 중요하게 활용될 수 있다.

OECD가 2016년에 34개 회원국을 대상으로 실시한 발생주의 회계와 예산의 도입 현황 조사에 의하면(Moretti, 2016), 발생주의 회계를 도입 · 운영하고 있다고 응답한 국가는 25개국(전체의 73%)이었으며, 발생주의 회계로의 전환 과정에 있다고 응답한 국가가 3개국(전체의 9%), 그리고 현금주의 회계를 사용하고 있다고 응답한 국가는 6개국(전체의 18%)이었다(〈표 14-2〉 참조).

발생주의회계에서의 기본 개념은 수익, 비용, 자산 그리고 부채의 개념이다. 먼저, 수익(revenue)이란 일정한 기간 동안 해당 조직이 벌어들인 액수를 의미한다. 둘째, 발생주의회계에서는 지출(expenditure)이 아니라 비용(expense)이라는 개념을 사용하는데, 비용이란 일정기간 동안 소비한 재화와 서비스를 의미한다. 이때 비용은 이러한 재화와 서비스를 소비하기 위해 현금이 지출되었는가와는 무관하게 재화와 서비스가 사용되었다면 비용으로 처리하는 것이 특징이다. 셋째, 자산은 과거에 발생한 경제적 사건의 결과 현재 해당 조직이 통제하고 있으며 이로부터 미래의 편익이 기대되는 자원을 의미한다. 넷째, 부채란 과거에 발생한 경제적 사건의 결과 해당 조직이 미래에 지불해야 할 의무가 발생한 자원의 규모를 의미한다(OECD, 1993: 8).

표 14-2 발생주의회계의 도입 현황

구분	국가
발생주의회계 사용	호주, 오스트리아, 벨기에, 캐나다, 칠레, 체코, 덴마크, 에스토니아, 핀란드, 프랑스, 헝가리, 아이슬란드, 이스라엘, 일본, 한국, 멕시코, 뉴질랜드, 폴란드, 슬로바키아, 스페인, 스웨덴, 스위스, 터키, 영국, 미국
발생주의회계로 전환 중	그리스, 포르투갈, 슬로베니아
현금주의회계 사용	독일, 아일랜드, 이탈리아, 룩셈부르크, 네덜란드, 노르웨이

자료 : Moretti(2016: 12), Figure 1.

2) 발생주의회계의 특징

발생주의회계와 현금주의회계는 경상적 지출과 수입의 인식, 자본적 지출의 인식, 공무원 연금비용에 대한 인식, 그리고 자본사용료의 부과 측면에서 차이가 있다.

① 경상적 지출과 수입의 인식

현금주의회계와 발생주의회계의 차이점은 거래가 인식되는 시점이다. 현금주의회계에서는 현금이 실제로 납입될 때까지 수입으로 기록하지 않지만, 발생주의회계에서는 수익을 발생시키는 행위가 이루어지기만 하면 현금의 유입과는 상관없이 수익으로 기록한다. 현금주의회계에서는 현금이 실제로 지급되지 않는 한 지출이 발생하지 않은 것으로 간주하지만, 발생주의회계에서는 현금지급이 없더라도 비용을 발생시키는 행위가 이루어지면 이를 비용으로 인식하는 것이다. 경상적 지출과 수입(current expenditure and income)의 경우에도 현금의 유출입과는 상관없이 경제적 사건이 발생한 시점을 기준으로 비용과 수익을 인식하는 것이 발생주의회계의 특징이다(HMSO, 1995: 5).

② 자본적 지출의 인식

발생주의회계가 현금주의회계와 뚜렷한 차이를 보이는 것이 자본적 지출(capital expenditure)에 대한 인식이다. 발생주의회계에서는 자본적 지출의 경우 지출이 이루어진 당해 연도에 지급된 현금을 모두 비용으로 인식하는 것이 아니라 자산의 수명 동안 감가상각(depreciation)형태로 매년 비용으로 인식한다.

예를 들어 정부가 200억 원을 들여 건물을 한 채 구입했다고 가정하자. 이 건물의 내구연한은 40년이며, 매년 똑같은 비율로 감가상각을 한다고 아울러 가정하자. 현금주의회계에서는 이 건물을 구입한 해에 200억 원의 비용이 발생한 것으로 처리한다. 왜냐하면 구입비용으로 현금 200억 원이 지급되었기 때문이다. 이와는 달리 발생주의회계에서는 매년 감가상각되는 액수만큼, 즉 5억 원(200억÷40년)만이 매년 비용으로 처리된다.

발생주의회계를 완전발생주의회계(full accrual accounting)와 수정발생주의회계(modified accrual accounting)로 구분하기도 하는데, 이 회계 간 핵심적인 차이는 감가상각에 대한 인식이다. 완전발생주의회계에서는 감가상각도 비용으로 인식하는 데 반해, 수정발생주의회계에서는 감가상각을 비용으로 인식하지 않는 것이 가장 중요한 차이점이다. 즉, 수정발생주의회계는 고정자산을 취득할 때 모두 감가상각이 이루어진 것으로 비용을 인식한다. 감가상각이란 자본의 소유비용이라 할 수 있는데, 이는 과거에 이루어진 자본투자에 의해 나타나는 비용인 것이다(Robinson, 2007: 57).

③ 공무원 연금의 인식

공무원 연금을 어떻게 인식하는가도 두 회계방식의 차이점이다. 모든 공무원은 퇴직 시 연금을 수령하게 되므로 공무원을 고용하게 되면 매해 지급하는 인건비에 추가해서 실질적으로 연금만큼 비용이 더 발생하는 것으로 볼 수 있다. 그러나 연금은 공무원이 퇴직한 이후에야 실질적으로 지급되므로 현금주의회계에서는 연금 관련 비용을 공무원이 실제 퇴직하고 연금을 수령할 때까지 비용으로 인식하지 않는다. 반면, 발생주의회계에서는 현금의 지급이 아니라 경제적 사건의 발생을 기준으로 비용을 인식하므로 연금을 매년 비용으로 기록한다. 즉, 발생주의회계에서는 앞으로 정부가 공무원들에게 지급해 주어야 하는 연금에 해당하는 규모의 부채가 증가하는 것이므로, 이러한 부채가 비용으로 인식되는 것이다.

〈표 14-3〉은 발생주의회계의 도입이 공무원 연금충당부채의 인식에 어떤 영향을 미치고 있는지를 보여주고 있다. 2011년은 우리나라 중앙정부 수준에서 발생주의·복식부기 회계를 도입하여 공무원 연금충당부채를 처음으로 인식하기 시작한 해이다. 발생주의·복식부기 회계의 도입으로 연금충당부채가 342.1조 원 증가하였음을 볼 수 있다. 이 외에도 기타장기부채가 16.2조 원 증가하였는

데, 이는 퇴직수당충당부채를 신규로 인식(28.8조 원)하였기 때문이다. 퇴직수당충당부채는 연금충당부채와 기본적인 성격은 같으나 재원이 구분되어 있어 별도의 계정과목으로 인식한다(김영록, 2013: 75).

표 14-3 장기충당부채 현황(2010~11년) (단위: 조 원, %)

계정과목	2011년	2010년	증감액	증감률
장기충당부채	374.8	16.5	358.3	2,167.2%
1. 퇴직급여충당부채	0.34	0.31	0.03	10.1%
2. 연금충당부채	342.1	–	342.1	–
3. 보험충당부채	0.57	0.63	–0.06	–9.0%
4. 기타장기충당부채	31.8	15.6	16.2	104.1%

자료 : 김영록(2013: 75).

결국 현금주의회계에서는 공무원을 추가 고용함에 따라 정부가 부담해야 할 비용이 실제보다 적게 인식될 수 있는 문제점이 발생하게 되는 것이다. 이 문제는 정부가 추진하는 사업에서 인력고용이 많은 경우 더욱 심각해질 수 있으며, 이는 궁극적으로 정부의 사업 선택을 왜곡시킬 수도 있는 것이다.

④ 자본사용료의 부과

자산의 효율적인 사용을 유도하기 위해 발생주의회계에서 자본사용료(capital charges)를 부과하는 경우도 있다. 자본사용료란 투자된 자본에 부과되는 이자라고 할 수 있는데 이를 통해 자본의 기회비용을 반영하고자 하는 것이다. 예를 들어 어떤 정부조직이 500억 원짜리 건물을 소유하고 있다고 가정하자. 이 건물을 소유하는 데 따른 기회비용은 500억 원을 다른 곳에 투자해서 얻을 수 있는 수입인 것이다. 만약 이자율이 5%라면 건물을 소유하는 기회비용은 매년 25억 원이 되는 셈이다. 자본사용료의 부과란 이 건물을 소유하고 있는 부처에 매년 25억 원씩을 납부하도록 하는 방식이다. 정부조직은 재화와 서비스를 판매해서 이윤을 올리는 조직이 아니기 때문에 자본사용료를 납부한다는 자체가 매우 이상하게 들릴 수도 있다. 실제로 자본사용료가 도입된 국가에서는 중앙예산기관이 각 부처에 배정하는 예산에 자본사용료가 포함되어 있고, 각 부처가 이 예산으로부터 자본사용료를 납부하도록 되어 있다.

자본사용료의 부과 이유는 정부부문에 경쟁 개념의 도입과 자산운용의 효율화라고 할 수 있다. 기업회계에서는 자본의 소유비용이 항상 비용으로 인식되는 반면, 현금주의회계에서는 자본의 소유비용은 비용으로 인식되지 않는다. 이러한 비용인식방법의 차이는 민간부문과 공공부문을 비교하는 경우에 심각한 문제를 야기할 수 있다. 예를 들어 어떤 사업을 추진하는 데 있어 이 사업을 정부가 직접 담당할 것인가 혹은 민간기업에 위탁할 것인가의 의사결정을 하는 경우, 중요한 판단기준 중 하나는 비용에 대한 비교가 될 것이다. 이때 민간기업은 자본의 소유비용을 비용으로 인식하는 반면, 정부는 이를 비용으로 인식하지 않는다면 두 가지 대안적 사업추진방법을 선택하는 데 있어서 심각한 문제를 야기할 수 있는 것이다. 따라서 민간기업과 정부를 똑같은 잣대에서 비교평가하고 이를 통해 정부부문에 경쟁 개념을 도입하기 위한 수단으로서 자본사용료 개념이 도입되었다고 할 수 있다.

또한 자본사용료가 도입될 경우 각 부처가 자신이 활용할 수 있는 경상예산을 늘릴 수 있는 방법은 자본사용료의 납부를 줄이는 것이다. 회계연도 시작 시점과 비교하여 회계연도 말에 어떤 부처가 소유하고 있는 자산의 규모가 줄어들 경우, 이 부처는 자신에게 배정된 자본사용료 중 일부를 다른 용도로 사용할 수 있는 권한을 갖게 된다. 자본사용료의 납부를 줄일 수 있는 방법은 바로 과소사용하고 있는 자산을 처분하는 방법밖에 없다. 따라서 자본사용료를 도입함으로써 자산운용의 효율화를 기할 수 있는 것이다. 결국 자본사용료가 도입될 경우 각 부처는 제대로 활용하지 않는 자산을 처분할 유인을 갖게 되는 것이다.

정부부문 내에서 사업추진의 대안적 방법을 놓고 고민하는 경우에도 자본사용료의 부과는 효율성의 측면에서 의사결정을 내리기 위한 수단이다. 즉, 사업추진의 대안적 방법을 놓고 고민하는 경우에도 각 대안에서 나타날 비용을 정확히 측정하고 비교하는 것이 필요한데, 이를 위한 하나의 수단이 바로 자본사용료를 부과하는 것이다(Pallot & Ball, 1996: 528; Robinson, 1998: 28).

3) 발생주의회계의 장점

① 정부 재정상태의 명확화

발생주의회계에서는 현금이 거래된 시점이 아니라 경제적 사건이 발생한 시점을 기준으로 비용을 인식하기 때문에 정부의 재정상태를 보다 정확하고 투명하게 보여준다. 이러한 정부 재정상태에 대한 정확한 판단은 재정건전성 확보에 도움을 줄 수 있다.

② 장기적인 시각에서의 재정운용 유도

발생주의회계는 장기적인 시각에서 정부운영을 하도록 유도하는 기능을 수행한다. 발생주의회계는 현금거래뿐만 아니라 현금거래를 수반하지 않는 경제적 사건까지도 비용으로 인식함으로써 현 시점의 거래가 갖는 미래에 대한 영향을 제대로 판별해 낼 수 있다. 발생주의회계 도입을 통해 서비스 공급비용을 체계적으로 측정함으로써 회계연도 말의 예산집행 집중이라는 비효율적인 예산집행 관행을 최소화할 수 있다.

③ 정부활동에 소요되는 비용의 정확한 파악

발생주의회계에서는 비용을 지불한 시점이 아니라 발생한 시점에서 기록하고, 감가상각과 자본의 기회비용 등 비화폐비용도 비용으로 포함시킴으로써 정부활동의 총체적인 경제적 비용을 측정할 수 있다. 특히, 자본사용료의 부과를 통해 자본의 기회비용에 대한 인식을 높임으로써 자원활용의 효율성을 높이게 된다. 또한 발생주의회계에서는 자본비용을 활용기간 전체로 확장하여 측정함으로써 경상적 지출과 자본적 지출을 구분하고 있다. 이에 따라 자산소유비용이 비용에 포함됨으로써 보다 신중한 투자결정이 이루어지게 되는 것이다. 발생주의회계로 전환함으로써 매 회계연도마다 자산소유비용과 서비스 공급비용을 포함하는 각 부처활동의 총비용측정이 가능하게 되며, 이를 통해 재정운영의 투명성 향상, 자산소유비용의 포함에 따른 정부서비스 공급비용의 정확한 측정이 가능해지게 된다.

④ 성과주의 예산제도에 적합

발생주의회계는 성과주의 예산제도의 운용에도 도움을 준다. 성과주의 예산제도는 투입에 대한 통제로부터 벗어나 사업수행기관에 사업운영방식과 재정운용의 자율성을 부여한 상태에서 결과에 대해 책임을 묻는 예산제도이다. 성과주의 예산제도에서는 투입의 결합방법에 대해서 사업수행기관이 상당한 자율성을 갖는다. 이때 사업의 수행기관이 투입을 어떻게 결합할 것인가를 선택하기 위해서는 결과(혹은 산출물)를 만들어 내는 데 소요되는 모든 비용에 대한 충분한 정보를 소유하고 있어야 하는데, 이러한 충분한 정보는 발생주의회계만이 제공해 줄 수 있다는 것이다(Blöndal, 2003: 45).

⑤ 정부운영에 경쟁 개념 도입

발생주의회계는 정부운영에 경쟁 개념을 도입하는 데 도움을 줄 수 있다. 발생주의회계를 통해 정부활동의 전체 비용을 제대로 측정함으로써 서비스 공급의 대안적 방법을 비교평가할 수 있게 되는 것이다. 어떤 특정한 서비스를 정부가 제공할지 혹은 민간이 제공할지, 정부가 제공한다 할지라도 어떤 방법으로 제공할지를 결정함으로써 정부운영에 경쟁 개념을 도입할 수 있는 것이다.

⑥ 자산관리의 효율화

발생주의회계를 통해 보다 효율적인 자산관리가 가능해진다. 발생주의회계가 운영되기 위해서는 대차대조표가 작성되어야 하는데, 대차대조표가 작성되기 위해서는 정부의 자산과 부채가 명확하게 기록되고 측정될 필요가 있다. 이를 위해 정부는 자산과 부채의 현황과 그 가치를 정확하게 파악하고 기록하는 동시에 자산과 부채를 관리할 체계적인 방법을 고안하지 않으면 안 된다. 발생주의회계의 도입에 따라 정부는 자산에 대한 보다 체계적인 관리 시스템을 갖추게 되고 자산의 소유에 따른 비용을 보다 정확하게 인식할 수 있게 되는 것이다.

나아가 발생주의회계는 과소 활용되고 있는 자산을 파악하고 이를 처분케 함으로써 자산의 효율적인 활용을 가능케 한다. 즉, 발생주의회계는 정부가 소유하고 있는 자산과 그 가치를 정확하게 파악할 수 있기 때문에, 추가적인 예산확보를 통해 자산을 새롭게 구입할지 혹은 이미 소유하고 있는 자산을 처분해서 새로운 자산을 구입할지를 결정할 수 있다는 것이다. 이와 함께 부채에 대한 정확한 측정과 보고 시스템이 갖추어져야 하는데, 이를 통해 정부재정상태의 투명성이 향상될 수 있을 뿐만 아니라 보다 정확한 정보에 입각해서 정부부채관리의 효율화가 이루어질 수 있게 된다고 할 것이다(Diamond, 2002; Khan & Mayes, 2009; May, 1995).

4) 발생주의회계의 문제점

① 복잡한 회계처리

발생주의회계는 회계처리가 어렵고 복잡하여 별도의 관리비용을 유발할 수 있다. 발생주의회계는 이를 도입하고 운영하는 데 상당한 비용이 소요될 뿐만 아니라 회계정보의 궁극적 사용자들이 이를 제대로 이해하지 못할 가능성이 높다. 이러한 회계의 복잡성으로 말미암아 입법부가 행정부의 예산운용을 통제하기 어렵고, 이렇게 되면 행정부의 책무성도 저하될 위험성이 있는 것이다.

② 예산운용에 대한 통제 약화

발생주의회계에서는 회계처리에 많은 추정이 개입되어 회계정보의 객관성이 저해될 수 있다. 발생주의회계에서는 수익과 비용의 계산에 있어서 항상 추정이 개입될 수밖에 없기 때문에 예산운용에 대한 통제가 더 느슨해질 가능성이 높은 것이다(Boothe, 2007: 187).

③ 회계의 조작 가능성

발생주의회계의 장점 중 하나로 거론되는 것이 현금주의회계에 비해 조작의 가능성이 낮다는 것이다. 현금주의회계에서는 자산을 처분함으로써 재정상태를 건전하게 보이게 할 수 있다. 그러나 발생주의회계에서는 자산의 판매와 현금의 수입은 자산의 감소와 자본의 증가로 표현되기 때문에 정부의 재정상태는 실질적으로 아무런 변동이 없는 것이다. 또한 현금주의회계에서는 회계연도 내에 조세납부가 이루어지게 한다거나 현금지급을 다음 회계연도로 미룸으로써 정부의 재정상태를 실제보다 건전하게 보이게 할 수 있다. 이러한 현금주의회계에서의 조작은 사실상 시기적 조작일 뿐이다. 그러나 발생주의회계에서는 조작이 보다 내밀하게 그리고 광범위하게 이루어질 수 있다. 즉 이자율에 대한 가정을 변경시키거나 자산의 가치를 변경시키는 방법 등을 통해 얼마든지 재정상태를 조작할 수 있는 것이다. 이러한 조작은 단순히 현금 유출입 시기를 조정하는 것이 아니라 기술적 가정을 내밀하게 변경시키는 것이기 때문에 현금주의회계에서의 조작에 비해 발견하기가 어렵다(Schick, 2007: 134).

④ 성과주의 예산제도와 발생주의회계의 느슨한 연계

현금주의회계보다 발생주의회계가 성과주의 예산제도의 운용에 더 적합한 것으로 알려져 있다. 예산과 결과를 연결시키는 데 있어서 지출(expenditure)이라는 개념보다는 비용(expenses)이라는 개념을 사용하는 것이 훨씬 더 적합하기 때문이다. 그러나 이 사실이 발생주의회계제도의 도입이 성과주의 예산제도에 필수적이라는 것을 의미하지는 않는다. 현금주의회계에 의한 비용의 측정이 실제 비용을 왜곡시키는 정도는 그리 크지 않은 것으로 알려져 있다(Robinson, 2007: 58). 또한 발생주의회계가 아니라 현금주의회계에 기반해서 성과주의 예산제도가 운영되고 있는 사례도 얼마든지 있다.

⑤ 재정운용의 책무성 확보 미약

발생주의회계의 기술적 문제보다는 발생주의회계 그 자체가 정부회계에 적합하지 않다는 주장이 제기되고 있다. 즉, 기업의 재무상태를 측정하기 위한 목적으로 활용되는 발생주의회계가 이윤이 아니라 민주적 책무성(democratic accountability)에 초점을 맞추는 정부의 재정활동을 측정 · 평가하는 데 적합하지 않다는 것이다(Boothe, 2007: 180).

발생주의회계는 기업의 이윤을 측정하기 위한 회계방식으로서, 기업이 재화와 서비스의 공급비용과 판매수입을 비교하는 데 활용된다. 민간기업의 경우 이윤이라는 단일 지표를 통해 경영성과와 재정상태를 평가하는 것이 가능하지만, 정부조직의 경우에는 이윤 개념이 효과적인 지표가 될 수 없다. 이처럼 민간기업과 정부조직의 목표가 다른 이상 회계방식도 다를 수밖에 없다는 것이다. 민간기업과 정부조직 간 회계방식이 다를 수밖에 없다는 주장의 근저에는 두 조직에게 기대되는 책무성의 개념이 다르다는 인식이 있다. 민간기업은 개별 투자자를 대상으로 책임을 지며, 책임의 대상은 이윤을 통해 나타난다. 이와는 달리 정부는 정치적으로 책임을 진다. 재정적인 측면에서 정부가 지닌 책무성의 가장 중요한 측면은 예산이 입법부에서 의결한 대로 사용되고 있는가 하는 것이다. 발생주의회계는 현금의 사용이 아니라 자원의 사용에 기초해서 수년간에 걸쳐 비용을 분산시키는 것이 특징이다. 그러나 의회는 자원의 사용이 아니라 현금의 사용에 기초해서 예산을 배분하기 때문에 발생주의회계와 의회의 예산통제와는 거리가 있을 수밖에 없다. 오직 현금주의회계만이 실제 지출한 예산과 의회에서 결정한 예산배분과의 차이를 발견할 수 있다(Wynne, 2007).

또한 정부는 예산운용에 대해 책임을 져야 할 의무가 있기 때문에 의회와 일반국민에게 의사결정과정과 행정과정에 대한 세부적인 정보와 정부활동의 과정 및 결과에 대해 상세한 정보를 제공할 필요가 있다. 이와는 달리 민간기업의 경우에는 내부적 의사결정과정과 행정과정을 공개할 이유가 없다. 기업은 단지 이윤과 재무상태에 대해서만 보고할 의무를 지니는 것이다. 바로 이러한 이유 때문에 기업을 대상으로 발달한 발생주의회계가 정부회계에 반드시 적용될 필요가 없다는 주장이 제기되고 있는 것이다(Barton, 2004).

제5절 | 국가채무와 정부부채

회계방식이 달라지면 정부가 지고 있는 빚의 크기도 달라진다. 기본적으로 채무(debt)라는 개념은 현금주의 회계방식에 의해 인식하는 빚의 크기이며, 부채(liability)는 발생주의 회계방식에 의해 인식하는 빚의 크기이다.

전통적으로 우리나라는 현금주의 회계방식에 의해 정부 빚을 측정했으며, 그 범위도 매우 좁게 정의했었다. 이에 따라 정부가 지고 있는 빚의 크기를 국제적으로 비교하는 데에 상당한 문제가 있었고 정부가 미래에 지고 있는 부담을 정확히 측정하기도 어려웠다. 또한 국가채무는 '국가재정법'에 따라 일반회계, 특별회계 및 중앙관서의 장이 관리하는 기금의 확정채무만을 포함하여 포괄범위가 지나치게 좁다는 문제도 지적되어 왔다.

이러한 문제를 해결하기 위해 우리 정부는 발생주의회계 · 복식부기 도입과 함께 'GFSM 2001(Government Finance Statistics Manual 2001)'의 기준에 따라 2011 회계연도부터 적용한 '일반정부 부채' 통계를 작성하고 있다. 국가채무 통계와 비교할 때 일반정부 부채 통계의 근본적 차이는 회계의 인식기준이 현금주의에서 발생주의로 전환되었다는 것과 포괄범위가 비영리공공기관을 포함하는 일반정부로 넓어진 데에 있다. 현재 우리나라는 현금주의 회계방식에 의한 국가채무 통계와 발생주의 회계방식에 의한 일반정부 부채 통계를 같이 사용하고 있다(국회

표 14-4 국가채무, 일반정부 부채, 공공부문 부채의 비교

구분		국가채무(D1)	일반정부 부채(D2)	공공부문 부채(D3)
회계기준		현금주의	발생주의	발생주의
포괄범위	중앙정부	•일반회계 •특별회계 •정부 관리기금	•일반회계 •특별회계 •정부 관리기금 •공공기관 관리기금 •비영리공공기관	좌동
	지방·교육 자치단체	•일반회계 •특별회계 •기금 •교육비특별회계	•일반회계 •특별회계 •기금 •교육비특별회계 •비영리공공기관	좌동
	비금융공기업	제외	제외	포함
부채항목	국채	포함	포함	좌동
	차입금	포함	포함	좌동
	공채	제외	포함	좌동
	충당부채 (공무원·군인연금 등)	제외	제외 (별도 부기)	좌동
	기타 발생주의 부채항목	제외	포함	좌동
	연기금이 보유한 국공채	포함	제외	좌동

주 : 기타 발생주의 부채항목에는 예수금, 미지급비용, 미지급금 등이 포함.
자료 : 국회예산정책처(2022: 100).

예산정책처, 2018: 58-59). 그리고 일반정부 부채에 비금융공기업의 부채를 더하게 되면 공공부문 부채가 된다. 〈표 14-4〉는 국가채무, 일반정부 부채, 공공부문 부채의 회계기준, 포괄범위, 부채항목을 보여주고 있다.

2020년 결산 기준으로 우리나라 국가채무(D1)는 846.6조 원(GDP의 43.8%), 일반정부 부채(D2)는 945.1조 원(GDP의 48.9%), 그리고 공공부문 부채(D3)는 1,280.0조 원(GDP의 66.2%)이다(기획재정부, 2022: 29).

제6절 | 발생주의 예산제도

발생주의회계는 정부의 재정활동 결과를 사후적으로 발생주의 개념에 입각해서 기록하고 보고하는 체계인 반면, 발생주의 예산제도(accrual budgeting)는 발생주의 개념에 입각해서 사전적으로 재정활동을 계획하는 것이 차이점이다. 발생주의예산은 현금의 흐름뿐만 아니라 비현금거래와 자산과 부채까지도 예산에 반영하는 것이 특징이다. 예를 들면 발생주의예산은 감가상각, 자본 사용비용 그리고 공무원 연금비용까지도 포함해서 예산을 편성한다. 이렇게 함으로써 발생주의예산은 계획된 정부활동에 수반되는 화폐적 비용뿐만 아니라 모든 자원의 사용과 관련된 비용에 대한 정보를 제공하게 된다. 의회의 예산배분도 단순히 다음 회계연도에 예상되는 현금지출에 기반해서 이루어지는 것이 아니라 정부운영의 총비용을 반영해서 이루어지게 된다. 수입도 발생주의방식에 의거해서 예산에 반영될 수 있다(Khan & Mayes, 2009: 8). 발생주의예산은 다음과 같이 정의된다.

부처의 운영예산(발생주의 기준에 입각)
+
자본사용료(감가상각과 자본의 소유비용 포함)
+
사업비용(발생주의 기준에 입각)

= 발생주의예산

자료 : HMSO(1995: 8).

발생주의 예산제도의 특징은 의사결정이 내려지는 시점에서 이에 수반되는 비용을 모두 인식할 수 있다는 것이다. 따라서 발생주의예산을 통해 정부활동에 수반되는 모든 비용을 예산에 포함시킴으로써 자원배분에 관한 의사결정이 보다 효율적으로 이루어질 수 있다는 것이 발생주의 예산제도 도입의 논거로 활용된다.

표 14-5 발생주의 예산제도의 도입 현황

구분	국가
발생주의 사용	호주, 오스트리아, 캐나다, 칠레, 덴마크, 아이슬란드, 멕시코, 뉴질랜드, 스위스, 영국
발생주의와 현금주의 혼용	에스토니아, 핀란드, 스웨덴
현금주의 사용	벨기에, 체코, 프랑스, 독일, 그리스, 헝가리, 아일랜드, 이스라엘, 이탈리아, 일본, 한국, 룩셈부르크, 네덜란드, 노르웨이, 폴란드, 포르투갈, 슬로바키아, 슬로베니아, 스페인, 터키, 미국

자료 : Moretti(2016: 16), Figure 3.

〈표 14-5〉는 발생주의 예산제도의 도입 현황을 보여주고 있다. 예산편성의 기초로서 발생주의 예산제도가 도입되어 운영되고 있는 국가는 전체 OECD 회원국 34개국 중 10개국(전체의 29%)이었으며, 21개국(전체의 62%)은 현금주의 예산제도를 사용하고 있고, 나머지 3개국(전체의 9%)은 일부 예산항목만 발생주의에 기초해서 편성하고 있다. 그런데 예산편성의 기초로서 발생주의를 활용하고 있는 국가 중 의회의 예산승인에 있어서도 발생주의를 활용하고 있는 국가는 뉴질랜드와 영국 두 나라밖에 없으며, 나머지 국가들은 발생주의와 현금주의를 혼용하거나 현금주의만을 사용하고 있다(Moretti, 2016: 15-17).

현금주의 예산제도와 발생주의 예산제도는 각각 추구하는 목적이 다르다. 현금주의 예산제도는 예산운용의 합법성, 예산에 대한 통제, 지출한도의 준수 등에 초점을 맞추는 반면, 발생주의 예산제도는 의사결정에 필요한 유용한 정보를 제공하는 데 초점을 맞춘다. 그리고 현금주의 예산제도가 단기적인 재정적 영향을 평가하는 데 필요한 정보를 제공한다면, 발생주의 예산제도는 의사결정이 이루어지는 시점에서 그 결정이 미래에 대해 갖는 영향을 판별할 수 있게 한다(Marti, 2006: 65).

발생주의 예산제도가 필요하다는 주장이 제기되는 가운데 이에 대한 반론도 만만치 않다. 다음의 〈표 14-6〉은 발생주의 예산제도 도입의 필요성을 주장하는 논리적 근거와 그에 대한 반대 논리를 1:1로 대응시켜 보여주고 있다.

발생주의 예산제도에 비해 현금주의 예산제도가 갖는 장점은 이해하기 쉽고, 발생주의 예산제도에 비해 조작의 가능성이 훨씬 낮으며, 정부의 단기적인 재정상태에 대한 보다 정확한 정보를 제공한다는 것이다(Schick, 2007: 134).

반대로, 발생주의 예산제도를 도입하게 되면 예산 편성과 집행이 기술적으로

표 14-6 발생주의 예산제도 도입을 위한 주장과 반론

도입의 근거	반대 논리
의사결정자에게 보다 정확한 비용정보를 제공한다. 의사결정이 단순히 현금지출에 기반해서 이루어지는 것이 아니라 결과(혹은 산출물)를 만들어 내는 데 소요되는 총비용에 기반해서 이루어질 수 있다.	대부분의 거래에 있어서는 현금주의와 발생주의에 기반한 예산액이 거의 차이가 없다. 연금비용과 이자비용 등은 발생주의 예산제도를 도입하지 않더라도 예산에 반영할 수 있다.
자산관리가 보다 효율적으로 이루어질 수 있다. 발생주의 예산제도는 자산을 효율적으로 사용하게 하고 과소사용되는 자산을 처분하도록 한다.	발생주의 예산제도가 도입되지 않더라도 효율적인 자산관리가 이루어질 수 있다.
현금주의 예산에서는 자본투자비용이 투자 당해 연도에 모두 비용으로 처리됨으로써 자본투자가 위축되는 결과가 나타날 수 있다. 발생주의예산에서는 자본투자비용을 감가상각의 방법으로 수명주기에 입각해서 다년도에 걸쳐 분산시키기 때문에 자본투자에 대한 의사결정이 보다 적절하게 이루어질 수 있다.	발생주의예산을 도입해서 자본투자비용이 당해 연도에 모두 인식되는 것이 아니라 수십년에 걸쳐 인식되면 재정규율이 와해될 위험성이 있다. 감가상각을 통해 자본투자비용을 인식하면 자본투자비용이 실제보다 작게 인식될 수 있으므로 정부사업이 과도하게 팽창될 위험성이 있는 것이다.
현재 내려지는 의사결정이 갖는 미래의 영향력을 측정하므로 장기적인 재정의 건전성 확보에 도움이 된다.	정부의 조세권과 사회보장과 관련된 정부의 미래 부담은 발생주의예산에서도 고려되지 않으므로 발생주의예산을 도입하더라도 정부의 자산과 부채를 정확하게 측정할 수 없으며, 이에 따라 장기적인 재정의 건전성을 제대로 판단하기 어렵다. 현금주의에 기초하더라도 재정에 대한 장기적인 예측을 하는 것이 재정 건전성 확보에는 더 도움이 될 수 있다.
발생주의 예산제도의 도입은 공공부문의 개혁과 문화의 변화를 촉진할 수 있다.	발생주의 예산제도를 도입하지 않더라도 투입에 대한 통제위주의 예산운용에서 결과 중심의 예산운용으로 얼마든지 변화가 가능하다.
발생주의회계와 발생주의 예산제도는 보완적인 관계에 있으므로 동시에 도입하는 것이 바람직하다.	발생주의회계가 도입되었다고 반드시 발생주의 예산제도가 도입될 필요는 없다.

자료 : Blöndal(2004: 105–106).

대단히 복잡해진다. 이렇게 되면 예산의 투명성이 대폭 낮아질 수밖에 없으며, 일반국민과 정치가들이 이해하기가 대단히 어려워진다. 발생주의 예산제도는 현금주의예산과는 또 다른 차원에서 조작이 이루어질 위험성이 있다. 사실, 현금주의예산에서의 비용조작은 비용의 인식 시점과 관련된 것일 뿐이다. 즉, 재정적자를 적게 보이게 하기 위해서는 지출이 회계연도를 넘어 이루어지게 하거나 수입을 회계연도 내에 이루어지게 하는 방법을 활용한다는 것이다. 그러나 발생주의예산에서는 비용에 대한 조작이 자본사용료의 계산, 감가상각의 추정, 자산의 가치 추정 등에서 광범위하게 이루어질 가능성이 높다.

발생주의 예산제도는 예산의 통제를 어렵게 할 가능성이 높다. 예를 들어 대규모의 자본투자사업에 대해 감가상각비용만을 비용으로 인식한 상태에서 투자결정이 이루어진다면 이는 당해 자본투자사업에 대한 지출을 늘릴 위험성이 있다. 이와 함께 발생주의 예산제도가 도입되기 위해서는 시스템 정비와 인력 훈련에 막대한 비용이 소요될 수밖에 없다는 문제점이 있다(Blöndal, 2004: 107).

발생주의가 갖는 기술적 복잡성 때문에 발생주의예산은 예산의 투명성과 이해 가능성을 현저하게 떨어뜨리며, 결과적으로 예산과정에서 의회의 역할을 위축시킨다. 따라서 의회는 발생주의 예산제도가 갖는 복잡성 때문에, 발생주의 예산제도의 도입에 대해 반대하는 입장을 견지하는 것이 일반적이다. 사실, 발생주의 예산제도를 전면적으로 도입한 대표적인 국가가 바로 웨스트민스터형의 국가라고 할 수 있는 영국과 뉴질랜드인데 제7장에서 설명한 바와 같이 웨스트민스터형 국가의 경우에는 예산과정에서 입법부의 역할이 대단히 약하다. 이는 발생주의 예산제도의 도입에 대해 시사하는 바가 대단히 크다고 하겠다(Blöndal, 2003 & 2004).

기술적으로 정부는 발생주의 예산제도를 도입하지 않고 발생주의 회계제도만을 도입할 수도 있는데, OECD 국가 중 절반에 해당하는 국가가 바로 이 유형에 해당한다. 〈표 14-7〉에서 볼 수 있는 바와 같이 한국을 포함해서 OECD 회원

표 14-7 회계의 기초와 예산편성의 기초

구분	국가
발생주의 회계와 발생주의 예산	호주, 오스트리아, 캐나다, 스위스, 칠레, 덴마크, 에스토니아, 영국, 아이슬란드, 멕시코, 뉴질랜드
발생주의 회계와 현금주의 예산	벨기에, 체코, 스페인, 그리스, 핀란드, 프랑스, 헝가리, 이스라엘, 일본, 한국, 폴란드, 포르투갈, 슬로바키아, 슬로베니아, 스웨덴, 터키, 미국
현금주의 회계와 현금주의 예산	독일, 아일랜드, 이탈리아, 룩셈부르크, 네덜란드, 노르웨이

자료 : Moretti(2016: 17), Table 2.

국 중 17개국(전체의 50%)은 발생주의 회계제도는 도입했지만 예산은 현금주의에 기초해서 편성하고 있다. 11개국(전체의 32%)은 발생주의 회계제도와 발생주의 예산제도를 동시에 운영하고 있지만, 앞에서 본 바와 같이 이 국가들 중에서도 의회의 예산승인은 대부분 현금주의에 기초하고 있다. 나머지 6개국(전체의 18%)은 회계와 예산편성 모두 현금주의에 기초하고 있다.

참고문헌

국회예산정책처. (2022). 「대한민국재정 2022」.

기획재정부. (2022). 「월간 재정동향」 8월호.

김영록. (2013). 「정부회계제도 변화에 따른 효과성 분석 및 개선방안 연구」. 서울: 한국행정연구원.

소광문. (2017). 「국가회계법개론」. 서울: 율곡출판사

이남국. (2003). "한국 정부회계제도개혁에 관한 연구: 발생주의회계로의 전환을 중심으로." 연세대학교 대학원 행정학과 박사학위논문.

행정자치부 · 한국지방행정연구원. (2005). 「지방자치단체 복식부기회계 이론과 실무」. 서울: 한국지방행정연구원.

Barton, Allan D. (2004). "How to Profit from Defence: A Study in the Misapplication of Business Accounting to the Public Sector in Australia." *Financial Accountability and Management* 20(3): 281–304.

Blöndal, Jón R. (2003). "Accrual Accounting and Budgeting: Key Issues and Recent Developments." *OECD Journal on Budgeting* 3(1): 43–60.

_______. (2004). "Issues in Accrual Budgeting." *OECD Journal on Budgeting* 4(1): 103–19.

Blondy, Guilhem, Julie Cooper, Timothy Irwin, Kris Kauffmann, and Abdul Khan. (2013). "The Role of Fiscal Reporting in Public Financial Management." in Marco Cangiano, Teresa Curristine, and Michel Lazare(eds.), *Public Financial* Management and Its Emerging Architecture. 259–81. Washington, D.C.: IMF.

Boothe, Paul. (2007). "Accrual Accounting in the Public Sector: Lessons for Developing Countries." in Anwar Shah(ed.), *Budgeting and Budgetary Institutions*. 179–201. Washington, D.C.: The World Bank.

Diamond, Jack. (2002). "Performance Budgeting: Is Accrual Accounting Required?" International Monetary Fund Working Paper.

HMSO. (1994). *Better Accounting for the Taxpayer's Money: Resource Accounting and*

Budgeting in Government. London: HMSO. Cm. 2626.

_______. (1995). *Better Accounting for the Taxpayer's Money: The Government's Proposals*. London: HMSO. Cm. 2929.

Khan, Abdul. (2013). "Accrual Budgeting: Opportunities and Challenges." in Marco Cangiano, Teresa Curristine, and Michel Lazare(eds.), *Public Financial Management and Its Emerging Architecture*. 339–59. Washington, D.C.: IMF.

_______ **and Stephen Mayes.** (2009). "Transition to Accrual Accounting." International Monetary Fund.

Lee, Robert D., Jr., Ronald W. Johnson, and Philip G. Joyce. (2008). *Public Budgeting Systems*. 8th ed., Sudbury, MA: Jones & Bartlett.

Marti, Caridad. (2006). "Accrual Budgeting: Accounting Treatment of Key Public Sector Items and Implications for Fiscal Policy." *Public Budgeting & Finance* 26(2): 45–65.

May, Margaret. (1995). "An Activity-based Approach to Resource Accounting and Budgeting in Government." *Management Accounting* 73(7): 27.

Moretti, Delphine. (2016). "Accrual Practices and Reform Experiences in OECD Countries: Results of the 2016 OECD Accruals Survey." *OECD Journal on Budgeting* 16(1).

Organization for Economic Cooperation and Development. (1993). "Accounting for What? The Value of Accrual Accounting to the Public Sector." Occasional Papers on Public Management. Paris: OECD.

Pallot, June and Ian Ball. (1996). "Resource Accounting and Budgeting: The New Zealand Experience." *Public Administration* 74(3): 527–41.

Reed, B.J. and John W. Swain. (1997). *Public Finance Administration*. 2nd ed., Thousand Oaks: Sage.

Robinson, Marc. (1998). "Accrual Accounting and the Efficiency of the Core Public Sector." *Financial Accountability & Management* 14(1): 21–38

_______. (2007). "Cost Information." in Marc Robinson(ed.), *Performance Budgeting: Linking Funding and Results*. 46–62. New York: Palgrave Macmillan.

Schick, Allen. (2007). "Performance Budgeting and Accrual Budgeting: Decision Rules or Analytic Tools?" *OECD Journal on Budgeting* 7(2): 109–38.

U.S. General Accounting Office. (2000). *Accrual Budgeting: Experiences of Other Nations and Implications for the United States*. Washington, D.C.: GAO.

Wynne, Andy. (2007). "Is the Move to Accrual Based Accounting a Real Priority for Public Sector Accounting?" *Public Fund Digest* 6(1): 25–39.

제 15 장

공공투자관리

제1절 | 공공투자의 특징

공공투자는 다음과 같은 특징을 지니고 있다.

첫째, 대규모(lumpy)이다.

둘째, 설계와 집행에 장기간(long lead time)이 소요된다.

셋째, 상당한 초기비용(significant up-front costs)이 발생한다.

넷째, 지역특정적인(location specific) 동시에 긴 수명을 지니고 있다.

다섯째, 이로운 외부효과(positive externalities)를 발생시킨다.

공공투자는 통상적으로 대규모의 지출이 이루어지고 경제적 효과가 장기간에 걸쳐 나타나며, 한번 시행되면 투자 장소를 변경하거나 취소하기 어렵기 때문에 상당한 정도의 매몰비용(sunk cost)이 나타난다. 특히, 대규모 공공투자사업의 경우 건설 중에 비용이 급상승하거나 건설이 종료된 이후 기대했던 효과가 나타나지 않는 경우가 종종 있다.

공공투자의 효율성과 관련하여 주목해야 할 점은 공공투자에 정치적 고려가 파고들 여지가 매우 크다는 것이다. 정치인들의 입장에서는 가시성이 높은 새로운 건설 프로젝트를 추진할 유인이 매우 크기 때문에 완료하는 프로젝트보다 새롭게 착수하는 프로젝트가 많은 현상이 나타난다. 이러한 정치적 유인을 제어하기 위해서는 대규모 투자를 합리적으로 관리하기 위한 제도적 장치를 갖출 필요가 있다.

따라서 정부가 공공투자를 시행할 경우에는 중장기적인 시계에서 정부의 투자 우선순위에 기초해서 개별 사업을 선정하고, 개별 사업의 시행과 관리가 비용 효율적으로 이루어질 수 있도록 유도할 필요가 있다. 이러한 목적으로 공공투자를 기획·관리하는 일련의 행위를 공공투자관리(public investment management)라고 부른다.

제2절 | 공공투자 선정의 문제

공공투자에 있어서 심각한 문제는 선정된 프로젝트의 관리와 운영보다는 적절하지 않은 프로젝트가 선정되는 데에 있다. Flyvbjerg(2014)는 프로젝트 선정과 관련된 사업 관련자들의 유인 구조에 주목하면서, 이들이 거대 프로젝트에 집착하는 이유로서 기술적 · 정치적 · 경제적 · 심미적 요인을 들고 있다.

첫째, 기술적 이유이다. 이는 주로 엔지니어들과 기술자들이 갖고 있는 유인인데, 세계에서 가장 길고, 가장 크고, 가장 빠른 인프라를 만들어 냄으로써 얻는 희열이 있다는 것이다. 이에 더해 '세계 최초'라는 수식어가 붙을 수 있다면 금상첨화가 되기 때문에, 새로운 기술을 더해 가장 그럴듯한 인프라를 구축하기를 원한다는 것이다.

둘째, 정치인들이 갖고 있는 유인 때문이다. 정치인들의 가장 중요한 동기는 재선(reelection)이며, 이를 위해서는 가시적인(visible) 프로젝트를 만들기 원한다는 것이다.

셋째, 경제적인 이유이다. 특정 지역에 대규모 건설사업이 진행되면 고용 증대, 자본 및 시설 사용의 활성화 등이 이루어지기 때문에 건설회사, 근로자, 컨설턴트, 은행, 투자자, 토지소유자, 변호사, 개발업자 등이 대규모 건설사업 시행을 강력하게 원한다는 것이다.

넷째, 심미적 이유이다. 아이콘이 되는 멋진 건축물을 통해 얻는 기쁨이 크다는 것이다.

이러한 네 가지 유인이 결합되면 특정 지역에 대규모 건설사업을 시행함으로

표 15-1 거대 사업에 집착하는 이유

기술적	엔지니어들과 기술자들이 세계에서 가장 길고, 가장 크고, 가장 빠른(longest-tallest-fastest) 것을 만들어 냄으로서 얻는 기쁨, '최초'의 수식어가 붙으면 금상첨화
정치적	정치인들이 임기 동안 족적을 남기고 싶은 욕구, 일반 국민들과 미디어를 통한 가시성
경제적	이윤과 일자리 창출(건설회사, 근로자, 컨설턴트, 은행, 투자자, 토지소유자, 변호사, 개발업자 등)
심미적	아이콘이 되는 멋진 건축물 건설을 통해 얻는 기쁨(예: 샌프란시스코의 금문교)

자료 : Flyvbjerg(2014: 8).

써, 정치인, 엔지니어, 기술자, 건설회사, 근로자, 컨설턴트, 은행, 투자자, 토지 소유자, 변호사, 개발업자 모두가 이득을 얻을 수 있는 환경이 조성될 수 있다.

그런데 Flyvbjerg(2009)에 의하면 거대 사업에 집착하는 문제에 더해 공공투자에 있어서 심각한 문제는 가장 부적격한 프로젝트가 선정될 가능성이 매우 높다는 것이다. Flyvbjerg는 가장 부적격한 프로젝트가 생존하는 현상을 '역 다위니즘(inverted Darwinism)'이라고 명명한 바 있는데, 이러한 현상이 나타나는 이유는 바로 예산확보를 위한 전략으로 비용의 과소추정과 편익의 과다추정이 동시에 발생하기 때문이다. 비용이 과소추정되면 사업이 진행되면서 비용의 초과(cost overruns)가 나타날 수밖에 없으며, 편익이 과다추정되면 인프라 건설 이후 편익의 감소(benefit shortfalls)가 나타날 수밖에 없다. 이러한 경향이 현재화될 경우, 가장 부적격한 프로젝트가 선정될 수밖에 없다는 것이다.

Flyvbjerg 외(2002: 286-90)는 비용 과소추계에 대한 네 가지 이유로서 기술적 · 심리적 · 경제적 · 정치적 요인을 검토한 바 있다. 기술적 요인으로서는 데이터의 부재, 정직한 실수, 경험 부족, 불완전한 기술 등을 포함할 수 있다. 그런데 기술적 요인이 문제라면 모든 프로젝트를 통틀어 보면 비용의 과소추계와 과다추계의 확률이 비슷한 수준으로 나타날 것인데, 현실적으로는 86%의 사업에서 비용의 과소추계가 나타났음을 Flyvbjerg 외는 밝히고 있다. 따라서 비용의 과소추계에 대한 이유로서 기술적 요인은 설명력이 떨어진다고 할 것이다.

심리적 요인으로서는 사업의 수행자, 공무원, 정치인 등이 비용과 결과에 대해서 낙관적인 태도를 갖는 이른바 '평가 낙관주의(appraisal optimism)'를 들 수 있다. 그러나 이러한 경향이 반복적으로 나타날 경우, 이러한 경향을 제어하기 위한 노력이 이루어졌을 것이고, 그 결과 평가 낙관주의가 완전히 사라지지는 않는다 할지라도 상당 정도 줄어드는 현상이 나타나야 할 것이다. 그러나 비용 과소추계 경향은 줄어들고 있지 않기 때문에 심리적 요인의 설명력도 떨어진다고 할 것이다.

결국 비용 과소추계의 요인으로서는 경제적 요인과 정치적 요인만 남게 된다. 이 두 요인은 사실상 의사결정자들이 마주하는 유인 구조를 의미하는 것이다. 즉, 투자사업의 수용 가능성을 높이기 위해 공무원들과 정치인들이 의도적으로 비용을 과소추계하고 편익을 과다추계하려는 경향이 있다는 것이다.

제3절 | 정치와 공공투자

1. 공유자원의 문제와 정보비대칭

사회간접자본 투자는 편익의 집중과 비용부담의 분산이 기본적인 특징이다. 따라서 사회간접자본 투자는 윌슨(Wilson, 1989)이 이야기하는 이른바 '고객정치(client politics)'의 대상이 될 가능성이 매우 높다. 즉, 특정 지역 주민들의 입장에서는 사회간접자본 투자를 통한 편익은 자신들의 지역에 집중되는 반면, 건설비용은 전국적으로 폭넓게 분산되기 때문에(Flyvbjerg, 2014: 43-44), 사회간접자본 투자에 대해 과도한 수요를 가질 가능성이 매우 높다는 것이다. 이러한 고객정치의 문제는 예산이 갖고 있는 보다 일반적인 문제인 공유자원의 문제와 바로 연결된다. 즉, 공공투자의 편익은 특정 지역에 집중되는 반면, 이를 위한 비용은 일반국민에게 널리 퍼지기 때문에 공공투자사업 수혜자들의 입장에서는 공공투자에 대해 과도한 수요를 가지게 되고, 이것이 현실화될 경우 특정 지역 이익의 보호를 위해 사회적 총비용이 사회적 총편익을 상회하는 공공투자정책이 채택될 수 있는 것이다.

이에 더하여 예산편성과정에서 실무부처는 자신들에게 유리한 정보만을 선택적으로 제시하는 경향이 있다. 즉, 공공투자의 선정에 있어 중앙예산기관과 실무부처 사이에는 정보비대칭의 문제가 존재하는 것이다. 결국, 중앙예산기관이 이를 독립적으로 검증할 수 있는 수단을 갖지 못할 경우 심각한 정보비대칭의 문제가 지속되고, 그 결과 예산배분의 비효율성이 초래되는 것이다.

그런데 공공투자가 가지는 이러한 기본적인 특징이 그대로 실제 정책으로 나타나기 위해서는 의회제도 혹은 선거제도와 결합되어야 한다. 이하에서는 의회와 선거 제도의 공공투자에 대한 영향에 대해 살펴본다.

2. 의회와 공공투자

Lowi(1964)는 정부의 정책을 분류하면서 규제정책(regulatory policy), 구성정책(constituent policy), 분배정책(distributive policy), 그리고 재분배정책(redistributive policy)으로 구분한 바 있다. Lowi가 정책을 이렇게 네 유형으로 구분한 근본적인 이유는 통상적으로 이해하고 있는 바와 같이 정치가 정책을 결정하는 것이 아니라 오히려 "정책이 정치를 결정한다."는 것을 보여주기 위함이었다. 즉, 정책유형에 따라 정책과정 참여자들의 상호작용 형태가 다르게 나타난다는 것이다.

공공투자와 관련해서 주목해야 할 것은 공공투자가 분배정책 혹은 분배적 지출에 해당하기 때문이다. Lowi(1964)에 의하면 분배정책이란 작은 단위별로 쪼개기 용이한 정책을 의미하며, 분배정책의 동의어로 후원(patronage) 관계를 사용할 수 있다고 한다. 분배적(distributive)의 또 다른 동의어로서는 분리가능(divisible), 특정적(particularized) 혹은 포크 배럴(pork barrel)이라고 할 수 있다(Frisch, 1998). 이렇게 볼 때, 분배적 지출(distributive spending)을 둘러싼 의회의 행태가 특정적 공공투자를 팽창시킬 가능성이 엄연히 존재한다는 점에 주목할 필요가 있다. 사실, 미국 의회정치를 연구하는 학자들 사이에서 출발한 합리적 선택이론(rational choice theory)은 이러한 분배적 지출에 초점을 맞추어 이론 개발이 이루어졌는데, 합리적 선택이론에 의하면 의원들은 재선이 일차적 목표이며 이를 위해서 지역 특정적인 지출을 늘리기 위해 노력한다고 본다.

Arnold(1979: 29-30; Frisch, 1998에서 재인용)에 의하면 정부지출의 배분은 세 가지 방식으로 현직 의원의 재선 가능성에 영향을 미친다고 한다. 즉, ① 지출의 직접적 수혜자에 대한 영향을 통해, ② 유리한 평판(favorable publicity)을 통해, 그리고 ③ 정부지출이 지역경제에 갖는 효과를 통해 재선 가능성이 높아진다는 것이다. 그런데 다시 Arnold(1990: 48-49)에 의하면 유권자들은 의원의 행동과 지출의 증가가 직접적으로 연관된다고 믿을 수 있을 때만 의원의 기여를 인정한다고 한다. 이것이 가능하기 위한 조건은 세 가지인데, ① 인식할 수 있는 효과(perceptible effects)가 있어야 할 것, ② 특정할 수 있는 정부의 행동(identifiable governmental actions)이 있을 것, 그리고 ③ 유권자들이 충분히 인식할 수 있는 수준의 개별 의원의 기여(visible individual contributions)가 있어야 할 것 등이다. Arnold(1979)가 제시한 의원의 재선 가능성에 영향을 미치는 세 가지 경로와

표 15-2 재량의 유형

	사업별 결정	포뮬러 방식
의회	의회/사업	의회/포뮬러
정부 관료제	관료제/사업	관료제/포뮬러

자료 : Frisch(1998: 28).

Arnold(1990)가 제시한 지출과 의원의 기여를 연결시킬 수 있는 세 가지 조건을 모두 만족시키는 지출 유형이 바로 공공투자라는 것이다.

Frisch(1998)에 의하면, 정부지출은 지역에 관련된 지출이 어떻게 결정되는가(포뮬러 방식인가 혹은 사업별 방식인가) 그리고 누가 결정을 내리는가(정부 관료제인가 혹은 의회인가)에 따라 네 가지 유형으로 구분할 수 있다.

포뮬러 방식에 의한 지출은 특정적 지출의 대상이 되기 어려운 반면, 정부 관료제에 의해 결정되는 사업별 결정이나 의회가 영향을 미치는 사업별 결정이 특정적 지출의 대상이 될 가능성이 높다. 특히, 정부 관료제에서 결정을 내리지만 의회가 영향력을 미칠 수 있는 가능성이 높은 사업별 결정이나 의회에서 새롭게 끼워 넣을 수 있는 가능성이 높은 사업별 결정의 유형이 특정적 지출의 대상이 될 가능성이 매우 높다. 공공투자야말로 바로 이러한 유형에 해당하는 대표적인 지출이다.

동시에, 의원들은 자신의 지역구에 가시적인 편익을 제공하는 사업의 지역적 배분에 큰 관심을 갖는다. 의원들은 단기적으로는 정부 자금의 투입을 통해 지역(선거구) 경제발전에 도움이 되고 장기적으로는 인프라 건설을 통해 지역개발에 도움이 되는 대규모 건설사업의 유치에 큰 관심을 갖는다. 왜냐하면 지역구 관련 사업이 의원의 의정활동을 통해 유치되었음을 홍보할 수 있을 때에야 의원의 '칭찬 획득(credit claiming)'이 극대화될 수 있기 때문이다(Frisch, 1998: 55).

그런데 의원들이 가장 관심을 갖는 것은 지역구로 유치하는 사업의 금액이 아니라 사업의 개수라는 데 주목할 필요가 있다(Frisch, 1998: 85). Bickers와 Stein(1996)에 의하면, 의원들은 칭찬 획득을 주장할 수 있는 기회를 극대화하기 원하기 때문에 사업의 금액을 극대화하기보다는 사업의 개수를 극대화하려는 유인을 갖는다. 예를 들어 10개의 사업을 합친 금액이 다른 대안적인 사업의 금액과 같거나 적을지라도, 칭찬 획득 주장의 기회를 극대화하기 위해서는 10개의 사업을 더 선호한다는 것이다. 또한 소규모로 여러 개의 사업을 시작하고 이러한 사업이 매몰비용을 발생시키게 되면 향후 몇 년간 이렇게 시작한 사업의 규모가 커지는 경향이 있기 때문에, 의원들은 소규모 사업을 여러 개 추진하려는 유인을 갖게 되는 것이다.

3. 선거와 공공투자

공공투자 패턴을 이해하기 위해서는 선거제도의 영향에 주목할 필요가 있다. 제10장에서 설명한 바와 같이 선거제도는 선거구의 크기, 의석 배분방식, 그리고 투표방식으로 구성된다. 선거제도를 구성하는 이러한 세 가지 요소가 어떻게 결합되는가에 따라 유권자들의 투표 행태는 다르게 나타나며, 이것이 궁극적으로는 공공투자의 패턴에도 영향을 미치게 된다. 보다 구체적으로, 대선거구제하에서 비례대표제를 택하는 경우 유권자들은 개인보다는 정당에 초점을 맞추어 투표하는 경향이 나타난다. 반면, 소선거구제하에서 후보자 개인에게 투표하고 단순다수득표제를 택하는 경우 유권자들은 정당보다는 개인에 초점을 맞추어 투표하는 경향이 강하게 나타난다.

소선거구제, 개인 대상 투표, 그리고 단순다수득표제가 결합되어 있는 선거제도하에서는 공공투자를 위한 정치인의 칭찬 획득 행위가 나타날 가능성이 높다. 이러한 선거제도하에서 후보자의 가장 중요한 선거 전략은 특정 지역(즉, 선거구)의 유권자들에게 다가갈 수 있는 유형적인 성과를 창출하는 것이다. 우리나라의 선거제도가 소선거구제, 개인에 대한 투표, 단순다수득표제가 결합되어 있는 형태인데, 이러한 선거제도가 의회정치와 맞물리면 선심성 예산정치가 나타날 가능성이 매우 높아진다고 할 것이다.

특히, 주목해야 할 것은 선심성 예산정치가 고객정치와 결합되면 자원배분의 비효율을 야기하게 된다는 점이다. 일반적으로 선심성 예산은 그 혜택이 한 지역 또는 특정 집단에게 집중되지만 그에 소요되는 비용은 전국의 모든 납세자들이 부담하므로 재원배분의 비효율성과 형평성 문제를 동시에 야기하게 된다.

제4절 | 공공투자 선정 및 관리 체계의 개선

1. 프로젝트 선정과 인프라 포트폴리오의 최적화

공공투자의 효율성 제고를 위해서는 프로젝트 선정과 인프라 포트폴리오의 최적화가 중요하다. McKinsey Global Institute(2013: 34)는 공공투자관리의 문제로서 다음의 네 가지를 지적한 바 있다.

첫째, 전체적인 사회경제적 투자 방향과 연계되지 않은 상태에서 개별 인프라를 기획하는 관행이다. 이런 투자방식은 네트워크 효과를 고려하지 않기 때문에 지엽적인 지역 문제 해결에만 그칠 우려가 있다. 예를 들면, 우리나라의 경우에도 고속도로 건설과 철도 건설 간 조정의 부재, 연결 도로에 대한 고려 없는 공항이나 항만 건설 등을 들 수 있을 것이다.

둘째, 비용의 과소추정과 편익의 과다추정 경향이다.

셋째, 정치적 이해관계에 따라 자원을 배분하는 경향이다.

넷째, 이해관계자 간 부패의 발생이다.

McKinsey Global Institute(2013)는 이러한 문제에 대한 해결 방법으로서 다음의 세 가지를 제시한 바 있다.

첫째, 개별 인프라 기획과 전체적인 사회경제적 목표를 연계할 필요가 있다. 이것이 가능하기 위해서는 시스템 수준에서 우선순위가 설정되어야 하며, 정치과정에서 우선순위가 설정될 수 있어야 한다.

둘째, 평가방법론이 정교화될 필요가 있다.

셋째, 투명한 의사결정에 기반한 포트폴리오 선택이 필요하다. 이를 위해서는 전체 시스템과의 연계를 고려한 개별 프로젝트의 선택, 네트워크 효과를 고려한 프로젝트 선택, 그리고 투명성과 사실에 기초한(fact-based) 의사결정이 뒷받침되어야 한다.

무엇보다도 공공투자의 효율성을 제고하기 위해서는 인프라 투자가 갖는 네트워크 효과를 고려해야 한다. 공공투자가 갖는 네트워크 효과를 고려하는 경우 인프라 선정은 시스템 속에서 접근해야 한다. 이런 측면에서 볼 때, 비용-편익분석은 단지 개별 프로젝트에만 초점을 맞추는 한계가 있다. 왜냐하면 인프라 투자는 시스템 측면에서의 결정이며, 인프라 투자결정은 한계적(marginal) 결정이 아니기 때문이다. 다시 말해서, 인프라 투자결정이 갖는 네트워크 효과를 고려하면, 인프라 투자에 있어서는 "다른 모든 조건이 일정하다면(*ceteris paribus*)이라는 가정이 성립하지 않는다. 인프라 정책은 네트워크와 시스템에 관한 것이며, 개별 프로젝트에 관한 것이 아님을 명심할 필요가 있다"(Helm, 2013).

McKinsey Global Institute(2013: 34)도 낮은 생산성의 이유로서 프로젝트 선정 시 개별 프로젝트와 지엽적인 증상에만 초점을 맞출 뿐 포괄적인 사회경제적 발전 목표와 네트워크 효과 등을 고려하지 않는 경향을 지적하고 있다. 프로젝트의 효율성을 제고하기 위해서는 제대로 된 프로젝트의 조합을 선택하는 것이 매우 중요할 뿐만 아니라, 프로젝트 선정이 국가 전체적인 우선순위와 연결되어야 하며 시스템 전체의 편익과 비용을 고려해야 할 것이다.

Flyvbjerg 외(2002)와 마찬가지로 McKinsey Global Institute(2013)도 기획과 예측에서의 편의에 따른 잘못된 프로젝트 선정은 기술적 문제라기보다는 정치-경제적 문제임을 강조하고 있다. 따라서 프로젝트 수행을 개선하기 위해서도 사업 기획과 설계 단계에 투자 집중을 통한 전체 비용 절감이 필요하다. 다시 말해서, 충실한 기획과 사전 평가를 통해 시행 단계에서의 설계 변경과 사업 지연의 최소화를 기할 수 있는 것이다.

2. 공공투자관리체계의 개선

공공투자 문제의 해결 방법은 크게 두 가지로 나눌 수 있다. 즉, 비용, 편익, 리스크 추정 방법의 개선과 거버넌스의 개혁으로 대별할 수 있다. 이때 거버넌스의 개혁은 권력관계의 변화를 수반하며, 궁극적으로 투명성과 책무성을 확보할 수 있는 방향으로 개혁될 필요가 있다.

지금까지 공공투자 문제의 해결 방법에 관한 대부분의 논의는 비용, 편익, 리스크 추정 방법의 개선이라는 기술적(technical) 측면에 초점을 맞추어 왔으나, 보다 중요한 문제는 거버넌스의 개혁이라고 할 수 있다. Rajaram 외(2014: 17)가 강조한 바와 같이, 정치적 이해관계가 공공투자관리체계를 무력화시킬 수 있기 때문에 공공투자의 선택과 관리를 둘러싼 정치경제를 이해할 필요가 있다. 또한 공공투자와 관련된 책무성을 강화하기 위해서는 투명성을 확보하는 동시에 견제와 균형을 확보할 수 있는 제도적 장치를 갖출 필요가 있다.

공공투자관리의 목표로서는 총량적 재정규율(aggregate fiscal discipline), 배분적 효율성(allocative efficiency), 그리고 기술적 효율성(technical efficiency)을 들 수 있다. 공공투자에 있어 총량적 재정규율이란 거시경제의 장기적 안정을 기할 수 있는 수준에서 공공투자의 총량을 결정하는 것을 의미한다. 배분적 효율성이란 정부의 분야 및 부문 우선순위에 입각한 개별 프로젝트의 선정과 예산배분을 의미하며, 기술적 효율성이란 프로젝트의 비용-효율적인 실행에 관련된 개념이다(Fainboim *et al.*, 2013: 311; Laursen & Myers, 2009: 2).

그런데 이러한 공공투자관리의 목표 달성을 위한 조건으로서는 공공투자관리를 위한 전략적 틀, 기획 · 평가 · 선정을 위한 제도적 틀, 집행과 모니터링, 그리고 사후평가를 들 수 있다. 공공투자관리를 위한 전략적 틀(strategic framework)이 필요한 이유는 무엇보다도 장기적 우선순위결정이 투자결정에 우선되어야 하기 때문이다. 전략적 틀이 없을 경우 정책 우선순위가 모호하며, 자원배분결정을 위한 근거가 미약할 수밖에 없다.

기획 · 평가 · 선정을 위한 제도적 틀이 중요한 이유는 투자사업의 기획, 평가, 선택 기능의 효과성은 단순히 분석틀의 질에 의해서가 아니라 제도적 틀(institutional framework)에 의해 결정되기 때문이다. 사업 집행과 모니터링은 기술적 효율성을 확보하는 데 있어 매우 중요하다. 끝으로, 사후평가는 종종 무시되고 있지만, 공공투자관리 시스템의 질 제고를 위해 매우 중요한 과정이라고 할 것이다(Laursen & Myers, 2009: 2). 이렇게 볼 때, 공공투자의 배분적 효율성을 제고하기 위해서는 무엇보다도 공공투자관리를 위한 전략적 틀, 기획 · 평가 · 선정을 위한 제도적 틀, 그리고 사후평가 시스템을 강화해야 할 것이다.

McKinsey Global Institute(2013)는 공공투자 거버넌스 개선의 과제로서 다음과 같이 여섯 가지를 제시한 바 있다.

첫째, 공공투자 관련 기관 사이의 조정과 협조 체계를 구축해야 한다. 즉 도로, 철도, 항만, 전기, 수자원 관련 기관 사이의 협력 체계를 구축해야 하며, 이에 더하여 협력 체계에 포함되는 기관들 사이에 전체적인 사회경제적 목표에 대한 합의를 공유할 필요가 있다.

둘째, 공공투자에 관한 정치적 책임과 기술적 책임을 분리해야 한다. 인프라 정책의 설계 및 전략적 방향 설정 기능과 구체적 인프라의 설계 및 건설 기능이 엄격하게 분리되어 있지 않으면, 인프라의 설계와 건설 단계에서도 정치적 고려가 파고들 수 있기 때문이다.

셋째, 정부와 민간 간의 역할 분담이 필요하다.

넷째, 신뢰에 기초한 상호작용이 필요하다. 이를 위해서 가장 필요한 조건이 투명성 확보인데, 프로젝트의 효과에 대해 정보수집이 용이해야만 공공투자 의사결정 참여자 간 그리고 의사결정 참여자와 시민 간 신뢰를 형성할 수 있다. 이와 동시에 일반 시민에 대한 교육과 함께 시민들이 의사결정과정에 실질적으로 참여할 수 있어야 한다.

다섯째, 의사결정에 필요한 정보가 확보되어야 한다. 일상적인 감독과 장기적인 기획을 가능케 하는 데이터의 축적이 필요하다.

끝으로, 정부의 공공투자 관련 역량을 제고해야 할 것이다.

그러나 현실의 공공투자관리제도는 배분적 효율성이 아니라 단순히 기술적 효율성을 확보하는 기능만이 발달한 것으로 나타나고 있다. IMF(2015)에 의하면, 대부분의 국가에서 기획, 배분, 집행이라는 공공투자관리의 사이클 중 집행단계의 제도가 상대적으로 발달되어 있고 기획단계의 제도가 덜 발달된 것으로 나타난 바 있다. 따라서 기획단계에서 제도적 강화의 필요성이 보다 크다고 할 수 있다.

사실, 공공투자의 배분적 효율성과 관련이 깊은 단계는 기획단계라고 할 수 있는데, 핵심적인 개념은 투자 총량의 결정과 분야·부문 간 투자의 조정이다. 이와 관련된 내용은 재정 원칙과 준칙 그리고 국가 및 부문별 계획에 정리되어 있다. 보다 구체적으로, 공공투자의 총량은 재정의 총량과 연동되어 결정되어야 하며 이를 위해서는 총량적 재정규율을 확보할 수 있는 중·장기 계획이 수립되어 있어야 하고 이와 연동되어 공공투자의 총량을 결정해야 한다. 국가 및 부문별 계획이란 공공투자에 대한 의사결정이 부문별 그리고 부문 간 우선순위 설정과 투자전략에 기초해서 이루어져야 함을 의미한다.

무엇보다도 공공투자의 구성을 최적화하기 위해서는 공공투자와 중기재정계획체계가 연계되어야 한다. 중기재정계획체계는 공공투자에 대해 다음과 같은 효과를 가진다.

첫째, 중기재정계획체계가 제대로 작동할 경우 공공투자의 총규모를 예산 총액 내로 제한하는 것이 가능하다.

둘째, 투자예산과 경상예산을 분리해서 편성하는 이중예산편성(dual budgeting)의 문제를 해결할 수 있다.

셋째, 초년도 투자액에만 초점을 맞추는 근시안적 예산편성 문제를 해결할 수 있다.

중기재정계획체계가 효과적으로 작동할 경우에는 예산관리에 관한 대부분의 결정을 실무부처에 위임할 수 있으며, 이렇게 함으로써 실무부처가 중기적인 전략하에서 사업 간 우선순위를 설정할 수 있고, 예산 총액 내에서 투자예산과 경상예산을 통합해서 운영할 수 있도록 유도할 수 있다(Fainboim *et al*., 2013: 315; IMF, 2015: 18).

강제적인(binding) 중기재정계획체계만이 중기적으로 공공투자에 대한 재원조달을 보장할 수 있다. 그러나 대부분의 중기재정계획체계는 당해 연도를 제외한 타년도에 대해서는 지출한도를 제시하는 수준에 그치는 한계가 있다. 결국 재원조달의 불확실성 문제를 완전히 해소하지 않는 한, 중기재정계획체계를 시행한다 하더라도 편익의 과다추정과 비용의 과소추정이라는 낙관적 편의의 문제를 해결하기에는 어려움이 있다. 또한 중기재정계획은 통상적으로 3~5년을 대상으로 하기 때문에, 완공에 그 이상이 소요되는 대규모 공공투자사업의 경우에는 재원조달의 확실성이 완전히 담보되지 않는 문제는 여전히 남는다(Fainboim *et al*., 2013: 316).

그리고 기획단계에서의 배분적 효율성을 제고하려는 노력이 배분단계에서 뒷받침되기 위해서는 생산성이 높은 부문과 프로젝트에 투자를 배분할 수 있도록 포괄적이며 통합된 중기계획이 마련되어야 하며, 최적의 프로젝트를 평가 · 선정할 수 있는 객관적인 기준과 절차를 마련할 필요가 있다.

제5절 | 우리나라의 공공투자관리

우리나라의 대표적인 공공투자관리제도로서는 예비타당성조사제도, 총사업비관리제도, 그리고 타당성재조사 제도가 있다.

1. 예비타당성조사제도

앞에서 설명한 것처럼 비효율적인 공공투자가 일어나는 이유는 공공투자를 둘러싼 공유자원의 문제, 정보비대칭, 그리고 정치적 영향 때문이다. 그러므로 효율적인 공공투자관리를 위해서는 공공투자관리의 집권화, 독립적인 정보생산, 그리고 공공투자관리의 '탈정치화'가 필요하다. 즉, 지역의 특수이익을 증진시키기 위해 일반 국민에게 비용을 전가시키는 공유자원의 문제를 해결하기 위해서는 공공투자관리가 집권화될 필요가 있다. 또한 공공투자 선정과 관련된 정보비대칭의 문제를 해결하기 위해서는 개별 부처나 특정 지역 차원을 뛰어넘어 공공투자의 편익과 비용에 관련된 정보가 독립적으로 생산될 필요가 있다. 공공투자사업의 선택에 있어 정치적 영향력을 최소화하기 위해서는 공공투자사업의 선정과 관리가 탈정치화된 상태에서 이루어질 필요가 있는 것이다. 공공투자관리의 집권화(centralization), 독립적인 정보생산, 그리고 공공투자관리의 탈정치화(depoliticization)를 위한 장치로서 우리나라에 도입·운용되고 있는 제도가 예비타당성조사제도이다(Ha, 2014).

1999년에 도입된 예비타당성조사제도는 전문기관(한국개발연구원, 조세재정연구원, KISTEP)이 대규모 공공투자사업의 타당성을 분석하고 그 결과에 따라 재정사업의 신규투자 여부를 결정하는 제도이다. 우리나라의 예비타당성조사제도는 일정 규모 이상의 투자사업을 중앙예산기관이 집권적으로 관리하는 매우 독특한 사례이다. 예비타당성조사제도는 투자분석에 있어 낙관적 편의를 억제하고 예산결정과정의 참여자인 국회의원의 선심성 예산정치(pork barrel politics)를 제어하기 위한 수단이다. 결국, 우리나라의 예비타당성조사제도는 본질적으로 정치적 결정인 공공투자사업의 선택을 기술적인 접근으로 전환시킨 것이 가장 큰 특징이라고 할 수 있다(Ha, 2014).

1999년에 예비타당성조사제도가 도입되기 이전에는 개별 부처가 자체적으로 주관하는 타당성조사를 시행했었다. 그러나 사업 부처에서 타당성조사를 주도했기 때문에 사업추진이 진행된 상태에서 타당성조사가 실시되거나 제도 자체가 요식행위에 불과한 경우가 많아 객관성과 신뢰성에 대한 비판이 제기되었었다(조주현 외, 2013). 실제로 1994~98년 각 부처에서 실시한 타당성조사결과 총 33건 중 울릉공항건설사업을 제외한 32건의 사업이 타당성이 있는 것으로 조사된 바 있다.

또한 사업 주관부처가 조사기관을 선정함에 따라 조사항목과 평가기준 등이 부처마다 상이하였으며, 타당성 연구의 표준화되고 단일한 지침이 존재하지 않았었다(김재형, 2012). 타당성조사와 관련한 의사결정의 파편화는 예산협의과정에서 재정당국과 사업부처의 정보비대칭 문제를 심화시켰기 때문에, 정보비대칭의 문제를 해소하기 위한 방편으로 공공투자관리의 집권화 필요성이 제기되었으며, 그 결과 예비타당성조사제도가 도입되었던 것이다(Ha, 2014).

예비타당성조사는 총사업비가 500억 원 이상이고[1] 국가의 재정지원규모가 300억 원 이상인 신규 사업으로서 건설사업, 정보화사업, 국가연구개발사업 및 중기재정지출이 500억 원 이상인 사회복지, 보건, 교육, 노동, 문화 및 관광, 환경 보호, 농림해양수산, 산업 · 중소기업 분야의 사업을 대상으로 실시되고 있다(KDI 공공투자관리센터, 2022). 단, 총사업비의 규모가 예비타당성조사 대상 사업이라 할지라도 공공청사, 교정시설, 초·중등 교육시설의 신·증축 사업, 문화재 복원사업, 국가안보에 관계되거나 보안을 요구하는 국방 관련 사업 등 국가가 의무적으로 추진해야 하는 사업이나 조사의 실익이 없는 사업은 예비타당성조사에서 제외된다.

기획재정부는 사업비 500억 원 이상이고 국비 300억 원 이상이 투입되는 각 부처와 지방자치단체의 투자사업들을 신청 받으면 바로 예비타당성조사를 실시하는 것이 아니라, 기획재정부 내 재정사업평가위원회의 심의를 거쳐 예비타당

1) 정부는 예비타당성조사제도 도입 이후 거의 4배 정도 증가한 경제·재정규모를 고려하여 SOC와 R&D 사업의 예타대상 기준을 총사업비 500억 원에서 1,000억 원(국비 기준 금액은 300억 원에서 500억 원)으로 상향 조정할 예정이다.

그림 15-1 예비타당성조사 수행 흐름도

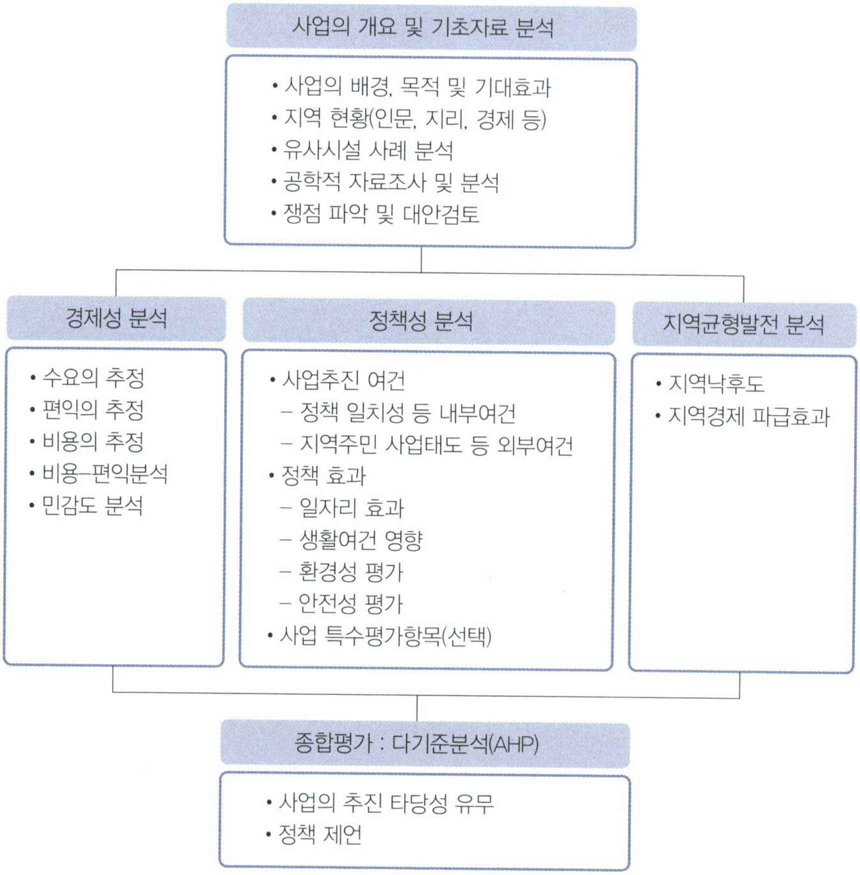

주 : 수도권 유형의 사업은 지역균형발전 분석을 생략함. 또한 해당 사업이 특정지역으로 정해져 있지 않거나 사업효과가 특정지역에 국한되지 않는 사업은 지역균형발전 분석을 생략할 수 있음.
자료 : KDI 공공투자관리센터(2021: 18).

성조사가 필요한 사업을 선정하는 절차를 밟는다. 기획재정부는 중장기 투자계획과의 부합성, 사업계획의 구체성, 사업추진의 시급성, 국고지원의 요건, 지역균형발전 요인 또는 기술개발 필요성 등을 종합적으로 고려하여 예비타당성조사 대상 사업을 선정한다[2](KDI 공공투자관리센터, 2022).

2) R&D 부문에서는 예비타당성조사 대상 선정 기준으로서 기술적 타당성, 글로벌 트렌드, 투자전략, 정책의 일관성, 그리고 경제적 타당성 등을 활용하고 있다. 또한 2018년에는 R&D 사업에 대한 예비

1999년 예비타당성조사제도가 도입된 이후 2022년 8월까지 총 975개 사업(477.3조 원)에 대해 예비타당성조사를 실시했는데, 이 중 350개 사업(184.1조 원)이 타당성이 미흡한 것으로 판정되어 대상 사업의 35.9%가 예비타당성조사를 통과하지 못했다(관계부처 합동, 2022).

예비타당성조사는 경제성 분석, 정책성 분석, 지역균형발전 분석을 실시한 후 각 분석결과를 종합적으로 고려하여 다기준 분석의 일종인 계층화분석(Analysis Hierarchy Process: AHP) 기법을 활용하여 결론을 내리도록 되어 있다([그림 15-1] 참조). 경제성 분석은 기본적으로 비용-편익분석을 행하는 것이다. 정책적 분석은 사업추진 여건과 정책 효과(일자리 효과, 생활여건 영향, 환경성 평가, 안전성 평가) 등의 항목을 포함하며, 지역균형발전 분석은 지역낙후도, 지역경제 파급효과 등 지역발전에 미치는 요인을 분석한다. 종합평가는 이상의 분석을 바탕으로 이루어지며, 통상 AHP≥0.5이면 사업추진의 타당성이 있는 것으로 판단한다.

2. 총사업비 관리제도

총사업비 관리제도는 국가의 예산 또는 기금으로 시행하는 대규모 사업의 총사업비를 사업추진 단계별로 합리적으로 조정·관리함으로써 무분별한 사업비 증가를 미연에 방지하고 재정지출의 효율성을 제고하기 위한 목적으로 시행하는 제도이다. 총사업비 관리 대상 사업은 사업기간이 2년 이상 사업으로 총사업비가 500억 원 이상이고 국가의 재정지원규모가 300억 원 이상인 토목·정보화사업, 총사업비가 200억 원 이상인 건축사업, 총사업비가 200억 원 이상인 연구시설 및 연구단지 조성 등 연구기반구축 R&D 사업이다(기획재정부, 2018). 총사업비 관리 대상 사업으로 선정되면, 총사업비 관리 대장에 등재되고, 사업추진의 각 단계별로 사업예산의 변동이 있을 때마다, 각 부처 및 기획재정부와 협의해야 한다. 원칙적으로 예비타당성조사 대상 사업은 총사업비 관리 대상이 된다. 그러나 예비타당성조사 대상 사업이 아니더라도 총사업비가 200억 원 이상인 건축사업과 총사업비 200억 원 이상인 연구기반 구축 R&D 사업은 총사업비 관리 대상이 되므로, 예비타당성조사 대상 사업보다 관리 범위가 넓다고 하겠다.

타당성조사를 과학기술정보통신부에 위탁하였다.

3. 타당성재조사제도

대규모 투자사업의 경우 예산을 확보하기 위한 방편으로 사업의 착수단계에서 총사업비를 과소추계하여 예비타당성조사를 피했지만, 사업이 실제 시작되고 나면 비용이 증가하여 실질적으로는 예비타당성조사를 받았어야 하는 사업들이 흔히 있다. 특히, 지역 숙원사업인 도로나 항만 등 SOC 사업을 유치해야 하는 지방자치단체 입장에서는 최초 단계에서 사업비가 적게 드는 것으로 보고하여 사업을 일단 시작하는 전략을 활용하는 경우가 있다. 실제 사업을 진행하는 과정에서 비용이 증가하더라도 매몰비용과 정치적 이해관계 등의 이유 때문에 사업의 타당성이 낮아도 예산당국이 예산을 줄일 수 없을 것이라는 계산을 하는 것이다. 공공투자와 관련된 이러한 도덕적 해이를 방지하기 위해 도입된 제도가 타당성재조사제도이다.

예비타당성조사가 사업이 시작되기 전 사전적으로 대규모 사업의 타당성을 검증하는 제도인 반면, 타당성재조사는 이미 시행 중인 사업을 재검토하는 제도라는 점에서 차이가 있다. 타당성재조사의 분석방법은 예비타당성조사와 동일하며, 재조사 결과 타당성이 없는 것으로 판정이 될 경우 사업이 중단되도록 되어 있다. 타당성재조사는 사업추진과정에서 총사업비가 예비타당성조사 대상 규모로 증가한 사업, 예비타당성조사 대상 사업이었으나 이를 거치지 않고 예산에 반영되어 추진 중인 사업, 물가인상분 및 토지 등의 손실보상비 증가분을 제외한 총사업비가 20% 이상 증가한 사업, 사업의 수요예측치가 30% 이상 감소한 사업을 대상으로 실시된다. 다만, 사업의 상당부분이 시공되어 매몰비용의 비중이 큰 사업, 총사업비 증가가 법정경비의 반영이나 상위계획의 변경에 의한 경우, 긴급한 경제 · 사회적 상황 대응 목적으로 추진되는 사업, 재해예방 · 복구 지원 등의 사업의 경우에는 타당성재조사를 실시하지 않을 수 있다.

제6절 | 민간투자사업

민간투자사업(public-private partnership projects)이란 전통적으로 정부예산으로 건설하던 사회기반시설을 민간자본을 유치하여 건설하는 사업을 일컫는다. 우리나라에서 민간투자사업은 1994년 8월 '(구)사회간접자본시설에 대한 민자유치촉진법'을 제정하면서 도입되었다. 1998년 12월에는 민간투자제도를 국제기준에 맞게 개편하고 수익성 제고 등 유인체계를 제공하는 내용을 골자로 하는 '(구)사회간접자본시설에 대한 민간투자법'으로 전면 개정되어 민간투자사업이 본격화되었다. 1999년 7월에는 최소운영수입보장(minimum revenue guarantee: MRG) 제도가 도입되었다. 2005년에는 '사회기반시설에 대한 민간투자법'으로 개정하여 그동안 추진해 오던 수익형 민자사업(BTO) 방식뿐만 아니라 임대형 민자사업(BTL) 방식도 도입하여, 민간투자에 대한 참여 폭과 참여 기회를 확대한 바 있다.

1994년에 민자투자사업제도를 도입한 이후 여러 차례 관련 법령 개정을 통해 민자투자사업의 대상 범위와 사업 방식이 다양화되었지만, 최소수입보장제도 등으로 인해 정부의 재정건전성 악화 및 투명성 문제 등이 제기되었다. 이에 2009년에는 최소운영수입보장제도를 폐지하였으며, 2010년에 추진하는 사업부터는 민자사업 한도액에 대한 국회의 심의 · 의결을 의무화하였다(국회예산정책처, 2022).

민간투자사업의 사업추진 방식은 크게 수익형과 임대형 방식으로 구분한다. 수익형 방식은 시설이용자가 지불하는 사용료로 투자비를 회수하는 방식이며, 임대형 방식은 국가 또는 지방자치단체가 지급하는 시설임대료 등의 사용료로 투자비를 회수하는 방식이다.

수익형 민간투자사업의 대표적인 유형은 BTO(Build-Transfer-Operate)이다. BTO 방식은 우리나라에서 많이 활용되는 방식인데, 시설 준공과 동시에 해당 시설의 소유권이 국가 또는 지방자치단체에게 귀속(transfer)되며, 사업시행자에게 일정 기간 시설관리운영권을 인정(operate)하는 방식이다. 통상적으로 도로, 철도, 항만, 환경 관련 시설의 건설과 운영을 위한 사업유형에 이 방식이 적용된다.

임대형 민간투자사업은 BTL(Build–Transfer–Lease)을 의미하는데, 사회기반 시설의 준공과 동시에 해당 시설의 소유권이 국가 또는 지방자치단체에게 귀속(transfer)되며, 사업시행자에게 일정 기간의 시설관리운영권을 인정하되 그 시설을 국가 또는 지방자치단체 등이 협약에서 정한 기간동안 임차(lease)하여 사용 · 수익하는 방식이다. 통상적으로 교육, 국방, 철도, 환경 관련 시설 건설 · 운영에 BTL 방식이 적용된다(KDI 공공투자관리센터, 2022).

참고문헌

관계부처 합동. (2022). 「예비타당성조사 제도 개편 방안」.

국회예산정책처. (2022). 「대한민국 재정 2022」.

기획재정부. (2018). "총사업비 관리제도의 이해."

김재형. (2012). "재정사업에 대한 예비타당성조사체계 확립과 공공투자관리센터 설립." 김광석(편), 「대한민국 정책연구의 산실 KDI: KDI 개원 40주년 정책연구사례집」. 370–78. 서울: 한국개발연구원.

조주현 · 정도영 · 박준환. (2013). "예비타당성조사제도의 쟁점 및 개선방안." 국회입법조사처 현안보고서 Vol. 204.

하연섭. (2018). "공공투자의 효과적 배분을 위한 정책과제." 이재준 · 김강수 외, 「우리 경제의 생산성 향상을 위한 공공투자의 역할과 과제」. 311–54. 세종: 한국개발연구원.

한국개발연구원(KDI) 공공투자관리센터. (2021). 「2020년도 KDI 공공투자관리센터 연차보고서」.

_______. (2022a). 「민간투자사업 용어의 이해」.

_______. (2022b). 「예비타당성조사 제도 및 분석방법론 개요」.

Arnold, R. Douglas. (1979). *Congress and the Bureaucracy: A Theory of Influence*. New Haven: Yale University Press.

_______. (1990). *The Logic of Congressional Action*. New Haven: Yale University Press.

Bickers, Kenneth N. and Robert M. Stein. (1996). "The Electoral Dynamics of the Federal Pork Barrel." *American Journal of Political Science* 40(4): 1300–26.

Fainboim, Israel, Duncan Last, and Eivind Tandberg. (2013). "Managing Public Investment."in Marco Cangiano, Teresa Curristine, and Michel Lazare(eds.), *Public Financial Management and Its Emerging Architecture*. 311–37. Washington, D.C.: IMF.

Flyvbjerg, Bent. (2009). "Survival of the Unfittest: Why the Worst Infrastructure Gets Built—and What We Can Do About It." *Oxford Review of Economic Policy* 25(3):

344–67.

_______. (2014). "What You Should Know About Megaprojects and Why: An Overview." *Project Management Journal* 45(2): 6–19.

_______, Mette Skamriss Holm, and Søren Buhl. (2002). "Underestimating Costs in Public Works Projects: Error or Lie?" *Journal of the American Planning Association* 68(3): 279–95.

Frisch, Scott A. (1998). *The Politics of Pork: A Study of Congressional Appropriation Earmarks*. New York: Routledge.

Ha, Yeonseob. (2014). "The Institutionalization of Preliminary Feasibility Studies and its Contribution to the Public Inquiry Process." Paper presented at MOSF–KDI–IMF–WB International Conference on Strengthening the Management of Public Investment: Korean and International Experiences, Grand Intercontinental Seoul Parnas, Oct. 30, 2014.

Helm, Dieter. (2013). "British Infrastructure Policy and the Gradual Return of the State." *Oxford Review of Economic Policy* 29(2): 287–306.

International Monetary Fund. (2015). "Improving Public Investment Efficiency in the G–20." Washington, D.C.: IMF.

Laursen, Thomas and Bernard Myers. (2009). *Public Investment Management in the New EU Member States: Strengthening Planning and Implementation of Transport Infrastructure Investments*. Washington, D.C.: The World Bank.

Lowi, Theodore. (1964). "American Business, Public Policy, Case–Studies, and Political Theory." *World Politics* 16(4): 677–715.

McKinsey Global Institute. (2013). "Infrastructure Productivity: How to Save $1 Trillion a Year."

Park, Hyeon. (2008). "Preliminary Feasibility Study (PFS): Performance and Challenges." in Kang–Soo Kim(ed.), *Improving Public Investment Management for Large–Scale Government Projects: Focusing on the Feasibility Studies—Lessons and Challenges*. 125–37. Seoul: KDI.

Rajaram, Anand, Tuan Minh Le, Kai Kaiser, Jay-Hyung Kim, and Jonas Frank. (2014). *The Power of Public Investment Management: Transforming Resources into Assets for Growth*. Washington, D.C.: World Bank.

Wilson, James Q. (1989). *Bureaucracy: What Government Agencies Do and Why They Do It*. New York: Basic Books.

부록

국가재정법

국가재정법

[시행 2022. 3. 25.] [법률 제18469호, 2021. 9. 24., 타법개정]

제1장 총칙

제1조(목적) 이 법은 국가의 예산·기금·결산·성과관리 및 국가채무 등 재정에 관한 사항을 정함으로써 효율적이고 성과 지향적이며 투명한 재정운용과 건전재정의 기틀을 확립하고 재정운용의 공공성을 증진하는 것을 목적으로 한다. 〈개정 2020. 3. 31.〉

제2조(회계연도) 국가의 회계연도는 매년 1월 1일에 시작하여 12월 31일에 종료한다.

제3조(회계연도 독립의 원칙) 각 회계연도의 경비는 그 연도의 세입 또는 수입으로 충당하여야 한다.

제4조(회계구분) ① 국가의 회계는 일반회계와 특별회계로 구분한다.

② 일반회계는 조세수입 등을 주요 세입으로 하여 국가의 일반적인 세출에 충당하기 위하여 설치한다.

③ 특별회계는 국가에서 특정한 사업을 운영하고자 할 때, 특정한 자금을 보유하여 운용하고자 할 때, 특정한 세입으로 특정한 세출에 충당함으로써 일반회계와 구분하여 회계처리할 필요가 있을 때에 법률로써 설치하되, 별표 1에 규정된 법률에 의하지 아니하고는 이를 설치할 수 없다. 〈개정 2014. 1. 1.〉

제5조(기금의 설치) ① 기금은 국가가 특정한 목적을 위하여 특정한 자금을 신축적으로 운용할 필요가 있을 때에 한정하여 법률로써 설치하되, 정부의 출연금 또는 법률에 따른 민간부담금을 재원으로 하는 기금은 별표 2에 규정된 법률에 의하지 아니하고는 이를 설치할 수 없다. 〈개정 2020. 6. 9.〉

② 제1항의 규정에 따른 기금은 세입세출예산에 의하지 아니하고 운용할 수 있다.

제6조(독립기관 및 중앙관서) ① 이 법에서 "독립기관"이라 함은 국회·대법원·헌법재판소 및 중앙선거관리위원회를 말한다.

② 이 법에서 "중앙관서"라 함은 「헌법」 또는 「정부조직법」 그 밖의 법률에 따라 설치된 중앙행정기관을 말한다.

③ 국회의 사무총장, 법원행정처장, 헌법재판소의 사무처장 및 중앙선거관리위원회의 사무총장은 이 법을 적용할 때 중앙관서의 장으로 본다. 〈개정 2020. 6. 9.〉

제7조(국가재정운용계획의 수립 등) ① 정부는 재정운용의 효율화와 건전화를 위하여 매년 해당 회계연도부터 5회계연도 이상의 기간에 대한 재정운용계획(이하 "국가재정운용계획"이라 한다)을 수립하여 회계연도 개시 120일 전까지 국회에 제출하여야 한다. 〈개정 2013. 5. 28., 2020. 6. 9.〉

② 국가재정운용계획에는 다음 각 호의 사항이 포함되어야 한다. 〈개정 2010. 5. 17., 2016. 12. 20., 2020. 3. 31., 2020. 6. 9.〉

1. 재정운용의 기본방향과 목표
2. 중기 재정전망 및 근거

3. 분야별 재원배분계획 및 투자방향
4. 재정규모증가율 및 그 근거
4의 2. 의무지출(재정지출 중 법률에 따라 지출의무가 발생하고 법령에 따라 지출규모가 결정되는 법정지출 및 이자지출을 말하며, 그 구체적인 범위는 대통령령으로 정한다)의 증가율 및 산출내역
4의 3. 재량지출(재정지출에서 의무지출을 제외한 지출을 말한다)의 증가율에 대한 분야별 전망과 근거 및 관리계획
4의 4. 세입·세외수입·기금수입 등 재정수입의 증가율 및 그 근거
5. 조세부담률 및 국민부담률 전망
6. 통합재정수지[일반회계, 특별회계 및 기금을 통합한 재정통계로서 순(純) 수입에서 순 지출을 뺀 금액을 말한다. 이하 같다] 전망과 관리계획. 다만, 통합재정수지에서 제외되는 기금은 국제기구에서 권고하는 기준에 준하여 대통령령으로 정한다.
7. 삭제 〈2010. 5. 17.〉
8. 그 밖에 대통령령으로 정하는 사항

③ 제1항에 따라 국회에 제출하는 국가재정운용계획에는 다음 각 호의 서류를 첨부하여야 한다. 〈신설 2010. 5. 17., 2014. 1. 1., 2020. 3. 31., 2021. 6. 15.〉
1. 전년도에 수립한 국가재정운용계획 대비 변동사항, 변동요인 및 관리계획 등에 대한 평가·분석보고서
2. 제73조의 4에 따른 중장기 기금재정관리계획
3. 제91조에 따른 국가채무관리계획
4. 「국세기본법」 제20조의 2에 따른 중장기 조세정책운용계획
5. 제4항에 따른 장기 재정전망 결과

④ 기획재정부장관은 40회계연도 이상의 기간을 대상으로 5년마다 장기 재정전망을 실시하여야 한다. 〈신설 2020. 3. 31.〉

⑤ 기획재정부장관은 국가재정운용계획을 수립하기 위하여 필요한 때에는 관계 국가기관 또는 공공단체의 장에게 중·장기 대내·외 거시경제전망 및 재정전망 등에 관하여 자료의 제출을 요청하거나, 관계 국가기관 또는 공공단체의 장과 이에 관하여 협의할 수 있다. 〈개정 2008. 2. 29., 2010. 5. 17., 2020. 3. 31., 2020. 6. 9.〉

⑥ 기획재정부장관은 국가재정운용계획을 수립하는 때에는 관계 중앙관서의 장과 협의하여야 한다. 〈개정 2008. 2. 29., 2010. 5. 17., 2020. 3. 31.〉

⑦ 제1항부터 제6항까지에 규정된 사항 외에 국가재정운용계획의 수립에 관하여 필요한 사항은 대통령령으로 정한다. 〈개정 2010. 5. 17., 2020. 3. 31.〉

⑧ 기획재정부장관은 제35조에 따른 수정예산안 및 제89조에 따른 추가경정예산안이 제출될 때에는 재정수지, 국가채무 등 국가재정운용계획의 재정총량에 미치는 효과 및 그 관리방안에 대하여 국회에 보고하여야 한다. 〈신설 2010. 5. 17., 2020. 3. 31.〉

⑨ 기획재정부장관은 국가재정운용계획을 국회에 제출하기 30일 전에 재정규모, 재정수지, 재원배분 등 수립 방향을 국회 소관 상임위원회에 보고하여야 한다. 〈신설 2010. 5. 17., 2014. 12. 30., 2020. 3. 31.〉

⑩ 각 중앙관서의 장은 재정지출을 수반하는 중·장기계획을 수립하는 때에는 미리 기획재정부장관과 협의하여야 한다.

〈개정 2008. 2. 29., 2010. 5. 17., 2020. 3. 31.〉

⑪ 지방자치단체의 장은 국가의 재정지원에 따라 수행되는 사업으로서 대통령령으로 정하는 규모 이상인 사업의 계획을 수립하는 때에는 미리 관계 중앙관서의 장과 협의하여야 한다. 이 경우 중앙관서의 장은 기획재정부장관과 협의하여야 한다. 〈개정 2008. 2. 29., 2010. 5. 17., 2020. 3. 31., 2020. 6. 9.〉

제8조 삭제 〈2021. 12. 21.〉

제8조의 2(전문적인 조사·연구기관의 지정 등) ① 기획재정부장관은 예비타당성조사 등을 적정하게 수행하기 위하여 「정부출연연구기관 등의 설립·운영 및 육성에 관한 법률」에 따라 설립된 한국개발연구원 및 한국조세재정연구원과 전문 인력 및 조사·연구 능력 등 대통령령으로 정하는 지정기준을 갖춘 기관을 전문기관으로 지정하여 다음 각 호의 업무 중 전부 또는 일부를 수행하게 할 수 있다. 〈개정 2016. 1. 28., 2020. 3. 31., 2021. 12. 21.〉

1. 제38조 제1항 및 제3항에 따른 사업의 예비타당성조사 및 그 조사와 관련된 전문적인 조사·연구
2. 제50조 제2항 및 제4항에 따른 사업의 타당성 재조사 및 그 조사와 관련된 전문적인 조사·연구
3. 제85조의 8 제1항에 따른 재정사업에 대한 성과평가 및 그 평가와 관련된 전문적인 조사·연구
4. 제82조 제2항에 따른 기금운용평가단의 운영
5. 제85조의 5 제4항에 따른 재정성과평가단의 운영
6. 「부담금관리 기본법」 제8조 제4항에 따른 부담금운용평가단의 운영
7. 「보조금 관리에 관한 법률」 제15조 제3항에 따른 보조사업평가단의 운영
8. 「복권 및 복권기금법」 제22조 제4항에 따라 구성하는 복권기금사업의 성과에 대한 평가단의 운영

② 기획재정부장관은 제1항에 따라 지정된 전문기관이 그 업무를 수행하는 데에 드는 비용을 지원하기 위하여 해당 전문기관에 출연할 수 있다.

③ 기획재정부장관은 제1항에 따라 지정된 전문기관이 다음 각 호의 어느 하나에 해당하는 경우에는 그 지정을 취소할 수 있다. 다만, 제1호에 해당하면 그 지정을 취소하여야 한다.

1. 거짓이나 그 밖의 부정한 방법으로 지정을 받은 경우
2. 제1항에 따른 지정기준에 적합하지 아니하게 된 경우
3. 제1항에 따른 업무를 적정하게 수행하지 아니하는 등 수행하는 업무가 그 지정의 목적을 벗어난 것으로 인정되는 경우

④ 기획재정부장관은 제3항에 따라 전문기관의 지정을 취소하려는 경우에는 청문을 하여야 한다. 〈신설 2021. 12. 21.〉

⑤ 제1항에 따른 전문기관의 지정 및 그 운영 등에 필요한 사항은 대통령령으로 정한다. 〈개정 2021. 12. 21.〉

[본조신설 2014. 1. 1.]

[제목개정 2021. 12. 21.]

제9조(재정정보의 공표) ① 정부는 예산, 기금, 결산, 국채, 차입금, 국유재산의 현재액, 통합재정수지 및 제2항에 따른 일반정부 및 공공부문 재정통계, 그 밖에 대통령령으로 정하는 국가와 지방자치단체

의 재정에 관한 중요한 사항을 매년 1회 이상 정보통신매체·인쇄물 등 적당한 방법으로 알기 쉽고 투명하게 공표하여야 한다. 〈개정 2020. 3. 31., 2020. 6. 9.〉

② 기획재정부장관은 회계연도마다 결산을 기준으로 다음 각 호의 재정상황을 종합적으로 나타내는 통계(이하 "일반정부 및 공공부문 재정통계"라 한다)를 작성하여야 한다. 이 경우 제2호와 제3호에 관하여는 해당 기관 및 관계 중앙관서의 장과 협의하여 작성하여야 한다. 〈신설 2020. 3. 31.〉

1. 국가 및 지방자치단체의 일반회계, 특별회계 및 기금
2. 다음 각 목의 기관 중 시장성이 없는 기관으로서 대통령령으로 정하는 기관
   가. 「공공기관의 운영에 관한 법률」에 따른 공공기관
   나. 「지방공기업법」에 따른 지방공사·공단
   다. 그 밖에 공영방송사·국립대학법인 등 공공성이 인정되는 법인
3. 제2호 각 목의 기관 중 시장성이 있는 기관(금융을 다루는 기관은 제외한다)으로서 대통령령으로 정하는 기관

③ 기획재정부장관은 각 중앙관서의 장, 지방자치단체의 장, 관계 기관의 장에게 제1항에 따른 재정정보의 공표 또는 제2항에 따른 일반정부 및 공공부문 재정통계의 작성을 위하여 필요한 자료의 제출을 요구할 수 있다. 〈개정 2020. 3. 31.〉

④ 각 중앙관서의 장은 해당 중앙관서의 세입·세출예산 운용상황을, 각 법률에 따라 기금을 관리·운용하는 자(기금의 관리 또는 운용 업무를 위탁받은 자는 제외하며, 이하 "기금관리주체"라 한다)는 해당 기금의 운용상황을 인터넷 홈페이지에 공개하여야 한다. 〈신설 2014. 12. 30., 2016. 12. 20., 2020. 3. 31., 2021. 12. 21.〉

⑤ 제4항의 세입·세출예산 운용상황 및 기금 운용상황 공개에는 각 사업별 사업설명자료가 첨부되어야 한다. 그 밖에 공개에 필요한 사항은 대통령령으로 정한다. 〈신설 2014. 12. 30., 2016. 12. 20., 2020. 3. 31.〉

⑥ 기획재정부장관은 제4항 및 제5항에 관한 지침을 작성하여 각 중앙관서의 장과 기금관리주체에게 각각 통보하여야 하며, 지침과 서로 다를 경우 시정 요구하여야 한다. 이 경우 각 중앙관서의 장과 기금관리주체는 다른 법령에서 별도로 규정하는 경우를 제외하고는 그 요구를 따라야 한다. 〈신설 2016. 12. 20., 2020. 3. 31., 2020. 6. 9.〉

제9조의 2(재정 관련 자료의 제출) 기획재정부장관은 매년 회계연도 개시 120일 전까지 다음 각 호의 서류를 국회에 제출하여야 한다. 〈개정 2013. 5. 28.〉

1. 제92조에 따른 국가보증채무관리계획
2. 「공공기관의 운영에 관한 법률」 제39조의 2에 따른 중장기 재무관리계획
3. 「사회기반시설에 대한 민간투자법」 제24조의 2에 따른 임대형 민자사업 정부지급금추계서

[본조신설 2010. 5. 17.]

제10조(재정운용에 대한 의견수렴) ① 기획재정부장관은 재정운용에 대한 의견수렴을 위하여 각 중앙관서와 지방자치단체의 공무원 및 민간 전문가 등으로 구성된 재정정책자문회의(이하 "자문회의"라 한다)를 운영하여야 한다. 〈개정 2008. 2. 29.,

2008. 12. 31.〉

② 기획재정부장관은 국가재정운용계획을 수립할 때, 매 회계연도의 예산안을 편성할 때와 기금운용계획안을 마련할 때에는 미리 자문회의의 의견수렴을 거쳐야 한다. 〈개정 2008. 2. 29., 2008. 12. 31.〉

③ 자문회의의 구성·기능 및 운영 등에 관하여 필요한 사항은 대통령령으로 정한다. 〈개정 2008. 12. 31.〉

제11조(업무의 관장) ① 예산, 결산 및 기금에 관한 사무는 기획재정부장관이 관장한다. 〈개정 2008. 2. 29.〉

② 각 중앙관서의 장은 제1항의 규정에 따른 사무에 관한 법령을 제정·개정 또는 폐지하거나 제1항의 규정에 따른 사무와 관련되는 사항을 다른 법령에 규정하고자 하는 때에는 기획재정부장관과 협의하여야 한다. 〈개정 2008. 2. 29.〉

제12조(출연금) 국가는 국가연구개발사업의 수행, 공공목적을 수행하는 기관의 운영 등 특정한 목적을 달성하기 위하여 법률에 근거가 있는 경우에는 해당 기관에 출연할 수 있다.

제13조(회계·기금 간 여유재원의 전입·전출) ① 정부는 국가재정의 효율적 운용을 위하여 필요한 경우에는 다른 법률의 규정에도 불구하고 회계 및 기금의 목적 수행에 지장을 초래하지 아니하는 범위 안에서 회계와 기금 간 또는 회계 및 기금 상호 간에 여유재원을 전입 또는 전출하여 통합적으로 활용할 수 있다. 다만, 다음 각 호의 특별회계 및 기금은 제외한다. 〈개정 2008. 3. 28., 2020. 6. 9.〉

1. 우체국보험특별회계
2. 국민연금기금
3. 공무원연금기금
4. 사립학교교직원연금기금
5. 군인연금기금
6. 고용보험기금
7. 산업재해보상보험및예방기금
8. 임금채권보장기금
9. 방사성폐기물관리기금
10. 그 밖에 차입금이나 「부담금관리기본법」 제2조의 규정에 따른 부담금 등을 주요 재원으로 하는 특별회계와 기금 중 대통령령으로 정하는 특별회계와 기금

② 기획재정부장관은 제1항의 규정에 따라 전입·전출을 하고자 하는 때에는 관계 중앙관서의 장 및 기금관리주체와 협의한 후 그 내용을 예산안 또는 기금운용계획안에 반영하여야 한다. 〈개정 2008. 2. 29.〉

제14조(특별회계 및 기금의 신설에 관한 심사) ① 중앙관서의 장은 소관 사무와 관련하여 특별회계 또는 기금을 신설하고자 하는 때에는 해당 법률안을 입법예고하기 전에 특별회계 또는 기금의 신설에 관한 계획서(이하 이 조에서 "계획서"라 한다)를 기획재정부장관에게 제출하여 그 신설의 타당성에 관한 심사를 요청하여야 한다. 〈개정 2008. 2. 29.〉

② 기획재정부장관은 제1항의 규정에 따라 심사를 요청받은 경우 기금에 대하여는 제1호부터 제4호까지의 기준에 적합한지 여부를 심사하고, 특별회계에 대하여는 제4호 및 제5호의 기준에 적합한지 여부를 심사하여야 한다. 이 경우 미리 자문회의에 자문하여야 한다. 〈개정 2008. 2. 29., 2008. 12. 31., 2014. 1. 1.〉

1. 부담금 등 기금의 재원이 목적사업과 긴밀하게 연계되어 있을 것

2. 사업의 특성으로 인하여 신축적인 사업추진이 필요할 것
3. 중·장기적으로 안정적인 재원조달과 사업추진이 가능할 것
4. 일반회계나 기존의 특별회계·기금보다 새로운 특별회계나 기금으로 사업을 수행하는 것이 더 효과적일 것
5. 특정한 사업을 운영하거나 특정한 세입으로 특정한 세출에 충당함으로써 일반회계와 구분하여 회계처리할 필요가 있을 것

③ 기획재정부장관은 제2항의 규정에 따른 심사 결과 특별회계 또는 기금의 신설이 제2항의 규정에 따른 심사기준에 부합하지 아니한다고 인정하는 때에는 계획서를 제출한 중앙관서의 장에게 계획서의 재검토 또는 수정을 요청할 수 있다. 〈개정 2008. 2. 29.〉

제15조(특별회계 및 기금의 통합·폐지) 특별회계 및 기금이 다음 각 호의 어느 하나에 해당하는 경우에는 이를 폐지하거나 다른 특별회계 또는 기금과 통합할 수 있다.

1. 설치목적을 달성한 경우
2. 설치목적의 달성이 불가능하다고 판단되는 경우
3. 특별회계와 기금 간 또는 특별회계 및 기금 상호 간에 유사하거나 중복되게 설치된 경우
4. 그 밖에 재정운용의 효율성 및 투명성을 높이기 위하여 일반회계에서 통합 운용하는 것이 바람직하다고 판단되는 경우

제2장 예산

제1절 총칙

제16조(예산의 원칙) 정부는 예산을 편성하거나 집행할 때 다음 각 호의 원칙을 준수하여야 한다. 〈개정 2010. 5. 17., 2013. 1. 1., 2020. 6. 9., 2021. 6. 15., 2021. 9. 24., 2021. 12. 21.〉

1. 정부는 재정건전성의 확보를 위하여 최선을 다하여야 한다.
2. 정부는 국민부담의 최소화를 위하여 최선을 다하여야 한다.
3. 정부는 재정을 운용할 때 재정지출 및 「조세특례제한법」 제142조의 2 제1항에 따른 조세지출의 성과를 제고하여야 한다.
4. 정부는 예산과정의 투명성과 예산과정에의 국민참여를 제고하기 위하여 노력하여야 한다.
5. 정부는 「성별영향평가법」 제2조 제1호에 따른 성별영향평가의 결과를 포함하여 예산이 여성과 남성에게 미치는 효과를 평가하고, 그 결과를 정부의 예산편성에 반영하기 위하여 노력하여야 한다.
6. 정부는 예산이 「기후위기 대응을 위한 탄소중립·녹색성장 기본법」 제2조 제5호에 따른 온실가스(이하 "온실가스"라 한다) 감축에 미치는 효과를 평가하고, 그 결과를 정부의 예산편성에 반영하기 위하여 노력하여야 한다.

제17조(예산총계주의) ① 한 회계연도의 모든 수입을 세입으로 하고, 모든 지출을 세출로 한다.

② 제53조에 규정된 사항을 제외하고는 세입과 세출은 모두 예산에 계상하여야 한다.

제18조(국가의 세출재원) 국가의 세출은 국채·차입금(외국정부·국제협력기구 및 외국법인으로부터 도입되는 차입자금을 포함한다. 이하 같다) 외의 세입을 그 재원으로 한다. 다만, 부득이한 경우에는 국회의 의결을 얻은 금액의 범위 안에서 국채 또는 차입금으로써 충당할 수 있다.

제19조(예산의 구성) 예산은 예산총칙·세입세출예산·계속비·명시이월비 및 국고채무부담행위를 총칭한다.

제20조(예산총칙) ① 예산총칙에는 세입세출예산·계속비·명시이월비 및 국고채무부담행위에 관한 총괄적 규정을 두는 외에 다음 각 호의 사항을 규정하여야 한다. 〈개정 2008. 12. 31.〉

1. 제18조 단서의 규정에 따른 국채와 차입금의 한도액(중앙관서의 장이 관리하는 기금의 기금운용계획안에 계상된 국채발행 및 차입금의 한도액을 포함한다)
2. 「국고금관리법」 제32조의 규정에 따른 재정증권의 발행과 일시차입금의 최고액
3. 그 밖에 예산집행에 관하여 필요한 사항

② 정부는 기존 국채를 새로운 국채로 대체하기 위하여 필요한 경우에는 제1항 제1호의 한도액을 초과하여 국채를 발행할 수 있다. 이 경우 미리 국회에 이를 보고하여야 한다. 〈신설 2008. 12. 31.〉

제21조(세입세출예산의 구분) ① 세입세출예산은 필요한 때에는 계정으로 구분할 수 있다.

② 세입세출예산은 독립기관 및 중앙관서의 소관별로 구분한 후 소관 내에서 일반회계·특별회계로 구분한다.

③ 세입예산은 제2항의 규정에 따른 구분에 따라 그 내용을 성질별로 관·항으로 구분하고, 세출예산은 제2항의 규정에 따른 구분에 따라 그 내용을 기능별·성질별 또는 기관별로 장·관·항으로 구분한다.

④ 예산의 구체적인 분류기준 및 세항과 각 경비의 성질에 따른 목의 구분은 기획재정부장관이 정한다. 〈개정 2008. 2. 29.〉

제22조(예비비) ① 정부는 예측할 수 없는 예산 외의 지출 또는 예산초과지출에 충당하기 위하여 일반회계 예산총액의 100분의 1 이내의 금액을 예비비로 세입세출예산에 계상할 수 있다. 다만, 예산총칙 등에 따라 미리 사용목적을 지정해 놓은 예비비는 본문에도 불구하고 별도로 세입세출예산에 계상할 수 있다. 〈개정 2020. 6. 9.〉

② 제1항 단서에도 불구하고 공무원의 보수 인상을 위한 인건비 충당을 위하여는 예비비의 사용목적을 지정할 수 없다. 〈개정 2020. 6. 9.〉

제23조(계속비) ① 완성에 수년이 필요한 공사나 제조 및 연구개발사업은 그 경비의 총액과 연부액(年賦額)을 정하여 미리 국회의 의결을 얻은 범위 안에서 수년도에 걸쳐서 지출할 수 있다. 〈개정 2020. 6. 9.〉

② 제1항의 규정에 따라 국가가 지출할 수 있는 연한은 그 회계연도부터 5년 이내로 한다. 다만, 사업규모 및 국가재원 여건을 고려하여 필요한 경우에는 예외적으로 10년 이내로 할 수 있다. 〈개정 2012. 3. 21., 2020. 6. 9.〉

③ 기획재정부장관은 필요하다고 인정하

는 때에는 국회의 의결을 거쳐 제2항의 지출연한을 연장할 수 있다. 〈신설 2012. 3. 21.〉

제24조(명시이월비) ① 세출예산 중 경비의 성질상 연도 내에 지출을 끝내지 못할 것이 예측되는 때에는 그 취지를 세입세출예산에 명시하여 미리 국회의 승인을 얻은 후 다음 연도에 이월하여 사용할 수 있다.

② 각 중앙관서의 장은 제1항의 규정에 따른 명시이월비에 대하여 예산집행상 부득이한 사유가 있는 때에는 사항마다 사유와 금액을 명백히 하여 기획재정부장관의 승인을 얻은 범위 안에서 다음 연도에 걸쳐서 지출하여야 할 지출원인행위를 할 수 있다. 〈개정 2008. 2. 29.〉

③ 기획재정부장관은 제2항의 규정에 따라 다음 연도에 걸쳐서 지출하여야 할 지출원인행위를 승인한 때에는 감사원에 통지하여야 한다. 〈개정 2008. 2. 29.〉

제25조(국고채무부담행위) ① 국가는 법률에 따른 것과 세출예산금액 또는 계속비의 총액의 범위 안의 것 외에 채무를 부담하는 행위를 하는 때에는 미리 예산으로써 국회의 의결을 얻어야 한다.

② 국가는 제1항에 규정된 것 외에 재해복구를 위하여 필요한 때에는 회계연도마다 국회의 의결을 얻은 범위 안에서 채무를 부담하는 행위를 할 수 있다. 이 경우 그 행위는 일반회계 예비비의 사용절차에 준하여 집행한다.

③ 국고채무부담행위는 사항마다 그 필요한 이유를 명백히 하고 그 행위를 할 연도 및 상환연도와 채무부담의 금액을 표시하여야 한다.

제26조(성인지 예산서의 작성) ① 정부는 예산이 여성과 남성에게 미칠 영향을 미리 분석한 보고서[이하 "성인지(性認知)예산서"라 한다]를 작성하여야 한다.

② 성인지 예산서에는 성평등 기대효과, 성과목표, 성별 수혜분석 등을 포함하여야 한다. 〈신설 2010. 5. 17.〉

③ 성인지 예산서의 작성에 관한 구체적인 사항은 대통령령으로 정한다. 〈개정 2010. 5. 17.〉

제27조(온실가스감축인지 예산서의 작성) ① 정부는 예산이 온실가스 감축에 미칠 영향을 미리 분석한 보고서(이하 "온실가스감축인지 예산서"라 한다)를 작성하여야 한다.

② 온실가스감축인지 예산서에는 온실가스 감축에 대한 기대효과, 성과목표, 효과분석 등을 포함하여야 한다.

③ 온실가스감축인지 예산서의 작성에 관한 구체적인 사항은 대통령령으로 정한다.

[본조신설 2021. 6. 15.]

제2절 예산안의 편성

제28조(중기사업계획서의 제출) 각 중앙관서의 장은 매년 1월 31일까지 해당 회계연도부터 5회계연도 이상의 기간 동안의 신규사업 및 기획재정부장관이 정하는 주요계속사업에 대한 중기사업계획서를 기획재정부장관에게 제출하여야 한다. 〈개정 2008. 2. 29., 2020. 6. 9.〉

제29조(예산안편성지침의 통보) ① 기획재정부장관은 국무회의의 심의를 거쳐 대통령의 승인을 얻은 다음 연도의 예산안편성지침을 매년 3월 31일까지 각 중앙관서의 장에게 통보하여야 한다. 〈개정 2008. 2. 29., 2014. 1. 1.〉

② 기획재정부장관은 제7조의 규정에 따른 국가재정운용계획과 예산편성을 연계하기 위하여 제1항의 규정에 따른 예산안편성지침에 중앙관서별 지출한도를 포함하여 통보할 수 있다. 〈개정 2008. 2. 29.〉

제30조(예산안편성지침의 국회보고) 기획재정부장관은 제29조 제1항의 규정에 따라 각 중앙관서의 장에게 통보한 예산안편성지침을 국회 예산결산특별위원회에 보고하여야 한다. 〈개정 2008. 2. 29.〉

제31조(예산요구서의 제출) ① 각 중앙관서의 장은 제29조의 규정에 따른 예산안편성지침에 따라 그 소관에 속하는 다음 연도의 세입세출예산·계속비·명시이월비 및 국고채무부담행위 요구서(이하 "예산요구서"라 한다)를 작성하여 매년 5월 31일까지 기획재정부장관에게 제출하여야 한다. 〈개정 2008. 2. 29., 2014. 1. 1.〉

② 예산요구서에는 대통령령으로 정하는 바에 따라 예산의 편성 및 예산관리기법의 적용에 필요한 서류를 첨부하여야 한다. 〈개정 2020. 6. 9.〉

③ 기획재정부장관은 제1항의 규정에 따라 제출된 예산요구서가 제29조의 규정에 따른 예산안편성지침에 부합하지 아니하는 때에는 기한을 정하여 이를 수정 또는 보완하도록 요구할 수 있다. 〈개정 2008. 2. 29.〉

제32조(예산안의 편성) 기획재정부장관은 제31조 제1항의 규정에 따른 예산요구서에 따라 예산안을 편성하여 국무회의의 심의를 거친 후 대통령의 승인을 얻어야 한다. 〈개정 2008. 2. 29.〉

제33조(예산안의 국회제출) 정부는 제32조의 규정에 따라 대통령의 승인을 얻은 예산안을 회계연도 개시 120일 전까지 국회에 제출하여야 한다. 〈개정 2013. 5. 28.〉

제34조(예산안의 첨부서류) 제33조의 규정에 따라 국회에 제출하는 예산안에는 다음 각 호의 서류를 첨부하여야 한다. 〈개정 2011. 3. 30., 2012. 3. 21., 2013. 1. 1., 2014. 1. 1., 2017. 12. 26., 2019. 4. 23., 2020. 6. 9., 2021. 6. 15., 2021. 12. 21.〉

1. 세입세출예산 총계표 및 순계표
2. 세입세출예산사업별 설명서

2의 2. 세입예산 추계분석보고서(세입추계 방법 및 근거, 전년도 세입예산과 세입결산 간 총액 및 세목별 차이에 대한 평가 및 원인 분석, 세입추계 개선사항을 포함한다)

3. 계속비에 관한 전년도말까지의 지출액 또는 지출추정액, 해당 연도 이후의 지출예정액과 사업전체의 계획 및 그 진행상황에 관한 명세서

3의 2. 제50조에 따른 총사업비 관리대상 사업의 사업별 개요, 전년도 대비 총사업비 증감 내역과 증감 사유, 해당 연도까지의 연부액 및 해당 연도 이후의 지출예정액

4. 국고채무부담행위 설명서
5. 국고채무부담행위로서 다음 연도 이후에 걸치는 것인 경우 전년도말까지의 지출액 또는 지출추정액과 해당 연도 이후의 지출예정액에 관한 명세서

5의 2. 완성에 2년 이상이 소요되는 사업으로서 대통령령으로 정하는 대규모 사업의 국고채무부담행위 총규모

6. 예산정원표와 예산안편성기준단가
7. 국유재산의 전전년도 말 기준 현재액과 전년도말과 해당 연도 말 기준 현재액 추정에 관한 명세서

8. 제85조의 7에 따른 성과계획서
9. 성인지 예산서
9의 2. 온실가스감축인지 예산서
10. 「조세특례제한법」 제142조의 2에 따른 조세지출예산서
11. 제40조 제2항 및 제41조의 규정에 따라 독립기관의 세출예산요구액을 감액하거나 감사원의 세출예산요구액을 감액한 때에는 그 규모 및 이유와 감액에 대한 해당 기관의 장의 의견
12. 삭제 〈2010. 5. 17.〉
13. 회계와 기금 간 또는 회계 상호 간 여유재원의 전입·전출 명세서 그 밖에 재정의 상황과 예산안의 내용을 명백히 할 수 있는 서류
14. 「국유재산특례제한법」 제10조 제1항에 따른 국유재산특례지출예산서
15. 제38조 제2항에 따라 예비타당성조사를 실시하지 아니한 사업의 내역 및 사유
16. 지방자치단체 국고보조사업 예산안에 따른 분야별 총 대응지방비 소요 추계서

제35조(국회제출 중인 예산안의 수정) 정부는 예산안을 국회에 제출한 후 부득이한 사유로 인하여 그 내용의 일부를 수정하고자 하는 때에는 국무회의의 심의를 거쳐 대통령의 승인을 얻은 수정예산안을 국회에 제출할 수 있다.

제36조(예산안 첨부서류의 생략) 정부는 제35조에 따른 수정예산안 또는 제89조에 따른 추가경정예산안을 편성하여 국회에 제출하는 때에는 제34조 각 호에 규정된 첨부서류의 일부를 생략할 수 있다. 다만, 제85조의 7에 따른 성과계획서의 제출을 생략하는 때에는 사후에 이를 제출하여야 한다. 〈개정 2009. 5. 27., 2021. 12. 21.〉

제37조(총액계상) ① 기획재정부장관은 대통령령으로 정하는 사업으로서 세부내용을 미리 확정하기 곤란한 사업의 경우에는 이를 총액으로 예산에 계상할 수 있다. 〈개정 2008. 2. 29., 2020. 6. 9.〉
② 제1항의 규정에 따른 총액계상사업의 총 규모는 매 회계연도 예산의 순계를 기준으로 대통령령으로 정하는 비율을 초과할 수 없다. 〈개정 2020. 6. 9.〉
③ 각 중앙관서의 장은 제1항의 규정에 따른 총액계상사업에 대하여는 예산배정 전에 예산배분에 관한 세부사업시행계획을 수립하여 기획재정부장관과 협의하여야 하며, 그 세부집행실적을 회계연도 종료 후 3개월 이내에 기획재정부장관에게 제출하여야 한다. 〈개정 2008. 2. 29.〉
④ 각 중앙관서의 장은 제3항의 규정에 따른 총액계상사업의 세부사업시행계획과 세부집행실적을 국회 예산결산특별위원회에 제출하여야 한다.

제38조(예비타당성조사) ① 기획재정부장관은 총사업비가 500억원 이상이고 국가의 재정지원 규모가 300억원 이상인 신규 사업으로서 다음 각 호의 어느 하나에 해당하는 대규모사업에 대한 예산을 편성하기 위하여 미리 예비타당성조사를 실시하고, 그 결과를 요약하여 국회 소관 상임위원회와 예산결산특별위원회에 제출하여야 한다. 다만, 제4호의 사업은 제28조에 따라 제출된 중기사업계획서에 의한 재정지출이 500억원 이상 수반되는 신규 사업으로 한다. 〈개정 2008. 2. 29., 2010. 5. 17., 2014. 1. 1., 2020. 6. 9.〉
1. 건설공사가 포함된 사업

2. 「지능정보화 기본법」 제14조 제1항에 따른 지능정보화 사업
3. 「과학기술기본법」 제11조에 따른 국가연구개발사업
4. 그 밖에 사회복지, 보건, 교육, 노동, 문화 및 관광, 환경 보호, 농림해양수산, 산업·중소기업 분야의 사업

② 제1항에도 불구하고 다음 각 호의 어느 하나에 해당하는 사업은 대통령령으로 정하는 절차에 따라 예비타당성조사 대상에서 제외한다. 〈신설 2014. 1. 1., 2020. 3. 31., 2020. 6. 9.〉

1. 공공청사, 교정시설, 초·중등 교육시설의 신·증축 사업
2. 문화재 복원사업
3. 국가안보와 관계되거나 보안이 필요한 국방 관련 사업
4. 남북교류협력과 관계되거나 국가 간 협약·조약에 따라 추진하는 사업
5. 도로 유지보수, 노후 상수도 개량 등 기존 시설의 효용 증진을 위한 단순개량 및 유지보수사업
6. 「재난 및 안전관리기본법」 제3조 제1호에 따른 재난(이하 "재난"이라 한다)복구 지원, 시설 안전성 확보, 보건·식품 안전 문제 등으로 시급한 추진이 필요한 사업
7. 재난예방을 위하여 시급한 추진이 필요한 사업으로서 국회 소관 상임위원회의 동의를 받은 사업
8. 법령에 따라 추진하여야 하는 사업
9. 출연·보조기관의 인건비 및 경상비 지원, 융자 사업 등과 같이 예비타당성조사의 실익이 없는 사업
10. 지역 균형발전, 긴급한 경제·사회적 상황 대응 등을 위하여 국가 정책적으로 추진이 필요한 사업(종전에 경제성 부족 등을 이유로 예비타당성조사를 통과하지 못한 사업은 연계사업의 시행, 주변지역의 개발 등으로 해당 사업과 관련한 경제·사회 여건이 변동하였거나, 예비타당성조사 결과 등을 반영하여 사업을 재기획한 경우에 한정한다)으로서 다음 각 목의 요건을 모두 갖춘 사업. 이 경우, 예비타당성조사 면제 사업의 내역 및 사유를 지체 없이 국회 소관 상임위원회에 보고하여야 한다.
   가. 사업목적 및 규모, 추진방안 등 구체적인 사업계획이 수립된 사업
   나. 국가 정책적으로 추진이 필요하여 국무회의를 거쳐 확정된 사업

③ 제1항의 규정에 따라 실시하는 예비타당성조사 대상사업은 기획재정부장관이 중앙관서의 장의 신청에 따라 또는 직권으로 선정할 수 있다. 〈개정 2008. 2. 29., 2014. 1. 1.〉

④ 기획재정부장관은 국회가 그 의결로 요구하는 사업에 대하여는 예비타당성조사를 실시하여야 한다. 〈개정 2008. 2. 29., 2014. 1. 1.〉

⑤ 기획재정부장관은 제2항 제10호에 따라 예비타당성조사를 면제한 사업에 대하여 예비타당성조사 방식에 준하여 사업의 중장기 재정소요, 재원조달방안, 비용과 편익 등을 고려한 효율적 대안 등의 분석을 통하여 사업계획의 적정성을 검토하고, 그 결과를 예산편성에 반영하여야 한다. 〈신설 2020. 3. 31.〉

⑥ 기획재정부장관은 제1항의 규정에 따른 예비타당성조사 대상사업의 선정기준·조사수행기관·조사방법 및 절차 등에

관한 지침을 마련하여 중앙관서의 장에게 통보하여야 한다. 〈개정 2008. 2. 29., 2014. 1. 1., 2020. 3. 31.〉

제38조의 2(예비타당성조사 결과 관련 자료의 공개) 기획재정부장관은 제38조 제1항에 따른 예비타당성조사를 제8조의 2 제1항 제1호의 업무를 수행하는 전문기관에 의뢰하여 실시할 수 있으며, 예비타당성조사를 의뢰 받은 전문기관의 장은 수요예측자료 등 예비타당성조사 결과에 관한 자료를 「공공기관의 정보공개에 관한 법률」 제7조에 따라 공개하여야 한다. 〈개정 2021. 12. 21.〉

[본조신설 2014. 1. 1.]

제38조의 3(국가연구개발사업 예비타당성조사의 특례) ① 기획재정부장관은 제8조의2, 제38조 및 제38조의 2에 규정된 사항 중 「과학기술기본법」 제11조에 따른 국가연구개발사업에 대한 예비타당성조사에 관해서는 대통령령으로 정하는 바에 따라 과학기술정보통신부장관에게 위탁할 수 있다.

② 제1항에 따라 예비타당성조사에 관하여 위탁받은 과학기술정보통신부장관은 제38조 제2항 및 제6항과 관련한 사항의 경우 사전에 기획재정부장관과 협의하여야 한다. 〈개정 2020. 3. 31.〉

③ 기획재정부장관은 제1항에 따라 위탁한 예비타당성조사가 적절하게 운영되는지 등을 대통령령으로 정하는 바에 따라 평가할 수 있다.

[본조신설 2018. 1. 16.]

제39조(대규모 개발사업예산의 편성) ① 각 중앙관서의 장은 대통령령으로 정하는 대규모 개발사업에 대하여는 타당성조사 및 기본설계비·실시설계비·보상비(댐수몰지역에 대하여 보상하는 경우와 공사완료 후 존속하는 어업권 또는 양식업권의 피해에 대하여 보상하는 경우는 제외한다)와 공사비의 순서에 따라 그 중 하나의 단계에 소요되는 경비의 전부 또는 일부를 해당 연도의 예산으로 요구하여야 한다. 다만, 부분완공 후 사용이 가능한 경우 등 사업의 효율적인 추진을 위하여 기획재정부장관이 불가피하다고 인정하는 사업에 대하여는 2단계 이상의 예산을 동시에 요구할 수 있다. 〈개정 2008. 2. 29., 2019. 8. 27., 2020. 6. 9.〉

② 기획재정부장관은 제1항에 따른 대규모 개발사업에 대하여는 같은 항에 따른 요구에 따라 단계별로 해당 연도에 필요한 예산안을 편성하여야 한다. 이 경우 다음 각 호의 어느 하나에 해당하는 사업으로서 전체공정에 대한 실시설계가 완료되고 총사업비가 확정된 경우에는 그 사업이 지연되지 아니하도록 계속비로 예산안을 편성하여야 한다. 〈개정 2008. 2. 29., 2012. 3. 21.〉

1. 국가기간 교통망 구축을 위하여 필수적인 사업
2. 재해복구를 위하여 시급히 추진하여야 하는 사업
3. 공사가 지연될 경우 추가 재정부담이 큰 사업
4. 그 밖에 국민편익, 사업성격 및 효과 등을 고려하여 시급히 추진할 필요가 있는 사업

③ 기획재정부장관은 제2항 후단에도 불구하고 재정여건, 사업성격, 사업기간 및 규모 등을 고려하여 필요하다고 인정하는 대규모 개발사업은 계속비로 예산안을 편성하지 아니할 수 있으며 이에 대한 기준,

절차 등 구체적 사항은 대통령령으로 정한다. 〈신설 2012. 3. 21.〉
[제목개정 2012. 3. 21.]

제40조(독립기관의 예산) ① 정부는 독립기관의 예산을 편성할 때 해당 독립기관의 장의 의견을 최대한 존중하여야 하며, 국가재정상황 등에 따라 조정이 필요한 때에는 해당 독립기관의 장과 미리 협의하여야 한다. 〈개정 2020. 6. 9.〉

② 정부는 제1항의 규정에 따른 협의에도 불구하고 독립기관의 세출예산요구액을 감액하고자 할 때에는 국무회의에서 해당 독립기관의 장의 의견을 들어야 하며, 정부가 독립기관의 세출예산요구액을 감액한 때에는 그 규모 및 이유, 감액에 대한 독립기관의 장의 의견을 국회에 제출하여야 한다. 〈개정 2020. 6. 9.〉

제41조(감사원의 예산) 정부는 감사원의 세출예산요구액을 감액하고자 할 때에는 국무회의에서 감사원장의 의견을 들어야 한다. 〈개정 2020. 6. 9.〉

제3절 예산의 집행

제42조(예산배정요구서의 제출) 각 중앙관서의 장은 예산이 확정된 후 사업운영계획 및 이에 따른 세입세출예산·계속비와 국고채무부담행위를 포함한 예산배정요구서를 기획재정부장관에게 제출하여야 한다. 〈개정 2008. 2. 29.〉

제43조(예산의 배정) ① 기획재정부장관은 제42조의 규정에 따른 예산배정요구서에 따라 분기별 예산배정계획을 작성하여 국무회의의 심의를 거친 후 대통령의 승인을 얻어야 한다. 〈개정 2008. 2. 29.〉

② 기획재정부장관은 각 중앙관서의 장에게 예산을 배정한 때에는 감사원에 통지하여야 한다. 〈개정 2008. 2. 29.〉

③ 기획재정부장관은 필요한 때에는 대통령령으로 정하는 바에 따라 회계연도 개시 전에 예산을 배정할 수 있다. 〈개정 2008. 2. 29., 2020. 6. 9.〉

④ 기획재정부장관은 예산의 효율적인 집행관리를 위하여 필요한 때에는 제1항의 규정에 따른 분기별 예산배정계획에도 불구하고 개별사업계획을 검토하여 그 결과에 따라 예산을 배정할 수 있다. 〈개정 2008. 2. 29., 2020. 6. 9.〉

⑤ 기획재정부장관은 재정수지의 적정한 관리 및 예산사업의 효율적인 집행관리 등을 위하여 필요한 때에는 제1항의 규정에 따른 분기별 예산배정계획을 조정하거나 예산배정을 유보할 수 있으며, 배정된 예산의 집행을 보류하도록 조치를 취할 수 있다. 〈개정 2008. 2. 29.〉

제43조의 2(예산의 재배정) ① 각 중앙관서의 장은 「국고금 관리법」 제22조 제1항에 따른 재무관으로 하여금 지출원인행위를 하게 할 때에는 제43조에 따라 배정된 세출예산의 범위 안에서 재무관별로 세출예산재배정계획서를 작성하고 이에 따라 세출예산을 재배정(기획재정부장관이 각 중앙관서의 장에게 배정한 예산을 각 중앙관서의 장이 재무관별로 다시 배정하는 것을 말한다. 이하 같다)하여야 한다.

② 각 중앙관서의 장은 예산집행에 필요하다고 인정할 때에는 제1항에 따라 작성한 세출예산재배정계획서를 변경할 수 있고 이에 따라 세출예산을 재배정하여야 한다.

③ 각 중앙관서의 장은 제1항 및 제2항에 따라 세출예산을 재배정한 때에는 이를 「국고금 관리법」 제22조 제1항에 따른 지

출관과 기획재정부장관에게 통지하여야 한다.

④ 각 중앙관서의 장은 제1항 및 제2항에 따라 세출예산을 재배정하려는 경우 대통령령으로 정하는 바에 따라 이를 「한국재정정보원법」에 따른 한국재정정보원으로 하여금 대행하게 할 수 있다.

[본조신설 2021. 12. 21.]

제44조(예산집행지침의 통보) 기획재정부장관은 예산집행의 효율성을 높이기 위하여 매년 예산집행에 관한 지침을 작성하여 각 중앙관서의 장에게 통보하여야 한다. 〈개정 2008. 2. 29.〉

제45조(예산의 목적 외 사용금지) 각 중앙관서의 장은 세출예산이 정한 목적 외에 경비를 사용할 수 없다.

제46조(예산의 전용) ① 각 중앙관서의 장은 예산의 목적범위 안에서 재원의 효율적 활용을 위하여 대통령령으로 정하는 바에 따라 기획재정부장관의 승인을 얻어 각 세항 또는 목의 금액을 전용할 수 있다. 이 경우 사업 간의 유사성이 있는지, 재해대책 재원 등으로 사용할 시급한 필요가 있는지, 기관운영을 위한 필수적 경비의 충당을 위한 것인지 여부 등을 종합적으로 고려하여야 한다. 〈개정 2008. 2. 29., 2014. 12. 30., 2020. 6. 9.〉

② 각 중앙관서의 장은 제1항에도 불구하고 회계연도마다 기획재정부장관이 위임하는 범위 안에서 각 세항 또는 목의 금액을 자체적으로 전용할 수 있다. 〈개정 2008. 2. 29., 2020. 6. 9.〉

③ 제1항 및 제2항에도 불구하고 각 중앙관서의 장은 다음 각 호의 어느 하나에 해당하는 경우에는 전용할 수 없다. 〈신설 2014. 12. 30.〉

1. 당초 예산에 계상되지 아니한 사업을 추진하는 경우
2. 국회가 의결한 취지와 다르게 사업 예산을 집행하는 경우

④ 기획재정부장관은 제1항의 규정에 따라 전용의 승인을 한 때에는 그 전용명세서를 그 중앙관서의 장 및 감사원에 각각 송부하여야 하며, 각 중앙관서의 장은 제2항의 규정에 따라 전용을 한 때에는 전용을 한 과목별 금액 및 이유를 명시한 명세서를 기획재정부장관 및 감사원에 각각 송부하여야 한다. 〈개정 2008. 2. 29., 2014. 12. 30.〉

⑤ 각 중앙관서의 장이 제1항 또는 제2항에 따라 전용을 한 경우에는 분기별로 분기만료일이 속하는 달의 다음 달 말일까지 그 전용 내역을 국회 소관 상임위원회와 예산결산특별위원회에 제출하여야 한다. 〈신설 2009. 3. 18., 2014. 12. 30.〉

⑥ 제1항 또는 제2항의 규정에 따라 전용한 경비의 금액은 세입세출결산보고서에 이를 명백히 하고 이유를 기재하여야 한다. 〈개정 2009. 3. 18., 2014. 12. 30.〉

제47조(예산의 이용·이체) ① 각 중앙관서의 장은 예산이 정한 각 기관 간 또는 각 장·관·항 간에 상호 이용(移用)할 수 없다. 다만, 다음 각 호의 어느 하나에 해당하는 경우에 한정하여 미리 예산으로써 국회의 의결을 얻은 때에는 기획재정부장관의 승인을 얻어 이용하거나 기획재정부장관이 위임하는 범위 안에서 자체적으로 이용할 수 있다. 〈개정 2008. 2. 29., 2014. 12. 30.〉

1. 법령상 지출의무의 이행을 위한 경비 및 기관운영을 위한 필수적 경비의 부족액이 발생하는 경우

2. 환율변동·유가변동 등 사전에 예측하기 어려운 불가피한 사정이 발생하는 경우
3. 재해대책 재원 등으로 사용할 시급한 필요가 있는 경우
4. 그 밖에 대통령령으로 정하는 경우

② 기획재정부장관은 정부조직 등에 관한 법령의 제정·개정 또는 폐지로 인하여 중앙관서의 직무와 권한에 변동이 있는 때에는 그 중앙관서의 장의 요구에 따라 그 예산을 상호 이용하거나 이체(移替)할 수 있다. 〈개정 2008. 2. 29.〉

③ 각 중앙관서의 장은 제1항 단서의 규정에 따라 예산을 자체적으로 이용한 때에는 기획재정부장관 및 감사원에 각각 통지하여야 하며, 기획재정부장관은 제1항 단서의 규정에 따라 이용의 승인을 하거나 제2항의 규정에 따라 예산을 이용 또는 이체한 때에는 그 중앙관서의 장 및 감사원에 각각 통지하여야 한다. 〈개정 2008. 2. 29.〉

④ 각 중앙관서의 장이 제1항 또는 제2항에 따라 이용 또는 이체를 한 경우에는 분기별로 분기만료일이 속하는 달의 다음 달 말일까지 그 이용 또는 이체 내역을 국회 소관 상임위원회와 예산결산특별위원회에 제출하여야 한다. 〈신설 2009. 3. 18.〉

제48조(세출예산의 이월) ① 매 회계연도의 세출예산은 다음 연도에 이월하여 사용할 수 없다.

② 제1항에도 불구하고 다음 각 호의 어느 하나에 해당하는 경비의 금액은 다음 회계연도에 이월하여 사용할 수 있다. 이 경우 이월액은 다른 용도로 사용할 수 없으며, 제2호에 해당하는 경비의 금액은 재이월할 수 없다. 〈개정 2020. 6. 9.〉

1. 명시이월비
2. 연도 내에 지출원인행위를 하고 불가피한 사유로 인하여 연도 내에 지출하지 못한 경비와 지출원인행위를 하지 아니한 그 부대경비
3. 지출원인행위를 위하여 입찰공고를 한 경비 중 입찰공고 후 지출원인행위까지 장기간이 소요되는 경우로서 대통령령으로 정하는 경비
4. 공익사업의 시행에 필요한 손실보상비로서 대통령령으로 정하는 경비
5. 경상적 성격의 경비로서 대통령령으로 정하는 경비

③ 제1항에도 불구하고 계속비의 연도별 연부액 중 해당 연도에 지출하지 못한 금액은 계속비사업의 완성연도까지 계속 이월하여 사용할 수 있다. 〈개정 2020. 6. 9.〉

④ 각 중앙관서의 장은 제2항 및 제3항의 규정에 따라 예산을 이월하는 때에는 대통령령으로 정하는 바에 따라 이월명세서를 작성하여 다음 연도 1월 31일까지 기획재정부장관 및 감사원에 각각 송부하여야 한다. 〈개정 2008. 2. 29., 2020. 6. 9.〉

⑤ 각 중앙관서의 장이 제2항 및 제3항의 규정에 따라 예산을 이월한 경우 이월하는 과목별 금액은 다음 연도의 이월예산으로 배정된 것으로 본다.

⑥ 매 회계연도 세입세출의 결산상 잉여금이 발생하는 경우에는 제2항 및 제3항의 규정에 따른 세출예산 이월액에 상당하는 금액을 다음 연도의 세입에 우선적으로 이입하여야 한다.

⑦ 기획재정부장관은 세입징수상황 등을 고려하여 필요하다고 인정하는 때에는 미

리 제2항 및 제3항의 규정에 따른 세출예산의 이월사용을 제한하기 위한 조치를 취할 수 있다. 〈개정 2008. 2. 29., 2020. 6. 9.〉

제49조(예산성과금의 지급 등) ① 각 중앙관서의 장은 예산의 집행방법 또는 제도의 개선 등으로 인하여 수입이 증대되거나 지출이 절약된 때에는 이에 기여한 자에게 성과금을 지급할 수 있으며, 절약된 예산을 다른 사업에 사용할 수 있다.

② 각 중앙관서의 장은 제1항의 규정에 따라 성과금을 지급하거나 절약된 예산을 다른 사업에 사용하고자 하는 때에는 예산성과금심사위원회의 심사를 거쳐야 한다.

③ 제1항 및 제2항의 규정에 따른 성과금 지급, 절약된 예산의 다른 사업에의 사용 및 예산성과금심사위원회의 구성·운영 등에 관하여 필요한 사항은 대통령령으로 정한다.

제50조(총사업비의 관리) ① 각 중앙관서의 장은 완성에 2년 이상이 소요되는 사업으로서 대통령령으로 정하는 대규모사업에 대하여는 그 사업규모·총사업비 및 사업기간을 정하여 미리 기획재정부장관과 협의하여야 한다. 협의를 거친 사업규모·총사업비 또는 사업기간을 변경하고자 하는 때에도 또한 같다. 〈개정 2008. 2. 29., 2020. 6. 9.〉

② 기획재정부장관은 제1항의 규정에 따른 사업 중 다음 각 호의 어느 하나에 해당하는 사업 및 감사원의 감사결과에 따라 감사원이 요청하는 사업에 대하여는 사업의 타당성을 재조사(이하 "타당성재조사"라 한다)하고, 그 결과를 국회에 보고하여야 한다. 〈개정 2008. 2. 29., 2009. 3. 18., 2014. 1. 1., 2020. 3. 31.〉

1. 총사업비 또는 국가의 재정지원 규모가 예비타당성조사 대상 규모에 미달하여 예비타당성조사를 실시하지 않았으나 사업추진 과정에서 총사업비와 국가의 재정지원 규모가 예비타당성조사 대상 규모로 증가한 사업
2. 예비타당성조사 대상사업 중 예비타당성조사를 거치지 않고 예산에 반영되어 추진 중인 사업
3. 총사업비가 대통령령으로 정하는 규모 이상 증가한 사업
4. 사업여건의 변동 등으로 해당 사업의 수요예측치가 대통령령으로 정하는 규모 이상 감소한 사업
5. 그 밖에 예산낭비 우려가 있는 등 타당성을 재조사할 필요가 있는 사업

③ 제2항에도 불구하고 다음 각 호의 어느 하나에 해당하는 경우에는 타당성재조사를 실시하지 아니할 수 있다. 〈신설 2020. 3. 31.〉

1. 사업의 상당부분이 이미 시공되어 매몰비용이 차지하는 비중이 큰 경우
2. 총사업비 증가의 주요 원인이 법정경비 반영 및 상위계획의 변경 등과 같이 타당성재조사의 실익이 없는 경우
3. 지역 균형발전, 긴급한 경제·사회적 상황에 대응할 목적으로 추진되는 사업의 경우
4. 재해예방·복구 지원 또는 안전 문제 등으로 시급한 추진이 필요한 사업의 경우

④ 기획재정부장관은 국회가 그 의결로 요구하는 사업에 대하여는 타당성재조사를 하고, 그 결과를 국회에 보고하여야 한다. 〈개정 2008. 2. 29., 2009. 3. 18.,

2014. 1. 1., 2020. 3. 31.〉

⑤ 기획재정부장관은 총사업비 관리에 관한 지침을 마련하여 각 중앙관서의 장에게 통보하여야 한다. 〈개정 2008. 2. 29., 2020. 3. 31.〉

제50조의 2(타당성재조사 결과 관련 자료의 공개) 기획재정부장관은 제50조에 따른 타당성재조사를 제8조의 2 제1항 제2호의 업무를 수행하는 전문기관에 의뢰하여 실시할 수 있으며, 타당성재조사를 의뢰 받은 전문기관의 장은 수요예측자료 등 타당성재조사 결과에 관한 자료를 「공공기관의 정보공개에 관한 법률」 제7조에 따라 공개하여야 한다. 〈개정 2021. 12. 21.〉

[본조신설 2014. 1. 1.]

제51조(예비비의 관리와 사용) ① 예비비는 기획재정부장관이 관리한다. 〈개정 2008. 2. 29.〉

② 각 중앙관서의 장은 예비비의 사용이 필요한 때에는 그 이유 및 금액과 추산의 기초를 명백히 한 명세서를 작성하여 기획재정부장관에게 제출하여야 한다. 다만, 대규모 재난에 따른 피해의 신속한 복구를 위하여 필요한 때에는 「재난 및 안전관리기본법」 제20조의 규정에 따른 피해상황보고를 기초로 긴급구호, 긴급구조 및 복구에 소요되는 금액을 개산(槪算)하여 예비비를 신청할 수 있다. 〈개정 2008. 2. 29., 2014. 12. 30.〉

③ 기획재정부장관은 제2항의 규정에 따른 예비비 신청을 심사한 후 필요하다고 인정하는 때에는 이를 조정하고 예비비사용계획명세서를 작성한 후 국무회의의 심의를 거쳐 대통령의 승인을 얻어야 한다. 〈개정 2008. 2. 29.〉

④ 일반회계로부터 전입받은 특별회계는 필요한 경우에는 일반회계 예비비를 전입받아 그 특별회계의 세출로 사용할 수 있다.

제52조(예비비사용명세서의 작성 및 국회제출) ① 각 중앙관서의 장은 예비비로 사용한 금액의 명세서를 작성하여 다음 연도 2월 말까지 기획재정부장관에게 제출하여야 한다. 〈개정 2008. 2. 29.〉

② 기획재정부장관은 제1항의 규정에 따라 제출된 명세서에 따라 예비비로 사용한 금액의 총괄명세서를 작성한 후 국무회의의 심의를 거쳐 대통령의 승인을 얻어야 한다. 〈개정 2008. 2. 29.〉

③ 기획재정부장관은 제2항의 규정에 따라 대통령의 승인을 얻은 총괄명세서를 감사원에 제출하여야 한다. 〈개정 2008. 2. 29.〉

④ 정부는 예비비로 사용한 금액의 총괄명세서를 다음 연도 5월 31일까지 국회에 제출하여 그 승인을 얻어야 한다.

제53조(예산총계주의 원칙의 예외) ① 각 중앙관서의 장은 용역 또는 시설을 제공하여 발생하는 수입과 관련되는 경비로서 대통령령으로 정하는 경비(이하 "수입대체경비"라 한다)의 경우 수입이 예산을 초과하거나 초과할 것이 예상되는 때에는 그 초과수입을 대통령령으로 정하는 바에 따라 그 초과수입에 직접 관련되는 경비 및 이에 수반되는 경비에 초과지출할 수 있다. 〈개정 2020. 6. 9.〉

② 국가가 현물로 출자하는 경우와 외국차관을 도입하여 전대(轉貸)하는 경우에는 이를 세입세출예산 외로 처리할 수 있다.

③ 차관물자대(借款物資貸)의 경우 전년

도 인출예정분의 부득이한 이월 또는 환율 및 금리의 변동으로 인하여 세입이 그 세입예산을 초과하게 되는 때에는 그 세출예산을 초과하여 지출할 수 있다.

④ 전대차관을 상환하는 경우 환율 및 금리의 변동, 기한 전 상환으로 인하여 원리금 상환액이 그 세출예산을 초과하게 되는 때에는 초과한 범위 안에서 그 세출예산을 초과하여 지출할 수 있다.

⑤ 삭제 〈2014. 1. 1.〉

⑥ 수입대체경비 등 예산총계주의 원칙의 예외에 관하여 필요한 사항은 대통령령으로 정한다.

제54조(보조금의 관리) 각 중앙관서의 장은 지방자치단체 및 민간에 지원한 국고보조금의 교부실적과 해당 보조사업자의 보조금 집행실적을 기획재정부장관, 국회 소관 상임위원회 및 예산결산특별위원회에 각각 제출하여야 한다.

[전문개정 2010. 5. 17.]

제55조(예산불확정 시의 예산집행) ① 정부는 국회에서 부득이한 사유로 회계연도 개시 전까지 예산안이 의결되지 못한 때에는 「헌법」 제54조 제3항의 규정에 따라 예산을 집행하여야 한다.

② 제1항의 규정에 따라 집행된 예산은 해당 연도의 예산이 확정된 때에는 그 확정된 예산에 따라 집행된 것으로 본다. 〈개정 2020. 6. 9.〉

제3장 결산

제56조(결산의 원칙) 정부는 결산이 「국가회계법」에 따라 재정에 관한 유용하고 적정한 정보를 제공할 수 있도록 객관적인 자료와 증거에 따라 공정하게 이루어지게 하여야 한다. 〈개정 2008. 12. 31.〉

제57조(성인지 결산서의 작성) ① 정부는 여성과 남성이 동등하게 예산의 수혜를 받고 예산이 성차별을 개선하는 방향으로 집행되었는지를 평가하는 보고서(이하 "성인지 결산서"라 한다)를 작성하여야 한다.

② 성인지 결산서에는 집행실적, 성평등 효과분석 및 평가 등을 포함하여야 한다. 〈신설 2010. 5. 17.〉

제57조의 2(온실가스감축인지 결산서의 작성) ① 정부는 예산이 온실가스를 감축하는 방향으로 집행되었는지를 평가하는 보고서(이하 "온실가스감축인지 결산서"라 한다)를 작성하여야 한다.

② 온실가스감축인지 결산서에는 집행실적, 온실가스 감축 효과분석 및 평가 등을 포함하여야 한다.

[본조신설 2021. 6. 15.]

제58조(중앙관서결산보고서의 작성 및 제출) ① 각 중앙관서의 장은 「국가회계법」에서 정하는 바에 따라 회계연도마다 작성한 결산보고서(이하 "중앙관서결산보고서"라 한다)를 다음 연도 2월 말일까지 기획재정부장관에게 제출하여야 한다. 〈개정 2008. 12. 31.〉

② 국회의 사무총장, 법원행정처장, 헌법재판소의 사무처장 및 중앙선거관리위원회의 사무총장은 회계연도마다 예비금사용명세서를 작성하여 다음 연도 2월 말까지 기획재정부장관에게 제출하여야 한다. 〈개정 2008. 2. 29.〉

③ 삭제 〈2008. 12. 31.〉

④ 삭제 〈2008. 12. 31.〉

[제목개정 2008. 12. 31.]

제59조(국가결산보고서의 작성 및 제출) 기획재정부장관은 「국가회계법」에서 정하는 바에 따라 회계연도마다 작성하여 대통령

의 승인을 받은 국가결산보고서를 다음 연도 4월 10일까지 감사원에 제출하여야 한다.

[전문개정 2008. 12. 31.]

제60조(결산검사) 감사원은 제59조에 따라 제출된 국가결산보고서를 검사하고 그 보고서를 다음 연도 5월 20일까지 기획재정부장관에게 송부하여야 한다. 〈개정 2008. 2. 29., 2008. 12. 31.〉

제61조(국가결산보고서의 국회제출) 정부는 제60조에 따라 감사원의 검사를 거친 국가결산보고서를 다음 연도 5월 31일까지 국회에 제출하여야 한다. 〈개정 2008. 12. 31.〉

[제목개정 2008. 12. 31.]

제4장 기금

제62조(기금관리·운용의 원칙) ① 기금관리주체는 그 기금의 설치목적과 공익에 맞게 기금을 관리·운용하여야 한다.

② 삭제 〈2008. 12. 31.〉

제63조(기금자산운용의 원칙) ① 기금관리주체는 안정성·유동성·수익성 및 공공성을 고려하여 기금자산을 투명하고 효율적으로 운용하여야 한다.

② 기금관리주체는 제79조의 규정에 따라 작성된 자산운용지침에 따라 자산을 운용하여야 한다.

③ 기금관리주체는 「자본시장과 금융투자업에 관한 법률」에 따른 기관전용 사모집합기구의 무한책임사원이 될 수 없다. 〈개정 2008. 12. 31., 2015. 7. 24., 2021. 4. 20.〉

제64조(의결권 행사의 원칙) 기금관리주체는 기금이 보유하고 있는 주식의 의결권을 기금의 이익을 위하여 신의에 따라 성실하게 행사하고, 그 행사내용을 공시하여야 한다.

제65조(다른 법률과의 관계) 기금운용계획안의 작성 및 제출 등에 관하여는 다른 법률에 다른 규정이 있는 경우에도 제66조부터 제68조까지, 제68조의 2, 제68조의 3, 제69조부터 제72조까지의 규정을 적용한다. 다만, 기금신설로 인하여 연도 중 기금운용계획안을 수립할 때에는 제66조 제5항, 제68조 제1항 전단의 규정 중 제출시기에 관한 사항은 적용하지 아니한다. 〈개정 2008. 12. 31., 2010. 5. 17., 2021. 6. 15.〉

제66조(기금운용계획안의 수립) ① 기금관리주체는 매년 1월 31일까지 해당 회계연도부터 5회계연도 이상의 기간 동안의 신규사업 및 기획재정부장관이 정하는 주요계속사업에 대한 중기사업계획서를 기획재정부장관에게 제출하여야 한다. 〈개정 2008. 2. 29., 2020. 6. 9.〉

② 기획재정부장관은 자문회의의 자문과 국무회의의 심의를 거쳐 대통령의 승인을 얻은 다음 연도의 기금운용계획안 작성지침을 매년 3월 31일까지 기금관리주체에게 통보하여야 한다. 〈개정 2008. 2. 29., 2008. 12. 31., 2014. 1. 1.〉

③ 기획재정부장관은 제7조의 규정에 따른 국가재정운용계획과 기금운용계획 수립을 연계하기 위하여 제2항의 규정에 따른 기금운용계획안 작성지침에 기금별 지출한도를 포함하여 통보할 수 있다. 〈개정 2008. 2. 29.〉

④ 기획재정부장관은 제2항의 규정에 따라 기금관리주체에게 통보한 기금운용계획안 작성지침을 국회 예산결산특별위원회에 보고하여야 한다. 〈개정 2008. 2.

29.〉

⑤ 기금관리주체는 제2항의 규정에 따른 기금운용계획안 작성지침에 따라 다음 연도의 기금운용계획안을 작성하여 매년 5월 31일까지 기획재정부장관에게 제출하여야 한다. 〈개정 2008. 2. 29., 2014. 1. 1.〉

⑥ 기획재정부장관은 제5항의 규정에 따라 제출된 기금운용계획안에 대하여 기금관리주체와 협의·조정하여 기금운용계획안을 마련한 후 국무회의의 심의를 거쳐 대통령의 승인을 얻어야 한다. 〈개정 2008. 2. 29.〉

⑦ 기획재정부장관은 제6항의 규정에 따라 기금운용계획안을 조정하는 경우 과도한 여유재원이 운용되고 있는 기금(구조적인 요인을 지닌 연금성 기금은 제외한다)에 대하여는 예산상의 지원을 중단하거나 해당 기금수입의 원천이 되는 부담금 등의 감소를 위한 조치를 취할 것을 기금관리주체에게 요구할 수 있다. 이 경우 기금관리주체가 중앙관서의 장이 아닌 경우에는 그 소관 중앙관서의 장을 거쳐야 한다. 〈개정 2008. 2. 29., 2020. 6. 9.〉

⑧ 제1항·제5항 및 제6항에 규정된 기금관리주체 중 중앙관서의 장이 아닌 기금관리주체는 각각 같은 항에 규정된 제출·협의 등을 하는 경우 소관 중앙관서의 장을 거쳐야 한다. 〈개정 2020. 6. 9.〉

제67조(기금운용계획안의 내용) ① 기금운용계획안은 운용총칙과 자금운용계획으로 구성된다.

② 운용총칙에는 기금의 사업목표, 자금의 조달과 운용(주식 및 부동산 취득한도를 포함한다) 및 자산취득에 관한 총괄적 사항을 규정한다.

③ 자금운용계획은 수입계획과 지출계획으로 구분하되, 수입계획은 성질별로 구분하고 지출계획은 성질별 또는 사업별로 주요항목 및 세부항목으로 구분한다. 이 경우 주요항목의 단위는 장·관·항으로, 세부항목의 단위는 세항·목으로 각각 구분한다.

④ 기금운용계획안의 작성에 관하여 필요한 사항은 대통령령으로 정한다.

제68조(기금운용계획안의 국회제출 등) ① 정부는 제67조 제3항의 규정에 따른 주요항목 단위로 마련된 기금운용계획안을 회계연도 개시 120일 전까지 국회에 제출하여야 한다. 이 경우 중앙관서의 장이 관리하는 기금의 기금운용계획안에 계상된 국채발행 및 차입금의 한도액은 제20조의 규정에 따른 예산총칙에 규정하여야 한다. 〈개정 2013. 5. 28.〉

② 기금관리주체는 기금운용계획이 확정된 때에는 기금의 월별 수입 및 지출계획서를 작성하여 회계연도 개시 전까지 기획재정부장관에게 제출하여야 한다. 〈개정 2008. 2. 29.〉

제68조의 2(성인지 기금운용계획서의 작성) ① 정부는 기금이 여성과 남성에게 미칠 영향을 미리 분석한 보고서(이하 "성인지 기금운용계획서"라 한다)를 작성하여야 한다.

② 성인지 기금운용계획서에는 성평등 기대효과, 성과목표, 성별 수혜분석 등을 포함하여야 한다.

③ 성인지 기금운용계획서의 작성에 관한 구체적인 사항은 대통령령으로 정한다.

[본조신설 2010. 5. 17.]

제68조의 3(온실가스감축인지 기금운용계획서의 작성) ① 정부는 기금이 온실가

스 감축에 미칠 영향을 미리 분석한 보고서(이하 "온실가스감축인지 기금운용계획서"라 한다)를 작성하여야 한다.

② 온실가스감축인지 기금운용계획서에는 온실가스 감축에 대한 기대효과, 성과목표, 효과분석 등을 포함하여야 한다.

③ 온실가스감축인지 기금운용계획서의 작성에 관한 구체적인 사항은 대통령령으로 정한다.

[본조신설 2021. 6. 15.]

제69조(증액 동의) 국회는 정부가 제출한 기금운용계획안의 주요항목 지출금액을 증액하거나 새로운 과목을 설치하고자 하는 때에는 미리 정부의 동의를 얻어야 한다.

제70조(기금운용계획의 변경) ① 기금관리주체는 지출계획의 주요항목 지출금액의 범위 안에서 대통령령으로 정하는 바에 따라 세부항목 지출금액을 변경할 수 있다. 〈개정 2020. 6. 9.〉

② 기금관리주체(기금관리주체가 중앙관서의 장이 아닌 경우에는 소관 중앙관서의 장을 말한다)는 기금운용계획 중 주요항목 지출금액을 변경하고자 하는 때에는 기획재정부장관과 협의·조정하여 마련한 기금운용계획변경안을 국무회의의 심의를 거쳐 대통령의 승인을 얻은 후 국회에 제출하여야 한다. 〈개정 2008. 2. 29.〉

③ 제2항에도 불구하고 주요항목 지출금액이 다음 각 호의 어느 하나에 해당하는 경우에는 기금운용계획변경안을 국회에 제출하지 아니하고 대통령령으로 정하는 바에 따라 변경할 수 있다. 〈개정 2008. 12. 31., 2020. 6. 9.〉

1. 별표 3에 규정된 금융성 기금 외의 기금은 주요항목 지출금액의 변경범위가 10분의 2 이하
2. 별표 3에 규정된 금융성 기금은 주요항목 지출금액의 변경범위가 10분의 3 이하. 다만, 기금의 관리 및 운용에 소요되는 경상비에 해당하는 주요항목 지출금액에 대하여는 10분의 2 이하로 한다.
3. 다른 법률의 규정에 따른 의무적 지출금액
4. 다음 각 목의 어느 하나에 해당하는 지출금액
   가. 기금운용계획상 여유자금 운용으로 계상된 지출금액
   나. 수입이 기금운용계획상의 수입계획을 초과하거나 초과할 것이 예상되는 경우 그 초과수입과 직접 관련되는 지출금액
   다. 환율 및 금리의 변동, 기한 전 상환으로 인한 차입금 원리금 상환 지출금액
5. 기존 국채를 새로운 국채로 대체하기 위한 국채 원리금 상환
6. 일반회계 예산의 세입 부족을 보전하기 위한 목적으로 해당 연도에 이미 발행한 국채의 금액 범위에서 해당 연도에 예상되는 초과 조세수입을 이용한 국채 원리금 상환

④ 기금관리주체는 제1항부터 제3항까지의 규정에 따라 세부항목 또는 주요항목의 지출금액을 변경한 때에는 변경명세서를 기획재정부장관과 감사원에 각각 제출하여야 하며, 정부는 제61조에 따라 국회에 제출하는 국가결산보고서에 그 내용과 사유를 명시하여야 한다. 〈개정 2008. 2. 29., 2008. 12. 31.〉

⑤ 기금관리주체는 제3항 제4호 다목, 같은 항 제5호 및 제6호에 따라 지출금액을 변경한 때(주요항목 지출금액의 변경범위가 10분의 2를 초과한 경우에 한정한다)에는 변경명세서를 국회 소관 상임위원회 및 예산결산특별위원회에 제출하여야 한다. 이 경우 변경명세서에는 국채 발행 및 상환 실적을 포함하여야 한다. 〈신설 2008. 12. 31.〉

⑥ 각 기금관리주체가 제1항부터 제3항까지의 규정에 따라 세부항목 또는 주요항목의 지출금액을 변경한 경우에는 분기별로 분기만료일이 속하는 달의 다음 달 말일까지 그 변경 내역을 국회 소관 상임위원회와 예산결산특별위원회에 제출하여야 한다. 〈신설 2009. 3. 18.〉

⑦ 제2항부터 제6항까지의 경우 경유기관에 관하여는 제66조 제8항의 규정을 준용한다. 〈개정 2008. 12. 31., 2009. 3. 18.〉

제71조(기금운용계획안 등의 첨부서류) 정부 또는 기금관리주체는 제68조 제1항 및 제70조 제2항에 따라 기금운용계획안과 기금운용계획변경안(이하 "기금운용계획안등"이라 한다)을 국회에 제출하는 경우에는 다음 각 호의 서류를 첨부하여야 한다. 다만, 기금운용계획변경안을 제출하는 경우로서 첨부서류가 이미 제출된 서류와 중복되는 때에는 이를 생략할 수 있다. 〈개정 2008. 12. 31., 2010. 5. 17., 2014. 1. 1., 2021. 6. 15., 2021. 12. 21.〉

1. 기금조성계획
2. 추정재정상태표 및 추정재정운영표
3. 수입지출계획의 총계표·순계표 및 주요항목별 내역서
4. 제85조의 7에 따른 성과계획서
5. 기금과 회계 간 또는 기금 상호 간 여유재원의 전입·전출 명세서 그 밖에 기금운용계획안등의 내용을 명백히 할 수 있는 서류
6. 성인지 기금운용계획서

6의 2. 온실가스감축인지 기금운용계획서

7. 제38조 제2항(제85조에 따라 준용하는 경우를 말한다)에 따라 예비타당성조사를 실시하지 아니한 사업의 내역 및 사유

[제목개정 2008. 12. 31.]

제72조(지출사업의 이월) ① 기금관리주체는 매 회계연도의 지출금액을 다음 연도에 이월하여 사용할 수 없다. 다만, 연도 내에 지출원인행위를 하고 불가피한 사유로 연도 내에 지출하지 못한 금액은 다음 연도에 이월하여 사용할 수 있다.

② 기금관리주체는 제1항 단서의 규정에 따라 지출금액을 이월하는 때에는 대통령령으로 정하는 바에 따라 이월명세서를 작성하여 다음 연도 1월 31일까지 기획재정부장관과 감사원에 각각 송부하여야 한다. 이 경우 경유기관에 관하여는 제66조 제8항의 규정을 준용한다. 〈개정 2008. 2. 29., 2020. 6. 9.〉

제73조(기금결산) 각 중앙관서의 장은 「국가회계법」에서 정하는 바에 따라 회계연도마다 소관 기금의 결산보고서를 중앙관서 결산보고서에 통합하여 작성한 후 제58조 제1항에 따라 기획재정부장관에게 제출하여야 한다.

[전문개정 2008. 12. 31.]

제73조의 2(성인지 기금결산서의 작성) ① 정부는 여성과 남성이 동등하게 기금의 수혜를 받고 기금이 성차별을 개선하는 방향으로 집행되었는지를 평가하는 보고

서(이하 "성인지 기금결산서"라 한다)를 작성하여야 한다.

② 성인지 기금결산서에는 집행실적, 성평등 효과분석 및 평가 등을 포함하여야 한다.

[본조신설 2010. 5. 17.]

제73조의 3(온실가스감축인지 기금결산서의 작성) ① 정부는 기금이 온실가스를 감축하는 방향으로 집행되었는지를 평가하는 보고서(이하 "온실가스감축인지 기금결산서"라 한다)를 작성하여야 한다.

② 온실가스감축인지 기금결산서에는 집행실적, 온실가스 감축 효과분석 및 평가 등을 포함하여야 한다.

[본조신설 2021. 6. 15.]

[종전 제73조의 3은 제73조의 4로 이동 〈2021. 6. 15.〉]

제73조의 4(중장기 기금재정관리계획 등) ① 연금급여 및 보험사업 수행을 목적으로 하는 기금 또는 채권을 발행하는 기금 중 대통령령으로 정하는 기금의 관리주체는 소관 기금에 관하여 매년 해당 회계연도부터 5회계연도 이상의 기간에 대한 중장기 기금재정관리계획(이하 "중장기 기금재정관리계획"이라 한다)을 수립하고 이를 기획재정부장관에게 제출하여야 한다. 이 경우 기금관리주체가 중앙관서의 장이 아닌 경우에는 소관 중앙관서의 장을 거쳐야 한다.

② 중장기 기금재정관리계획에는 다음 각 호의 사항이 포함되어야 한다.

1. 재정 수지 등의 전망과 근거 및 관리계획
2. 부채의 증감에 대한 전망과 근거 및 관리계획
3. 전년도 중장기 기금재정관리계획 대비 변동사항, 변동요인 및 관리계획 등에 대한 평가·분석
4. 그 밖에 대통령령으로 정하는 사항

③ 기획재정부장관은 제1항 및 제2항에 따라 수립된 중장기 기금재정관리계획을 제7조에 따른 국가재정운용계획 수립 시 반영하여야 한다.

④ 중장기 기금재정관리계획의 수립 절차 등에 관한 사항은 대통령령으로 정한다.

[본조신설 2010. 5. 17.]

[제73조의 3에서 이동 〈2021. 6. 15.〉]

제74조(기금운용심의회) ① 기금관리주체는 기금의 관리·운용에 관한 중요한 사항을 심의하기 위하여 기금별로 기금운용심의회(이하 "심의회"라 한다)를 설치하여야 한다. 다만, 심의회를 설치할 필요가 없다고 인정되는 기금의 경우에는 기획재정부장관과 협의하여 설치하지 아니할 수 있다. 〈개정 2008. 2. 29.〉

② 다음 각 호의 사항은 심의회의 심의를 거쳐야 한다. 〈개정 2008. 12. 31., 2020. 6. 9.〉

1. 제66조 제5항의 규정에 따른 기금운용계획안의 작성
2. 제70조 제2항 및 제3항의 규정에 따른 주요항목 지출금액의 변경
3. 제73조에 따른 기금결산보고서의 작성
4. 제79조의 규정에 따른 자산운용지침의 제정 및 개정
5. 기금의 관리·운용에 관한 중요사항으로서 대통령령으로 정하는 사항과 기금관리주체가 필요하다고 인정하여 회의에 부치는 사항

③ 심의회의 위원장은 기금관리주체의 장이 되며, 위원은 위원장이 위촉하되, 학식과 경험이 풍부한 사람으로서 공무원이

아닌 사람을 2분의 1 이상 위촉하여야 한다. 〈개정 2020. 6. 9.〉

④ 그 밖에 심의회의 구성과 운영에 관하여 필요한 사항은 대통령령으로 정한다.

⑤ 기금의 관리·운용에 관한 사항을 심의하기 위하여 다른 법률에 따라 설치된 위원회 등은 이를 심의회로 보며, 그 위원회 등이 다른 법률에 따라 심의하여야 하는 사항은 제2항 각 호의 심의사항에 해당하는 것으로 본다.

제75조 삭제 〈2008. 12. 31.〉

제76조(자산운용위원회) ① 기금관리주체는 자산운용에 관한 중요한 사항을 심의하기 위하여 다른 법률에서 따로 정하는 경우를 제외하고는 심의회에 자산운용위원회(이하 "자산운용위원회"라 한다)를 설치하여야 한다. 다만, 「외국환거래법」 제13조에 따른 외국환평형기금이나 기획재정부장관과 협의하여 자산운용위원회를 설치할 필요가 없다고 인정되는 기금의 경우에는 자산운용위원회를 설치하지 아니할 수 있다. 〈개정 2016. 12. 20.〉

② 다음 각 호의 사항은 자산운용위원회의 심의를 거쳐야 한다.

1. 제77조의 규정에 따른 자산운용 전담부서의 설치 등에 관한 사항
2. 제79조의 규정에 따른 자산운용지침의 제정 및 개정에 관한 사항
3. 자산운용 전략에 관한 사항
4. 자산운용 평가 및 위험관리에 관한 사항
5. 그 밖에 자산운용과 관련된 중요한 사항

③ 자산운용위원회의 위원장은 기금관리주체의 장이 기금의 여건 등을 고려하여 해당 기금관리주체 및 수탁기관의 임·직원 또는 공무원 중에서 선임한다. 〈개정 2020. 6. 9.〉

④ 자산운용위원회의 위원은 다음 각 호의 어느 하나에 해당하는 사람 중에서 기금관리주체의 장이 선임 또는 위촉한다. 이 경우 제2호에 해당하는 위원의 정수는 전체위원 정수의 과반수가 되어야 한다. 〈개정 2020. 6. 9.〉

1. 해당 기금관리주체 및 수탁기관의 임·직원 또는 공무원
2. 자산운용에 관한 학식과 경험이 풍부한 사람으로서 대통령령으로 정하는 자격을 갖춘 사람

⑤ 그 밖에 자산운용위원회의 구성 및 운영 등에 관하여 필요한 사항은 대통령령으로 정한다.

제77조(자산운용 전담부서의 설치 등) ① 기금관리주체는 자산운용위원회의 심의를 거쳐 자산운용을 전담하는 부서를 두어야 한다.

② 기금관리주체는 자산운용위원회의 심의를 거쳐 자산운용평가 및 위험관리를 전담하는 부서를 두거나 그 업무를 외부 전문기관에 위탁하여야 한다.

제78조(국민연금기금의 자산운용에 관한 특례) ① 제77조에도 불구하고 국민연금기금은 자산운용을 전문으로 하는 법인을 설립하여 여유자금을 운용하여야 한다. 〈개정 2020. 6. 9.〉

② 제1항의 규정에 따른 법인의 조직·운영 및 감독에 관하여 필요한 사항은 「국민연금법」에서 따로 정한다.

제79조(자산운용지침의 제정 등) ① 기금관리주체는 기금의 자산운용이 투명하고 효율적으로 이루어지도록 하기 위하여 자산운용업무를 수행할 때에 준수하여야 할

지침(이하 "자산운용지침"이라 한다)을 심의회의 심의를 거쳐 정하고, 이를 14일 이내에 국회 소관 상임위원회에 제출하여야 한다. 이 경우 자산운용위원회가 설치되어 있는 기금은 심의회의 심의 전에 자산운용위원회의 심의를 거쳐야 한다. 〈개정 2020. 6. 9.〉

② 제1항에도 불구하고 제74조 제1항 단서의 규정에 따라 심의회를 설치하지 아니한 기금의 경우에는 기금관리주체가 직접 자산운용지침을 정하여야 한다. 〈개정 2020. 6. 9.〉

③ 자산운용지침에는 다음 각 호의 사항이 포함되어야 한다.

1. 투자결정 및 위험관리 등에 관련된 기준과 절차에 관한 사항
2. 투자자산별 배분에 관한 사항
3. 자산운용 실적의 평가 및 공시에 관한 사항
4. 보유주식의 의결권 행사에 대한 기준과 절차에 관한 사항
5. 자산운용과 관련된 부정행위 등을 방지하기 위하여 자산운용업무를 수행하는 자가 지켜야 할 사항
6. 그 밖에 자산운용과 관련하여 기금관리주체가 필요하다고 인정하는 사항

第80조(기금운용계획의 집행지침) 기획재정부장관은 기금운용계획 집행의 효율성 및 공공성을 높이기 위하여 기금운용계획의 집행에 관한 지침을 정할 수 있다. 〈개정 2008. 2. 29., 2008. 12. 31.〉

第81조(여유자금의 통합운용) 기획재정부장관은 기금 여유자금의 효율적인 관리·운용을 위하여 각 기금관리주체가 예탁하는 여유자금을 대통령령으로 정하는 기준과 절차에 따라 선정된 금융기관으로 하여금 통합하여 운용하게 할 수 있다. 〈개정 2008. 2. 29., 2020. 6. 9.〉

第82조(기금운용의 평가) ① 기획재정부장관은 회계연도마다 전체 기금 중 3분의 1 이상의 기금에 대하여 대통령령으로 정하는 바에 따라 그 운용실태를 조사·평가하여야 하며, 3년마다 전체 재정체계를 고려하여 기금의 존치 여부를 평가하여야 한다. 〈개정 2008. 2. 29., 2020. 6. 9.〉

② 기획재정부장관은 제1항의 규정에 따른 기금운용실태의 조사·평가와 기금제도에 관한 전문적·기술적인 연구 또는 자문을 위하여 기금운용평가단을 운영할 수 있다. 〈개정 2008. 2. 29.〉

③ 기획재정부장관은 제1항 또는 제2항에 따른 평가결과를 국무회의에 보고한 후 제61조에 따라 국회에 제출하는 국가결산보고서와 함께 국회에 제출하여야 한다. 〈개정 2008. 2. 29., 2008. 12. 31.〉

④ 제2항의 규정에 따른 기금운용평가단의 구성 및 운영에 관하여 필요한 사항은 대통령령으로 정한다.

第83조(국정감사) 이 법의 적용을 받는 기금을 운용하는 기금관리주체는 「국정감사 및 조사에 관한 법률」 제7조의 규정에 따른 감사의 대상기관으로 한다.

第84조(기금자산운용담당자의 손해배상 책임) ① 기금의 자산운용을 담당하는 자는 고의 또는 중대한 과실로 법령을 위반하여 기금에 손해를 끼친 경우 그 손해를 배상할 책임이 있다.

② 공무원이 기금의 자산운용에 영향을 줄 목적으로 직권을 남용하여 기금관리주체 그 밖에 기금의 자산운용을 담당하는 자에게 부당한 영향력을 행사하여 기금에 손해를 끼친 경우 해당 공무원은 제

1항의 규정에 따른 책임이 있는 자와 연대하여 손해를 배상하여야 한다. 〈개정 2020. 6. 9.〉

제85조(준용규정) 제31조 제3항·제35조·제38조·제38조의 2·제38조의 3·제39조·제45조·제49조·제50조·제54조 및 제55조의 규정은 기금에 관하여 이를 준용한다. 〈개정 2018. 1. 16., 2020. 3. 31.〉

제4장의 2 성과관리 〈신설 2021. 12. 21.〉

제85조의 2(재정사업의 성과관리) ① 정부는 성과중심의 재정운용을 위하여 다음 각 호의 성과목표관리 및 성과평가를 내용으로 하는 재정사업의 성과관리(이하 "재정사업 성과관리"라 한다)를 시행한다.

1. 성과목표관리: 재정사업에 대한 성과목표, 성과지표 등의 설정 및 그 달성을 위한 집행과정·결과의 관리
2. 성과평가: 재정사업의 계획 수립, 집행과정 및 결과 등에 대한 점검·분석·평가

② 재정사업 성과관리의 대상이 되는 재정사업의 기준은 성과관리의 비용 및 효과를 고려하여 기획재정부장관이 정한다. 다만, 개별 법령에 따라 실시되는 평가의 대상은 관계 중앙관서의 장이 별도로 정한다.

[본조신설 2021. 12. 21.]

제85조의 3(재정사업 성과관리의 원칙) ① 정부는 재정사업 성과관리를 통하여 재정운용에 대한 효율성과 책임성을 높이도록 노력하여야 한다.

② 정부는 재정사업 성과관리를 실시할 때 전문성과 공정성을 확보하여 평가결과에 대한 신뢰도를 높이도록 노력하여야 한다.

③ 정부는 재정사업 성과관리의 결과를 공개하여 재정운용에 대한 투명성을 확보하도록 노력하여야 한다.

[본조신설 2021. 12. 21.]

제85조의 4(재정사업 성과관리 기본계획의 수립 등) ① 기획재정부장관은 재정사업 성과관리를 효율적으로 실시하기 위하여 5년마다 다음 각 호의 사항을 포함하여 재정사업 성과관리 기본계획을 수립하여야 한다.

1. 재정사업 성과관리 추진의 기본방향
2. 재정사업 성과관리의 대상 및 방법에 관한 사항
3. 재정사업 성과관리 관련 연구·개발에 관한 사항
4. 재정사업 성과관리 결과의 활용 및 공개에 관한 사항
5. 재정사업 성과관리 관련 인력 및 조직의 전문성·독립성 확보에 관한 사항
6. 그 밖에 대통령령으로 정하는 재정사업 성과관리 업무의 발전에 관한 사항

② 기획재정부장관은 제1항에 따른 재정사업 성과관리 기본계획에 기초하여 매년 재정사업 성과관리 추진계획을 수립하여야 한다.

③ 기획재정부장관은 제1항 및 제2항에 따른 재정사업 성과관리 기본계획 및 재정사업 성과관리 추진계획을 수립한 때에는 국무회의에 보고하여야 한다.

④ 제1항부터 제3항까지에서 규정한 사항 외에 재정사업 성과관리 기본계획 및 재정사업 성과관리 추진계획의 수립에 필요한 사항은 대통령령으로 정한다.

[본조신설 2021. 12. 21.]

제85조의 5(재정사업 성과관리의 추진체

계) ① 각 중앙관서의 장과 기금관리주체는 재정사업 성과관리를 위한 추진체계를 구축하여야 한다.

② 각 중앙관서의 장은 재정사업 성과관리 중 성과목표관리를 책임지고 담당할 공무원(이하 "재정성과책임관"이라 한다), 재정성과책임관을 보좌할 담당 공무원(이하 "재정성과운영관"이라 한다) 및 개별 재정사업이나 사업군에 대한 성과목표관리를 담당할 공무원(이하 "성과목표담당관"이라 한다)을 지정하여 재정사업 성과목표관리 업무를 효율적으로 수행하도록 하여야 한다.

③ 재정성과책임관, 재정성과운영관 및 성과목표담당관의 역할 등에 관한 구체적인 사항은 제85조의 6 제5항에 따라 기획재정부장관이 정하는 지침으로 정한다.

④ 기획재정부장관은 재정사업 성과목표관리 등을 위하여 대통령령으로 정하는 바에 따라 재정성과평가단을 구성·운영할 수 있다.

[본조신설 2021. 12. 21.]

제85조의 6(성과목표관리를 위한 성과계획서 및 성과보고서의 작성) ① 각 중앙관서의 장 및 기금관리주체는 재정사업 성과목표관리를 위하여 매년 예산 및 기금에 관한 성과목표·성과지표가 포함된 성과계획서 및 성과보고서(「국가회계법」 제14조 제4호에 따른 성과보고서를 말한다. 이하 같다)를 작성하여야 한다.

② 성과목표는 기관의 임무 및 상위·하위목표와 연계되어야 하며, 성과지표를 통하여 성과목표의 달성 여부를 측정할 수 있도록 구체적이고 결과지향적으로 설정되어야 한다.

③ 성과지표는 명확하고 구체적으로 설정되어야 하며, 성과목표의 달성을 객관적으로 제때에 측정할 수 있어야 한다.

④ 각 중앙관서의 장 및 기금관리주체는 제33조에 따른 예산안, 제35조에 따른 수정예산안, 제68조 제1항에 따른 기금운용계획안, 제70조 제2항에 따른 기금운용계획변경안 및 제89조 제1항에 따른 추가경정예산안과 그에 따라 작성된 성과계획서의 사업내용 및 사업비 등이 각각 일치되도록 노력하여야 한다.

⑤ 기획재정부장관은 제1항에 따른 성과계획서 및 성과보고서의 작성에 관한 지침을 정하여 각 중앙관서의 장 및 기금관리주체에게 통보하여야 한다.

⑥ 기획재정부장관은 재정사업 성과목표관리의 원활한 운영을 위하여 성과지표의 개발·보급 등 필요한 조치와 지원을 하여야 한다.

[본조신설 2021. 12. 21.]

제85조의 7(성과계획서 및 성과보고서의 제출) 각 중앙관서의 장은 제31조 제1항에 따라 예산요구서를 제출할 때 다음 연도 예산의 성과계획서 및 전년도 예산의 성과보고서를 함께 제출하여야 하며, 기금관리주체는 제66조 제5항에 따라 기금운용계획안을 제출할 때 다음 연도 기금의 성과계획서 및 전년도 기금의 성과보고서를 함께 제출하여야 한다.

[본조신설 2021. 12. 21.]

제85조의 8(재정사업 성과평가) ① 기획재정부장관은 대통령령으로 정하는 바에 따라 재정사업에 대한 성과평가를 실시할 수 있다.

② 기획재정부장관 및 관계 중앙관서의 장 등은 제1항에 따라 실시되는 재정사업 성과평가와 개별 법령에 따라 실시되는

평가의 대상 간 중복이 최소화되도록 노력하여야 한다.

[본조신설 2021. 12. 21.]

제85조의 9(자료제출 등의 요구) 기획재정부장관은 재정사업 성과관리를 할 때 필요하다고 인정하는 경우에는 관계 행정기관의 장 등에게 재정사업 성과관리에 관한 의견 또는 자료의 제출을 요구할 수 있다. 이 경우 관계 행정기관의 장 등은 특별한 사유가 없으면 이에 따라야 한다.

[본조신설 2021. 12. 21.]

제85조의 10(재정사업 성과관리 결과의 반영 등) ① 기획재정부장관은 매년 재정사업의 성과목표관리 결과를 종합하여 국무회의에 보고하여야 한다.

② 기획재정부장관은 재정사업의 성과평과 결과를 재정운용에 반영할 수 있다.

③ 중앙관서의 장은 재정사업 성과관리의 결과를 조직·예산·인사 및 보수체계에 연계·반영할 수 있다.

④ 정부는 재정사업 성과관리 결과 등이 우수한 중앙관서 또는 공무원에게 표창·포상 등을 할 수 있다.

[본조신설 2021. 12. 21.] [시행일: 2023. 1. 1.] 제85조의 10 제1항

제85조의 11(재정사업 성과관리의 역량강화) 각 중앙관서의 장은 재정사업 성과관리 담당 공무원의 전문성 및 역량이 제고될 수 있도록 교육프로그램의 개발·운영 등에 노력하여야 하며, 기획재정부장관은 이를 위하여 필요한 지원을 할 수 있다.

[본조신설 2021. 12. 21.]

제85조의 12(성과정보의 관리 및 공개) ① 기획재정부장관은 재정사업 성과목표관리 및 성과평가 결과 등 성과정보(이하 이 조에서 "성과정보"라 한다)가 체계적으로 관리될 수 있도록 재정사업 성과정보관리시스템을 구축·운영하여야 하며, 성과정보가 공개될 수 있도록 필요한 조치를 마련하여야 한다.

② 기획재정부장관은 제1항에 따른 성과정보의 체계적 관리를 위하여 각 중앙관서의 장에게 소관 재정사업의 성과정보를 생산·관리하도록 요구할 수 있다. 이 경우 각 중앙관서의 장은 특별한 사유가 없으면 이에 따라야 한다.

[본조신설 2021. 12. 21.]

제5장 재정건전화

제86조(재정건전화를 위한 노력) 정부는 건전재정을 유지하고 국가채권을 효율적으로 관리하며 국가채무를 적정수준으로 유지하도록 노력하여야 한다.

제87조(재정부담을 수반하는 법령의 제정 및 개정) ① 정부는 재정지출 또는 조세감면을 수반하는 법률안을 제출하고자 하는 때에는 법률이 시행되는 연도부터 5회계연도의 재정수입·지출의 증감액에 관한 추계자료와 이에 상응하는 재원조달방안을 그 법률안에 첨부하여야 한다.

② 각 중앙관서의 장은 입안하는 법령이 재정지출을 수반하는 때에는 대통령령으로 정하는 바에 따라 제1항의 규정에 따른 추계자료와 재원조달방안을 작성하여 그 법령안에 대한 입법예고 전에 기획재정부장관과 협의하여야 한다. 〈개정 2008. 2. 29., 2020. 6. 9.〉

③ 각 중앙관서의 장은 제2항에 따른 협의를 한 후 법령안의 변경으로 대통령령으로 정하는 사항이 변경되는 경우에는 그 법령안에 대하여 추계자료와 재원조달방안을 작성하여 기획재정부장관과 재협

의하여야 한다. 〈신설 2010. 5. 17.〉

제88조(국세감면의 제한) ① 기획재정부장관은 대통령령으로 정하는 해당 연도 국세 수입총액과 국세감면액 총액을 합한 금액에서 국세감면액 총액이 차지하는 비율(이하 "국세감면율"이라 한다)이 대통령령으로 정하는 비율 이하가 되도록 노력하여야 한다. 〈개정 2008. 2. 29., 2020. 6. 9.〉

② 각 중앙관서의 장은 새로운 국세감면을 요청하는 때에는 대통령령으로 정하는 바에 따라 감면액을 보충하기 위한 기존 국세감면의 축소 또는 폐지방안이나 재정지출의 축소방안과 그 밖의 필요한 사항을 작성하여 기획재정부장관에게 제출하여야 한다. 〈개정 2008. 2. 29., 2010. 5. 17., 2020. 6. 9.〉

제89조(추가경정예산안의 편성) ① 정부는 다음 각 호의 어느 하나에 해당하게 되어 이미 확정된 예산에 변경을 가할 필요가 있는 경우에는 추가경정예산안을 편성할 수 있다. 〈개정 2009. 2. 6., 2015. 12. 15.〉

1. 전쟁이나 대규모 재해(「재난 및 안전관리 기본법」 제3조에서 정의한 자연재난과 사회재난의 발생에 따른 피해를 말한다)가 발생한 경우
2. 경기침체, 대량실업, 남북관계의 변화, 경제협력과 같은 대내·외 여건에 중대한 변화가 발생하였거나 발생할 우려가 있는 경우
3. 법령에 따라 국가가 지급하여야 하는 지출이 발생하거나 증가하는 경우

② 정부는 국회에서 추가경정예산안이 확정되기 전에 이를 미리 배정하거나 집행할 수 없다.

[제목개정 2009. 2. 6.]

제90조(세계잉여금 등의 처리 및 사용계획) ① 일반회계 예산의 세입 부족을 보전(補塡)하기 위한 목적으로 해당 연도에 이미 발행한 국채의 금액 범위에서는 해당 연도에 예상되는 초과 조세수입을 이용하여 국채를 우선 상환할 수 있다. 이 경우 세입·세출 외로 처리할 수 있다. 〈신설 2008. 12. 31.〉

② 매 회계연도 세입세출의 결산상 잉여금 중 다른 법률에 따른 것과 제48조의 규정에 따른 이월액을 공제한 금액(이하 "세계잉여금"이라 한다)은 「지방교부세법」 제5조 제2항의 규정에 따른 교부세의 정산 및 「지방교육재정교부금법」 제9조 제3항의 규정에 따른 교부금의 정산에 사용할 수 있다. 〈개정 2008. 12. 31.〉

③ 제2항의 규정에 따라 사용한 금액을 제외한 세계잉여금은 100분의 30 이상을 「공적자금상환기금법」에 따른 공적자금상환기금에 우선적으로 출연하여야 한다. 〈개정 2008. 12. 31.〉

④ 제2항 및 제3항의 규정에 따라 사용하거나 출연한 금액을 제외한 세계잉여금은 100분의 30 이상을 다음 각 호의 채무를 상환하는데 사용하여야 한다. 〈개정 2006. 12. 30., 2008. 12. 31., 2020. 6. 9.〉

1. 국채 또는 차입금의 원리금
2. 「국가배상법」에 따라 확정된 국가배상금
3. 「공공자금관리기금법」에 따른 공공자금관리기금의 융자계정의 차입금(예수금을 포함한다)의 원리금. 다만, 2006년 12월 31일 이전의 차입금(예수금을 포함한다)에 한정한다.

4. 그 밖에 다른 법률에 따라 정부가 부담하는 채무

⑤ 제2항부터 제4항까지의 규정에 따라 사용하거나 출연한 금액을 제외한 세계잉여금은 추가경정예산안의 편성에 사용할 수 있다. 〈개정 2008. 12. 31.〉

⑥ 제2항부터 제4항까지의 규정에 따른 세계잉여금의 사용 또는 출연은 그 세계잉여금이 발생한 다음 연도까지 그 회계의 세출예산과 관계없이 이를 하되, 국무회의의 심의를 거쳐 대통령의 승인을 얻어야 한다. 〈개정 2008. 12. 31., 2020. 6. 9.〉

⑦ 제2항부터 제5항까지의 규정에 따른 세계잉여금의 사용 또는 출연은 다른 법률의 규정에도 불구하고 「국가회계법」 제13조 제3항에 따라 국가결산보고서에 대한 대통령의 승인을 얻은 때부터 이를 할 수 있다. 〈개정 2008. 12. 31., 2020. 6. 9.〉

⑧ 세계잉여금 중 제2항부터 제5항까지의 규정에 따라 사용하거나 출연한 금액을 공제한 잔액은 다음 연도의 세입에 이입하여야 한다. 〈개정 2008. 12. 31.〉

⑨ 정부는 매년 제61조에 따른 국가결산보고서의 국회제출 전까지 직전 회계연도에 발생한 세계잉여금의 내역을 산출하고 그 사용계획을 수립하여야 한다. 〈신설 2021. 6. 15.〉

[제목개정 2008. 12. 31., 2021. 6. 15.]

제91조(국가채무의 관리) ① 기획재정부장관은 국가의 회계 또는 기금이 부담하는 금전채무에 대하여 매년 다음 각 호의 사항이 포함된 국가채무관리계획을 수립하여야 한다. 〈개정 2008. 2. 29., 2010. 5. 17., 2020. 6. 9.〉

1. 전전년도 및 전년도 국채 또는 차입금의 차입 및 상환실적
2. 해당 회계연도의 국채 발행 또는 차입금 등에 대한 추정액
3. 해당 회계연도부터 5회계연도 이상의 기간에 대한 국채 발행 계획 또는 차입계획과 그에 따른 국채 또는 차입금의 상환 계획
4. 해당 회계연도부터 5회계연도 이상의 기간에 대한 채무의 증감 전망과 근거 및 관리계획
5. 그 밖에 대통령령으로 정하는 사항

② 제1항의 규정에 따른 금전채무는 다음 각 호의 어느 하나에 해당하는 채무를 말한다. 〈개정 2020. 6. 9.〉

1. 국가의 회계 또는 기금(재원의 조성 및 운용방식 등에 따라 실질적으로 국가의 회계 또는 기금으로 보기 어려운 회계 또는 기금으로서 대통령령으로 정하는 회계 또는 기금은 제외한다. 이하 이 항에서 같다)이 발행한 채권
2. 국가의 회계 또는 기금의 차입금
3. 국가의 회계 또는 기금의 국고채무부담행위
4. 그 밖에 제1호 및 제2호에 준하는 채무로서 대통령령으로 정하는 채무

③ 제2항에도 불구하고 다음 각 호의 어느 하나에 해당하는 채무는 국가채무에 포함하지 아니한다. 〈개정 2020. 6. 9.〉

1. 「국고금관리법」 제32조 제1항의 규정에 따른 재정증권 또는 한국은행으로부터의 일시차입금
2. 제2항 제1호에 해당하는 채권 중 국가의 회계 또는 기금이 인수 또는 매입하여 보유하고 있는 채권
3. 제2항 제2호에 해당하는 차입금 중 국

가의 다른 회계 또는 기금으로부터의 차입금

④ 기획재정부장관은 제1항의 규정에 따른 국가채무관리계획을 수립하기 위하여 필요한 때에는 관계 중앙관서의 장에게 자료제출을 요청할 수 있다. 〈개정 2008. 2. 29.〉

제92조(국가보증채무의 부담 및 관리) ① 국가가 보증채무를 부담하고자 하는 때에는 미리 국회의 동의를 얻어야 한다.

② 기획재정부장관은 매년 제1항에 따른 국가보증채무의 부담 및 관리에 관한 국가보증채무관리계획을 작성하여야 한다. 〈신설 2010. 5. 17.〉

③ 제1항에 따른 보증채무의 관리 및 제2항에 따른 국가보증채무관리계획의 작성 등에 관한 사항은 대통령령으로 정한다. 〈개정 2010. 5. 17.〉

제6장 보칙

제93조(유가증권의 보관) ① 중앙관서의 장은 법령의 규정에 따르지 아니하고는 유가증권을 보관할 수 없다.

② 중앙관서의 장은 법령의 규정에 따라 유가증권을 보관하게 되는 때에는 한국은행 또는 대통령령으로 정하는 금융기관에 보관업무를 위탁하여야 한다. 〈개정 2020. 6. 9.〉

③ 제2항의 규정에 따라 한국은행 또는 대통령령으로 정하는 금융기관이 유가증권을 위탁 관리하는 때에는 「국유재산법」 제15조 제2항부터 제5항까지의 규정을 준용한다. 〈개정 2009. 1. 30., 2020. 6. 9.〉

제94조(장부의 기록과 비치) 기획재정부장관, 중앙관서의 장, 제93조 제2항의 규정에 따라 유가증권 보관업무를 위탁받은 한국은행 및 금융기관은 대통령령으로 정하는 바에 따라 장부를 비치하고 필요한 사항을 기록하여야 한다. 〈개정 2008. 2. 29., 2020. 6. 9.〉

제95조(자금의 보유) 국가는 법률로 정하는 경우에만 특별한 자금을 보유할 수 있다. 〈개정 2020. 6. 9.〉

제96조(금전채권·채무의 소멸시효) ① 금전의 급부를 목적으로 하는 국가의 권리로서 시효에 관하여 다른 법률에 규정이 없는 것은 5년 동안 행사하지 아니하면 시효로 인하여 소멸한다.

② 국가에 대한 권리로서 금전의 급부를 목적으로 하는 것도 또한 제1항과 같다.

③ 금전의 급부를 목적으로 하는 국가의 권리의 경우 소멸시효의 중단·정지 그 밖의 사항에 관하여 다른 법률의 규정이 없는 때에는 「민법」의 규정을 적용한다. 국가에 대한 권리로서 금전의 급부를 목적으로 하는 것도 또한 같다. 〈개정 2020. 6. 9.〉

④ 법령의 규정에 따라 국가가 행하는 납입의 고지는 시효중단의 효력이 있다.

제97조(재정집행의 관리) ① 각 중앙관서의 장과 기금관리주체는 대통령령으로 정하는 바에 따라 사업집행보고서와 예산 및 기금운용계획에 관한 집행보고서를 기획재정부장관에게 제출하여야 한다. 〈개정 2008. 2. 29., 2020. 6. 9.〉

② 기획재정부장관은 예산 및 기금의 효율적인 운용을 위하여 제1항의 규정에 따른 보고서의 내용을 분석하고 예산 및 기금의 집행상황과 낭비 실태를 확인·점검한 후 필요한 때에는 집행 애로요인의 해소와 낭비 방지를 위하여 필요한 조치를

각 중앙관서의 장과 기금관리주체에게 요구할 수 있다. 〈개정 2008. 2. 29.〉

제97조의 2(재정업무의 정보화) ① 기획재정부장관은 재정에 관한 업무를 원활하게 수행하기 위하여 정보통신매체 및 프로그램 등을 개발하여 중앙관서의 장이 사용하게 할 수 있다. 이 경우 국가회계업무에 관한 정보통신매체 및 프로그램 등의 개발에 대하여는 감사원과 미리 협의를 하여야 한다.

② 중앙관서의 장은 제1항에도 불구하고 재정에 관한 업무를 처리하는 정보통신매체 및 프로그램 등을 직접 개발하여 사용할 수 있다. 이 경우 기획재정부장관 및 감사원(국가회계업무에 관한 정보통신매체 및 프로그램 등의 개발인 경우에 한정한다)과 미리 협의를 하여야 한다.

③ 기획재정부장관은 제1항에 따른 정보통신매체 및 프로그램 등을 통한 재정에 관한 업무를 수행하기 위하여 필요한 경우에는 관계 중앙관서의 장, 지방자치단체의 장, 제9조 제2항 제2호 및 제3호에 해당하는 기관 등 관계 기관에 전자적 시스템의 연계를 요청할 수 있다. 이 경우 관계 중앙관서의 장 등은 특별한 사유가 없으면 이에 따라야 한다. 〈신설 2021. 12. 21.〉

④ 기획재정부장관 및 중앙관서의 장은 제1항 및 제2항에 따른 정보통신매체 및 프로그램 등을 통하여 산출되는 재정정보에 대하여 국회의 정보 제공 요구가 있는 경우에는 정당한 사유가 없으면 해당 재정정보를 제공하여야 한다. 〈신설 2014. 12. 30., 2021. 12. 21.〉

⑤ 제4항에 따른 재정정보 제공의 범위, 절차 및 방법 등에 필요한 사항은 대통령령으로 정한다. 〈신설 2014. 12. 30., 2021. 12. 21.〉

[본조신설 2008. 12. 31.]

제98조(내부통제) 각 중앙관서의 장은 재정관리·재원사용의 적정성과 집행과정에서 보고된 자료의 신빙성을 분석·평가하기 위하여 소속 공무원으로 하여금 필요한 사항에 관하여 내부통제를 하게 하여야 한다. 〈개정 2020. 6. 9.〉

제99조(예산 및 기금운용계획의 집행 및 결산의 감독) 기획재정부장관은 예산 및 기금운용계획의 집행 또는 결산의 적정을 도모하기 위하여 소속 공무원으로 하여금 확인·점검하게 하여야 하며, 필요한 때에는 각 중앙관서의 장에게 관련 제도의 개선을 요구하거나 국무회의 심의를 거친 후 대통령의 승인을 얻어 예산 및 기금운용계획의 집행과 결산에 관한 지시를 할 수 있다. 〈개정 2008. 2. 29., 2020. 6. 9.〉

제100조(예산·기금의 불법지출에 대한 국민감시) ① 국가의 예산 또는 기금을 집행하는 자, 재정지원을 받는 자, 각 중앙관서의 장(그 소속기관의 장을 포함한다) 또는 기금관리주체와 계약 그 밖의 거래를 하는 자가 법령을 위반함으로써 국가에 손해를 가하였음이 명백한 때에는 누구든지 집행에 책임 있는 중앙관서의 장 또는 기금관리주체에게 불법지출에 대한 증거를 제출하고 시정을 요구할 수 있다.

② 제1항의 규정에 따라 시정요구를 받은 중앙관서의 장 또는 기금관리주체는 대통령령으로 정하는 바에 따라 그 처리결과를 시정요구를 한 자에게 통지하여야 한다. 〈개정 2020. 6. 9.〉

③ 중앙관서의 장 또는 기금관리주체는

제2항의 규정에 따른 처리결과에 따라 수입이 증대되거나 지출이 절약된 때에는 시정요구를 한 자에게 제49조의 규정에 따른 예산성과금을 지급할 수 있다.

제101조(재정 관련 공무원의 교육) 기획재정부장관은 재정업무를 담당하는 공무원의 업무전문성 향상을 위하여 대통령령으로 정하는 바에 따라 교육을 실시할 수 있다. 〈개정 2008. 2. 29., 2020. 6. 9.〉

제7장 벌칙

제102조(벌칙) 공무원이 기금의 자산운용에 영향을 줄 목적으로 직권을 남용하여 기금관리주체 그 밖에 기금의 자산운용을 담당하는 자에게 부당한 영향력을 행사한 때에는 5년 이하의 징역, 10년 이하의 자격정지 또는 1천만원 이하의 벌금에 처한다.

부칙 〈제18585호, 2021. 12. 21.〉

제1조(시행일) 이 법은 공포한 날부터 시행한다. 다만, 제16조 제5호 및 제43조의 2의 개정규정은 공포 후 3개월이 경과한 날부터 시행하고, 제85조의 4 및 별표 2 제71호의 개정규정은 2022년 1월 1일부터 시행하며, 제85조의 10 제1항의 개정규정은 2023년 1월 1일부터 시행한다.

제2조(유효기간) 별표 1 제21호의 개정규정은 2022년 12월 31일까지 효력을 가진다.

제3조(다른 법률의 개정) ① 공탁법 일부를 다음과 같이 개정한다.

제32조 제1항 제4호 중 "제8조 제3항"을 "제85조의 6 제1항"으로 한다.

② 국가회계법 일부를 다음과 같이 개정한다.

제15조 제4항 중 "제8조"를 "제85조의 6"으로 한다.

③ 문화재보호기금법 일부를 다음과 같이 개정한다.

제7조 제1항 제4호 중 "제8조 제3항"을 "제85조의 6 제1항"으로 한다.

④ 범죄피해자보호기금법 일부를 다음과 같이 개정한다.

제7조 제1항 제4호 중 "제8조 제3항"을 "제85조의 6 제1항"으로 한다.

⑤ 보조금 관리에 관한 법률 일부를 다음과 같이 개정한다.

제26조의 2 제3항 제4호 중 "제8조"를 "제85조의 6"으로 한다.

⑥ 자본시장과 금융투자업에 관한 법률 일부를 다음과 같이 개정한다.

제6조 제6항 제1호 중 "제8조 제1항"을 "제9조 제4항"으로 한다.

⑦ 지방재정법 일부를 다음과 같이 개정한다.

제48조의 2 제1항 단서 중 "제8조"를 "제9조 제4항"으로 한다.

찾아보기

[저 자 약 력]

하연섭은 연세대학교 사회과학대학 행정학과를 졸업하고 미국 인디애나대학교에서 행정학 석사와 정책학 박사 학위를 취득하였으며, 현재 연세대학교 사회과학대학 행정학과 교수로 재직 중이다. 재무행정, 제도분석, 비교정책, 교육정책이 주요 관심 분야이며, 저서로 「한국 행정: 비교역사적 분석」, 「제도분석: 이론과 쟁점」, 「재정학의 이해」, 「5·31 교육개혁 그리고 20년」(공저), 「위험사회와 국가정책」(편저), 「한국 사회와 한국 행정」(편저) 등이 있다. 교육부총리 정책보좌관, 연세대학교 국제처장, 행정대학원장, 국제캠퍼스부총장, 기획재정부 핵심사업 평가단장, 복권기금사업 성과평가단장 등을 역임했으며, 현재 교육부 소관 기타공공기관 평가단장, 대학혁신지원사업 관리위원회 위원장, 국회예산정책처 정책자문위원회 위원장, 「예산정책연구」 편집위원장을 맡고 있다. 「제도분석: 이론과 쟁점」, 「한국 행정: 비교역사적 분석」으로 2003년과 2020년에 한국행정학회 학술상(저술상)을 각각 수상한 바 있다.

[제 4 판]

정부예산과 재무행정

2010년 8월 30일 제1판 1쇄 발행
2014년 7월 25일 제2판 1쇄 발행
2018년 7월 25일 제3판 1쇄 발행
2022년 11월 25일 제4판 1쇄 발행
2024년 2월 15일 제4판 2쇄 발행

저 자 하 연 섭
발행인 강 희 일 · 박 은 자

다 산 출 판 사

서울특별시 마포구 대흥로 6길 8
등 록 1979. 6. 5. 제 3-86 호(윤)
전 화 717-3661~2, 718-1751~2
FAX 716-9945
조 판 민 하 디 지 탈 아 트

정가 30,000원 파본은 바꾸어 드립니다.

http://www.dasanbooks.co.kr
ISBN 978-89-7110-628-0 93350